能源与气候金融学系列教材

U0455938

能源价格时间序列分析

王群伟　王玉东◎主　编
戴星宇　耿倩洁◎副主编

ENERGY PRICE TIME SERIES ANALYSIS

科学出版社
北　京

内 容 简 介

本书系统地介绍了一元及多元能源价格时间序列分析中的相关知识，包含一元能源价格均值过程、波动过程、尾部风险测度、分形特征，多元能源价格均值过程、波动过程，以及多元能源价格间的相关性与联合分布建模中常用的基础知识和前沿拓展。每章节知识点均配有应用案例，有助于读者更好地理解知识点的内涵与应用场景，读者可以通过应用案例创造性地解决相关问题。

本书可供经济学、金融学、管理科学与工程领域的高年级本科生、研究生以及能源价格风险管理人员系统学习能源价格时间序列建模理论，并用其解决实际应用问题。

图书在版编目（CIP）数据

能源价格时间序列分析 / 王群伟，王玉东主编. —北京：科学出版社，2024.5

能源与气候金融学系列教材

ISBN 978-7-03-078546-6

Ⅰ. ①能… Ⅱ. ①王… ②王… Ⅲ. ①能源价格－时间序列分析－教材 Ⅳ. ①F407.2

中国国家版本馆 CIP 数据核字（2024）第 101569 号

责任编辑：方小丽 / 责任校对：姜丽策
责任印制：张　伟 / 封面设计：有道设计

科学出版社 出版
北京东黄城根北街 16 号
邮政编码：100717
http://www.sciencep.com
北京厚诚则铭印刷科技有限公司印刷
科学出版社发行　各地新华书店经销
*
2024 年 5 月第 一 版　开本：787×1092　1/16
2024 年 5 月第一次印刷　印张：12 1/2
字数：296 000

定价：58.00 元

（如有印装质量问题，我社负责调换）

作 者 简 介

王群伟：南京航空航天大学经济与管理学院教授、博士生导师、院长。国家优秀青年科学基金获得者、国家“万人计划”青年拔尖人才，中国“双法”研究会气候金融研究分会副理事长。

王玉东：南京理工大学经济管理学院教授、博士生导师、院长，国家优秀青年科学基金获得者，中国“双法”研究会气候金融研究分会副理事长。

前 言 PREFACE

党的二十大报告指出：“我们要坚持教育优先发展、科技自立自强、人才引领驱动，加快建设教育强国、科技强国、人才强国，坚持为党育人、为国育才，全面提高人才自主培养质量，着力造就拔尖创新人才，聚天下英才而用之。”①教材是教学内容的主要载体，是教学的重要依据、培养人才的重要保障。在优秀教材的编写道路上，我们一直在努力。

价格风险是能源市场管理工作中最受关注的话题。在市场交易机制下，能源价格作为“看不见的手”调节资源供需，并在经济系统进行传导，是监测社会、经济运行状态的关键指标之一，也是投资者和有关企业进行决策的重要关切。

能源价格风险的本质在于变化的不确定性。时间序列分析方法是定量揭示能源价格变化一般规律并提供预测手段的最经典、最有效的工具之一。掌握时间序列分析方法的建模思想、基本原理，并将其运用到能源价格问题分析之中是相关领域学习者和研究者的必备技能。在本书的编写过程中，我们特别重视能源价格数据特征与时间序列分析方法的融合，并以实际问题为导向进行方法介绍。本书具有如下几个方面的特色。

一是以能源价格变化现象探索为牵引，展现不同观测视角下的运动规律。本书围绕能源价格时间序列的随机性本质，从均值、方差到尾部行为、分形（fractal）规律等多维测度，从低频市场数据到高频交易数据等多重条件，从能源变量到能源系统等多元对象出发，力图揭示能源价格运动全貌。本书所生动描绘的价格运动特征图谱，覆盖面广、针对性强。价格运动测度是能源资产组合理论中的常见优化目标与约束条件，亦是能源投资者的效用函数、企业的成本函数、市场规制者的一般均衡方程中的常用变量。

二是以能源价格数据特征分析为基础，强调“实证革命”背景下的建模思维。本书是前沿时间序列模型在能源价格数据建模中应用的一次集中展现，核心任务是挖掘潜藏在原始价格中的二次信息。能源价格数据的丰富性、复杂性、非线性特征要求本书侧重数据建模方法的展现。本书展示了关键公式的推导、解析过程，以期强化读者对模型内涵、建模过程的理解，启发读者潜在的建模创新能力，并试图打破以往教材与“实证革命”的研究主流所不相适应的模式。

三是以能源市场风控工作需求为导向，紧贴业界管理实操和学界科研实战。本书各章节以能源市场的现实情景为引，从能源市场直观事件反映现实风险管理的工作需求，从而让读者明晰价格规律分析的重心所在，并理解时间序列模型构建过程中的内在理念。本书从纷繁复杂的方法库中挑选当下主流学术平台所青睐的时间序列模型与研究范式，

---

①《习近平：高举中国特色社会主义伟大旗帜 为全面建设社会主义现代化国家而团结奋斗——在中国共产党第二十次全国代表大会上的报告》，https://www.gov.cn/xinwen/2022-10/25/content_5721685.htm，2022 年 10 月 25 日。

并在每章节设置应用案例，从而帮助读者实现从理论学习到实践操作的跨越。

同时，我们也乐于看见读者将本书所介绍的分析范式、数理模型，应用于其他非能源商品价格分析工作。通过编写这样一本定量方法论书籍，我们殷切希冀能够提升读者在进行经济建模时的数理功力、培育读者分析经济问题时的数理思维。本书对部分时间序列模型的推导过程和衍生拓展，能够为读者阅读更加进阶的相关技术类书籍提供充足的预备知识。

本书主要内容概括如下。第一章至第五章介绍如何对一元能源价格时间序列变化特征进行建模，第六章至第九章介绍多元能源价格时间序列建模相关理论。具体地，第一章为"一元能源价格均值过程"，主要介绍能源价格时间序列的基本概念及如何利用自回归移动平均（autoregressive moving average，ARMA）族模型描述能源价格收益率均值的动态变化。第二章为"一元能源价格波动过程：低频数据视角"，主要介绍在日度、周度、月度、年度等低频数据中，如何利用广义自回归条件异方差（generalized autoregressive conditional heteroskedasticity，GARCH）族模型描述能源价格波动的动态变化。第三章为"一元能源价格波动过程：高频数据视角"，主要介绍在分时数据等高频数据中，能源价格波动率的已实现测度及其动态变化特征。第四章为"一元能源价格尾部风险测度"，主要介绍如何计算能源价格收益率出现极端值的概率及相关测度。第五章为"一元能源价格分形特征"，主要介绍在不同的观测周期尺度下能源价格收益率的变动特征及分形理论相关概念。第六章为"多元能源价格均值过程"，主要介绍如何利用向量自回归（vector autoregression，VAR）模型描述多元能源价格均值向量变化过程。第七章为"多元能源价格波动过程"，主要介绍如何利用多元 GARCH 族模型刻画多个能源资产收益率间的方差-协方差矩阵的动态变化。第八章为"多元能源价格间的相关性"，主要介绍如何利用多元相关系数模型刻画多个能源价格收益率之间的相关性特征。第九章为"多元能源价格间的联合分布"，主要介绍如何利用 copula 模型描绘多个能源价格收益率的联合分布。

本书由南京航空航天大学王群伟、南京理工大学王玉东主编，并统筹各章节的总体安排。王群伟、戴星宇负责编写第一、四、六章，耿倩洁、吴晞、王玉东、张致凯负责编写第二章，何孟喜、王玉东负责编写第三章，张致凯、王玉东负责编写第五章，耿倩洁、陈创、于丹、王玉东、戴星宇负责编写第七章，戴星宇、王群伟、单庄园负责编写第八章，戴星宇、王群伟负责编写第九章。在全书统稿、校对的过程中，戴星宇、张致凯、薛建豪、王彬洁等做了很多细致且耐心的工作。

本书的出版得到了南京航空航天大学研究生教育教学改革专项（优质教学资源建设）项目、国家社会科学基金重大项目（21&ZD110）的资助。

本书可作为高等院校经济管理类高年级本科生及研究生的教学用书，亦适用于能源市场管理领域的各类人员研究之用。此外，本书也对从事计量经济学、金融工程学及相关分支的研究人员具有参考价值。阅读本书需要基础的概率论与统计学相关知识。

由于编者水平有限，疏漏及不足之处在所难免，敬请专家、学者及读者批评指正。

王群伟　王玉东

2024 年 5 月

目　录

第一章　一元能源价格均值过程

能源是工业的血液，是现代社会最重要的资源。能源资源的生产与分配过程主要依靠买卖活动进行，这让能源具有商品的属性。能源商品交易的参与者最关注能源的价格变化，而了解价格运动最有力的分析工具便是时间序列分析。分析能源价格时间序列，既需要考虑一般的时间序列分析框架，也要考虑能源商品所具有的特殊性。正如观察事物需要从多个维度入手一样，观察能源价格时间序列的运动特征也具有多个维度，且这些维度的选择是由能源商品的特殊性驱动的。在现实的市场交易中，购买者最关注的维度便是价格收益率的变化。“买低卖高”便是购买者依据能源价格收益率的变化调整自身交易行为的表现。本章作为开篇之章，主要介绍单个能源资产价格收益率序列的均值特征，即一元能源价格均值过程。如无特殊说明，本章仅研究一元情况。

1.1　能源价格收益率

1.1.1　能源价格收益率的定义

相比于价格水平，投资者更关心能源价格收益率。收益率大于 0，则投资者盈利；小于 0 则亏损。收益率的变化直接影响能源资产投资者的行为决策。假设投资者在$t-1$时刻以P_{t-1}的价格买入某种能源资产，在t时刻以P_t的价格卖出某种能源资产，那么该能源资产在t时刻的简单单期收益率r_t为

$$r_t = \frac{P_t}{P_{t-1}} - 1 = \frac{P_t - P_{t-1}}{P_{t-1}} \tag{1-1-1}$$

简单k期收益率$r_t(k)$和简单单期收益率r_t的定义类似。假设能源资产投资者在$t-k$时刻以P_{t-k}的价格买入某种能源资产，在t时刻以P_t的价格卖出某种能源资产，能源资产在$t-k+1$时刻至t时刻的每一期的简单单期收益率分别为$r_{t-k+1}, r_{t-k+2}, \cdots, r_{t-1}, r_t$，则该能源资产在$t$时刻的简单$k$期收益率$r_t(k)$为

$$\begin{aligned} r_t(k) &= \frac{P_t}{P_{t-k}} - 1 = \frac{P_t}{P_{t-1}} \times \frac{P_{t-1}}{P_{t-2}} \times \cdots \times \frac{P_{t-k+1}}{P_{t-k}} - 1 \\ &= (1+r_t) \times (1+r_{t-1}) \times \cdots \times (1+r_{t-k+1}) - 1 \\ &= \prod_{i=0}^{k-1} (1+r_{t-i}) - 1 \end{aligned} \tag{1-1-2}$$

从式（1-1-2）可以看出，简单k期收益率$r_t(k)$可由过去多个简单单期收益率表示。

在现实中，投资者常常会遇到其所拥有的能源资产具有连续复利的情况。例如，存

在多只具有股息率的能源股票，在每年特定分红的时刻投资者会收到一定比例的股息回报。每只能源股票支付股息的时间并不统一，有些能源股票会半年支付一次股息，而有的能源股票会一个季度支付一次股息。我们考虑这样一个情况：假定一只能源股票的股息率是 10%，投资者所持有能源股票的价值为 10 000 元。如果该能源公司每年支付一次股息，那么能源股票投资者在一年的总收益是

$$10\,000\times(1+10\%)=11\,000（元） \tag{1-1-3}$$

现在假定该能源公司每半年支付一次股息，股息率是 $10\%/2=5\%$，那么能源股票投资者一年的总收益是

$$10\,000\times(1+5\%)^2=11\,025（元） \tag{1-1-4}$$

现在假定该能源公司每个季度支付一次股息，股息率是 $10\%/4=2.5\%$，那么能源股票投资者一年的总收益是

$$10\,000\times(1+2.5\%)^4=11\,038.1（元） \tag{1-1-5}$$

如此往复，我们可以想象到一年的时间可以被无限分割，而股息率也可以被无限等分。假设投资者的初始能源股票资产为 P_1，不考虑股价变动，股息率是 r，一年的时间被分割为 m 份，同时在每一个时间段支付投资者股息，对应的股息率为 r/m，则经过一年的时间后，当 m 趋于无穷时，能源股票投资者一年的总资产 P_m 可通过式（1-1-6）计算得到，即

$$\lim_{m\to\infty}P_0\left(1+\frac{r}{m}\right)^m=P_0\mathrm{e}^r=P_m \tag{1-1-6}$$

此时，我们称式（1-1-6）中的 r 为对数收益率。反之，我们可以根据能源股票价格求出对应的对数收益率，即

$$r=\ln\frac{P_m}{P_0}=\ln P_m-\ln P_0 \tag{1-1-7}$$

对数单期收益率在一般的金融研究中有着广泛的应用，其使用场景常常超过了一般的简单单期收益率。接着上述例子，假设能源资产投资者在 $t-k$ 时刻以 P_{t-k} 的价格买入某种能源资产，在 t 时刻以 P_t 的价格卖出某种能源资产，能源资产在 $t-k+1$ 时刻至 t 时刻的每一期的对数单期收益率分别为 $r_{t-k+1},r_{t-k+2},\cdots,r_{t-1},r_t$，则该能源资产在 t 时刻的对数 k 期收益率 $r_t(k)$ 为

$$r_t(k)=\ln\frac{P_t}{P_{t-k}}=\ln\left(\frac{P_t}{P_{t-1}}\times\frac{P_{t-1}}{P_{t-2}}\times\cdots\times\frac{P_{t-k+1}}{P_{t-k}}\right)=\sum_{i=0}^{k-1}r_{t-i} \tag{1-1-8}$$

我们比较式（1-1-8）和式（1-1-2）的形式可以发现，对数收益率对于 k 期收益率的表达非常简洁，这为后续更为复杂计算场景的表达提供了方便。需要注意的是，当能源资产价格为负数时（如负电力价格），则不能使用对数收益率，而应使用简单收益率。

1.1.2 能源价格收益率的时间序列特征

从直观的表现来看，假设某一个能源资产（如能源公司的股票、能源期货）是一个

日度数据，且只关注它的收盘价收益率序列，我们在每个交易日都能得到一个观测值，那么在一段时间内就能观察到一个时间序列样本。在进一步采用时间序列分析工具分析能源价格前，必须明确一个观点：每一个交易日的收益率 r_t 都是一个随机变量，即存在着一个“总体”，我们所观察到的都是 r_t 的“总体”的一个样本值。如果存在着“平行世界”或者历史能够重现一遍，那么这个能源价格收益率随机变量的观测值可能会是另一个值。

进一步地，由于每一个交易日的收益率 r_t 是随机变量，那么在一段时间定义下的收益率序列 $\{r_t, t=0,\pm1,\pm2,\cdots\}$ 就是一个随机过程。

本书的核心任务可以抽象为描述能源价格收益率 r_t 的特征，从本质上来说，就是从已知的收益率观测值信息中获得一些未知的东西（如收益率的分布函数等）。为了做到这一点，本书后续部分所有内容讨论的前提假定都是在所感兴趣的时间范围内概率分布的某种特征保持不变。这就必须要引入时间序列平稳性的概念。

时间序列的弱平稳性定义如下：时间序列 $\{X_t, t=0,\pm1,\pm2,\cdots\}$ 称为是弱平稳的，如果对每个 t，$\mathbb{E}(X_t^2)<\infty$，且满足：① $\mathbb{E}(X_t)$ 是与 t 无关的常数；②对于每个 k，$\mathrm{Cov}(X_t, X_{t+k})$ 与 t 无关。时间序列的严平稳性定义如下：如果对任意的 $n\geqslant1$ 和任意的整数 k，$(X_1, X_2,\cdots,X_n)$ 和 $(X_{1+k}, X_{2+k},\cdots,X_{n+k})$ 有相同的联合分布，则时间序列 $\{X_t, t=0,\pm1,\pm2,\cdots\}$ 称为是严平稳的。

在本书随后章节的学习中，我们会经常遇到弱平稳性的概念。弱平稳性定义假定时间序列的前两阶矩是不变的。弱平稳性主要用于描述线性变化的能源价格收益率时间序列，这类时间序列主要涉及时间延迟变量间的线性关系。对于本书所涉及的大多数能源价格时间序列分析问题，只要有弱平稳性的假定就够了。

能源价格收益率的自协方差和自相关函数具有广泛应用。对于一个弱平稳的能源价格收益率 X_t，对任意的 k，有自相关函数

$$\mathrm{Cov}(X_{t+k}, X_t)=\mathrm{Cov}(X_k, X_0) \tag{1-1-9}$$

其中，Cov 表示协方差运算。由式（1-1-9）可知，t 时刻收益率 X_t 和 s 时刻收益率 X_s 之间的相关性仅依赖于时间差的绝对值 $|t-s|$。由此，我们给出时间序列自协方差函数（autocovariance function）的定义。X_t 的自协方差函数 $\gamma(k)$ 可以表示为

$$\gamma(k)=\mathrm{Cov}(X_{t+k}, X_t),\ \ k=0,\pm1,\pm2,\cdots \tag{1-1-10}$$

X_t 的自相关函数（autocorrelation function）$\rho(k)$ 可以表示为

$$\rho(k)=\frac{\gamma(k)}{\gamma(0)}=\mathrm{Corr}(X_{t+k}, X_t),\ \ k=0,\pm1,\pm2,\cdots \tag{1-1-11}$$

其中，Corr 表示相关系数。由以上定义我们能够看出，$\gamma(k)$ 和 $\rho(k)$ 都是偶函数，即

$$\gamma(k)=\gamma(-k),\ \ \rho(k)=\rho(-k) \tag{1-1-12}$$

一个定义在整数集上的实函数 $\gamma(k)$ 是一个平稳时间序列的自协方差函数，当且仅当它是偶函数和非负定函数时，则对任意整数 $n\geqslant1$ 和任意实数 $a_1, a_2,\cdots,a_n$，有

$$\sum_{i,j=1}^{n}(a_i a_j \gamma(i-j))\geqslant 0 \tag{1-1-13}$$

在现实中，如果给定弱平稳的能源价格收益率序列的观测值集合 $\{r_1,r_2,\cdots,r_T\}$，我们可以用如式（1-1-14）所示的方程来估计样本自协方差函数，即

$$\hat{\gamma}(k)=\frac{1}{T}\sum_{t=k+1}^{T}(r_t-\bar{r})(r_{t-k}-\bar{r}),\ k=0,1,\cdots,T-1 \tag{1-1-14}$$

其中，$\bar{r}=\frac{1}{T}\sum_{t=1}^{T}r_t$。同时，样本自相关函数为

$$\hat{\rho}(k)=\hat{\gamma}(k)/\hat{\gamma}(0),\ k=0,1,\cdots,T-1 \tag{1-1-15}$$

除了自相关函数，另一个非常重要的函数是偏自相关函数。自相关函数度量了收益率 X_t 和 X_{t-k} 间的相关性，而不考虑 X_t 与中间变量 $X_{t-1},X_{t-2},\cdots,X_{t-k+1}$ 的关系。然而根据线性回归的相关知识，X_t 和 X_{t-k} 间的相关性可能被 X_t 和 $X_{t-1},X_{t-2},\cdots,X_{t-k+1}$ 间的相关性重复解释。例如，某个能源价格收益率在 $t=1$ 时刻和 $t=2$ 时刻的相关性 $\mathrm{Corr}(X_1,X_2)$ 接近于 1，而如果 $\mathrm{Corr}(X_2,X_5)$ 也接近于 1，我们自然可以得到 $\mathrm{Corr}(X_1,X_5)$ 接近于 1。X_2 作为一个中间变量连接了 X_1 和 X_5 的关系，但如果我们剔除 X_2 的影响，X_1 和 X_5 的相关性可能并不强。偏自相关函数便是用来衡量剔除了其他变量的影响后两个变量之间的相关性的。

如果 X_t 是平稳时间序列且 $\mathbb{E}(X_t)=0$，则偏自相关函数 $\pi(k)$ 的定义为

$$\pi(k)=\begin{cases}\mathrm{Corr}\left(X_{t+1},X_t\right)=\rho(1), & k=1\\ \mathrm{Corr}(X_{t|t+1,t+2,\cdots,t+k-1},X_{t+k|t+1,t+2,\cdots,t+k-1}), & k\geqslant 2\end{cases} \tag{1-1-16}$$

其中，$X_{t|t+1,t+2,\cdots,t+k-1}$ 是由 X_t 关于 $(X_{t+1},X_{t+2},\cdots,X_{t+k-1})$ 的线性回归所得的残差，即

$$X_{t|t+1,t+2,\cdots,t+k-1}=X_t-(\alpha_0+\alpha_1X_{t+1}+\alpha_2X_{t+2}+\cdots+\alpha_{k-1}X_{t+k-1}) \tag{1-1-17}$$

且 $(\alpha_0,\alpha_1,\alpha_2,\cdots,\alpha_{k-1})=\underset{\beta_0,\beta_1,\beta_2,\cdots,\beta_{k-1}}{\arg\min}\ \mathbb{E}(X_t-(\beta_0+\beta_1X_{t+1}+\beta_2X_{t+2}+\cdots+\beta_{k-1}X_{t+k-1}))^2$。

1.2　能源价格收益率均值过程模型

在 1.1.2 小节中，我们了解到每一个时刻 t 的能源价格收益率 r_t 是一个随机变量。研究 r_t 特征的经典范式是分析这个随机变量的矩特征，最典型的矩特征便是随机变量的一阶矩，即均值。从一个时间段来观察，r_t 是一个随机变量，这说明不同时刻下 r_t 的概率分布函数是不同的，那么每一个时刻 r_t 的均值也不相同，描述 r_t 均值变化的过程便是均值过程。

1.2.1　随机游走特征与移动平均模型

观察任意时间段内能源价格收益率序列，我们会发现它似乎毫无规律可循。因为虽然价格收益率似乎围绕着某个数值在上下波动，但和一些规律的曲线（如正弦曲线）相比，能源价格收益率序列显得杂乱无章，似乎像一个喝醉的人在一个区域内随意走动。我们称这种特征为“随机游走”特征。如图 1-1 所示，美国西得克萨斯中质（West Texas intermediate，WTI）原油期货按照周度收盘价计算的收益率序列的运动轨迹在数值 0 附近无规则地不断震荡变化。

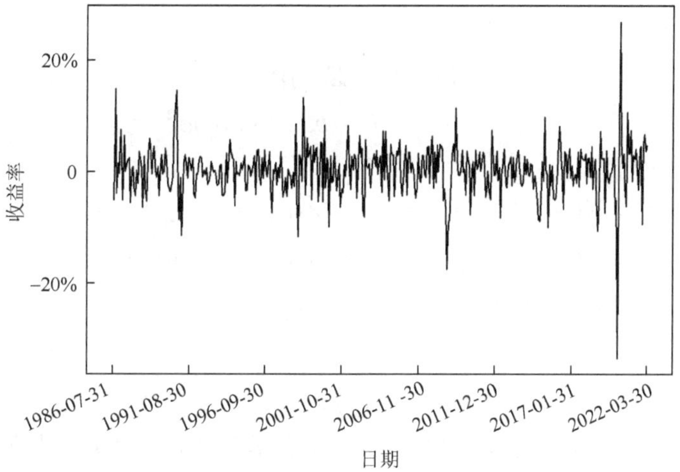

图 1-1　美国 WTI 原油期货周度收益率序列

在统计学上，和随机游走特征息息相关的一个概念是白噪声过程。设定一个随机过程 ϵ_t，如果对于每一个时刻 t 和时刻 s（$t \neq s$），有

$$\begin{aligned} \mathbb{E}(\epsilon_t) &= 0 \\ \mathbb{E}(\epsilon_t^2) &= \sigma^2 \\ \mathbb{E}(\epsilon_t \epsilon_s) &= 0 \end{aligned} \tag{1-2-1}$$

其中，σ 表示某一个非 0 常数，则称 ϵ_t 为白噪声过程。值得注意的是，式（1-2-1）并没有规定 ϵ_t 在每一个时刻的分布族。白噪声过程仅由它的前两阶矩所定义，白噪声过程是一个弱平稳过程。之所以称其为白噪声，是因为它不包含任何信息，就像是电视视频信号中的“雪花”一样，所以被形象地称为白噪声。在能源价格时间序列分析中，白噪声时常用来表示能源价格收益率在某个时间 t 所接收到的新信息，所以白噪声也被称为新息（innovation），白噪声序列也被称为新息序列。回到之前所说的随机游走特征，因为随机游走暗示了无规律，即无信息，白噪声序列非常适合用于描述这种无规律运动的状态。一种经典的根据随机游走特性描述能源价格收益率序列的模型是移动平均（moving average，MA）模型。在 MA 模型中，能源价格收益率的均值过程是由式（1-2-1）所定义的白噪声过程的加权线性组合，即不同时期白噪声过程的移动平均值。

令能源价格收益率为 r_t，用一个 q 阶的 MA 模型 MA(q) 来描述 r_t，即

$$r_t = a_0 + \epsilon_t + b_1\epsilon_{t-1} + b_2\epsilon_{t-2} + \cdots + b_q\epsilon_{t-q} \tag{1-2-2}$$

其中，a_0、b_1 至 b_q 皆表示实数；ϵ_t 表示 r_t 的新息，$\epsilon_{t-1},\epsilon_{t-2},\cdots,\epsilon_{t-q}$ 是白噪声序列；q 是阶数。观察式（1-2-2），MA(q) 模型描述了能源价格收益率 r_t 是由当期的新息和过去几期的新息加权而得到。新息代表了市场所给予的新信息，这意味着能源价格收益率的数值由最近 $(q+1)$ 期中每期的市场新信息构成（包括当前的新息），且在 $(t-q)$ 时期之前的新息已经不会对当期的 r_t 构成影响。结合式（1-2-1），在 MA(q) 模型的定义下，收益率 r_t 的均值为

$$\mathbb{E}(r_t) = a_0 + \mathbb{E}(\epsilon_t) + \mathbb{E}\left(b_1\epsilon_{t-1}\right) + \mathbb{E}(b_2\epsilon_{t-2}) + \cdots + \mathbb{E}(b_q\epsilon_{t-q}) = a_0 \tag{1-2-3}$$

这正好贴合了能源价格收益率围绕着某一个数值随机游走的特征，而这个数值正是 a_0。

在 MA(q) 的定义下，r_t 的方差为

$$\begin{aligned}\mathbb{D}(r_t) &= \mathbb{E}(r_t - \mathbb{E}(r_t))^2 \\ &= (1 + b_1^2 + b_2^2 + \cdots + b_q^2)\sigma^2\end{aligned} \tag{1-2-4}$$

其自协方差函数 $\gamma(k)$ 为

$$\begin{aligned}\gamma(k) &= \mathbb{E}((\epsilon_t + b_1\epsilon_{t-1} + \cdots + b_q\epsilon_{t-q}) \times (\epsilon_{t-k} + b_1\epsilon_{t-k-1} + \cdots + b_q\epsilon_{t-k-q})) \\ &= \mathbb{E}(b_k\epsilon_{t-k}^2 + b_{k+1}b_1\epsilon_{t-k-1}^2 + b_{k+2}b_2\epsilon_{t-k-2}^2 + \cdots + b_q b_{q-k}\epsilon_{t-q}^2) \\ &= \begin{cases}(b_k + b_{k+1}b_1 + b_{k+2}b_2 + \cdots + b_q b_{q-k})\sigma^2, & k = 1,2,\cdots,q \\ 0, & k > q\end{cases}\end{aligned} \tag{1-2-5}$$

可见，对于任意的 a_0、b_1 到 b_q，MA(q) 过程都是协方差平稳的，即弱平稳过程。特别地，当新息 ϵ_t 的分布族是正态分布时，MA(q) 过程对于所有的矩都是遍历的。超过 q 阶滞后的自协方差函数 $\gamma(k)$ 数值为 0。

1.2.2　自相关性与自回归模型

思考这样一件事，我们在观察一个较长时间段内的能源价格收益率时，虽然收益率的变化呈现出杂乱无章的特征，但可能存在两个潜在规律。

第一个规律是能源价格收益率在某一个时间段内总是保持着正值，在另一个时间段内总是保持着负值。这个规律其实可以从能源价格数据中看出：收益率保持正值对应着在某个时间段内能源价格保持上涨，收益率保持负值对应着在某个时间段内能源价格持续下跌。这种情况其实是由能源资产投资者的心理预期造成的。投资者对于未来能源价格的信念总是由两部分组成，一部分是吸收前一段时间内能源价格变化趋势的经验，另一部分是对未来市场新信息的反映。这两部分中，前者的影响常常更大。这意味着能源资产投资者对当前的价格判断在很大程度上继承于之前时刻的价格判断，几乎不会经常出现前一天某个能源资产价格为 60 元，而今天的收盘价为 5 元的情况。这种吸收过去价格经验的能力，反馈在能源价格收益率上就是当前收益率与之前时刻收益率高度相依。

第二个规律是能源价格收益率随着时间的变化总是围绕着 0 值上下波动，这种特征也被称为“均值回复性”。这种情况是由套利均衡所决定的，当能源价格低于过去的平均价格时，该资产就有可能被人购买，预期价格会上升。当目前某个能源价格高于过去的平均价格时，预期价格就会下降。换句话说，偏离平均价格的情况预计会恢复到平均水平。根据套利均衡原理，任何资产在长期的收益率都会趋向于 0，所以会产生收益率围绕着 0 值运动的特征。

可以用 1.1.2 节中自相关函数的定义来描述能源价格收益率的以上两种规律，那就是 r_t 和 r_{t-1} 甚至更滞后的收益率之间的自相关函数不为 0。为了描述这种持续变化的特征，我们引入自回归（autoregressive，AR）模型来描述能源价格收益率序列的变化。对于一个有着 p 阶滞后期的 AR 模型，即 AR(p) 模型，它的表达式为

$$r_t = a_0 + a_1 r_{t-1} + a_2 r_{t-2} + \cdots + a_p r_{t-p} + \epsilon_t \tag{1-2-6}$$

AR(p) 模型比 1.2.1 小节中的 MA(q) 模型更为复杂，因为在 MA(q) 模型中，能源价

格收益率仅由多个外生变量（不同时期的市场新息）线性组成，而在 AR(p) 模型中，能源价格收益率 r_t 和过去 p 期的自身数值高度相关，属于内生变化，且同时包含了当期的市场新息 ϵ_t。

在具体讨论 AR(p) 模型前，我们先对它的平稳条件进行简要说明。式（1-2-6）的本质其实是一个 p 阶差分方程。当 $p=1$ 时，AR(1)模型就是一个一阶差分方程，即

$$r_t = a_0 + a_1 r_{t-1} + \epsilon_t \tag{1-2-7}$$

此时只有 $|a_1|<1$，才能保证能源价格收益率是平稳的，否则 r_t 就会无限膨胀，随着时间的变化成为一个无穷大的数值，这违反了能源价格收益率变动的一般特征。式（1-2-6）同样也需要有类似的平稳性要求。根据式（1-2-6）的 AR(p) 模型，我们称

$$x^p - a_1 x^{p-1} - a_2 x^{p-2} - \cdots - a_{p-1}x - a_p = 0 \tag{1-2-8}$$

为 AR(p) 模型的特征根方程。同时，我们称

$$1 - a_1 x - a_2 x^2 - \cdots - a_{p-1} x^{p-1} - a_p x^p = 0 \tag{1-2-9}$$

为 AR(p) 模型的逆特征根方程。只有当式（1-2-8）中的 p 个根全部落在复平面上的单位圆内，或式（1-2-9）中的 p 个根全部落在复平面上的单位圆外时，AR(p) 模型才是平稳的。只有用平稳的 AR(p) 模型才能正常描述能源价格收益率序列 r_t 的变化过程。否则，随着时间下标的变化，r_t 的数值会出现无限膨胀的情况。

我们对式（1-2-7）两侧同时取期望算子，可以求出 AR(p) 模型中能源价格收益率的期望，即

$$\mathbb{E}(r_t) = a_0 + a_1\mathbb{E}(r_{t-1}) + a_2\mathbb{E}(r_{t-2}) + \cdots + a_p\mathbb{E}(r_{t-p}) \tag{1-2-10}$$

注意在式（1-2-10）中，我们计算的是无条件期望，所以 $\mathbb{E}(r_t)=\mathbb{E}(r_{t-1})=\cdots=\mathbb{E}(r_{t-p})$。又因为 $\mathbb{E}(a_0)=a_0$，可以得到

$$\mathbb{E}(r_t) = \frac{a_0}{1-a_1-a_2-\cdots-a_p} \tag{1-2-11}$$

利用式（1-2-10），可以将 AR(p) 模型改写为

$$r_t - \mathbb{E}(r_t) = a_1(r_{t-1} - \mathbb{E}r_{t-1}) + a_2(r_{t-2} - \mathbb{E}r_{t-2}) + \cdots + a_p(r_{t-p} - \mathbb{E}r_{t-p}) + \epsilon_t \tag{1-2-12}$$

再对式（1-2-12）两侧同时乘以 $(r_{t-k} - \mathbb{E}(r_{t-k}))$，便可以得到在 AR$(p)$ 模型的定义下，能源价格收益率的自协方差函数 $\gamma(k)$，即

$$\gamma(k) = \begin{cases} a_1\gamma(k-1) + a_2\gamma(k-2) + \cdots + a_p\gamma(k-p), & k=1,2,\cdots \\ a_1\gamma(1) + a_2\gamma(2) + \cdots + a_p\gamma(p) + \sigma^2, & k=0 \end{cases} \tag{1-2-13}$$

其中，σ^2 表示新息的方差。由于 $\gamma(k)=\gamma(-k)$，根据方程系数式（1-2-13）就可以解出当 $j=0,1,\cdots,p$ 时，关于 σ^2 和 $a_1,a_2,\cdots,a_p$ 的函数的 $\gamma(1),\gamma(2),\cdots,\gamma(p)$。

1.2.3　复杂特征与 ARMA 模型

在现实中，能源价格收益率序列的复杂特征可能使得其既包含随机游走特征，又包含自相关性。此时，我们可以同时应用 AR 和 MA 模型，联合构建一个 ARMA 模型。ARMA

模型的阶数 $m=(p,q)$ 由两部分组成，一部分是 AR 模型的阶数 p ，另一部分是 MA 模型的阶数 q 。用 ARMA (p,q) 描述能源价格收益率序列，即

$$r_t = a_0 + a_1 r_{t-1} + a_2 r_{t-2} + \cdots + a_p r_{t-p} + \epsilon_t + b_1\epsilon_{t-1} + b_2\epsilon_{t-2} + \cdots + b_q\epsilon_{t-q} \tag{1-2-14}$$

注意，式（1-2-14）是一个差分方程，要使得式（1-2-14）中能源价格收益率变化平稳，必须满足

$$x^p - a_1 x^{p-1} - a_2 x^{p-2} - \cdots - a_{p-1}x - a_p = 0 \tag{1-2-15}$$

的 p 个根全部落在复平面上的单位圆内，或

$$1 - a_1 x - a_2 x^2 - \cdots - a_{p-1}x^{p-1} - a_p x^p = 0 \tag{1-2-16}$$

的 p 个根全部落在复平面上的单位圆外。由此可见，用 ARMA (p,q) 描述能源价格收益率，平稳性条件只与 ARMA (p,q) 中的 AR 模型部分的系数有关，而与 MA 模型部分的系数无关。

我们对式(1-2-14)的两端同时取期望，可以得到式(1-2-10)，从而可知在 ARMA (p,q) 的定义下，能源价格收益率的均值和 AR (p) 模型相同，都可以表示为式（1-2-11)，所以 ARMA (p,q) 也可以表述为

$$\begin{aligned} r_t - \mathbb{E}r_t &= a_1(r_{t-1} - \mathbb{E}r_{t-1}) + a_2(r_{t-2} - \mathbb{E}r_{t-2}) + \cdots + a_p(r_{t-p} - \mathbb{E}r_{t-p}) \\ &\quad + \epsilon_t + b_1\epsilon_{t-1} + b_2\epsilon_{t-2} + \cdots + b_q\epsilon_{t-q} \end{aligned} \tag{1-2-17}$$

对式（1-2-17）左右两侧分别乘上 $(r_{t-k} - \mathbb{E}r_{t-k})$ ，便可以得到其自协方差函数。当 $k>q$ 时，有

$$\gamma(k) = a_1\gamma(k-1) + a_2\gamma(k-2) + \cdots + a_p\gamma(k-p),\quad k = q+1, q+2, \cdots \tag{1-2-18}$$

当 $k \leqslant q$ 时，由于 $b_k\epsilon_{t-k}$ 和 r_{t-k} 之间存在相关关系，所以式（1-2-18）并不成立。因为 ARMA (p,q) 模型有着比 AR (p) 模型更为复杂的 $1 \sim q$ 阶的自协方差函数。

1.2.4　非线性特征与非线性均值模型

1.2.1 小节至 1.2.3 小节所介绍的均值过程模型都是线性模型，这意味着当前的能源价格收益率都是由不同的内生或外生变量线性加总得到的。这种假定在多数建模情景下已足够描述能源价格收益率的变化，然而当收益率序列发生复杂变化时，常常需要采用非线性的均值模型对其进行建模。

一种常见的情况是能源价格收益率序列在某个时间段内是非平稳的时间序列。从感官上来说，非平稳即能源价格收益率不具有“均值回复性”，也不具有随机游走的特征，序列的变化过程具有明显的趋势性。从数理描述上来说，如果我们采用 AR (p) 模型对其进行建模，会发现由式（1-2-8）所确定的特征根并不在复平面上的单位圆内，而可能会在复平面上的单位圆外或单位圆上。此时我们采用增广迪基-富勒（augmented Dickey-Fuller，ADF）检验或菲利普斯-佩龙（Phillips-Perron，PP）检验，会发现该收益率序列并不平稳。如图 1-2 所示，我们截取了 1990 年 4 月 30 日至 2021 年 10 月 27 日美国亨利港的天然气期货收盘价序列。可以看出它的运动模式和图 1-1 中 WTI 原油期货收益率的运动模式截然不同，从一个较长的时间尺度看，图 1-2 中的价格序列有着明显的先涨后跌的趋势。

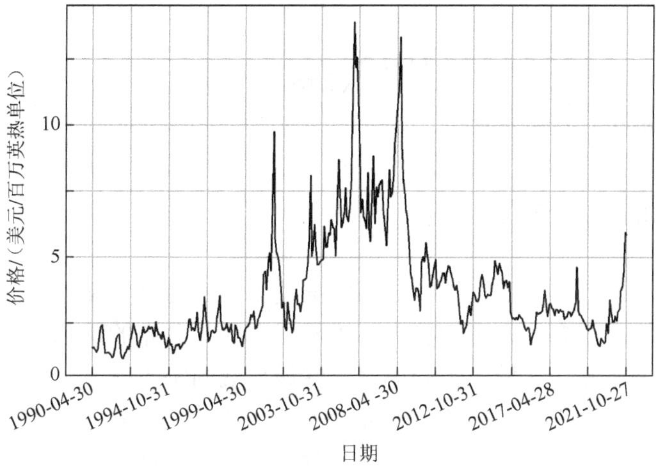

图 1-2　美国亨利港天然气期货收盘价序列

由于以上介绍的 AR 模型、MA 模型和 ARMA 模型要求能源价格收益率平稳变化，此时上述模型无法对一个非平稳运动的序列进行建模。对于这种非平稳序列，可以采用差分自回归移动平均（autoregressive integrated moving average，ARIMA）模型或带有季节调整的 ARIMA 模型对序列进行建模。我们称这一类模型为非线性均值模型。

1.3　能源价格收益率的新息分布

每一个时刻的能源价格收益率 r_t 是一个随机变量，其随机性来自新息 ϵ_t 。在 1.1 节和 1.2 节中，我们设置 ϵ_t 为正态分布，然而在实际建模中我们并不知道 ϵ_t 的真实分布，只能根据一些统计特征来先验地设置 ϵ_t 的分布族。本节将介绍常用的 ϵ_t 的分布族。

1.3.1　新息分布是正态分布族

ϵ_t 最常见的设定是正态分布，这是因为当任何一个随机变量受到很多微小因素的影响且影响不大的时候，随机变量常常呈现出正态分布，如人的身高的分布、收入水平的分布等。能源价格常常受到宏观经济发展水平、相关金融资产价格变动、地缘政治风险、微观交易噪声等众多变量的影响，所以某一个时刻 ϵ_t 的分布也常常呈现出正态特征。需要注意的是，我们强调了“某一个时刻”，因为 ϵ_t 是一个随机过程，我们只关注在某一个时刻 t 的分布族。在不同的时间下标下，ϵ_t 的分布族可能不会发生变化，只会改变其自身分布族的某些参数。

在正态分布族下，ϵ_t 的概率密度函数有两个参数，一个是位置参数 μ（均值），另一个是尺度参数 σ（标准差），概率密度函数的表达式为

$$f(x)=\frac{1}{\sqrt{2\pi}\sigma}\mathrm{e}^{\frac{(x-\mu)^2}{-2\sigma^2}} \tag{1-3-1}$$

其中，ϵ_t 的均值为 μ，方差为 σ^2。

1.3.2　新息分布是 *t* 分布族

采用正态分布族的一个潜在缺点是不能描述新息 ϵ_t 的“尖峰厚尾”性。“尖峰”就是分布的峰部比标准正态分布更细更尖，“厚尾”就是分布的尾部比标准正态分布的尾部更高，即看起来更厚。这种“尖峰厚尾”性最直观的特点就是出现极端值（可以是极端正值或极端负值），特别是在国际政治经济局势动荡之时，能源资产很有可能出现极端收益率，此时采用具有“尖峰厚尾”特征的分布族来描述能源价格收益率的新息 ϵ_t 比一般的正态分布更为合适。

t 分布是一种经典的具有“尖峰后尾”特征的分布，它拥有三个参数：性态参数 ν、位置参数 α 和尺度参数 β（有时候尺度参数也表示为 σ^2）。t 分布的概率密度函数为

$$f(x)=\frac{\Gamma\left(\frac{\nu+1}{2}\right)}{\sqrt{\beta\nu\pi}\Gamma\left(\frac{\nu}{2}\right)}\left(1+\frac{(x-\alpha)^2}{\beta\nu}\right)^{-\left(\frac{\nu+1}{2}\right)} \tag{1-3-2}$$

在式（1-3-2）的定义下，t 分布的均值为 α，方差为 $\beta\nu/(\nu-2)$［当尺度参数表示为 σ^2 时，方差表示为 $\sigma^2\nu/(\nu-2)$］。由于 t 分布的参数较多，通常采用标准 t 分布的形式作为 ϵ_t 的分布族，此时 $\alpha=0$，$\beta=1$。标准 t 分布的概率密度函数为

$$f(x)=\frac{\Gamma\left(\frac{\nu+1}{2}\right)}{\sqrt{\nu\pi}\Gamma\left(\frac{\nu}{2}\right)}\left(1+\frac{x^2}{\nu}\right)^{-\left(\frac{\nu+1}{2}\right)} \tag{1-3-3}$$

此时它的均值为 0，方差为 $\nu/(\nu-2)$。

1.3.3　新息分布是广义误差分布族

广义误差分布（generalized error distribution，GED）是一个拥有三个参数的分布，它有着位置参数 α、尺度参数 β 和形状参数 κ。GED 的概率密度函数为

$$f(x)=\frac{\kappa\mathrm{e}^{-\frac{1}{2}\left|\frac{x-\alpha}{\beta}\right|^{\kappa}}}{2^{1+\kappa^{-1}}\beta\Gamma(\kappa^{-1})} \tag{1-3-4}$$

其中，$\Gamma(x)$ 表示伽马（Gamma）函数。GED 的概率密度函数图像是单峰、对称的。GED 的均值为位置参数 α，方差为

$$\mathbb{D}(x)=2^{\frac{2}{\kappa}}\beta^2\frac{\Gamma(3\kappa^{-1})}{\Gamma(\kappa^{-1})} \tag{1-3-5}$$

GED 中的形状参数 κ 可以让 GED 退化为其他不同的分布。当 κ 趋于正无穷时，GED 退化为均匀分布；当 $\kappa=2$ 时，GED 退化为正态分布；当 $\kappa=1$ 时，GED 退化为拉普拉斯分布。所以 GED 有着广泛的描述空间，可以更好地拟合 ϵ_t 潜在的形态。

1.3.4 新息分布是偏态分布

1.3.1 小节至 1.3.3 小节所介绍的分布都是对称的单峰分布，然而在现实中 ϵ_t 的偏度可能在某个时间段内并不为 0。例如，当某个时期价格一直在上涨，当对这段时期内的能源价格收益率的均值过程进行建模时，价格收益率的新息 ϵ_t 的偏度很可能是正的；反之，则新息的偏度可能是负数。这里介绍一种构建偏态分布的方法，它利用逆比例因子（inverse scale factor）方法，将一个对称的单峰分布扩展为可以描述偏态性质的分布。给定一个偏度参数 ξ 和一个对称的单峰分布 $f(x)$，则经过逆比例因子方法扩展的分布的概率密度函数的表达式为

$$g(x\mid\xi)=\frac{2}{\xi+\xi^{-1}}(f(\xi x)H(-x)+f(\xi^{-1}x)H(x)) \tag{1-3-6}$$

其中，ξ 大于 0；$H(x)$ 表示一个单位阶跃函数；$H(x)\doteq[x>0]$，$[\cdot]$ 是取整符号。观察式（1-3-6），参数 ξ 控制了 $g(x)$ 的偏度参数。如果我们认为一个新息 ϵ_t 的形态近似于一个正态分布，但它的概率密度函数的形状有一定的偏态性，那么我们可以设定 $f(x)$ 为正态分布的概率密度函数，再对 ϵ_t 采用式（1-3-6）中的概率密度函数对其自身进行拟合。此时我们需要估计三个参数：正态分布中的位置参数 μ、尺度参数 σ，以及 $g(x)$ 中的偏度参数 ξ。观察式（1-3-6），当 ξ 等于 1 时，$g(x)$ 退化为 $f(x)$，此时 $g(x)$ 的概率密度函数变为一个对称的单峰形态。

1.3.5 新息分布具有更为复杂的特征

在 1.3.1 小节至 1.3.4 小节中，我们设定 ϵ_t 为某一个固定的分布族。这种设定已经可以满足较为一般的建模要求。然而，能源价格收益率是运动规律最复杂、波动模式最剧烈的数据之一。有时候，正态分布族、t 分布族和 GED 族依然不能够精准拟合 ϵ_t。潜在的情况可能有两种。

一种情况是很多投资者都是极度风险偏好型或风险厌恶型。极度风险偏好型投资者非常关注能源价格收益率分布的右尾特征（在非常高的分位数水平下，ϵ_t 的概率密度函数的形态）；极度风险厌恶型投资者非常关注能源价格收益率分布的左尾特征（在非常低的分位数水平下，ϵ_t 的概率密度函数的形态）。这些投资者对 ϵ_t 在不高不低分位数（如 20%至 80%分位数）水平下的概率密度函数的形态并不感兴趣，而对概率密度函数尾部形态非常感兴趣。此时我们需要选取一个分布族，它能够精准描述能源价格收益率新息的尾部特征。极值分布族是一个良好的选择，在第四章中我们将详细介绍这种分布族，并说明在何种情况下可以选择这种特殊的极值分布族来描述 ϵ_t。

另一种情况是在某个时间段内，由于能源价格的变化并非遵循一般范式，其收益率

的变化也呈现出非对称、非单峰甚至是非连续的特征。例如，在新冠疫情暴发期间，多种能源资产价格经历了断崖式下跌，这种下跌的特征甚至是跳跃运动的（在第三章中，我们将详细介绍这种运动模式）。此时我们需要采用混合泊松过程来描述价格收益率的新息 ϵ_t，即 ϵ_t 的变化是一个跳跃强度为 λ_t 的泊松过程，而每一个时刻的 λ_t 由一个均值为 0、方差为 σ^2 的正态分布来刻画。

还有一种构建 ϵ_t 分布族的方法，即采用非参数模型，包括采用窗函数估计等方法。这一类方法不提前假设 ϵ_t 服从某一个分布族，而是根据 ϵ_t 的观测值直接拟合 ϵ_t 的概率密度函数。

1.4 能源价格收益率均值过程模型的参数估计

1.4.1 均值过程模型的极大似然估计

对于一个如式（1-2-14）所示的 ARMA(p,q) 过程，本小节将利用能源价格收益率的观测值 $\{r_1,r_2,r_3,\cdots,r_{T-1},r_T\}$（样本量为 T ）来估计 ARMA(p,q) 过程中所有参数的数值。估计所根据的基本原则是极大似然法。令全部参数向量 $\boldsymbol{\theta}$ 为

$$\boldsymbol{\theta} \doteq (a_0,a_1,a_2,\cdots,a_p,b_1,b_2,\cdots,b_q,\sigma) \tag{1-4-1}$$

利用极大似然法估计，我们需要计算概率密度

$$f_{r_1,r_2,\cdots,r_T}(r_1,r_2,\cdots,r_T \mid \boldsymbol{\theta}) \tag{1-4-2}$$

它可以看作是已观测到的具体的能源价格收益率样本的概率。$\boldsymbol{\theta}$ 的极大似然估计值 $\hat{\boldsymbol{\theta}}$ 是式（1-4-2）最大化的数值。采用极大似然法，我们必须要给出 r_t 的具体分布族。由于 r_t 的随机性来自新息 ϵ_t，由此我们必须先设定 ϵ_t 的分布族。一般地，我们先讨论 ϵ_t 是正态分布的情况，即

$$\epsilon_t \overset{\text{i.i.d.}}{\sim} N(0,\sigma^2) \tag{1-4-3}$$

其中，i.i.d. 表示独立同分布于某一个分布，即每一个时刻，ϵ_t 的分布不会发生变化。尽管这个假定很强，但由此得出的 $\hat{\boldsymbol{\theta}}$ 常常也适合于某些未知的分布情形。对于非正态分布的能源价格收益率序列或其他性质的序列 Y_t，可以采用 Box-Cox 变换，将其变为一个正态分布的时间序列，从而采用上述的极大似然估计步骤。当然，也可以利用 1.3 节中介绍的其他参数分布作为新息分布，进行极大似然估计。进行极大似然估计需要两个步骤。第一步是计算出似然函数或对数似然函数的表达式；第二步是求解似然函数或对数似然函数取最大值时的 $\hat{\boldsymbol{\theta}}$。

令 $\boldsymbol{x}=(x_1,x_2,\cdots,x_N)^{\mathrm{T}}$，一个均值向量为 $\boldsymbol{\mu}$、方差-协方差矩阵为 $\boldsymbol{\Sigma}$ 的 N 维正态分布的概率密度函数为

$$f(\boldsymbol{x})=\frac{1}{\sqrt{(2\pi)^N\left|\boldsymbol{\Sigma}\right|}}\mathrm{e}^{-\frac{1}{2}(\boldsymbol{x}-\boldsymbol{\mu})^{\mathrm{T}}\boldsymbol{\Sigma}^{-1}(\boldsymbol{x}-\boldsymbol{\mu})} \tag{1-4-4}$$

我们先讨论新息分布为正态分布的 AR(p) 过程的参数估计。此时要估计的参数向量为 $\boldsymbol{\theta} \doteq (a_0,a_1,a_2,\cdots,a_p,\sigma)$。可以将样本分为两部分，一部分是 $\{r_1,r_2,\cdots,r_p\}$，另一部分是

$\{r_{p+1},r_{p+2},\cdots,r_T\}$，由此全部观测值的似然函数可以由式（1-4-2）变化为

$$f_{r_1,r_2,\cdots,r_T}(r_1,r_2,\cdots,r_T\mid\boldsymbol{\theta})=f_{r_1,r_2,r_3,\cdots,r_p}(r_1,r_2,r_3,\cdots,r_p\mid\boldsymbol{\theta})\times\prod_{t=p+1}^{T}f_{r_t|r_{t-1},r_{t-2},\cdots,r_{t-p}}(r_t\mid r_{t-1},r_{t-2},\cdots,r_{t-p};\boldsymbol{\theta})\tag{1-4-5}$$

我们先观察式（1-4-5）右侧的 $f_{r_1,r_2,r_3,\cdots,r_p}(r_1,r_2,r_3,\cdots,r_p\mid\boldsymbol{\theta})$，它是一个 p 维的多元高斯分布。因为 $\{r_1,r_2,\cdots,r_p\}$ 各自的边缘分布是正态分布，且新息 $\{\epsilon_t,t=0,\pm1,\pm2,\cdots\}$ 是正态的，所以 $\{r_1,r_2,\cdots,r_p\}$ 可以看作是一个多元正态分布①。由式（1-2-11）可知，$\{r_1,r_2,\cdots,r_p\}$ 的均值向量 $\boldsymbol{\mu}_p$ 的每一个元素都是 $a_0/(1-a_1-a_2-\cdots-a_p)$。而由式（1-2-13）可知，$\{r_1,r_2,\cdots,r_p\}$ 的方差-协方差矩阵 $\boldsymbol{\Sigma}_p$ 为

$$\boldsymbol{\Sigma}_p=\begin{bmatrix}\gamma(0) & \gamma(1) & \gamma(2) & \cdots & \gamma(p-1)\\ \gamma(1) & \gamma(0) & \gamma(1) & \cdots & \gamma(p-2)\\ \gamma(2) & \gamma(1) & \gamma(0) & \cdots & \gamma(p-3)\\ \vdots & \vdots & \vdots & & \vdots\\ \gamma(p-1) & \gamma(p-2) & \gamma(p-3) & \cdots & \gamma(0)\end{bmatrix}\tag{1-4-6}$$

则由此得到 $\{r_1,r_2,\cdots,r_p\}$ 的似然函数是

$$f_{r_1,r_2,r_3,\cdots,r_p}(r_1,r_2,r_3,\cdots,r_p\mid\boldsymbol{\theta})=\frac{1}{\sqrt{(2\pi)^p\left|\boldsymbol{\Sigma}_p\right|}}\mathrm{e}^{-\frac{1}{2}(\boldsymbol{x}-\boldsymbol{\mu}_p)^{\mathrm{T}}\boldsymbol{\Sigma}_p^{-1}(\boldsymbol{x}-\boldsymbol{\mu}_p)}\tag{1-4-7}$$

则相应的对数似然函数为

$$\ln f_{r_1,r_2,r_3,\cdots,r_p}(r_1,r_2,r_3,\cdots,r_p\mid\boldsymbol{\theta})=-\frac{p}{2}\ln(2\pi)-\frac{1}{2}\ln\left|\boldsymbol{\Sigma}_p\right|-\frac{1}{2}(\boldsymbol{x}-\boldsymbol{\mu}_p)^{\mathrm{T}}\boldsymbol{\Sigma}_p^{-1}(\boldsymbol{x}-\boldsymbol{\mu}_p)\tag{1-4-8}$$

再观察式（1-4-5）的剩下部分 $\prod_{t=p+1}^{T}f_{r_t|r_{t-1},r_{t-2},\cdots,r_{t-p}}(r_t\mid r_{t-1},r_{t-2},\cdots,r_{t-p};\boldsymbol{\theta})$，对于其中任意一项 $f_{r_t|r_{t-1},r_{t-2},\cdots,r_{t-p}}(r_t\mid r_{t-1},r_{t-2},\cdots,r_{t-p};\boldsymbol{\theta})$，由于条件随机变量 $r_t\mid r_{t-1},\cdots,r_{t-p}$ 的随机性依然来自当期的新息 ϵ_t，所以 $r_t\mid r_{t-1},r_{t-2},\cdots,r_{t-p}$ 依然是正态分布，且其条件均值为

$$\mathbb{E}(r_t\mid r_{t-1},r_{t-2},\cdots,r_{t-p})=a_0+a_1r_{t-1}+a_2r_{t-2}+\cdots+a_pr_{t-p}\tag{1-4-9}$$

这是因为在随机变量 $r_t\mid r_{t-1},r_{t-2},\cdots,r_{t-p}$ 中，能源价格收益率 $r_{t-1},r_{t-2},\cdots,r_{t-p}$ 已不再具有随机性。类似地，$r_t\mid r_{t-1},r_{t-2},\cdots,r_{t-p}$ 的条件方差为

$$\mathbb{D}(r_t\mid r_{t-1},r_{t-2},\cdots,r_{t-p})=\sigma^2\tag{1-4-10}$$

由此我们可以得到

$$\begin{aligned}&\ln f_{r_t|r_{t-1},r_{t-2},\cdots,r_{t-p}}(r_t\mid r_{t-1},r_{t-2},\cdots,r_{t-p};\boldsymbol{\theta})\\&=-\frac{1}{2}\ln(2\pi\sigma^2)-\frac{1}{2}\frac{\left(r_t-a_0-a_1r_{t-1}-a_2r_{t-2}-\cdots-a_pr_{t-p}\right)^2}{\sigma^2}\end{aligned}\tag{1-4-11}$$

---

① 多元随机变量的边缘分布是正态分布，但它们的联合分布不一定是正态分布。$\{r_1,r_2,\cdots,r_p\}$ 各自的边缘分布是正态分布只是 $\{r_1,r_2,\cdots,r_p\}$ 为多元正态分布的必要条件。

我们对式（1-4-5）取对数，并将式（1-4-8）和式（1-4-11）代入其中便能得到 AR(p) 过程的对数似然函数。我们可以通过数值算法最大化对数似然函数，从而得到估计值$\hat{\boldsymbol{\theta}}$。

对于新息分布为正态分布的 MA(q) 过程，要估计的参数向量为$\boldsymbol{\theta} \doteq (a_0, b_1, b_2, \cdots, b_q, \sigma)$。对于所有观测值$\{r_1, r_2, r_3, \cdots, r_{T-1}, r_T\}$，它们来自$T$维的多元正态分布，其均值向量$\boldsymbol{\mu}_T$的每一个元素都是$a_0$［参考式（1-2-3）］，其方差-协方差矩阵$\boldsymbol{\Sigma}_T$是一个$T \times T$的对称阵，第$i$行、第$j$列的元素为 MA$(q)$ 过程的自协方差函数$\gamma(|i-j|)$。对式（1-2-5）稍加调整，则有

$$\gamma(k)=\begin{cases}(b_k + b_{k+1}b_1 + b_{k+2}b_2 + \cdots + b_q b_{q-k})\sigma^2, & k = 0,1,2,\cdots,q \\ 0, & k > q\end{cases} \tag{1-4-12}$$

其中，$b_0 \doteq 1$。由此，MA(q) 过程中观测值$\{r_1, r_2, r_3, \cdots, r_{T-1}, r_T\}$的对数似然函数为

$$\begin{aligned}&\ln f_{r_1, r_2, r_3, \cdots, r_T}(r_1, r_2, r_3, \cdots, r_T \mid \boldsymbol{\theta}) \\ &= -\frac{T}{2}\ln(2\pi) - \frac{1}{2}\ln|\boldsymbol{\Sigma}_T| - \frac{1}{2}(\boldsymbol{x}-\boldsymbol{\mu}_T)^{\mathrm{T}}\boldsymbol{\Sigma}_T^{-1}(\boldsymbol{x}-\boldsymbol{\mu}_T)\end{aligned} \tag{1-4-13}$$

其中，$\boldsymbol{x} = (r_1, r_2, r_3, \cdots, r_T)^{\mathrm{T}}$。通过格点搜索、最陡爬坡法、牛顿-拉弗森法（Newton-Raphson method）等数值方法，我们可以最大化式（1-4-13），从而得到极大似然估计值$\hat{\boldsymbol{\theta}}$。对于 ARMA$(p,q)$ 过程我们也可以采用类似的方法，得到极大似然估计值$\hat{\boldsymbol{\theta}}$。

极大似然法在能源价格时间序列分析中有着非常重要的作用。尽管目前很多先进的计算机软件可以帮助人们计算模型的参数，但遇到复杂的能源价格时间序列建模情景时，常常要求研究者自行建立符合目标任务的模型，这就要求研究者要有能力写出模型的似然函数并求解参数。

1.4.2　极大似然估计的标准误

在学习计量经济学时，我们常常需要观察线性回归模型的显著性水平，即观察它的标准误，以判断某些变量的显著性。同样地，我们也需要观察极大似然估计的参数的显著性，以判断能源价格收益率均值过程中某些外生或内生变量是否对当前的能源价格收益率产生影响。

当采用极大似然法求解均值过程的参数$\hat{\boldsymbol{\theta}}$时，如果样本量$T$足够大，$\hat{\boldsymbol{\theta}}$通常可由式（1-4-14）中的一个多元正态分布逼近，即

$$\hat{\boldsymbol{\theta}} \sim N\left(\boldsymbol{\theta}_0, \boldsymbol{\mathcal{F}}^{-1}/T\right) \tag{1-4-14}$$

其中，$\boldsymbol{\theta}_0$表示真实估计量；$\boldsymbol{\mathcal{F}}$表示费雪信息矩阵。可以用三种方式估计$\boldsymbol{\mathcal{F}}$。

先来介绍第一种估计方式。费雪信息矩阵的二阶导数的估计为

$$\hat{\boldsymbol{\mathcal{F}}}_{2D} = -\frac{1}{T}\frac{\partial^2 \log f(\boldsymbol{\theta})}{\partial\boldsymbol{\theta}\,\partial\boldsymbol{\theta}^{\mathrm{T}}}\bigg|_{\boldsymbol{\theta}=\hat{\boldsymbol{\theta}}} \tag{1-4-15}$$

其中，$\log f(\boldsymbol{\theta})$表示对数似然函数。人们常用数值方法对对数似然函数求二阶导数，将式（1-4-15）代入式（1-4-14），含样本量T的项消去了，因而$\hat{\boldsymbol{\theta}}$的方差-协方差矩阵可以近似为

$$\mathbb{E}\left(\hat{\boldsymbol{\theta}}-\boldsymbol{\theta}_0\right)\left(\hat{\boldsymbol{\theta}}-\boldsymbol{\theta}_0\right)^{\mathrm{T}}=\left[-\left.\frac{\partial^2 \log f(\boldsymbol{\theta})}{\partial \boldsymbol{\theta}\,\partial \boldsymbol{\theta}^{\mathrm{T}}}\right|_{\boldsymbol{\theta}=\hat{\boldsymbol{\theta}}}\right]^{-1} \tag{1-4-16}$$

费雪信息矩阵的第二种估计方式被称作外积估计，即

$$\hat{\mathcal{F}}_{\mathrm{OP}}=T^{-1}\sum_{t=1}^{T}\left(\boldsymbol{h}\left(\hat{\boldsymbol{\theta}}\right)\right)\cdot\left(\boldsymbol{h}\left(\hat{\boldsymbol{\theta}}\right)\right)^{\mathrm{T}} \tag{1-4-17}$$

其中，$\boldsymbol{h}(\hat{\boldsymbol{\theta}})$ 表示对数似然函数关于参数向量的梯度，即

$$\boldsymbol{h}\left(\hat{\boldsymbol{\theta}}\right)=\left.\frac{\partial \log f(\boldsymbol{\theta})}{\partial \boldsymbol{\theta}}\right|_{\boldsymbol{\theta}=\hat{\boldsymbol{\theta}}} \tag{1-4-18}$$

其中，$\log f(\boldsymbol{\theta})$ 表示对数似然函数。在此情形下，$\hat{\boldsymbol{\theta}}$ 的方差-协方差矩阵可以近似表示为

$$\mathbb{E}\left(\hat{\boldsymbol{\theta}}-\boldsymbol{\theta}_0\right)\left(\hat{\boldsymbol{\theta}}-\boldsymbol{\theta}_0\right)^{\mathrm{T}}=\left[\sum_{t=1}^{T}\left(\boldsymbol{h}\left(\hat{\boldsymbol{\theta}}\right)\right)\cdot\left(\boldsymbol{h}\left(\hat{\boldsymbol{\theta}}\right)\right)^{\mathrm{T}}\right]^{-1} \tag{1-4-19}$$

然而在现实建模中，由于我们并不知道能源价格收益率的新息是何种分布族，所以我们所构建的极大似然函数的形式往往是错误的，但在大样本条件下，并且采用正态分布的新息分布时，待估参数 $\hat{\boldsymbol{\theta}}$ 依然可以接近真实参数 $\boldsymbol{\theta}_0$，这就是极大似然估计的一致渐进性。只是我们在计算 $\hat{\boldsymbol{\theta}}$ 的标准误时可能会产生偏差，此时需要引入第三种估计方式，它是前两种估计方式的结合，即

$$\mathbb{E}\left(\hat{\boldsymbol{\theta}}-\boldsymbol{\theta}_0\right)\left(\hat{\boldsymbol{\theta}}-\boldsymbol{\theta}_0\right)^{\mathrm{T}}=T^{-1}\left[\hat{\mathcal{F}}_{2D}\hat{\mathcal{F}}_{\mathrm{OP}}^{-1}\hat{\mathcal{F}}_{2D}\right]^{-1} \tag{1-4-20}$$

1.4.3　均值过程模型的阶数设定

在 1.2 节及 1.4.1 小节的讨论中，我们都预先给定了 ARMA 等一系列模型中的阶数 (p,q)。在实际建模工作中，我们需要想办法确定一个最优的 (p,q) 来拟合或预测能源价格收益率的均值过程。事实上，在本书后续章节所介绍的模型中，依然有对于阶数或其他先验参数的设定，本小节所介绍的定阶方法同样适用于后续章节中模型的定阶工作。

我们先介绍 ARMA 模型中确定阶数 (p,q) 的一般原理，即信息准则方法。信息准则，就是利用 1.4.1 小节中的似然函数值来确定所设定的概率密度函数 f 和真实的、未知的概率密度函数 g 之间的距离。距离越近，所设定的概率密度函数 f 就越接近于 g，模型阶数的设定就越准确。值得注意的是，我们永远无法知道真实的 g 的表达式。由此，信息准则只能用于备选模型阶数之间的比较。单纯计算得出的信息准则数值，如果没有和其他备选模型进行比较的话，则没有意义。

首先，一个最重要的信息准则是赤池信息量准则（Akaike information criterion，AIC）。AIC 已经被认为是 20 世纪统计学最重要的发现之一。AIC 的原理来自测量概率密度函数之间的距离。正如实数与实数之间可以用欧氏距离来衡量一样，我们所设定的概率密度函数 f 和未知形式的概率密度函数 g 之间的距离可以被度量为

$$I(g;f)=\int g(x)\log g(x)\mathrm{d}x-\int g(x)\log f(x)\mathrm{d}x=\mathbb{E}(\log(g(X)/f(X))),\ X\sim g \tag{1-4-21}$$

概率密度函数 f 的具体形式由我们选择的阶数 (p,q) 所决定。我们的目的是找到一组阶数 (p,q) 使得 $I(g;f)$ 尽可能地小。由此，我们应该选择 f，使得

$$-\int g(x)\log f(x)\mathrm{d}x = -\mathbb{E}(\log f(X)),\ X\sim g \tag{1-4-22}$$

极小化。在实际建模中，我们不知道 g 的具体表达形式，只能得到能源价格收益率的观测值 $\{r_1,r_2,r_3,\cdots,r_{T-1},r_T\}$，于是采用估计量 $-(1/T)\sum_{j=1}^{T}\log f(r_j)$ 去代替式（1-4-22）的右侧。然而在实际求解时，通常我们要在由 m 标示的参数族 $\{f_m(\cdot|\boldsymbol{\theta}_m)\}$ 的集合中选择 f。

对于每一个 m，f_m 的形式一般是给定的。例如，当我们对能源价格收益率序列构建 ARMA (p,q) 模型时，f_m 是一个具有阶数 $m \doteq (p,q)$ 的 ARMA 族，$\boldsymbol{\theta}_m = (a_1,\cdots,a_p,b_1,\cdots,b_q)$。其最优逼近将极小化 1.4.2 小节中的极大似然函数，即 $-1/T\sum_{j=1}^{T}\log f_m(X_j|\boldsymbol{\theta}_m)$，从而得到 $-1/T\sum_{j=1}^{T}\log f_m\left(X_j|\hat{\boldsymbol{\theta}}_m\right)$。

可以证明 $-\mathbb{E}(\log f(X))$ 的无偏估计是

$$-\frac{1}{T}\sum_{j=1}^{T}\log f_m\left(X_j|\hat{\boldsymbol{\theta}}_m\right)+\frac{p_m}{T} \tag{1-4-23}$$

其中，p_m 表示待估参数的个数。想要最小化 $-\mathbb{E}(\log f(X))$，就是选择最优阶数 $m=(p,q)$ 从而最小化式（1-4-23）。由于对式（1-4-23）同时乘上 T 不会影响阶数 $m=(p,q)$ 的选择，由此我们得到

$$\mathrm{AIC}(m) = -2\sum_{j=1}^{T}\log f_m\left(X_j|\hat{\boldsymbol{\theta}}_m\right)+2p_m \tag{1-4-24}$$

在两个阶数设定 $m=(p,q)$ 和 $m'=(p',q')$ 中，哪一个模型估计结果的 AIC 值越小，该模型就越接近真实分布。

一种对 AIC 修正的信息准则是赤池信息量修正准则（Akaike information corrected criterion，AICC）。AICC 将 AIC 中对于参数的惩罚项放大，使之成为

$$\mathrm{AICC}(m) = -2\sum_{j=1}^{T}\log f_m\left(X_j|\hat{\boldsymbol{\theta}}_m\right)+\frac{2p_mT}{T-p_m-1} \tag{1-4-25}$$

另一种经典的 AIC 的替代信息准则是贝叶斯信息准则（Bayesian information criterion，BIC）。BIC 通过极小化式（1-4-26）定义最优的阶数。

$$\mathrm{BIC}(m) = -2\sum_{j=1}^{T}\log f_m\left(X_j|\hat{\boldsymbol{\theta}}_m\right)+\left(\log T\right)p_m \tag{1-4-26}$$

与 AIC 相比，BIC 通过 $\log T$ 代替因子 2 来增加对模型复杂性的惩罚，这样做的好处是确保获得的阶数的相合性。需要注意的是，本小节所提到的信息准则方法不仅适用于对能源价格收益率均值进行建模，还适用于比较后续章节中的各种模型的拟合优度检验结果。

在实际应用中，我们常常选择一定范围内的阶数组合，如从 $m=(0,0)$ 到 $m=(2,2)$ 共 9 种不同的阶数组合，来观察极大似然估计的信息准则数值，最终确定合适的阶数。

1.5　应 用 案 例

WTI 原油期货是全世界最重要的期货商品之一，并且是北美原油价格的定价标杆。本节利用 WTI 原油期货周度数据，采用不同的均值过程模型描述其收益率变化，并说明如何确定这些模型中的最优参数。

我们所备选的均值过程模型分为 AR(1)、AR(2)、MA(1)、MA(2)、ARMA(1,1)、ARMA(1,2)、ARMA(2,1)和 ARMA(2,2)，共 8 种。对于 WTI 原油期货收益率的新息分布，我们采用正态分布、标准 t 分布、GED 和另外 3 种与之对应的偏态扩展分布，一共 6 种分布，共计 $8\times6=48$ 种模型。表 1-1 展现了它们的建模结果。

表 1-1　WTI 原油期货收益率均值过程建模结果

模型名称	新息分布	参数							
		a_0	a_1	a_2	b_1	b_2	尺度参数	形状参数	ξ
AR(1)	N	0.184 [0.25]	0.133 [0.05]***	—	—	—	4.541 [0.16]***	—	—
AR(2)	N	0.184 [0.23]	0.155 [0.05]***	−0.098 [0.05]**	—	—	4.513 [0.15]***	—	—
MA(1)	N	0.182 [0.25]	—	—	0.161 [0.05]***	—	4.532 [0.15]***	—	—
MA(2)	N	0.179 [0.23]	—	—	0.145 [0.05]***	−0.092 [0.05]**	4.521 [0.15]***	—	—
ARMA(1,1)	N	0.180 [0.24]	−0.382 [0.2]**	—	0.536 [0.18]***	—	4.519 [0.15]***	—	—
ARMA(1,2)	N	0.153 [0.14]	0.832 [0.1]***	—	−0.695 [0.11]***	−0.202 [0.05]***	4.491 [0.15]***	—	—
ARMA(2,1)	N	0.187 [0.24]	−0.318 [0.31]	−0.021 [0.08]	0.481 [0.31]*	—	4.509 [0.15]***	—	—
ARMA(2,2)	N	0.179 [0.21]	0.349 [0.27]*	−0.030 [0.23]	−0.200 [0.28]	−0.132 [0.23]	4.505 [0.15]***	—	—
AR(1)	t	0.322 [0.21]*	0.099 [0.04]**	—	—	—	4.394 [0.28]***	4.549 [0.92]***	—
AR(2)	t	0.312 [0.20]**	0.106 [0.04]**	−0.051 [0.05]	—	—	4.379 [0.27]***	4.600 [0.94]***	—
MA(1)	t	0.319 [0.21]*	—	—	0.108 [0.04]**	—	4.390 [0.28]***	4.560 [0.92]***	—
MA(2)	t	0.313 [0.20]**	—	—	0.104 [0.04]**	−0.046 [0.05]	4.382 [0.27]***	4.587 [0.93]***	—
ARMA(1,1)	t	0.316 [0.20]**	−0.327 [0.29]*	—	0.434 [0.27]**	—	4.382 [0.27]***	4.585 [0.93]***	—
ARMA(1,2)	t	0.315 [0.20]**	−0.135 [2.46]	—	0.240 [2.47]	−0.029 [0.32]	4.382 [0.27]***	4.587 [0.93]***	—
ARMA(2,1)	t	0.318 [0.20]**	−0.346 [0.44]	−0.001 [0.08]	0.457 [0.44]	—	4.375 [0.27]***	4.613 [0.94]***	—
ARMA(2,2)	t	0.005 [0.00]***	0.881 [0.00]***	0.099 [0.00]***	−0.742 [0.00]***	−0.288 [0.00]***	4.306 [0.18]***	4.476 [0.08]***	—

续表

模型名称	新息分布	参数							
		a_0	a_1	a_2	b_1	b_2	尺度参数	形状参数	ξ
AR(1)	GED	0.420 [0.27]*	0.099 [0.06]**	—	—	—	4.398 [0.20]***	1.181 [0.09]***	—
AR(2)	GED	0.423 [0.19]**	0.122 [0.05]**	−0.073 [0.04]**	—	—	4.383 [0.20]***	1.185 [0.09]***	—
MA(1)	GED	0.431 [0.15]***	—	—	0.120 [0.06]**	—	4.394 [0.20]***	1.181 [0.09]***	—
MA(2)	GED	0.395 [0.23]**	—	—	0.116 [0.06]**	−0.083 [0.07]*	4.386 [0.20]***	1.180 [0.09]***	—
ARMA(1,1)	GED	0.419 [0.12]***	−0.438 [0.06]***	—	0.555 [0.05]***	—	4.387 [0.20]***	1.180 [0.09]***	—
ARMA(1,2)	GED	0.398 [0.13]***	−0.167 [0.03]***	—	0.285 [0.04]***	−0.056 [0.03]**	4.387 [0.20]***	1.179 [0.09]***	—
ARMA(2,1)	GED	0.410 [0.16]**	−0.408 [0.06]***	−0.012 [0.02]	0.529 [0.06]***	—	4.381 [0.20]***	1.181 [0.09]***	—
ARMA(2,2)	GED	0.047 [0.00]***	0.521 [0.00]***	0.464 [0.00]***	−0.396 [0.00]***	−0.638 [0.00]***	4.353 [0.30]***	1.115 [0.03]***	—
AR(1)	*S-N*	0.118 [0.25]	0.121 [0.05]**	—	—	—	4.535 [0.15]***	—	0.928 [0.05]***
AR(2)	*S-N*	0.109 [0.23]	0.141 [0.05]***	−0.111 [0.05]**	—	—	4.504 [0.15]***	—	0.909 [0.05]***
MA(1)	*S-N*	0.117 [0.25]	—	—	0.150 [0.05]***	—	4.526 [0.15]***	—	0.929 [0.05]***
MA(2)	*S-N*	0.101 [0.22]	—	—	0.128 [0.05]***	−0.115 [0.05]**	4.507 [0.15]***	—	0.904 [0.05]***
ARMA(1,1)	*S-N*	0.106 [0.24]	−0.437 [0.19]**	—	0.582 [0.17]***	—	4.511 [0.15]***	—	0.914 [0.05]***
ARMA(1,2)	*S-N*	0.112 [0.14]	0.800 [0.14]***	—	−0.675 [0.14]***	−0.197 [0.05]***	4.484 [0.15]***	—	0.912 [0.05]***
ARMA(2,1)	*S-N*	0.109 [0.24]	−0.312 [0.29]	−0.045 [0.07]	0.461 [0.29]**	—	4.500 [0.15]***	—	0.907 [0.05]***
ARMA(2,2)	*S-N*	0.098 [0.13]	0.559 [0.18]***	0.269 [0.18]*	−0.430 [0.17]***	−0.469 [0.16]***	4.472 [0.15]***	—	0.903 [0.05]***
AR(1)	*S-t*	0.103 [0.23]	0.092 [0.04]**	—	—	—	4.469 [0.32]***	4.276 [0.84]***	0.851 [0.06]***
AR(2)	*S-t*	0.115 [0.22]	0.096 [0.04]**	−0.04 [0.04]	—	—	4.446 [0.31]***	4.337 [0.86]***	0.858 [0.06]***
MA(1)	*S-t*	0.105 [0.23]	—	—	0.098 [0.04]**	—	4.464 [0.31]***	4.286 [0.85]***	0.853 [0.06]***
MA(2)	*S-t*	0.115 [0.22]	—	—	0.095 [0.04]**	−0.036 [0.04]	4.449 [0.31]***	4.327 [0.86]***	0.858 [0.06]***
ARMA(1,1)	*S-t*	0.113 [0.22]	−0.318 [0.14]**	—	0.415 [0.13]***	—	4.450 [0.31]***	4.325 [0.86]***	0.857 [0.06]***
ARMA(1,2)	*S-t*	0.114 [0.22]	−0.252 [0.45]	—	0.348 [0.45]	−0.010 [0.03]	4.449 [0.31]***	4.327 [0.86]***	0.857 [0.06]***
ARMA(2,1)	*S-t*	0.117 [0.23]	−0.371 [0.13]***	0.006 [0.05]	0.473 [0.13]***	—	4.441 [0.31]***	4.350 [0.87]***	0.858 [0.06]***
ARMA(2,2)	*S-t*	0.140 [0.21]	−1.443 [0.01]***	−0.954 [0.01]***	1.486 [0.01]***	0.989 [0.00]***	4.443 [0.26]***	4.147 [0.63]***	0.844 [0.06]***

续表

模型名称	新息分布	参数							
		a_0	a_1	a_2	b_1	b_2	尺度参数	形状参数	ξ
AR(1)	*S*-GED	0.205 [0.11]**	0.103 [0.01]***	—	—	—	4.448 [0.20]***	1.131 [0.09]***	0.849 [0.03]***
AR(2)	*S*-GED	0.202 [0.09]**	0.109 [0.01]***	−0.050 [0.02]***	—	—	4.430 [0.20]***	1.133 [0.09]***	0.853 [0.03]***
MA(1)	*S*-GED	0.205 [0.11]**	—	—	0.109 [0.05]**	—	4.447 [0.21]***	1.130 [0.09]***	0.846 [0.04]***
MA(2)	*S*-GED	0.201 [0.07]***	—	—	0.108 [0.01]***	−0.043 [0.03]**	4.434 [0.20]***	1.132 [0.09]***	0.852 [0.03]***
ARMA(1,1)	*S*-GED	0.202 [0.11]**	−0.347 [0.02]***	—	0.451 [0.02]***	—	4.435 [0.21]***	1.134 [0.09]***	0.850 [0.03]***
ARMA(1,2)	*S*-GED	0.194 [0.12]**	0.610 [0.02]***	—	−0.498 [0.02]***	−0.126 [0.02]***	4.419 [0.21]***	1.129 [0.09]***	0.865 [0.02]***
ARMA(2,1)	*S*-GED	0.205 [0.12]**	−0.314 [0.02]***	−0.008 [0.01]	0.420 [0.02]***	—	4.428 [0.22]***	1.136 [0.09]***	0.850 [0.03]***
ARMA(2,2)	*S*-GED	0.189 [0.08]**	0.603 [0.02]***	0.044 [0.01]***	−0.492 [0.02]***	−0.173 [0.02]***	4.407 [0.2]***	1.137 [0.09]***	0.869 [0.03]***

注：“*N*”表示正态分布，“*t*”表示 *t* 分布，“GED”表示广义误差分布；“*S-N*”表示偏态扩展的正态分布，“*S-t*”表示偏态扩展的 *t* 分布，“*S*-GED”表示偏态扩展的广义误差分布。系数旁边方括号中数值为标准误

***、**和*分别表示 1%、5%和 10%的显著性水平。无标注则表示超过 10%的显著性水平

首先观察 a_0 参数，我们发现无论均值过程如何设定，只要新息分布的选择是正态分布、偏态扩展的正态分布以及偏态扩展的 t 分布时，a_0 皆不显著；而选择其他新息分布族时，不会发生类似的情况。这种情况说明 WTI 原油期货在该样本段的均值过程中的无条件期望并不为 0，而如果我们选择具有偏态性质的分布，很可能会把这种期望信息理解为是由新息的偏态造成的；反之，如果我们选择非偏态的分布，这种非 0 值的无条件期望则会被模型融入 a_0。这暗示我们在对能源价格收益率的均值过程进行建模时，选择不同的新息分布可能会影响其均值变化。

a_1 和 a_2 参数反映了能源价格收益率序列 r_t 的变化在多大程度上来自自身过去的数值。a_1 和 a_2 参数的绝对值越高，说明之前两期的 r_{t-1} 和 r_{t-2} 对当前的 r_t 的影响越大。观察表 1-1 中的结果，我们发现部分模型，如以正态分布为新息分布的 ARMA(2,1)模型的 a_1 和 a_2 参数都不显著，说明在此模型中，能源价格收益率序列的变化完全由当前和过去时刻能源市场的新息所驱动，收益率自身的过去值无法驱动它的变化。而以 t 分布作为新息分布的 ARMA(2,2)模型的 a_1 数值的显著性水平非常高，且其数值的绝对值也非常接近于 1，这说明在此模型的定义下，能源价格收益率序列的变化主要由其自身的过去时刻的数值所驱动。类似地，通过观察 b_1 和 b_2 参数，我们可以了解收益率 r_t 如何被市场的新息所影响。

为了了解以上 48 种均值过程的拟合优度，我们计算了每个模型的 AIC 值和 BIC 值，结果如表 1-2 所示。无论是 AIC 值还是 BIC 值，其最小数值都是以 t 分布为新息分布的 ARMA(2,2)模型。说明在这两个信息准则的评价下，该模型最适合用于描述样本期内的 WTI 原油期货收益率序列。

表 1-2　WTI 原油期货收益率均值过程拟合优度结果比较

模型名称	新息分布	AIC 值	BIC 值	模型名称	新息分布	AIC 值	BIC 值	模型名称	新息分布	AIC 值	BIC 值
AR(1)	*N*	5.878	5.907	AR(1)	GED	5.743	5.781	AR(1)	*S-t*	5.692	5.739
AR(2)	*N*	5.870	5.908	AR(2)	GED	5.742	5.789	AR(2)	*S-t*	5.693	5.750
MA(1)	*N*	5.874	5.903	MA(1)	GED	5.741	5.779	MA(1)	*S-t*	5.691	5.738
MA(2)	*N*	5.872	5.910	MA(2)	GED	5.742	5.789	MA(2)	*S-t*	5.694	5.751
ARMA(1,1)	*N*	5.873	5.911	ARMA(1,1)	GED	5.742	5.789	ARMA(1,1)	*S-t*	5.694	5.751
ARMA(1,2)	*N*	5.865	5.913	ARMA(1,2)	GED	5.746	5.803	ARMA(1,2)	*S-t*	5.698	5.765
ARMA(2,1)	*N*	5.873	5.921	ARMA(2,1)	GED	5.745	5.801	ARMA(2,1)	*S-t*	5.697	5.763
ARMA(2,2)	*N*	5.876	5.933	ARMA(2,2)	GED	5.706	5.772	ARMA(2,2)	*S-t*	5.680	5.756
AR(1)	*t*	5.698	5.736	AR(1)	*S-N*	5.878	5.915	AR(1)	*S*-GED	5.732	5.779
AR(2)	*t*	5.699	5.746	AR(2)	*S-N*	5.867	5.914	AR(2)	*S*-GED	5.730	5.787
MA(1)	*t*	5.697	5.735	MA(1)	*S-N*	5.874	5.912	MA(1)	*S*-GED	5.730	5.778
MA(2)	*t*	5.699	5.747	MA(2)	*S-N*	5.868	5.915	MA(2)	*S*-GED	5.731	5.788
ARMA(1,1)	*t*	5.699	5.747	ARMA(1,1)	*S-N*	5.870	5.918	ARMA(1,1)	*S*-GED	5.732	5.789
ARMA(1,2)	*t*	5.704	5.761	ARMA(1,2)	*S-N*	5.863	5.919	ARMA(1,2)	*S*-GED	5.732	5.798
ARMA(2,1)	*t*	5.703	5.759	ARMA(2,1)	*S-N*	5.870	5.926	ARMA(2,1)	*S*-GED	5.734	5.801
ARMA(2,2)	*t*	**5.667**	**5.733**	ARMA(2,2)	*S-N*	5.861	5.927	ARMA(2,2)	*S*-GED	5.735	5.811

注：加粗数字为最小的 AIC 和 BIC 数值

关于能源价格均值建模的其他应用，读者可参考 Dai 等（2020）、Dai 等（2023）和 Wang 等（2022）等文献。

参 考 文 献

Dai X Y，Dai P F，Wang Q W，et al. 2023. The impact of energy-exporting countries' EPUs on China's energy futures investors：risk preference，investment position and investment horizon[J]. Research in International Business and Finance，64：101806.

Dai X Y，Wang Q W，Zha D L，et al. 2020. Multi-scale dependence structure and risk contagion between oil，gold，and US exchange rate：a wavelet-based vine-copula approach[J]. Energy Economics，88：104774.

Wang Q W，Liu M M，Xiao L，et al. 2022. Conditional sovereign CDS in market basket risk scenario：a dynamic vine-copula analysis[J]. International Review of Financial Analysis，80：102025.

第二章　一元能源价格波动过程：低频数据视角

能源价格的剧烈波动对整个金融市场和社会经济活动都造成了重大影响（Kilian，2009；Wang et al.，2013；Wu and Wang，2021；Zhang et al.，2022）。因此，对能源价格收益率波动进行建模和预测的研究备受投资者的关注。本章主要基于低频数据视角对能源价格收益率波动过程进行介绍，低频数据主要指代的是传统的日频或者更低频（如周频和月频等）的数据。本书将在第三章介绍高频数据视角下的能源价格收益率波动过程，以帮助读者更好地区分和理解能源价格收益率在不同频率下的波动过程与建模应用。

本章内容共分为 5 节，主要从低频数据视角介绍一元能源价格收益率的波动率（我们用价格收益率反映价格的变化，在不引起歧义的情况下，本章所提及的价格波动率都指价格收益率的波动率）及其特征，以及一元能源价格波动率模型的不同形式和参数估计，并给出相应的案例分析。2.1 节首先介绍一元能源价格波动率的定义和特征，包括动态特征、非对称性和长记忆性。了解能源价格的波动特征是后续预测建模的基础。2.2 节对一元能源价格波动率模型及相关理论进行介绍，包括常用的异方差检验方法、自回归条件异方差（autoregressive conditional heteroskedasticity，ARCH）模型以及 GARCH 模型的模型形式和建模步骤。2.3 节考虑非对称性和长记忆性，对一元能源价格波动率的 GARCH 模型的扩展形式进行相关介绍。2.4 节介绍一元能源价格波动率模型的新息分布和参数估计过程。最后，2.5 节提供应用案例分析，以供读者参考。通过对本章的学习，读者可以深入了解低频数据视角下的一元能源价格收益率的波动特征，熟悉掌握一元能源价格波动率模型的形式和含义，进而将其灵活应用于能源价格波动率的预测建模中。

2.1　能源价格的波动特征

在了解能源价格的波动特征之前，我们首先介绍能源价格波动率的定义。能源价格波动率一般定义为收益率的标准差，是指能源价格的波动程度，是对能源价格收益率不确定性的衡量，可用于反映能源价格的风险水平。波动率越高，即收益率的波动越剧烈，收益率的不确定性就越强；波动率越低，即收益率的波动越平缓，收益率的确定性就越强。

具体而言，能源价格波动率具有三大特征：动态特征、非对称性和长记忆性。了解这三大特征是对能源价格波动率建模预测的起点，因而本节将依次对它们进行详细介绍。

2.1.1　动态特征

金融资产的价格、交易量和交易频率及市场结构随时间连续变化，其收益率的波动具有明显的时变特征。其中，价格变化牵引着收益率变化。有众多研究证明收益率的分布具有非正态性，即呈现“尖峰厚尾”现象。除此以外，也有很多研究证明，用来衡量市场风险的收益率波动具有异方差性和波动集群等特点。

实际上，能源产品表现出了很强的金融产品属性，其价格收益率往往也存在着“尖峰厚尾”现象。以 WTI 原油现货的价格收益率为例，绝大多数的收益率观测值都集中于 0 附近，而分布的两端出现了较多极端值，表明其不服从正态分布，具有明显的“尖峰厚尾”特征，如图 2-1 所示。

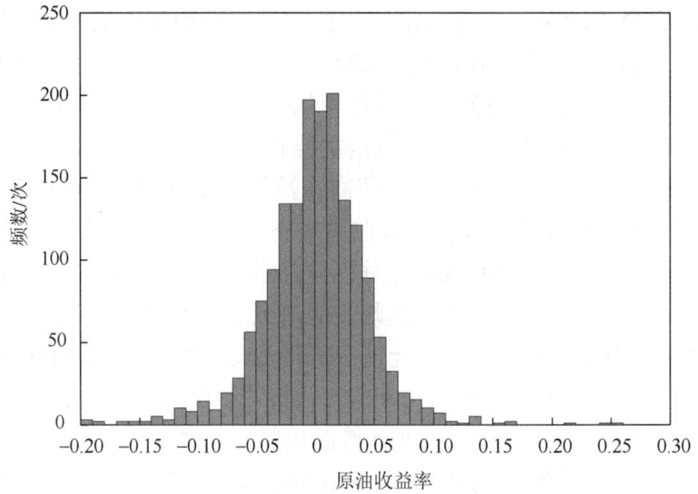

图 2-1　WTI 原油现货价格收益率分布图

此外，能源价格收益率波动也具有金融时间序列的诸多特点。具体而言，其波动并非一成不变，影响因素错综复杂，而这些因素本身也在时刻变化，因而造就了能源价格收益率波动的动态时变性。从图 2-2 可以看出，WTI 原油现货价格收益率的波动表现出

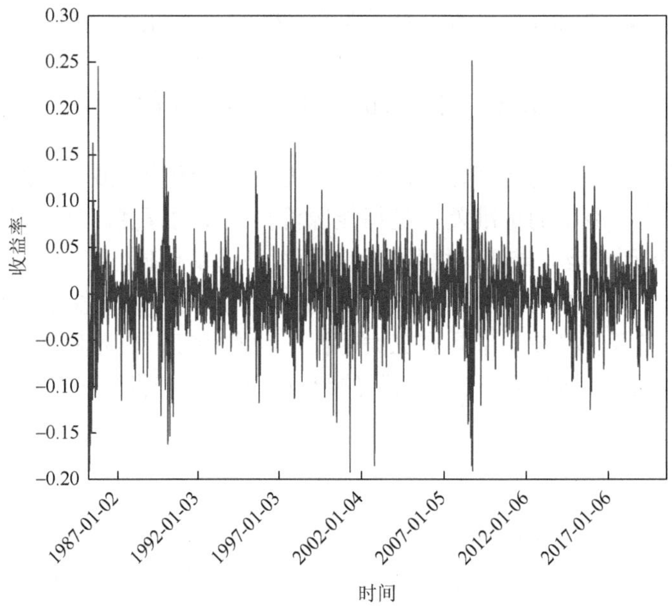

图 2-2　WTI 原油现货价格收益率

很强的时变特征，特别是在 1991 年海湾战争、1997 年亚洲金融危机、2008 年金融危机等偶然事件下波动十分剧烈，这也就意味着，在研究能源价格收益率波动时，关注其动态特征尤为重要。具体地，一般可以使用 GARCH 族模型来捕捉能源价格收益率波动的动态特征。

2.1.2 非对称性

金融资产的收益率和波动率之间的关系一直以来都是金融经济学的重点研究问题。实证研究发现，收益率和波动率之间呈现负相关关系。具体而言，负收益总伴随着条件方差的向上修正（增大），而正收益总伴随着条件方差的向下修正（减少）。这种现象通常被称为波动的非对称性，也被称为杠杆效应。

在能源市场中，能源价格波动同样存在着非对称性，一般表现为同等程度的正负市场冲击对能源价格波动的不同影响。坏消息通常会比同等程度的好消息产生更强烈的波动性冲击，或者说能源价格波动对下跌的反应比对上升的反应更加强烈。在研究不同市场信息作用下能源价格波动的非对称性时，一般可以使用考虑非对称性的 GARCH 族模型进行研究，如指数 GARCH（exponential GARCH，EGARCH）模型和 GJR-GARCH（Glosten-Jagannathan-Runkle GARCH）模型。

2.1.3 长记忆性

长记忆性概念最早出现于对潮汐数据的研究中。时间序列的自相关函数衰减非常缓慢，任何当期影响都会长久地持续下去。学者将这一现象定义为时间序列的长记忆性，并对其展开深入分析。后来的研究表明，长记忆性不仅普遍地存在于自然现象中，而且频繁出现于能源价格收益率的时间序列中，即当前交易日的波动率会对未来一个月的波动率产生影响。换言之，市场中的事件会对能源价格波动率产生一定程度的持续性影响。

具体而言，能源价格收益率时间序列在 t 时刻和 $t-k$ 时刻取值的关系可以通过自相关系数进行度量。如果该时间序列具有平稳性特征，那么变量的两个观测值之间的相关性程度仅仅取决于滞后阶数 k。随着滞后阶数 k 的逐渐增加，观测值之间的自相关系数将逐步衰减至 0，即以往观测值所含的经济信息对当前影响减少。其中，对衰减速度的测度即反映了记忆性结构。如果变量的所有观测值之间独立不相关，也就是通常所见的白噪声过程，则该序列无记忆性。例如，经典的有效市场假说认为资产价格具有无记忆性，在有效市场条件下，过去的价格信息对未来的价格预测并无影响；如果该时间序列之间的自相关系数按照几何速率衰减，则认为时间序列具有短记忆性，如经典的 ARMA 过程；如果该时间序列之间的自相关系数呈现出典型的双曲率衰减特征，则认为该序列具有长记忆性，也就是说该时间序列存在高阶的自相关特性。对于能源价格波动率的长记忆性，一般可以使用考虑了长记忆性的 GARCH 族模型进行研究，例如单整 GARCH（integrated GARCH，IGARCH）模型或分整 GARCH（fractionally integrated GARCH，FIGARCH）模型。

2.2　能源价格波动过程模型

由于能源价格波动具有动态性、非对称性和长记忆性的特征，而传统计量经济学模型无法很好地捕捉这些典型特征，因此，Bollerslev（1986）和 Engle（1982）引入了经典的波动率模型：ARCH 模型和 GARCH 模型。标准 GARCH 模型在波动率建模方面历来颇受欢迎，下面对 GARCH 模型相关的检验和模型形式进行具体介绍。

2.2.1　异方差检验

在研究 GARCH 模型之前，我们首先对同方差和异方差的概念进行介绍。在时间序列的弱平稳条件中，方差是一个不变的、与时间无关的常数。如果同方差的假设在能源价格收益率的波动过程中是成立的，那么在能源价格波动的预测中便不需要考虑时变效应，仅采用常系数线性回归模型就能得到较好的预测。然而，实际上采用常系数线性回归模型对能源价格波动建模的效果是较差的，原因在于能源价格收益率具有异方差性。

在传统计量经济学模型中，线性回归模型的一个重要假定是随机误差项的方差为常数。这是为了保证回归参数估计量具有良好的统计性质，即回归模型中的随机误差项满足同方差性。反之，如果随机误差项具有不同的方差，则称线性回归模型存在异方差性。从数学表达式上来看，经典的常系数线性回归模型可以表示为

$$y = b_1 + b_2x_2 + b_3x_3 + \cdots + b_kx_k + u \tag{2-2-1}$$

其中，y 表示因变量；x 表示自变量。假设有 n 组观测值 $(y_i, x_{i2}, x_{i3}, \cdots x_{ik})$，$i = 1,2,\cdots,n$，则式（2-2-1）可以表示为

$$y_i = b_1 + b_2x_{i2} + b_3x_{i3} + \cdots + b_kx_{ik} + u_i \tag{2-2-2}$$

经典线性回归模型的重要假定是随机误差项的同方差性，具体而言，u 服从期望为 0、方差为常数 σ_u^2 的正态分布，即 $u_i \sim N(0,\sigma_u^2)$。然而，在现实情况中，同方差性的假定并不一定能够得到满足。能源价格收益率序列经常呈现波动集群性，从而导致随机误差项的方差并不等于常数。换言之，$\mathbb{D}(u_i) = \mathbb{E}(u_i^2) = \sigma_i^2 \neq$ 常数，即随机误差项 u 具有异方差性。在这种情况下，假设方差为常数并不恰当。

异方差性的来源往往有以下几个方面。一是模型中遗漏了某些重要的解释变量，而被遗漏的解释变量与已有变量呈同方向或反方向的变化趋势。二是模型的设定偏误，一般可以进一步细分为变量选择的偏误和模型形式设定的偏误这两个方面。需要注意的是，遗漏重要解释变量而导致的异方差性，本质上也属于模型设定问题。除此之外，如果模型的形式设定不正确也会导致异方差性。三是随机因素的影响，比如政策变化、金融危机、自然灾害等。一般而言，横截面数据比时间序列数据更容易产生异方差性。同一时间不同对象之间的差异往往会大于同一对象不同时间的差异，但也不排除极端情况下时间序列发生较大变化并产生更大异方差的可能性。

如果存在异方差问题却仍然使用传统的普通最小二乘法（ordinary least squares，OLS）估计，将会产生以下后果。

（1）参数估计量不再是有效的估计量。当模型中存在异方差时，OLS 估计量仍然线性无偏，但不再具有最小方差性质，因为在最小方差的推导过程中假定了同方差性。如果模型出现了异方差，则 OLS 估计量的方差将被高估或者低估。

（2）变量的显著性检验失去意义。t 统计量是常规的变量显著性检验统计量，建立在正确估计的参数标准差的基础之上。换言之，当出现异方差致使估计参数的标准差出现偏差时，t 检验也就失去了意义。

（3）模型预测失效。参数估计值并非有效的估计量，因而因变量的点预测也将失效。此外，预测区间中含有随机误差项方差的无偏估计。当模型存在异方差性时，该估计量不再是无偏估计量，而是有偏估计量，因而预测也将会失效。

因此，我们需要对异方差性进行检验，常用的检验异方差性的方法有图示法、White 检验、Park 检验、Glejser 检验、G-Q（Goldfeld-Quandt）检验等。下面我们对这些检验方法进行详细介绍。

1. 图示法

图示法是使用因变量-解释变量 $(Y_i\text{-}X_i)$ 散点图进行判断，看是否存在明显的散点扩大、缩小或复杂型趋势；或者用残差平方-解释变量 $(e_i^2\text{-}X_i)$ 散点图进行判断，观察残差平方的基本变动趋势。我们以 WTI 原油期货和现货收益率为例构造一元线性回归模型，做出因变量-解释变量 $(Y_i\text{-}X_i)$ 散点图以及残差平方-解释变量 $(e_i^2\text{-}X_i)$ 散点图。如图 2-3 和图 2-4 所示，$(Y_i\text{-}X_i)$ 散点图和 $(e_i^2\text{-}X_i)$ 散点图存在不少离群值，可以初步判断存在异方差性。然而，图示法只适用于一元线性回归模型，针对多元线性回归模型的异方差检验还需要进一步使用其他检验方法。

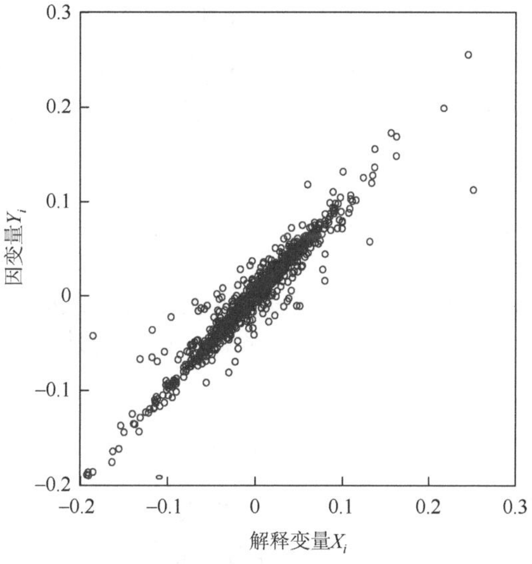

图 2-3　WTI 原油期货和现货收益率的因变量-解释变量散点图

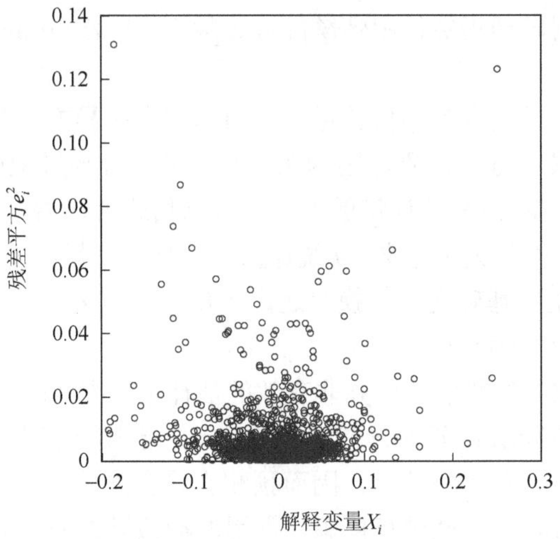

图 2-4 WTI 原油期货和现货收益率的残差平方-解释变量散点图

2. White 检验

White 检验的思想是首先使用 OLS 估计模型，然后以估计的残差平方为因变量，与常数项、解释变量、解释变量的平方及其交乘项等构成一个辅助回归，最后建立相应的检验统计量以判断是否存在异方差性。以二元线性回归模型为例，设模型为

$$Y_i = \beta_0 + \beta_1 X_{1i} + \beta_2 X_{2i} + u_i \tag{2-2-3}$$

估计式（2-2-3）以计算残差e_i，并做如式（2-2-4）所示的辅助回归。

$$e_i^2 = \alpha_0 + \alpha_1 X_{1i} + \alpha_2 X_{2i} + \alpha_3 X_{1i}^2 + \alpha_4 X_{2i}^2 + \alpha_5 X_{1i} X_{2i} + v_i \tag{2-2-4}$$

其中，e_i^2表示残差平方；v_i表示随机误差项。计算统计量nR^2，n表示样本容量，R^2表示辅助回归模型的可决系数。在给定的显著性水平α下查表得临界值$\chi_\alpha^2(5)$，自由度 5 是辅助回归中解释变量的个数。如果$nR^2 > \chi_\alpha^2(5)$，则表明随机误差项存在异方差性。White 检验的特点是不需要过多的限制，也不需要关于异方差的先验信息，但是该方法不能得到异方差与解释变量的具体关系。

3. Park 检验

Park 检验的基本思想是把残差图的方法加以形式化，从而判断残差的方差与解释变量之间是否有较强的相关关系，并给出关于解释变量x_i的具体函数形式以检验显著性。假设$\ln e_i^2$对$\ln x_i$的回归模型为

$$\ln e_i^2 = b_1 + b_2 \ln x_i + v_i \tag{2-2-5}$$

其中，e_i^2表示残差平方；v_i表示随机误差项。对式（2-2-5）进行显著性检验，检验的原假设为$b_2 = 0$，即认为随机误差项具有同方差性；备择假设为$b_2 \neq 0$，即认为随机误差项具有异方差性。

4. Glejser 检验

Glejser 检验致力于寻找残差与解释变量之间显著成立的关系，具体是使用残差的绝对值$|e_i|$对解释变量x_i的各种函数形式进行回归，将其中显著成立的函数关系作为异方差结构的函数形式。假设回归模型为

$$|e_i| = a_1 + a_2 x_i^h + v_i \tag{2-2-6}$$

检验的原假设为$a_2 = 0$，即认为不存在异方差性；备择假设为$a_2 \neq 0$，即认为存在异方差性。选定$|e_i|$与x_i的一系列可能函数，比如当h分别取 1、1/2、−1（或者取其他形式的函数）时，就有

$$|e_i| = a_1 + a_2 x_i + v_i \tag{2-2-7}$$

$$|e_i| = a_1 + a_2 \sqrt{x_i} + v_i \tag{2-2-8}$$

$$|e_i| = a_1 + a_2 \frac{1}{x_i} + v_i \tag{2-2-9}$$

对所选择的最优回归形式进行显著性检验，如果回归模型的系数显著，即$a_2 \neq 0$，则认为异方差性存在，否则再换其他的回归形式进行检验。与 Park 检验相似，Glejser 检验也是建立残差序列对解释变量的回归模型。它们的共同特点是可以检验递增型、递减型异方差，从而在存在异方差时揭示其具体形式。

5. G-Q 检验

G-Q 检验适用于大样本情形，要求随机项u_i服从正态分布且无序列相关。该方法以F检验为基础，首先把随机样本分为三段并去掉中间一段，其次假定低样本组和高样本组的数据均具有同方差性，最后比较高样本组与低样本组的方差是否相同。若方差相同，则说明数据中不存在异方差性；若方差不同，则说明数据中存在异方差性。检验的原假设为u_i具有同方差性；备择假设为u_i具有异方差性。G-Q 检验的具体步骤如下。

（1）把解释变量按照由小到大的顺序排列，被解释变量保持与解释变量的对应关系进行相应排序。

（2）略去c个中心观察值，使原数据等分为前后两组，称为低样本组与高样本组。其中，c的大小约为样本容量n的四分之一到三分之一，为了计算上的方便最好使$n-c$的值为偶数。

（3）应用 OLS 对每个子样本分别进行回归（回归中的系数数量为k），并计算出两个子样本的残差平方和（residual sum of squares，RSS）RSS_1和RSS_2，然后计算F检验统计量，即

$$F = \frac{\mathrm{RSS}_2 \Big/ \left(\dfrac{n-c-2k}{2}\right)}{\mathrm{RSS}_1 \Big/ \left(\dfrac{n-c-2k}{2}\right)} = \frac{\mathrm{RSS}_2}{\mathrm{RSS}_1} \tag{2-2-10}$$

给定显著性水平α，确定临界值F_α。若$F > F_\alpha$，则拒绝同方差性假设，表明存在异方差

性，反之则不存在异方差性。G-Q 检验的特点是该方法仅适用于递增型异方差，并且要求较大的样本容量，即观察值个数要大于两倍的解释变量个数。

2.2.2　动态特征与 ARCH 模型

对能源价格波动率的预测对传统计量经济学模型提出了挑战。例如，传统的计量经济学假定时间序列波动幅度（即方差）固定不变，但这并不符合实际情况。因此，为了解决传统计量经济学对时间序列变量的同方差性假定所引起的问题，Engle（1982）在《计量经济学》杂志的一篇论文中首次提出了 ARCH 模型。该模型以当前一切可利用信息为条件，采用自回归形式刻画方差的变异性。对于一个时间序列而言，不同时刻的可利用信息并不相同，而相应的条件方差也不同。ARCH 模型的优良性能可以有效地刻画出随时间变化的条件方差。ARCH 模型自提出以来获得了极为迅速的发展，成为过去几十年内计量经济学发展中的重大创新。其初始和衍生模型已被广泛应用于金融理论规律的验证和金融市场的预测。此外，ARCH 模型还是获得 2003 年诺贝尔经济学奖的计量经济学成果之一。

ARCH 模型的基本思想是：在以前的信息集下，某一时刻一个噪声的产生服从正态分布，该正态分布的均值为 0，方差是一个随时间变化的量（即条件异方差）；这个随时间变化的方差是过去有限项噪声值平方的线性组合（即自回归）。具体地，以 ε_t 表示收益率残差，则 ARCH(m)模型为

$$\begin{aligned} \varepsilon_t &= \sigma_t z_t \\ \sigma_t^2 &= \alpha_0 + \alpha_1 \varepsilon_{t-1}^2 + \alpha_2 \varepsilon_{t-2}^2 + \cdots + \alpha_m \varepsilon_{t-m}^2 \end{aligned} \tag{2-2-11}$$

其中，z_t 表示零均值、单位方差的独立同分布白噪声；$\alpha_0 > 0$；$\alpha_i \geqslant 0$，$i = 1, 2, \cdots, m$。从式（2-2-11）中可以看出，噪声的波动具有记忆性，其方差是过去有限项噪声值平方的回归。因此，如果往期噪声的方差变大，那么本期噪声的方差也会变大；如果往期噪声的方差变小，那么本期噪声的方差也会变小。这就是 ARCH 模型所描述的波动集群性，其无条件分布呈现出“尖峰厚尾”特征。

ARCH 模型能够准确刻画能源价格波动率的变化，从而在金融工程和能源金融领域的实证研究中应用广泛。在建立 ARCH 模型之前，通常需要对数据进行平稳性检验。平稳性就是要求经由样本时间序列所得到的拟合曲线在未来的一段时间内仍能顺着现有形态“惯性”地延续下去。我们用样本时间序列的均值、方差、协（自）方差来刻画样本时间序列的平稳性特征。当这些统计量的取值在未来仍能保持不变时，该样本时间序列具有平稳性。当前主流的平稳性检验方法为单位根检验法，即检验序列中是否存在单位根。当一个时间序列存在单位根时，则为非平稳序列，反之则为平稳序列。ADF 检验是最常用的单位根检验方法之一①。

① 在计量经济学中，检验数据的平稳性一般不使用原始数据，而是对原始数据取对数。取对数之后的数据可以理解为原始数据的变化率。

在数据平稳的基础上，我们还需要对 ARCH 效应进行检验。ARCH 效应，就是条件异方差序列的序列相关性。一般而言，ARCH 效应的常用检验方法有两种：LB（Ljung-Box）检验和拉格朗日乘子（Lagrange multiplier，LM）检验。在确定存在 ARCH 效应后，我们需要选择合适的阶数以建立模型。其中，最小化信息准则法可以用于最优滞后阶数的选择，主流的两种方法有 AIC 和 BIC。AIC 由日本统计学家赤池弘次创立和发展，是衡量统计模型拟合优良性的一个标准。它建立在熵的概念之上，可以权衡所估计模型的复杂度和模型拟合的优良性。BIC 与 AIC 类似，均可用于模型滞后阶数的选择。利用 ARCH 模型对能源价格波动进行建模，总体上可以概括为如下步骤。

（1）检验能源价格收益率的平稳性。

（2）建立均值方程，如有必要，对收益率序列建立一个计量经济学模型（如 ARMA 模型）来消除收益率序列的线性依赖。

（3）对均值方程的残差进行 ARCH 效应检验。

（4）如果具有 ARCH 效应，则通过最小化信息准则法选择合适的阶数以确定波动率模型的具体形式。

（5）检验模型拟合表现，如有必要则进行改进。

2.2.3　GARCH 模型

虽然 ARCH 模型在描述能源价格波动率时能够取得很好的效果且形式相对简单，但是在实际建模时可能需要较高的阶数，从而会导致待估参数的数量上升而估计效率下降。为了更好地刻画收益率的波动过程，Bollerslev（1986）提出了 ARCH 模型的一个推广形式，即 GARCH 模型。GARCH 模型将收益率序列中每个时间点上的收益率波动看作最近 m 个时间点上的残差的平方与最近 s 个时间点上的收益率波动的线性组合。由模型形式可知，GARCH 模型的条件方差不仅是滞后残差平方的线性函数，而且是滞后条件方差的线性函数。因此，GARCH 模型能够缩减计算量以方便地描述高阶 ARCH 过程，从而拥有更大的适用空间。鉴于 GARCH 模型的优异性能，其自提出以来就被很多学者应用于能源市场波动的研究中（Sadorsky，2006；Wang and Wu，2012；Wang et al.，2018；Wen et al.，2020）。具体地，对于一个收益率序列 r_t，其扰动项序列为 $\varepsilon_t = r_t - \mu_t$，其中 μ_t 是某一个能源价格均值过程。如果如式（2-2-12）所示的条件成立，则称 ε_t 服从 GARCH(m,s) 模型。

$$\begin{gathered}\varepsilon_t = \sigma_t z_t \\ \sigma_t^2 = \alpha_0 + \sum_{i=1}^{m}\alpha_i\varepsilon_{t-i}^2 + \sum_{j=1}^{s}\beta_j\sigma_{t-j}^2\end{gathered} \tag{2-2-12}$$

其中，z_t 表示零均值、单位方差的独立同分布白噪声，且 $0<\sum_{i=1}^{m}\alpha_i+\sum_{j=1}^{s}\beta_j<1$。同时，$\sum_{i=1}^{m}\alpha_i+\sum_{j=1}^{s}\beta_j$ 决定了波动冲击的持久性，因此约束 $0<\sum_{i=1}^{m}\alpha_i+\sum_{j=1}^{s}\beta_j<1$ 是为了保证波动的冲

击会逐渐减弱。通常 ARCH 模型的建模步骤也同样适用于 GARCH 模型。所以在 GARCH 模型构建前，也是有必要检验数据的平稳性和 ARCH 效应的。需要注意的是，在对 GARCH 模型进行定阶时，通常可以直接使用试错法尝试较低阶数的模型，如 GARCH(1,1)、GARCH(2,1)、GARCH(1,2)等。在大多数情况下，GARCH(1,1)就能够满足要求。GARCH 模型的滞后阶数过多反而会导致模型不稳定。

2.3　非对称与长记忆性波动过程模型

在标准 GARCH 模型的基础之上，学者针对能源价格收益率的波动特征提出了一些 GARCH 模型的拓展形式，例如非对称 GARCH 模型和长记忆性 GARCH 模型。非对称 GARCH 模型主要适用于揭示波动率的非对称性，即波动率对下跌的反应比对上升的反应更加强烈，或者说负面消息比正面消息冲击更大的现象。正如 2.1.3 小节中提到的那样，也有大量学者指出波动率具有明显的长记忆性，过去的变化往往会持续地影响未来。因此，长记忆性 GARCH 模型也被提出并加以应用。

关于非对称 GARCH 模型与长记忆性 GARCH 模型的研究成果众多（Klein and Walther，2016；Wang et al.，2011；Wen et al.，2022；Zhang et al.，2019）。这里我们主要介绍较为常用的两种非对称 GARCH 模型（EGARCH 模型和 GJR-GARCH 模型）和两种长记忆性 GARCH 模型（IGARCH 模型和 FIGARCH 模型）。

2.3.1　非对称性与 EGARCH 模型

Nelson（1991）指出，传统 GARCH 模型中的非负约束过于严格。因此，他提出了 EGARCH 模型来描述波动率的非对称性。EGARCH(1,1)的模型形式为

$$\begin{gathered}\varepsilon_t=\sigma_t z_t\\ \ln(\sigma_t^2)=\omega+\alpha z_{t-1}+\gamma\left(|z_{t-1}|-\mathbb{E}|z_{t-1}|\right)+\beta\ln(\sigma_{t-1}^2)\end{gathered}\tag{2-3-1}$$

进一步，EGARCH 模型的高阶形式可以表示为

$$\ln(\sigma_t^2)=\omega+\sum_{j=1}^{m}\left[\alpha_j z_{t-j}+\gamma_j\left(|z_{t-j}|-\mathbb{E}|z_{t-j}|\right)\right]+\sum_{i=1}^{s}\beta_i\ln\sigma_{t-i}^2\tag{2-3-2}$$

其中，$\ln(\sigma_t^2)$ 表示条件方差的对数值，取值可正可负，因而取消了 GARCH 模型的系数非负限制。式（2-3-1）右边的中间项 $\alpha z_{t-1}+\gamma\left(|z_{t-1}|-\mathbb{E}|z_{t-1}|\right)$ 表示对数收益率的正负扰动对波动率的不同影响，比如好消息（$z_{t-j}>0$）和坏消息（$z_{t-j}<0$）对条件方差有着不同的影响。好消息的影响因子为 $\alpha_j+\gamma_j$，而坏消息的影响因子为 $\alpha_j-\gamma_j$。此外，γ_j 表示非对称杠杆系数，用于描述波动率的非对称性。如果 $\gamma_j=0$，则不存在非对称性。

2.3.2 非对称性与 GJR-GARCH 模型

除了 EGARCH 模型外，学者进一步对 GARCH 模型进行了改进。Glosten 等（1993）提出了 GJR-GARCH 模型（模型名称中的 GJR 由该篇论文的三位作者的姓氏首字母组成，即 Glosten-Jagannathan-Runkle）来捕捉负冲击对波动性的较大影响，从而描述非对称性。其条件方差可以表示为

$$\sigma_t^2 = \omega + [\alpha + \gamma I(\varepsilon_{t-1} < 0)]\varepsilon_{t-1}^2 + \beta\sigma_{t-1}^2 \tag{2-3-3}$$

其中，γ 表示描述波动率非对称性的杠杆系数，当 $\gamma \neq 0$ 时，则表明存在非对称性；$I(\cdot)$ 表示指标函数。如果 $(\cdot)$ 中的条件得到满足，即 $\varepsilon_{t-1} < 0$，则 $I(\cdot) = 1$，否则 $I(\cdot) = 0$。我们可以看到，对于好消息引起的能源价格上升（$\varepsilon_{t-1} > 0$）和坏消息引起的价格下跌（$\varepsilon_{t-1} < 0$），条件方差会对这两种类别的消息做出差异化反应。当好消息引起能源价格上升时，条件方差会受到 α 倍的冲击；而坏消息引起能源价格下跌时，条件方差则会受到 $\alpha + \gamma$ 倍的冲击。如此一来，好消息和坏消息对市场的冲击影响则大不相同。如果 $\gamma > 0$，则杠杆效应使得负冲击下的能源价格波动增大；如果 $\gamma < 0$，则杠杆效应使得负冲击下的波动减小。此外，β 表示前一期的条件方差对本期条件方差的影响，也就是新信息对能源价格波动的冲击。α 则表示前一期的冲击对本期条件方差的影响，也就是旧信息对波动的冲击。

2.3.3 长记忆性与 IGARCH 模型

EGARCH 和 GJR-GARCH 模型都假设波动率的自相关函数按指数比率衰减，也就是说假设时间序列具有短期记忆性。然而，如 2.1.3 小节所述，大量学者指出波动率具有明显的长记忆性。为此，下文对长记忆性 GARCH 模型进行详细介绍。

通常，在估计 GARCH(1,1)模型时会发现参数 $\alpha_1 + \beta_1$ 的值接近于 1，Engle 和 Bollerslev（1986）由此提出了 IGARCH 模型。IGARCH 模型实际上是在 GARCH 模型的基础上对参数进行了限制，这种限制使得条件方差的轨迹类似于一个单位根过程。IGARCH(m,s) 具体可以表示为

$$\begin{gathered} \varepsilon_t = \sigma_t z_t \\ \sigma_t^2 = \alpha_0 + \sum_{i=1}^{m}\alpha_i\varepsilon_{t-i}^2 + \sum_{j=1}^{s}\beta_j\sigma_{t-j}^2 \\ \sum_{i=1}^{m}\alpha_i + \sum_{j=1}^{s}\beta_j = 1 \end{gathered} \tag{2-3-4}$$

通过式（2-3-4）可以看到，IGARCH 模型其实是给 GARCH 模型添加了一个系数约束以保证扰动的影响持久且不衰减。

2.3.4 长记忆性与 FIGARCH 模型

关于长记忆性，除了 2.3.3 小节中介绍的 IGARCH 模型描述了条件方差波动的持续性

特征外，学者在研究金融时间序列时发现，扰动项的自相关系数也呈现出典型的双曲率衰减特征，同样具有长记忆性特征。这种特征既不像ARMA模型的自相关函数呈负指数那样很快地衰减至0，又不像IGARCH模型的自相关函数那样持续地影响下去，而是呈现出一种十分缓慢的衰减。针对这种情况，Baillie等（1996）提出的FIGARCH模型能够更好地捕捉这种长记忆性，从而更好地拟合能源价格收益率的波动过程。FIGARCH(1,d,1)模型的具体形式为

$$\sigma_t^2 = \omega + [1 - \beta L - \alpha L(1-L)^d]\varepsilon_t^2 + \beta\sigma_{t-1}^2 \tag{2-3-5}$$

其中，d表示分数阶积分参数，$0 \leqslant d \leqslant 1$；$L$表示滞后算子。参数$d$描述了波动的双曲率衰减的长记忆性特征。在FIGARCH模型中，过去的新息对当前条件方差的影响随滞后阶长度的增加以双曲率逐渐消失。这完全不同于GARCH模型和IGARCH模型，GARCH模型中过去的新息平方对当前条件方差的影响随滞后阶长度的增加按指数衰减，而在IGARCH模型中，无论滞后多少期，影响始终存在。因此，FIGARCH模型对波动的动态结构的捕捉要比GARCH模型和IGARCH模型更好。

在实际应用中，有很多研究将GARCH模型以及考虑了非对称性和长记忆性的GARCH模型应用到能源价格波动率研究中。例如，Cheong（2009）研究了三种损失函数下包括GARCH和FIGARCH模型在内的四种模型的样本外预测性能，发现最简单的GARCH模型为布伦特（Brent）原油数据提供了最好的预测效果。Wei等（2010）使用了包含GARCH模型、考虑非对称性的EGARCH模型和GJR-GARCH模型，以及考虑长记忆性的IGARCH和FIGARCH模型在内的多个线性与非线性GARCH族模型来捕捉两个原油市场的价格波动特征。他们发现考虑非对称性和长记忆性的非线性GARCH族模型比线性GARCH模型具有更高的预测精度，特别是在预测原油价格收益率的长期波动的情况下。此外，Wang和Wu（2012）采用了单变量GARCH模型，包括GARCH、EGARCH、GJR-GARCH和FIGARCH模型，以及多变量GARCH模型来预测能源价格波动率。他们发现在预测单个能源价格波动率时，多变量GARCH模型比单变量GARCH模型表现得更好；而在预测能源裂解价差的波动率时，考虑非对称性的单变量GARCH模型准确性最高。

2.4　波动过程模型的新息分布与参数估计

2.4.1　新息分布设定

在对GARCH族模型进行参数估计之前，我们需要对常用的新息分布进行介绍。实际中，最常见的估计方法都是基于收益率序列服从正态分布的假定的。然而，能源价格收益率往往具有比正态分布更厚的尾部。为了更精确地描述能源价格收益率分布的尾部特征，我们还需要对新息序列的分布进行设定。在GARCH模型中，新息序列的分布一般有三种假定：正态分布、t分布和GED。如果给定一个扰动项分布的假定，就可以对GARCH族模型进行极大似然估计。

1. 正态分布

正态分布，也称常态分布或高斯分布。若新息序列 $\varepsilon_t \sim N(\mu,\sigma^2)$ 且 $\frac{\varepsilon_t-\mu}{\sigma} \sim N(0,1)$，则称 ε_t 服从标准正态分布。正态分布具有以下几种性质：集中性、对称性和均匀变动性。集中性是指正态曲线的高峰位于正中央，即均值所在的位置。均值决定了正态分布曲线的峰值位置，方差决定了正态分布曲线的形状，方差越大曲线越平坦，反之，越陡峭。对称性是指正态分布曲线以均值为中心左右对称，且曲线两端永远不与横轴相交。均匀变动性是指正态分布曲线由均值所在处开始，分别向左右两侧逐渐均匀下降。

2. t 分布

t 分布，用于估计呈正态分布且方差未知的小样本总体均值。假设 X 服从标准正态分布 $N(0,1)$，Y 服从自由度为 n 的卡方分布 $\chi^2(n)$，且 X 与 Y 相互独立，那么 $\varepsilon_t = \frac{X}{\sqrt{Y/n}}$ 的分布称为自由度为 n 的 t 分布，记为 $\varepsilon_t \sim t(n)$。t 分布的概率密度函数图像与标准正态分布的形状较为相似，都关于纵轴对称，但是 t 分布的峰度要比标准正态分布低，而尾部比标准正态分布厚，因而 t 分布更能够凸显序列的“厚尾”特征。

t 分布的概率密度函数曲线的形态变化与其自由度 n 有关。自由度 n 越小，曲线峰度越低，尾部越厚，曲线越低平；自由度 n 越大，曲线峰度越高，分布的尾部概率越小，曲线越接近于标准正态分布。此外，当自由度 n 等于 1 时，t 分布是标准柯西分布，不存在均值；当自由度 $n>1$ 时，t 分布的数学期望为 0；当自由度 $n>2$ 时，t 分布方差存在且为 $n/(n-2)$。

3. GED

GED 的概率密度函数及相关内容详见 1.3.3 节。

4. 其他新息分布

在能源市场波动率及风险度量的研究中，也有很多学者使用非正态新息分布（如 t 分布和 GED）的 GARCH 族模型进行研究。比如，Herrera 等（2018）发现，在两种损失函数下，具有 t 分布新息的模型比具有正常新息的模型更受青睐。Lyu 等（2017）注意到使用非正态分布（偏态 GED、广义双曲偏态 t 分布和广义非对称 t 分布）通常会产生更精确的在险价值（value at risk，VaR）预测值。Fan 等（2008）使用基于 GED 的 GARCH 族模型来估计 WTI 和布伦特原油现货市场的极端下行和上行 VaR，他们认为，基于 GED-GARCH 的 VaR 模型比常用的基于标准正态分布的 VaR 模型更适用、更全面。

2.4.2 极大似然估计

2.4.1 小节已经对新息序列的分布进行了讨论，本小节对极大似然法进行介绍。极大似然法是统计中应用最广泛的估计方法之一，其要求数据分布的总体类型已知。极大似然法提供了一种给定观察数据来评估模型参数的方法，即其主要适用于模型已定、参数未知的情形。

具体地，设 $X_1,X_2,\cdots,X_n$ 是来自总体 X 的样本，$x_1,x_2,\cdots,x_n$ 是样本值，$\boldsymbol{\theta}$ 是待估参数。对于离散型总体 X，设其概率分布为 $P\{X=a_i\}=p(a_i;\boldsymbol{\theta})$，$i=1,2,\cdots,n$，称函数 $L(\boldsymbol{\theta})=L(X_1,X_2,\cdots,X_n;\boldsymbol{\theta})=\prod_{i=1}^{n}p(X_i;\boldsymbol{\theta})$ 为参数 $\boldsymbol{\theta}$ 的似然函数。对于连续型总体 X，概率密度函数形式为 $f(x;\boldsymbol{\theta})$，则称函数 $L(\boldsymbol{\theta})=L(X_1,X_2,\cdots,X_n;\boldsymbol{\theta})=\prod\limits_{i=1}^{n}f(X_i;\boldsymbol{\theta})$ 为参数 $\boldsymbol{\theta}$ 的似然函数。对于给定的样本值 $(x_1,x_2,\cdots,x_n)$，使得似然函数 $L(x_1,x_2,\cdots,x_n;\boldsymbol{\theta})$ 达到最大的参数 $\hat{\boldsymbol{\theta}}=\hat{\boldsymbol{\theta}}(x_1,x_2,\cdots,x_n)$ 称为未知参数 $\boldsymbol{\theta}$ 的极大似然估计值。一般地，如果函数 $L(\boldsymbol{\theta})$ 或者 $\ln L(\boldsymbol{\theta})$ 关于参数 $\boldsymbol{\theta}$ 可微，则可以从导函数中求解参数 $\boldsymbol{\theta}$。若是待估参数不止一个，则使用联合似然方程求解。因此，求解 $\hat{\boldsymbol{\theta}}$ 的步骤具体如下。

（1）根据总体分布导出样本的联合概率密度函数（或者联合密度函数）。

（2）将参数 $\boldsymbol{\theta}$ 看作自变量，写出似然函数 $L(\boldsymbol{\theta})$。

（3）求似然函数 $L(\boldsymbol{\theta})$ 的最大值点，等价为求 $\ln L(\boldsymbol{\theta})$ 的最大值点，常用的方法是解等式 $\dfrac{\mathrm{d}\ln L(\boldsymbol{\theta})}{\mathrm{d}\boldsymbol{\theta}}=\mathbf{0}$。

（4）在最大值点的表达式中，代入样本值求得参数的极大似然估计值。

总体而言，极大似然法相对于其他的估计方法更加简单，并且当样本数量增加时，收敛性质更好。如果假设的类条件概率模型正确，通常能获得较好的结果。

对于具有不同分布的新息序列的 GARCH 族模型，其具有不同的对数似然函数。

1. 正态分布

根据式（1-3-1），对于扰动项服从正态分布的 GARCH 模型，其对数似然函数为

$$\ln L(\boldsymbol{\theta})=-\frac{T}{2}\ln(2\pi)-\frac{1}{2}\sum_{t=1}^{T}\ln\sigma_t^2-\frac{1}{2}\sum_{t=1}^{T}\frac{(\varepsilon_t)^2}{\sigma_t^2} \tag{2-4-1}$$

其中，$\boldsymbol{\theta}$ 表示待估参数向量。

2. 标准 t 分布

根据式（1-3-3），如果扰动项服从标准 t 分布，GARCH 模型的对数似然函数形式为

$$\ln L(\boldsymbol{\theta})=-\frac{T}{2}\ln\left(\frac{\pi k\Gamma\left(\dfrac{k}{2}\right)}{\Gamma\left(\dfrac{k+1}{2}\right)}\right)-\frac{(k+1)}{2}\sum_{t=1}^{T}\ln\left(1+\frac{(\varepsilon_t)^2}{k\sigma_t^2}\right) \tag{2-4-2}$$

其中，k 表示标准 t 分布的自由度。当 $k\to\infty$ 时，t 分布接近正态分布。若 N 是偶整数，则 $\Gamma(N/2)=1\times2\times3\times\cdots\times(N/2-1)$，$\Gamma(2/2)=1$；若 N 是奇整数，则 $\Gamma\left(\dfrac{N}{2}\right)=\sqrt{\pi}\times\dfrac{1}{2}\times\dfrac{3}{2}\times\dfrac{5}{2}\times\cdots\times\left(\dfrac{N}{2}-1\right)$，$\Gamma\left(\dfrac{1}{2}\right)=\sqrt{\pi}$。

3. 标准 GED

令式（1-3-4）中 $\alpha=0$ 、 $\beta=1$，GED 变为标准 GED。若扰动项的分布为标准 GED，GARCH 模型的对数似然函数形式为

$$\ln L(\boldsymbol{\theta})=-T\ln\left(\frac{\kappa}{2^{1+\kappa^{-1}}\Gamma\left(\kappa^{-1}\right)}\right)-\frac{1}{2}\sum_{t=1}^{T}\left|\frac{\varepsilon_t}{\sigma_t}\right|^{\kappa} \tag{2-4-3}$$

其中，κ 表示标准 GED 的形状参数；Γ 表示伽马函数。

2.5 应用案例

2.5.1 数据描述性统计及检验

以原油现货价格波动率预测为例，我们选取美国 WTI 原油现货市场的周价格为样本进行应用案例分析。样本时间跨度为 1986 年 1 月 3 日至 2018 年 4 月 13 日，共计 1685 个数据，数据来源于美国能源信息署（Energy Information Administration，EIA）网站。原油现货价格的周收益率计算公式为

$$r_t=\ln(P_t)-\ln(P_{t-1}) \tag{2-5-1}$$

其中，P_t 表示原油现货在第 t 周的价格。

图 2-5 和图 2-6 分别为 WTI 原油现货的价格收益率和价格波动率序列（波动率一般通过收益率的平方进行评估）。可以发现，WTI 原油现货的收益率波动较为剧烈，具有动态特征和波动集群性。

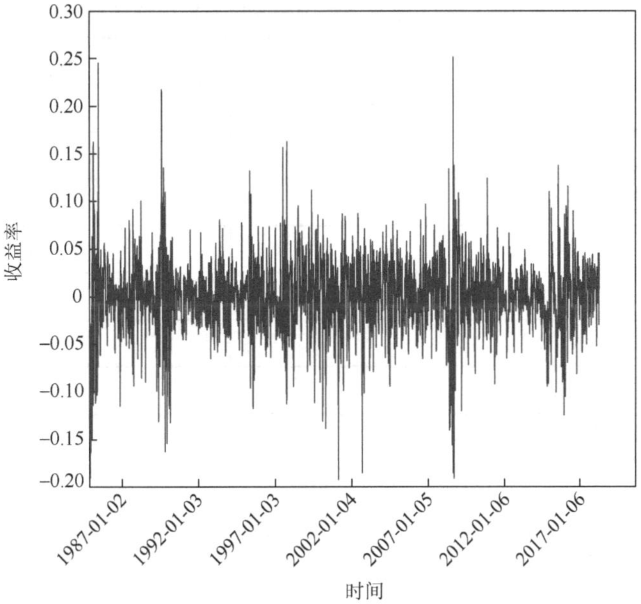

图 2-5　WTI 原油现货收益率序列

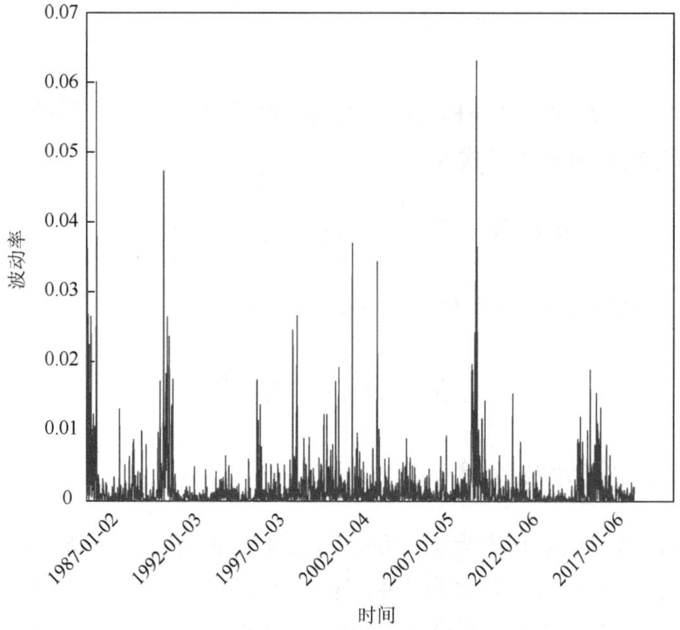

图 2-6 WTI 原油现货收益率的波动率序列

通过对数据进行描述性统计分析，可以发现 WTI 原油现货价格收益率的偏度为负值（−0.148），且峰度大于 3（6.299），表明存在着“厚尾”特征。此外，JB（Jarque-Bera）检验结果也证实了此分布的非正态性，如表 2-1 所示。

表 2-1 WTI 原油现货价格收益率描述性统计

指标	JB 检验统计量①
均值	0.056
最大值	25.125
最小值	−19.234
标准差	4.331
偏度	−0.148
峰度	6.299
JB 检验	769.594***

***表示在 1%的显著性水平上拒绝原假设

表 2-2 显示了 WTI 原油现货价格收益率序列的平稳性检验结果。ADF 统计量显著低于 1%水平下的临界值，因而可以认定收益率序列数据是平稳的。

① 收益率乘以 100 表示百分比收益率，这里是对百分比收益率的 JB 检验统计量。

表 2-2　WTI 原油现货价格收益率序列平稳性检验结果

指标	数值
ADF 统计量	−21.398
1%临界值	−3.434
5%临界值	−2.863
10%临界值	−2.568

接下来，我们需要检验该序列是否存在 ARCH 效应，结果如表 2-3 所示。检验结果显示此处 P 值为 0，故拒绝原假设，表明存在 ARCH 效应。

表 2-3　ARCH 效应检验

指标	统计量值	P 值
F 统计量	63.609	0.000
$T\times R^2$ 统计量	61.361	0.000

2.5.2　模型参数估计

在对原油价格收益率序列进行相关检验之后，我们对原油价格波动率进行建模预测。如 2.2.3 小节所述，在对 GARCH 模型进行定阶时，低阶 GARCH 模型，如 GARCH(1,1)即可满足要求，滞后阶数过多反而会导致模型不稳定。因此，这里我们以标准 GARCH(1,1)模型为例对原油价格波动率进行建模。其参数估计结果如表 2-4 所示。

表 2-4　GARCH(1,1)模型参数估计结果

GARCH(1,1)模型参数	参数值	P 值
ω	0.681	0.062
α	0.148	0.019
β	0.839	0.000

从表 2-4 中可以看出，在 10%的置信水平下，GARCH(1,1)的参数均显著，说明该模型拟合效果较好。

2.5.3　样本内波动率预测

在对模型的参数进行估计后，我们首先通过图形来探究 GARCH 模型对 WTI 原油现货价格波动率的样本内预测表现。Sadorsky（2006）的研究表明，实际波动率可由收益率的平方进行评估。换言之，可以采用收益率的平方作为实际波动率的替代值。如图 2-7 所示，图中的点表示原油现货价格波动率的实际值，图中的线表示 GARCH(1,1)模型对于波动率的预测结果。可以看出，GARCH(1,1)模型不仅可以捕捉到 WTI 原油收益率波动的基本变化趋势，而且能够较好地刻画波动的动态集群性。

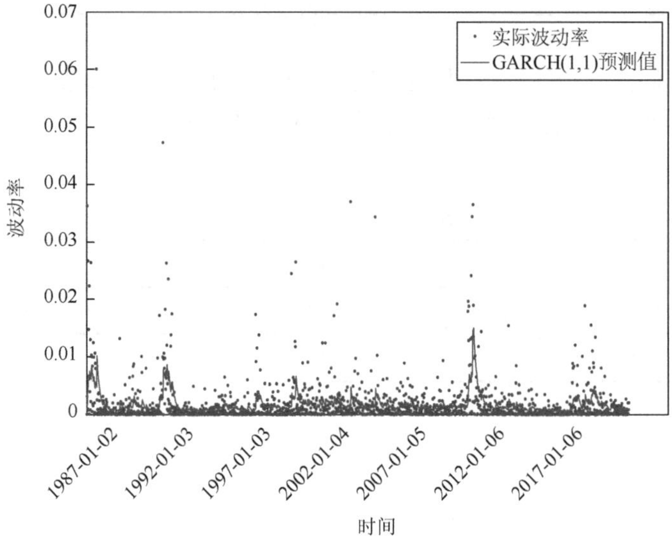

图 2-7　GARCH(1,1)模型对 WTI 原油现货价格波动率的样本内预测表现

2.5.4　样本外波动率预测

在实际预测能源价格波动时，投资者往往更加关注模型的未来预测能力。为此，本节研究模型的样本外预测，来对模型的未来预测能力进行评估。本节将数据分为两组：一组是用于波动率建模的样本内数据，包括 1986 年 1 月 3 日至 1995 年 7 月 28 日的 500 个数据点；另一组是用于评估预测绩效的样本外数据，包括 1995 年 8 月 4 日至 2018 年 4 月 13 日的 1184 个数据点。我们使用滚动窗口的方法进行研究，即通过引入新一期的周数据并放弃最初一期的周数据观测值以推动估计期间向前滚动。换言之，每周重新估计模型的参数，以获得下周的波动率预测。如此，估计模型参数的样本量固定，且预测也不会重叠。

如图 2-8 所示，我们研究了 GARCH(1,1)模型对 WTI 原油现货价格波动率的样本外预测情况。可以看出，GARCH(1,1)模型的样本外波动预测能力较为优异，在波动较大的时候也可以捕捉到趋势。

为了更加直观地评估波动率预测结果，通常可以计算波动率预测的损失函数值。根据 Lopez（2001）的研究，评估波动率预测结果的最优损失函数并不固定，仅仅使用某一种单一的损失函数作为评估标准可能造成误判。事实上，市场参与者可以根据个人偏好

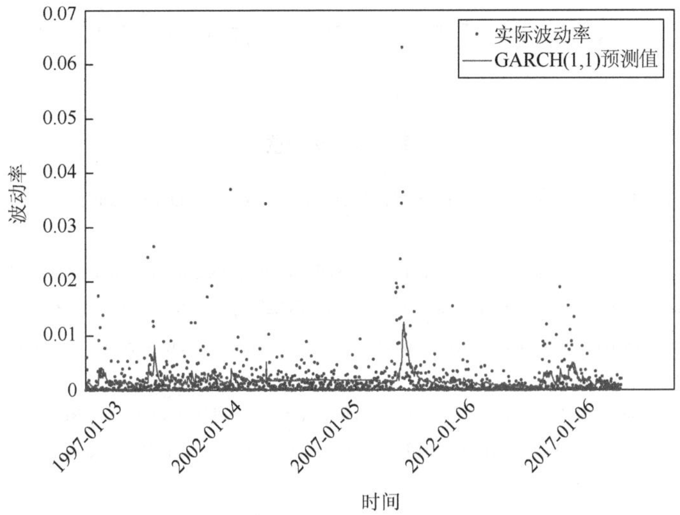

图 2-8　GARCH(1,1)模型对 WTI 原油现货价格波动率的样本外预测表现

使用不同的损失函数。例如，更加侧重于准确预测高波动率的市场参与者会选择均方误差（mean square error，MSE）作为判断标准。为保持全面性，我们使用以下 5 种不同的损失函数作为预测评估标准，包括两种 MSE 函数、两种平均绝对误差（mean absolute error，MAE）函数和拟似然（quasi likelihood，QLIKE）函数，它们的计算公式分别为

$$\mathrm{MSE}_1 = n^{-1}\sum_{t=1}^{n}\left(\sigma_t^2 - \hat{\sigma}_t^2\right)^2 \tag{2-5-2}$$

$$\mathrm{MSE}_2 = n^{-1}\sum_{t=1}^{n}\left(\sigma_t - \hat{\sigma}_t\right)^2 \tag{2-5-3}$$

$$\mathrm{MAE}_1 = n^{-1}\sum_{t=1}^{n}\left|\sigma_t^2 - \hat{\sigma}_t^2\right| \tag{2-5-4}$$

$$\mathrm{MAE}_2 = n^{-1}\sum_{t=1}^{n}\left|\sigma_t - \hat{\sigma}_t\right| \tag{2-5-5}$$

$$\mathrm{QLIKE} = n^{-1}\sum_{t=1}^{n}\left(\ln(\hat{\sigma}_t^2) + \frac{\sigma_t^2}{\hat{\sigma}_t^2}\right) \tag{2-5-6}$$

其中，n 表示样本外预测数量；σ_t 表示真实波动率；$\hat{\sigma}_t$ 表示预测波动率。我们可以得到 GARCH(1,1)模型对 WTI 原油现货价格波动率预测的各个损失函数值，如表 2-5 所示。

表 2-5　WTI 原油现货价格波动率预测的各个损失函数值

损失函数	数值
MSE_1	0.000
MSE_2	0.001
MAE_1	0.002
MAE_2	0.023
QLIKE	−5.409

综上，我们以 GARCH(1,1)模型为例对 WTI 原油现货价格波动率的预测进行了实证研究。

参 考 文 献

Baillie R T，Bollerslev T，Mikkelsen H O. 1996. Fractionally integrated generalized autoregressive conditional heteroskedasticity[J]. Journal of Econometrics，74（1）：3-30.

Bollerslev T. 1986. Generalized autoregressive conditional heteroskedasticity[J]. Journal of Econometrics，31（3）：307-327.

Cheong C W. 2009. Modeling and forecasting crude oil markets using ARCH-type models[J]. Energy Policy，37（6）：2346-2355.

Engle R F. 1982. Autoregressive conditional heteroscedasticity with estimates of the variance of United Kingdom inflation[J]. Econometrica，50（4）：987-1007.

Engle R F，Bollerslev T. 1986. Modelling the persistence of conditional variances[J]. Econometric Reviews，5（1）：1-50.

Fan Y，Zhang Y J，Tsai H T，et al. 2008. Estimating 'value at risk' of crude oil price and its spillover effect using the GED-GARCH approach[J]. Energy Economics，30（6）：3156-3171.

Glosten L R，Jagannathan R，Runkle D E. 1993. On the relation between the expected value and the volatility of the nominal excess return on stocks[J]. The Journal of Finance，48（5）：1779-1801.

Herrera A M，Hu L，Pastor D. 2018. Forecasting crude oil price volatility[J]. International Journal of Forecasting，34（4）：622-635.

Kilian L. 2009. Not all oil price shocks are alike：disentangling demand and supply shocks in the crude oil market[J]. American Economic Review，99（3）：1053-1069.

Klein T，Walther T. 2016. Oil price volatility forecast with mixture memory GARCH[J]. Energy Economics，58：46-58.

Lopez J A. 2001. Evaluating the predictive accuracy of volatility models[J]. Journal of Forecasting，20（2）：87-109.

Lyu Y J，Wang P，Wei Y，et al. 2017. Forecasting the VaR of crude oil market：do alternative distributions help?[J]. Energy Economics，66：523-534.

Nelson D B. 1991. Conditional heteroskedasticity in asset returns：a new approach[J]. Econometrica，59（2）：347-370.

Sadorsky P. 2006. Modeling and forecasting petroleum futures volatility[J]. Energy Economics，28（4）：467-488.

Wang Y D，Pan Z Y，Wu C F. 2018. Volatility spillover from the US to international stock markets：a heterogeneous volatility spillover GARCH model[J]. Journal of Forecasting，37（3）：385-400.

Wang Y D，Wu C F. 2012. Forecasting energy market volatility using GARCH models：can multivariate models beat univariate models?[J]. Energy Economics，34（6）：2167-2181.

Wang Y D，Wu C F，Wei Y. 2011. Can GARCH-class models capture long memory in WTI crude oil markets?[J]. Economic Modelling，28（3）：921-927.

Wang Y D，Wu C F，Yang L. 2013. Oil price shocks and stock market activities：evidence from oil-importing and oil-exporting countries[J]. Journal of Comparative Economics，41（4）：1220-1239.

Wei Y，Wang Y D，Huang D S. 2010. Forecasting crude oil market volatility：further evidence using GARCH-class models[J]. Energy Economics，32（6）：1477-1484.

Wen D Y，He M X，Zhang Y J，et al. 2022. Forecasting realized volatility of Chinese stock market：a simple but efficient truncated approach[J]. Journal of Forecasting，41（2）：230-251.

Wen D Y，Wang Y D，Ma C Q，et al. 2020. Information transmission between gold and financial assets：mean，volatility，or risk spillovers?[J]. Resources Policy，69：101871.

Wu X，Wang Y D. 2021. How does corporate investment react to oil prices changes? Evidence from China[J]. Energy Economics，97：105215.

Zhang Y J，Ma F，Wang T Y，et al. 2019. Out-of-sample volatility prediction：a new mixed-frequency approach[J]. Journal of Forecasting，38（7）：669-680.

Zhang Z K，He M X，Zhang Y J，et al. 2022. Geopolitical risk trends and crude oil price predictability[J]. Energy，258：124824.

第三章　一元能源价格波动过程：高频数据视角

基于低频数据视角介绍能源价格波动过程后，本章在高频数据视角下对能源价格波动过程的衡量方法进行介绍。本章内容共分为 5 节，把有关能源价格波动的相关知识点按照严谨的先后顺序有机地串联在一起，并给出相应的应用案例以加强读者对本章知识点的理解。

为了帮助读者更好地理解本章的内容，这里简要说明一下本章的结构。3.1 节首先介绍能源价格高频数据及其特征，包括日内效应（intraday effect）、微观交易噪声以及不规则交易间隔（irregular trading interval）。了解能源价格高频数据的序列特征是后续构建已实现测度的基础。3.2 节对高频数据视角下的能源价格运动特征进行介绍，具体包括布朗运动及其扩展（它们常被用来对能源价格进行定性）、二次变差（quadratic variation）、随机积分（stochastic integral）与伊藤过程及定理等相关理论。3.3 节是本章的核心，主要介绍能源价格波动的已实现测度，包括已实现波动率（realized volatility，RV）、已实现极差波动率（realized range volatility，RRV）、已实现幂次变差（realized power variation，RPV），从而说明如何使用能源价格高频数据对其已实现测度进行构建。3.4 节对能源价格波动中的跳跃成分进行介绍，包括带跳跃项的几何布朗运动（geometric Brownian motion with jump），以及跳跃的产生机制及检测的相关内容。在介绍完以上内容后，本章的 3.5 节提供了一个应用案例，供读者参考（在不引起歧义的情况下，本章所提及的价格波动率都指价格收益率的波动率）。如无特殊说明，本章仅研究一元情况。

3.1　能源价格高频数据及其特征

20 世纪 90 年代，伴随着计算机技术的发展，产生了高频交易。高频交易通过一系列复杂且高速的计算机程序来生成、发送和执行交易指令。高频交易与低频交易的主要不同在于：①对市场的反应是由高性能计算机所驱动的，也正因为如此，它对市场能做出迅速的反应，且规避了人类的犹豫和感性的干扰，对市场有效性与流动性都有助益，对技术创新也是一种牵引；②交易量大而单笔交易的平均收益少。高频交易者的前身其实是传统的做市商，只是随着技术的发展，他们不再通过公开喊价方式，而是通过电子系统进行交易，买卖价差也随之收窄，所以高频交易主要靠频繁的大量买卖来获益。值得注意的是，高频交易决策并非单纯依赖于当前数据，而是对大量历史数据的迅速处理，通过捕捉价格的微小变动，以及对微小变动迅速反应来构造资产组合头寸。所以高频交易并不等同于投机交易，而是技术进步使投资不必再等那么久了。

常用的价格高频数据主要有两种形式。一种是在开盘和收盘之间按照等间隔时间抽样（主要是以小时、分钟甚至秒为采样频率）的交易数据，构成按时间排序的时间序列，称为分时数据。其优点在于获取相对容易、数据格式较为规范、易于处理；缺点是信息的完备性与抽样技术的矛盾无法调和，对数据进行时间维度上的抽样时信息损失无法避免。另一种是按照每笔订单提交、交易逐笔记录的数据，称为逐笔数据，为区别于分时数据，有学者又将其称为超高频数据。其优点在于质量非常高，基本可以无损地记录金融市场的每一个细节，理论上不存在信息损失；缺点在于处理过程十分复杂，非价格因素干扰较多。除了记录方式与信息含量方面的差别之外，分时数据与逐笔数据的处理方式也不尽相同。由于逐笔数据中的交易价格的不连续特征，基于连续变量等间隔时间序列的分析方法便不再适用。

高频数据的数据量相对于低频数据要大得多，包含了更加丰富的日内价格行为信息，同时也不可避免地包含更多的微观交易噪声。本节将对能源价格高频数据序列特征进行介绍，包括日内效应、微观交易噪声以及不规则交易间隔。

3.1.1　日内效应

日内效应，是指能源市场上的波动率、交易量以及交易频率等变量在日内表现出稳定的和周期性的运动模式。

其中，U 型模式（U-sharped pattern）日内效应被发现广泛存在于许多金融和能源市场。具体而言，U 型模式日内效应即波动率和交易量等变量在金融市场开盘后达到最大，随后下降，而在收盘前又逐渐上升的一种日内现象。学者较早发现了日内交易量和波动率的 U 型模式，并从知情交易者和流动性交易者的角度给出了这一现象的理论解释。之后，基于标准普尔 500 ETF（exchange traded fund，交易所交易基金，又称交易型开放式指数证券投资基金）每半小时的平均交易量数据，学者再次发现日内交易量呈现出一个明显的 U 型模式。

除了 U 型模式的日内效应外，能源市场变量也被发现存在双 U 型模式（doubly U-sharped pattern）的日内效应。双 U 型模式，就是指变量不仅在每日市场开盘和收盘时达到较高的峰值，而且在日中（比如中午）也会达到较高的峰值。这一现象出现的原因与特殊的交易机制相关。随着对能源市场变量研究的深入，倒 U 型和 L 型模式的日内效应也被发现。

值得一提的是，我国股票市场波动率就呈现出显著的 U 型模式。这种现象出现的原因与我国股票市场微观结构和隔夜信息的消化与释放有着直接的关系。我国股票市场早上开盘采取的是集合竞价的机制，因此交易者既不能看到其他交易者的指令，也不可能看到开盘价格。同时，我国股票市场又是一个深度较小的市场，这样某些交易者利用晚上休市的时间所获得的消息在集合竞价的过程中可能会操纵交易价格，造成开盘时股价较前一天收盘时有大幅波动。另外，这种知情交易者的行为会对普通交易者的交易行为起到某种示范作用，导致在开盘很短的时间之后整个股市收益率的波动率开始大幅上升，并且很快就达到该交易日的最高值。也就是说，中国股市的开盘交易机制和交易者所掌握的隔夜信息的释放过程导致了早上开盘以后不久就出现了一天中最大的波动高峰。在交易者所掌握的隔夜信息完全释放之后，整个股市的波动进入正常的缓和波动过程。在收市之前，交易者又会产生对下一个交易日的新预期，于是交易再次变得活跃起来，或者获利了结，或者买入待涨，导致整个市场的波动率变大。

3.1.2　微观交易噪声

市场微观结构理论是金融市场学研究中的一个重要分支。市场微观结构是指资产交易价格的形成过程和运作机制具体化为资产价格形成过程中的微观因素，包括交易品种、市场参与者的构成、交易场所的构成以及参与者行为所遵循的交易所制度结构。对于长期能源市场投资来说，微观结构导致的影响可以忽略。然而，在短期能源市场投资中，微观结构导致的影响是不容忽视的。随着高频交易的出现，能源市场的微观结构变得越来越重要。近年来，能源市场高频交易和高频数据的广泛普及拓宽了市场微观结构理论的应用范围，特别是微观结构噪声在高频观测下带来的问题日益受到重视。

传统的经济学理论认为市场是有效的，是在没有任何交易成本、没有任何摩擦的条件下运行的，资产当前的价格反映了所有的信息，是资产的均衡价格。然而，现实中的能源市场往往并不能满足有效市场的假设，存在着如买卖价差（bid-ask spread）、非同步交易等因素，使得观测到的价格偏离了资产的均衡价格，我们将导致这种现象出现的干扰和摩擦因素称为微观交易噪声。

具体地，买卖价差指的是买入价和卖出价之间的差距，即投资者买入资产并立即卖出时所需要付出的成本或者所能获得的收益。因此，买卖价差又是交易成本和流动性的一种度量方式。在有效市场上，金融资产和能源价格过程理论上应该服从随机游走运动，然而交易成本的存在使得观测的价格偏离了真实的价格，因此买卖价差是形成微观结构噪声最直接的因素之一。

微观交易噪声概括了一系列不同的市场微观结构效应，大致可以分为以下三种。

（1）代表交易过程中的固有摩擦，包括买卖价差、价格的离散变化以及发生在不同市场或不同规模的交易等。

（2）捕捉信息效应，包括价格对大宗交易的逐渐反应、订单流的战略组成部分、库存控制效应以及交易规模的差异等。

（3）包含数据度量或记录误差，比如为零的价格以及错位的小数点等。

对能源市场微观交易噪声的研究源于高频数据的出现，高频数据更为详细地记录了能源市场的交易情况，从更为微观的角度反映了市场运行的状况，使得交易过程中任何细微的干扰和摩擦都能被捕捉到。具体地，数据的采样频率越高，微观交易噪声对均衡价格的影响就越明显。

3.1.3　不规则交易间隔

不规则交易间隔指的是能源市场上交易的发生并不以相等的时间间隔发生，这是能源价格高频数据序列最为本质的特征。

研究发现两笔交易的交易间隔存在聚集现象。比如，一段时间交易平淡，即较长的交易间隔会接着较长的交易间隔；一段时间交易密集，即较短的交易间隔会接着较短的交易间隔。针对这种现象，学者提出了针对不规则交易间隔的自回归条件持续期（autoregressive conditional duration，ACD）模型。

考虑交易间隔对能源价格的影响是目前信息模型发展的方向之一。对于能源市场的交易间隔是否包含信息的研究主要有以下三个方面。

（1）在卖空条件下，能源市场交易间隔较长意味着知情交易者获得的信息是不利的。这就意味着能源市场上滞后的交易间隔和买卖价差以及波动率之间存在正相关关系。

（2）假设知情交易者只有获得未公开的信息时才进入能源市场，信息有利则买入资产，否则卖出，则能源市场交易时间间隔较长意味着没有信息出现。也就是说，如果交易间隔较短，则知情交易者比重较大，买卖价差和波动率都会变大，这样滞后的交易间隔和买卖价差以及波动率之间存在负相关关系。

（3）能源市场上交易的发生不一定是由于信息的驱使，而是知情交易者依据自己的信息和流动性交易者博弈的结果。当能源市场交易频繁时，流动性交易者众多，波动率和买卖价差较小，交易量较大。交易的发生可能是出于流动性需要或调整资产的目的，因此较短的交易间隔并不意味着信息的出现。能源市场交易间隔较长，则说明流动性交易者退出了交易，这时买卖价差较大，波动率较大，交易量较小。也就是说，交易间隔较长意味着知情交易者的存在和较高的波动率。

3.2　高频数据视角下的能源价格运动特征

在实际应用中，几何布朗运动常被用来对能源价格进行定性。本节将从布朗运动开始，并由此过渡到二次变差、随机积分与伊藤过程及定理等相关理论，来对高频数据视角下的能源价格运动特征进行分析。

3.2.1　布朗运动及其扩展

1. 布朗运动

布朗运动是一种随机过程，在经济学、生物学和管理学等不同的领域都有广泛的应用，也是对能源价格进行定性的基础之一。在数学上，它可以被认为是一个连续时间过程，在每个无限小的时间间隔 Δt 中，被考虑的实体向某个方向移动了“一步”。布朗运动的物理表现是由英国植物学家罗伯特·布朗（Robert Brown）在 1827 年观察到的。他对这一过程的解释是基于悬浮在水滴中的小花粉颗粒的运动。在他的实验中，花粉颗粒似乎以完全随机的方式移动，这让布朗和他的同事感到困惑。经过进一步的调查，布朗和其他人证实，这种现象并不是花粉颗粒所特有的，而是悬浮在液体中的许多不同类型的微观颗粒都能表现出来的。

在罗伯特·布朗观察到布朗运动后的很长一段时间里，没有任何重要的数学或者物理解释。直到 1905 年阿尔伯特·爱因斯坦（Albert Einstein）发表了一篇论文，声称这些微观粒子的运动源于周围的流体对粒子施加的持续力，这是因为个别流体分子碰撞粒子，从而使它们运动起来。由于花粉粒完全被这些液体分子所包围，它们在每一个可能的方向上都受到了这些力，这就解释了为什么这些颗粒没有按照固定的模式或方向移动。

布朗运动作为一个随机过程的实际发展直到 1923 年才出现，当时麻省理工学院的数学家诺伯特·维纳（Norbert Wiener）建立了布朗运动的现代数学框架，即今天所称的布朗运动随机过程。这就是布朗运动也被称为维纳过程的原因。事实上，今天对布朗运动的研究大多涉及的是维纳开创的随机过程，而不是布朗研究的物理过程。

具体地，对于随机过程 $\{B(t), t\geqslant 0\}$，若其同时满足以下四个条件，则称 $B(t)$ 为标准布朗运动（standard Brownian motion，SBM），简称为布朗运动。

（1）$B(0)=0$ 且 $B(t)$ 是连续的。

（2）对任意 $t>0$，$B(t)\sim N(0,t)$。

（3）$B(t)$ 有平稳独立增量。

根据上述定义，可知布朗运动有如下性质。

$$\mathbb{E}[B(t)]=0$$

$$\mathbb{D}[B(t)]=t=\mathbb{E}[B^2(t)]$$

如果 $s<t$，则有 $\mathrm{Cov}[B(s),B(t)]=\mathbb{E}[B(s)B(t)]=s$。图 3-1 展示了布朗运动的模拟轨迹。

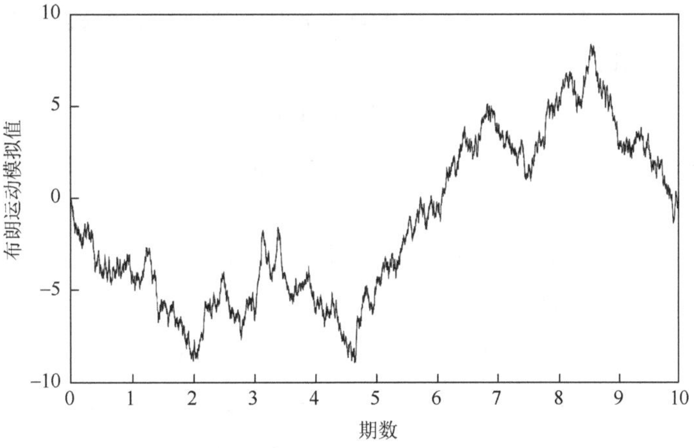

图 3-1　布朗运动的模拟轨迹

2. 带漂移项的布朗运动

假设 $B(t)$ 为布朗运动，则我们称满足式（3-2-1）的随机过程 $X(t)$ 为带漂移项的布朗运动（Brownian motion with drift，BMD）。

$$X(t)=\mu t+\sigma B(t),\quad t\geqslant 0 \tag{3-2-1}$$

其中，常数 μ 表示漂移系数；常数 σ 表示波动率。对于带漂移项的布朗运动 $X(t)$，有

$$\mathbb{E}[X(t)] = \mathbb{E}(\mu t) + \mathbb{E}[\sigma B(t)] = \mu t$$

$$\mathbb{D}[X(t)] = \mathbb{D}[\mu t + \sigma B(t)] = \mathbb{D}[\sigma B(t)] = \sigma^2 t$$

图 3-2 展示了带漂移项的布朗运动的模拟轨迹。相比于标准布朗运动，带漂移项的布朗运动更有可能对能源价格进行定性。

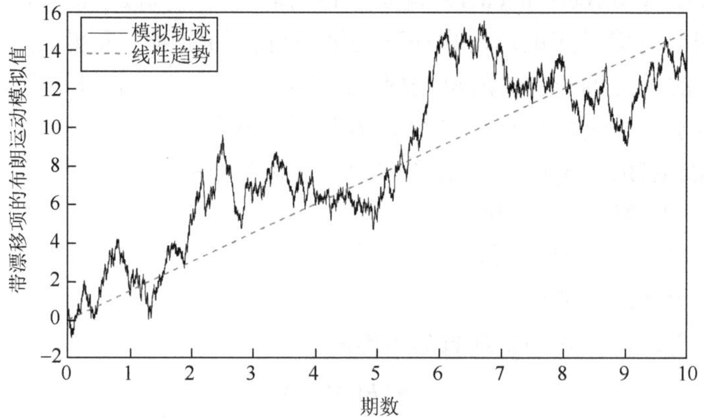

图 3-2　带漂移项的布朗运动的模拟轨迹

3. 几何布朗运动

假设 $X(t)$ 是漂移系数为 μ 、波动率为常数 σ 的布朗运动，则我们称式（3-2-2）表示的随机过程 $G(t)$ 为几何布朗运动。

$$G(t) = G(0)\exp[X(t)],\quad t \geqslant 0 \tag{3-2-2}$$

其中，初始值 $G(0) > 0$ 。几何布朗运动也被称为指数布朗运动（exponential Brownian motion，EBM）。式（3-2-2）也可以写为

$$\ln G(t) = \ln G(0) + X(t) \tag{3-2-3}$$

几何布朗运动 $G(t)$ 有如下性质。

$$\mathbb{E}[\ln G(t)] = \mathbb{E}[\ln G(0)] + \mathbb{E}[X(t)] = \ln G(0) + \mu t$$

$$\mathbb{D}[\ln G(t)] = \mathbb{D}[\ln G(0) + X(t)] = \mathbb{D}[X(t)] = \sigma^2 t$$

在实际应用中，几何布朗运动常被用来对能源价格进行定性，具体原因如下。

（1）几何布朗运动的期望与随机过程的能源价格是相互独立的，这与我们对真实能源市场的期望是相符的。

（2）几何布朗运动过程只考虑为正值的价格，就像真实能源市场中的能源价格一样。

（3）几何布朗运动过程与在真实能源市场上观察到的资产价格轨迹呈现出同样的运动趋势。

（4）几何布朗运动过程计算相对简单。

图 3-3 展示了三条不同初始值的几何布朗运动的模拟轨迹。几何布朗运动可以较好地对能源价格进行衡量。

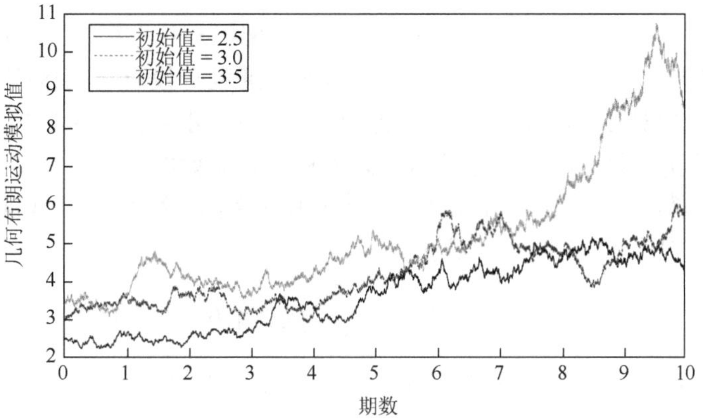

图 3-3　几何布朗运动的模拟轨迹

3.2.2　二次变差

1. 二次变差的定义

假设函数 $f(t)$ 在 $[0,T]$ 上有定义，在 $[0,T]$ 上，定义一个剖分 Π，如式（3-2-4）所示。

$$0 = t_0 < t_1 < t_2 < \cdots < t_N = T \tag{3-2-4}$$

即将 $[0,T]$ 分割成 N 个子时间段。其中，$\|\Pi\|$ 是所有子时间段中最长的。对应于剖分 Π，$f(t)$ 的二次变差定义为

$$\langle f,f\rangle(T) = \lim_{\|\Pi\|\to 0}\sum_{i=0}^{N-1}\left[f\left(t_{i+1}\right)-f\left(t_i\right)\right]^2 \tag{3-2-5}$$

根据式（3-2-5）的定义可知，对于一个光滑函数，其二次变差为 0；对于一个非光滑函数，其二次变差不为 0。

2. 布朗运动的二次变差

对于布朗运动，其二次变差如式（3-2-6）所示。

$$\langle B,B\rangle(T) = \lim_{N\to\infty}\sum_{i=0}^{N-1}\left[B\left(t_{i+1}\right)-B\left(t_i\right)\right]^2 \tag{3-2-6}$$

需要注意的是，布朗运动是处处连续但处处不可微的函数。这一特征决定了布朗运动是非光滑函数，其二次变差不为 0，这是布朗运动与光滑函数最主要的差别。事实上，对于布朗运动的二次变差，有 $\langle B,B\rangle(T)=T$，并且其方差为 0。

3.2.3　随机积分与伊藤过程及定理

1. 随机积分

随机积分是对某些随机过程进行积分的总称。随机积分的一般形式如式（3-2-7）所示。

$$I(T) = \int_0^T g(t)\mathrm{d}B(t) \tag{3-2-7}$$

其中，$B(t)$ 表示一个不可微的随机过程，如布朗运动；$g(t)$ 表示一个可测的随机过程。

需要注意的是，从形式上来看，随机积分与普通积分没有任何区别。但是由于布朗运动是处处连续但处处不可微的，因此我们无法进一步将式（3-2-7）中的 $\mathrm{d}B(t)$ 写成 $B'(t)\mathrm{d}t$。也就是说，普通积分的方法对于随机积分是无效的。

为了对不可微的布朗运动 $B(t)$ 求积分，我们将 $[0,T]$ 划分成 N 个子时间段，$0=t_0<t_1<t_2<\cdots<t_N=T$，则式（3-2-7）可以写为

$$I(T)=\int_0^T g(t)\mathrm{d}B(t)=\lim_{N\to\infty}\sum_{i=0}^{N-1} g(t_i)[B(t_{i+1})-B(t_i)] \tag{3-2-8}$$

式（3-2-8）被称为伊藤积分（Ito stochastic integral）。它还可以写成如式（3-2-9）所示的微分形式。

$$\mathrm{d}I(t)=g(t)\mathrm{d}B(t) \tag{3-2-9}$$

对于伊藤积分 $I(t)=\int_0^t g(u)\mathrm{d}B(u)$，$t\in[0,T]$，并且 $g(t)$ 满足平方可积条件，其期望具有如下性质：

$$\mathbb{E}[I(t)]=0,\ 0\leqslant t\leqslant T$$

相应地，$\mathrm{Var}[I(t)]=\mathbb{E}[I^2(t)]=\mathbb{E}\int_0^t g^2(u)\mathrm{d}u$，此性质就是伊藤等距（Ito isometry）；此外，伊藤积分的二次变差为

$$\langle I,I\rangle(t)=\int_0^t g^2(u)\mathrm{d}u$$

2. *伊藤过程*

有了伊藤积分，我们可以对伊藤过程（Ito process）进行定义。对于随机过程 $\{Y(t)\}$，如果其满足随机微分方程

$$\mathrm{d}Y(t)=P(t)\mathrm{d}t+Q(t)\mathrm{d}B(t) \tag{3-2-10}$$

则称式（3-2-10）为伊藤过程。

对于伊藤过程，如果我们假设 $P(t)=\mu$ 并且 $Q(t)=\sigma$，其中 μ 和 σ 都表示常数，则对应的伊藤过程可以写为 $\mathrm{d}Y(t)=\mu\mathrm{d}t+\sigma\mathrm{d}B(t)$，可以看出，这就是我们前面介绍的带漂移项的布朗运动。当然，如果我们继续假设 $\mu=0$ 并且 $\sigma=1$，则有 $\mathrm{d}Y(t)=\mathrm{d}B(t)$，此时 $Y(t)$ 就是标准布朗运动。

此外，伊藤积分也可以写成对应的积分形式。对于 $[0,T]$ 上的伊藤过程，其积分形式可以表示为

$$\int_0^T \mathrm{d}Y(t)=\int_0^T P(t)\mathrm{d}t+\int_0^T Q(t)\mathrm{d}B(t) \tag{3-2-11}$$

相对于微分形式，伊藤过程的积分形式更正式且严谨。

3. *伊藤定理*

为了更好地理解伊藤定理，我们从普通微积分开始介绍。对于一个光滑的函数 $F(t)$，如果有一个可微的函数 $g(x)$，根据普通微积分的性质，有

$$\mathrm{d}g[F(t)]=g'[F(t)]F'(t)\mathrm{d}t=g'[F(t)]\mathrm{d}F(t) \tag{3-2-12}$$

其中，$F'(t)=\dfrac{\mathrm{d}F(t)}{\mathrm{d}t}$。

更严格地说，根据泰勒展开式，式（3-2-12）应该表达为

$$\begin{aligned}\mathrm{d}g[F(t)]&=g'[F(t)]\mathrm{d}F(t)+\frac{1}{2!}g''[F(t)][\mathrm{d}F(t)]^2+\frac{1}{3!}g^{(3)}[F(t)][\mathrm{d}F(t)]^3\\&+\frac{1}{4!}g^{(4)}[F(t)][\mathrm{d}F(t)]^4+\cdots\end{aligned}\tag{3-2-13}$$

对于光滑函数 $F(t)$ 来说，其高阶变差均为 0。这就意味着式(3-2-12)用来表示 $g(F(t))$ 的微分是足够的。

然而，对于处处不可微的布朗运动 $B(t)$ 来说，其二次变差不为 0。也就是说，使用式（3-2-12）对 $g(B(t))$ 进行微分时会存在一定的偏差。因此，我们应当直接使用式（3-2-13），即

$$\begin{aligned}\mathrm{d}g[B(t)]&=g'[B(t)]\mathrm{d}B(t)+\frac{1}{2}g''[B(t)][\mathrm{d}B(t)]^2\\&=g'[B(t)]\mathrm{d}B(t)+\frac{1}{2}g''[B(t)]\mathrm{d}t\end{aligned}\tag{3-2-14}$$

布朗运动 $B(t)$ 的三阶及以上的变差为 0。

此时，我们定义过程 $Z(t)=g[t,Y(t)]$，而且 $Y(t)$ 满足如式（3-2-15）所示的伊藤过程，即

$$\mathrm{d}Y(t)=P(t)\mathrm{d}t+Q(t)\mathrm{d}B(t)\tag{3-2-15}$$

则有随机过程 $Z(t)$ 满足如式（3-2-16）所示的随机微分方程，即

$$\begin{aligned}\mathrm{d}g(t,Y)&=\left[\frac{\partial g(t,Y)}{\partial t}+P(t)\frac{\partial g(t,Y)}{\partial Y}+\frac{1}{2}Q^2(t)\frac{\partial^2 g(t,Y)}{\partial Y^2}\right]\mathrm{d}t\\&+Q(t)\frac{\partial g(t,Y)}{\partial Y}\mathrm{d}B(t)\end{aligned}\tag{3-2-16}$$

式（3-2-16）被称为伊藤定理，也被称为伊藤公式（Ito formula）或伊藤–德布林公式（Ito-Doeblin formula）。伊藤定理也可简写为

$$\mathrm{d}g(t,Y)=\left[\dot{g}_t+P(t)\dot{g}_Y+\frac{1}{2}Q^2(t)\ddot{g}_{YY}\right]\mathrm{d}t+Q(t)\dot{g}_Y\mathrm{d}B(t)\tag{3-2-17}$$

需要注意的是，式（3-2-16）所代表的是一维伊藤定理，对于更高维的伊藤定理本书不再介绍。

3.3　能源价格波动的已实现测度

能源价格波动率衡量了价格的变化，因此可以被看作是风险的指标。准确的能源价格波动率估计在资产配置和风险管理中非常重要。由于波动率本质上是不可观测的，因此需要对其进行估计。用来估计潜在波动率的两种主要的参数模型是连续时间模型（如随机波动率模型）和离散时间模型（如 ARCH 模型和 GARCH 模型）。然而，这些参数模型存在一定的局限性。考虑到能源价格高频数据的可用性，我们可以基于非参数模型对

能源价格波动率的已实现测度进行衡量。本节介绍三种已实现测度：已实现波动率、已实现极差波动率以及已实现幂次变差。

3.3.1 已实现波动率

Merton（1980）发现在数据样本频率充分大的条件下，通过加总高频平方变量的值，一个独立同分布随机变量的方差（在一个固定的期限内）可以被估计得充分准确。具体地，他使用日度收益率数据估计股票的月度波动率。但是由于当时高频数据的获取比较困难，关于这方面的研究有所停滞。直到近些年，随着计算机的广泛使用，高频数据才变得容易获取，研究者针对这方面再次进行了深入详细的研究。

Andersen 和 Bollerslev（1998）在 Merton（1980）的基础上给出了已实现波动率与已实现协方差的理论基础，即收益分解和二次变差理论。具体地，假设资产价格序列的对数是一个特殊半鞅（special semi-martingale），那么它可以分解为一个均值过程和一个新息过程（innovation process）。假如均值过程与新息过程是独立的，且均值过程是一个事先确定的函数（predetermined function），那么收益向量的条件协方差矩阵等于二次协变差过程（quadratic covariation process）的条件期望，二次协变差过程又可以用收益的平方与收益的乘积来近似；同时也证明了已实现波动率是没有测量误差的无偏估计量。

简单来说，已实现波动率是基于高频日内价格数据来衡量能源价格日度波动的常用已实现测度之一。Andersen 和 Bollerslev（1998）较早对已实现波动率进行了分析与使用。Wang 等（2018）、Zhang 等（2019）、Zhang 等（2023）以及其他学者也对已实现波动率进行了研究。具体地，已实现波动率可以表示为

$$\mathrm{RV}_t(\Delta)=\sum_{i=1}^{1/\Delta} r_{t-1+i\cdot\Delta,\Delta}^2 \tag{3-3-1}$$

其中，Δ 表示取样频率 $\Delta=1/M$；$r_{t,\Delta}=P_t-P_{t-\Delta}$ 表示在交易日 t 内的日内收益率；P 表示资产的对数价格。在本章中，$\mathrm{RV}_t(\Delta)$ 有时也简写为 RV_t。

根据二次变差理论，当 $\Delta\to 0$ 时，已实现波动率与积分波动率（integrated volatility，IV）的关系为

$$\lim_{\Delta\to 0}\mathrm{RV}_t\to\int_{t-1}^{t}\sigma^2(s)\mathrm{d}s \tag{3-3-2}$$

其中，$\sigma^2(s)$ 表示瞬时波动率。式（3-3-2）表明当取样次数足够多时，已实现波动率与积分波动率是一致的。已实现波动率具有以下特征。

（1）只要对日内数据的取样频率足够高，可将已实现波动率视为积分波动率。

（2）已实现波动率不依赖于理论模型，不需要进行烦琐的参数估计，实际操作比较简单，计算比较方便。

（3）已实现波动率包含的噪声更少，比日度收益率的平方能更好地衡量波动率。

（4）已实现波动率的分布是右偏尖峰的，已实现波动率的对数的分布接近高斯分布。

值得注意的是，已实现波动率作为异质自回归已实现波动率（heterogeneous autoregressive realized volatility，HAR-RV）模型的一部分被广泛使用。HAR-RV 模型最早由 Corsi（2009）

提出。它通过 OLS 来构建已实现波动率预测模型。虽然该模型的形式非常简单，却能十分有效地刻画能源价格波动率蕴含的长记忆性、“厚尾”等金融数据特征，因而成了高频数据下能源价格波动率预测模型的主流。基于动态模型平均（dynamic model averaging，DMA）方法，Wang 等（2016）进一步提高了 HAR-RV 模型对波动率的预测能力。

异质市场假说的核心思想认为交易者是异质的，其给出的解释是交易者自身存在的诸多原因导致不同投资者对同一市场消息的反应存在差异，进而对市场价格及其波动情况造成不一样的影响（Corsi，2009）。HAR-RV 模型包含了三种自变量，分别是已实现波动率的日平均（RV_t）、已实现波动率的周平均（$\mathrm{RV}_{w,t}$）和已实现波动率的月平均（$\mathrm{RV}_{m,t}$），这三种不同的自变量分别代表了短期、中期和长期交易者的交易行为。已实现波动率的周平均和月平均的计算公式如式（3-3-3）和式（3-3-4）所示。

$$\mathrm{RV}_{w,t}=\frac{1}{5}(\mathrm{RV}_t+\mathrm{RV}_{t-1}+\mathrm{RV}_{t-2}+\mathrm{RV}_{t-3}+\mathrm{RV}_{t-4}) \tag{3-3-3}$$

$$\mathrm{RV}_{m,t}=\frac{1}{22}(\mathrm{RV}_t+\mathrm{RV}_{t-1}+\cdots+\mathrm{RV}_{t-20}+\mathrm{RV}_{t-21}) \tag{3-3-4}$$

HAR-RV 模型的具体表达式为

$$\mathrm{RV}_{t+1}=\beta_0+\beta_d\mathrm{RV}_t+\beta_w\mathrm{RV}_{w,t}+\beta_m\mathrm{RV}_{m,t}+\varepsilon_{t+1} \tag{3-3-5}$$

其中，ε_{t+1} 表示扰动项，服从正态分布。该模型除了具有可以刻画波动率的典型特征等优点外，还将市场的波动视为由不同投资者的交易行为共同作用产生的不同波动成分相互作用的结果。

与 ARCH 模型和随机波动率模型相比较，已实现波动率模型不管是在理论上，还是在实际的模拟预测中都更有优势，原因如下。一是已实现波动率用的是价格高频数据。在能源市场中，信息是连续影响能源价格的运动过程的。数据的离散采集必然会造成信息不同程度的缺失。毫无疑问，数据的采集频率越高，有用的信息缺失得就会越少；反之，有用的信息缺失得就会越多。所以，高频数据比低频数据包含更多的有用信息，能更好地反映能源市场的真实情况。二是已实现波动率在一定的条件下，当时间间隔充分小时，测量误差将会趋于 0，即可以把已实现波动率看作没有测量误差的无偏估计量。

然而学者在研究过程中发现，已实现波动率会受到测量误差和微观结构误差等的干扰。要准确估计已实现波动率，存在一个最优的样本频率。Andersen 等（2003）指出，假定收益过程是一个半鞅，只要选取频率足够大的日内价格数据，则已实现波动率可以无限接近潜在的积分波动率。但是，由于日内价格数据受到市场微观结构的影响，数据取样频率过高会导致日内收益率数据序列存在较大的序列相关，产生测量误差。在实际计算已实现波动率时，5 分钟的抽样频率有较好的表现，因此较常被使用。

3.3.2　已实现极差波动率

除了已实现波动率，衡量波动率的另一种方法是基于在某一时期的能源价格最大值和最小值之间的差异，即极差。

在介绍已实现极差波动率之前，我们先介绍下极差波动率。极差波动率可以表示为

$$\text{Range-V}_t = \frac{(\ln H_t - \ln L_t)^2}{4\ln 2} \tag{3-3-6}$$

其中，H_t 和 L_t 分别表示在交易日 t 的能源价格的最大值和最小值。日度价格极差不仅是波动率的无偏估计量，而且比用日度收益率的平方衡量波动率的效率更高。也就是说，在理论上，对于每个日内区间，高低价格极差是一个比该区间的平方收益更有效的波动率估计量。

基于日内高频价格数据和极差的思想，学者提出了已实现极差波动率，可以表示为

$$\text{RRV}_t = \frac{1}{4\ln 2}\sum_{i=1}^{1/\varDelta}(\ln H_{t,i} - \ln L_{t,i})^2 \tag{3-3-7}$$

其中，$H_{t,i}$ 和 $L_{t,i}$ 分别表示交易日 t 的第 i 个日内区间的能源价格的最大值和最小值。

与已实现波动率相似，已实现极差波动率的分布也是右偏尖峰的，且不依赖于理论模型，计算方便。此外，应当注意到，对于已实现极差波动率来说，不论对日内数据的抽样频率为多大，已实现极差波动率都使用到了所有数据的信息；而已实现波动率只使用了日内区间两端点的信息，两端点之间的信息都没有被考虑，这样就会损失一部分信息，且抽样的频率越低，损失的信息就会越多。

3.3.3 已实现幂次变差

已实现幂次变差是 Barndorff-Nielsen 和 Shephard（2006）提出的一种对于波动率的已实现测度。这种已实现测度在一定程度上对于跳跃是稳健的。已实现幂次变差可以表示为

$$\text{RPV}_t(\varDelta, p) = \mu_p^{-1}\varDelta^{1-p/2}\sum_{i=1}^{1/\varDelta}\left|r_{t-1+i\cdot\Delta,\Delta}\right|^p \tag{3-3-8}$$

其中，$\mu_p = 2^{p/2}\times\frac{\Gamma[1/2(p+1)]}{\Gamma(1/2)}$；$\varDelta$ 表示取样频率；$r_{t-1+i\cdot\varDelta,\varDelta}$ 的含义与式（3-3-1）中相同。p 是一个在 0 到 2 之间的常数。在本章后文中，有时也把 $\text{RPV}_t(\varDelta, p)$ 简写为 RPV_t。

此外，Barndorff-Nielsen 和 Shephard（2004）还将二次变差的连续成分从它的不连续成分（即跳跃）中分离了出来。相应地，他们继续提出了已实现双幂次变差（realized bipower variation，BPV）。已实现双幂次变差的形式为

$$\text{BPV}_t(\varDelta) = (\mu_1)^{-2}\sum_{i=2}^{1/\varDelta}\left|r_{t-1+i\cdot\varDelta,\varDelta}\right|\left|r_{t-1+(i-1)\cdot\varDelta,\varDelta}\right| \tag{3-3-9}$$

其中，$\mu_1 = \sqrt{2/\pi}$；$r_{t-1+i\cdot\varDelta,\varDelta}$ 的含义与式（3-3-1）中相同。已实现双幂次变差是积分波动率的渐进无偏估计量。当存在跳跃时，该指标也是稳健的。在本章后文中，有时也把 $\text{BPV}_t(\varDelta)$ 简写为 BPV_t。

Barndorff-Nielsen 和 Shephard（2004）进一步对已实现双幂次变差进行了推广，提出了另一个波动率的已实现测度——三幂次变差（tripower variation，TPV）。具体地，三幂次变差可以表示为

$$\text{TPV}_t(\varDelta) = (\mu_{2/3})^{-3}\sum_{i=3}^{1/\varDelta}\left|r_{t-1+i\cdot\varDelta,\varDelta}\right|^{2/3}\left|r_{t-1+(i-1)\cdot\varDelta,\varDelta}\right|^{2/3}\left|r_{t-1+(i-2)\cdot\varDelta,\varDelta}\right|^{2/3} \tag{3-3-10}$$

其中，$\mu_{2/3}=2^{1/3}\times\dfrac{\Gamma(5/6)}{\Gamma(1/2)}$；$r_{t-1+i\cdot\Delta,\Delta}$ 的含义与式（3-3-1）中相同。理论上讲，三幂次变差相比于已实现双幂次变差对于能源价格波动率的衡量有更高的效率。然而，三幂次变差也比已实现双幂次变差更容易受到高频收益率序列的微观结构噪声的影响。

3.4　能源价格波动中的跳跃成分

一般认为，能源价格具有时间连续性。因此，能源价格收益率序列应该具有平稳性特征。但是，由于宏观经济的波动、重要政策的发布等，能源价格收益率在近似连续的时间内有可能会出现较大幅度的波动，这种由于突发信息出现引起能源价格收益率及波动率突然变化的冲击现象被称为跳跃。跳跃本质上是市场信息融入所表现出来的价格发现特征，反映了市场效率问题。能源价格波动的跳跃现象直接影响能源价格波动率的估计和预测的准确程度，从而对能源资产配置和风险管理产生重大影响，并促使传统的计量模型和方法进行深刻调整。因此，随着对能源价格行为研究的精细化和微观化，能源价格波动的跳跃问题成为必须攻克的障碍，对其深入研究具有深刻的理论意义。总之，跳跃在描述能源价格动态变化方面变得越来越重要。本节将对能源价格波动的跳跃成分及其检测进行介绍。

3.4.1　带跳跃项的几何布朗运动

跳跃现象作为资产价格发现的极端形式，由于其信息融入过程的瞬时性和高强度性，会对金融市场，尤其是以保证金交易为鲜明特征的信用衍生产品市场产生非常深刻的影响。事实上，具有明显跳跃特征的资产价格行为在金融市场发展历程中屡见不鲜，譬如：美国道琼斯指数在 1987 年的“黑色星期一”，开盘 3 小时内即下挫 508 点，跌幅达 22.62%，约 5000 亿美元市值瞬间蒸发；上海证券交易所于 1992 年 5 月 21 日对所有的股票取消涨跌幅限制的交易制度，实行自由的竞价方式时，当日指数涨幅高达 110.7%。当国际上发生重大事件时，市场指数也往往表现出强烈的跳跃特征，如“亚洲金融危机”及“9 • 11”事件都是典型案例。2011 年 3 月 11 日日本发生 9 级地震，在核泄漏的阴影下，日经指数在 14 日暴跌 6.2%后，15 日跌幅高达 10.5%，具有明显的连续跳跃特征。

类似地，在能源市场上，虽然大多数情况下能源价格的变化可以用几何布朗运动来充分描述。然而，几何布朗运动不能捕捉到能源价格的跳跃情况。因此，学者针对几何布朗运动的这一缺陷进行改进，尝试对几何布朗运动叠加一个跳跃过程。

首先，我们定义 $X(t)$ 是一个带漂移项及跳跃的布朗运动，具体形式为

$$X(t)=\mu t+\sigma B(t)+J_t=\mu t+\sigma B(t)+\sum_{i=1}^{N(t)}Y_i,\ \ t\geqslant 0 \tag{3-4-1}$$

其中，J_t 表示跳跃项；$\{N(t),\ \ t\geqslant 0\}$ 表示一个强度为 λ 的泊松过程；随机变量 $\{Y_1,Y_2,\cdots,Y_{N(t)}\}$ 是独立同分布的。因此，随机过程 $X(t)$ 包含两部分：一部分是一个纯粹的扩散型过程，

即 $\mu t+\sigma B(t)$；另一部分是跳跃，即 $J_t=\sum_{i=1}^{N(t)}Y_i$，是一个复合泊松过程。

带跳跃项的几何布朗运动可以表示为

$$G(t)=G(0)\exp[X(t)]=G(0)\exp[\mu t+\sigma B(t)+J_t],\quad t\geqslant 0 \tag{3-4-2}$$

用带跳跃项的几何布朗运动描述能源价格的变化有明显的优点，因为它不仅允许价格在大多数时间里不断变化，而且也考虑了一个事实，即价格有时会发生跳跃，而几何布朗运动无法充分描述这一过程。

我们可以将带跳跃项的几何布朗运动中的跳跃部分理解为能源市场对外部消息的反应。具体来说，在没有外部消息的情况下，资产价格遵循几何布朗运动，而外部的好消息或坏消息的出现遵循泊松过程，价格也会因为这些消息的出现而变化。

图 3-4 展示了带跳跃项的几何布朗运动的模拟轨迹。可以看出，相较于图 3-3 的几何布朗运动，图 3-4 的轨迹中出现了不少的跳跃。

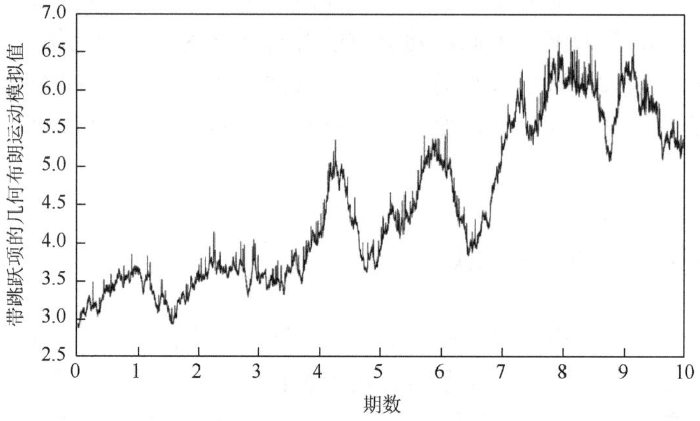

图 3-4　带跳跃项的几何布朗运动的模拟轨迹

3.4.2　跳跃的产生机制及检测

1. 跳跃的产生机制

对资产价格跳跃行为研究的发展大体可以分为三个阶段。①萌芽阶段。通过构造理论模型对跳跃行为进行刻画，讨论跳跃现象的价格发现过程，初步探索非对称信息在价格跳跃行为中的作用以及作用方式。②发展阶段。此阶段研究的重点是对跳跃现象进行准确辨识，以及评价市场的运行状况，进而开发有效的风险管理工具对潜在的极端风险进行控制。③深化阶段。此阶段在对跳跃现象进行准确辨识的基础上，深入探讨跳跃行为的内在本质，完善跳跃现象发生条件下的金融理论，提出全面测度跳跃行为的指标变量，对跳跃现象的市场特征进行刻画。

跳跃的定义为

$$J_t=\max(\mathrm{RV}_t-\mathrm{BPV}_t,0) \tag{3-4-3}$$

其中，RV 表示已实现波动率；BPV 表示已实现双幂次变差。由定义可知，跳跃是一个非负的过程。

资产价格跳跃行为产生的宏微观机制，是对跳跃现象内在本质的深化，是经典金融理论对跳跃现象内涵的深入剖析，因此是跳跃行为研究的精髓。对跳跃成因的讨论最早可以追溯到跳跃–扩散模型（jump-diffusion model），模型假定在 $(t-1,t)$ 的时间间隔内产生了一些新信息，如果新信息到来，则收益率发生一次跳跃，其幅度由正态分布控制。有学者认为造成能源价格跳跃的一个重要因素是市场出现了重大或异常的信息，使投资者的预期发生了极大的改变。

一般认为，跳跃行为由突发事件触发，因此与重大信息的到达有密切的关系。学者将收益分解为连续性增量和跳跃性增量，前者由一般信息背景下的流动性交易造成，而后者由能源等金融市场重大信息触发。也有学者认为，股票收益率的变化与流入市场的信息量相关，比如上市公司的股利信息与重大事件的公告、市场基准利率的调整、重大社会事件的发生以及政府的宏观经济政策的调整都会对个股或大盘指数的走势产生影响。信息可以划分为重大信息与普通信息，这两者对股票收益率的冲击力是不同的：普通信息引起收益率的连续变化，而重大信息则引起收益率的跳跃性变化。

跳跃行为由突发事件触发比较容易理解，然而，持不同观点的人也比较多。例如，有学者认为没有重大的信息事件可以解释 1929 年 10 月 28 日和 1987 年 10 月 19 日的美国股市崩盘，因此应该更重视投资者心理及文化背景等诸多因素的作用。接着，学者在长期风险模型的基础上，构造了学习理论模型，对资产价格跳跃的微观经济机制进行了理论探讨。他们认为社会经济系统中的一些关键变量是不可能被及时、直接地观测到的，而且现实中人不可能是完全理性的，因此投资者对未来的不确定性有着深深的恐惧。如果能够减少甚至消除这种不确定性，则能够增加代表性投资者的效用。因此，投资者为了获取关于经济系统中无法直接观测到的变量的相关信息，从而减少甚至消除这种不确定性、增加自身效用，愿意支付一个成本。投资者的这种行为将会对资产估值产生影响，从而导致价格在短时间内发生一个大幅度的变化，即“跳跃”。

除了上述两种解释之外，混沌理论认为，股市是一个非常复杂的非线性系统，即使外界条件没有发生变化，系统内部这种非线性机制的作用也可能使得股价大幅波动。也就是说，跳跃是资产价格行为自身的内部演化所致，即使没有外部刺激，也可能会发生。

2. 跳跃检测

为了检测资产价格路径是否存在跳跃，Barndorff-Nielsen 和 Shephard（2006）提出了一个跳跃检测方法。该方法使用了对跳跃不具有稳健性的已实现二次变差与对跳跃具有稳健性的已实现双幂次变差之间的差异。其中已实现二次变差被认为与已实现波动率是相同的。具体地，调整后的跳跃检测统计量为

$$\mathrm{BNS}_t=\frac{\Delta^{-1/2}}{\sqrt{\vartheta\max\left[1,\dfrac{\mathrm{QPV}_t}{(\mu_1^2\mathrm{BPV}_t)^2}\right]}}\left(1-\frac{\mathrm{BPV}_t}{\mathrm{RV}_t}\right) \tag{3-4-4}$$

其中，QPV表示已实现四次变差（realized quadpower variation）；$\vartheta = ((\pi^2/4)+\pi-5) \approx 0.6090$。BNS统计量服从标准正态分布。$\text{QPV}_t$ 的计算公式为

$$\text{QPV}_t = \frac{1}{\Delta}\sum_{i=4}^{1/\Delta}\left|r_{t-1+i\cdot\Delta,\Delta}\right|\left|r_{t-1+(i-1)\cdot\Delta,\Delta}\right|\left|r_{t-1+(i-2)\cdot\Delta,\Delta}\right|\left|r_{t-1+(i-3)\cdot\Delta,\Delta}\right| \tag{3-4-5}$$

其中，$r_{t-1+i\cdot\Delta,\Delta}$ 的含义与式（3-3-1）相同。如果BNS显著为正，则拒绝无跳跃的原假设，即存在跳跃。

除了BNS统计量之外，学者还提出了其他统计量来对跳跃是否存在进行检测。例如，有学者提出使用已实现收益率与瞬时波动率估计的比率构建一个非参数跳变测试，以检测在日内水平上跳变的确切时间；也有学者将对跳跃敏感的方差测度与已实现波动率进行比较，以检测是否存在跳跃。他们的想法基于这样一个事实：在没有跳跃的情况下，简单收益和对数收益之间的累积差值（互换方差）在连续时间限制内捕获了积分波动率的一半。因此，在没有跳跃的情况下，互换方差与已实现波动率的差值应该为零，而在有跳跃的情况下，相同的差值表明方差互换的复制错误，从而可以检测出跳跃的存在。

有学者建议采用同时包含连续性成分和跳跃性成分的HAR-RV模型（HAR-RV-J）来对波动率进行建模，通过基于标准普尔500指数期货与30年期美国国债期货的高频价格数据的实证，他们发现这个模型在预测精度上明显优于带跳跃的GARCH模型和原始的HAR-RV模型。之后有学者将已实现波动率分解为向上波动和向下波动两种成分，得到结论认为跳跃行为对波动率的预测有重要的作用，其中负向跳跃影响的持续时间更长。这些研究在能源市场上也得到了广泛的使用。

此外，也有学者研究了跳跃行为与即期收益率以及流动性之间的关系，得出结论：跳跃行为多发生在宏观信息发布之前，非预期信息对跳跃只有有限的解释力，公告发布之前的流动性冲击对跳跃行为具有明显的预期作用，跳跃对波动率的影响具有较强的持续性，这使得市场价差增大、深度降低。之后，学者系统讨论了跳跃前后资产流动性变化的情况，基于道琼斯股价指数的实证结果表明：流动性与跳跃行为的关系依赖于对流动性自身的测度，跳跃发生前后流动性显著增加，但跳跃在经济意义上的影响有限。因此，他们认为跳跃行为是由投资者对股票的直接需求的瞬时激增产生的，而不是由内生性的市场流动性缺失导致的结果。

3.5 应用案例

本节选取能源市场中一种重要的产品——原油期货作为研究对象，以2006年1月3日至2018年12月31日（共3349个交易日）的5分钟原油期货价格高频数据为初始样本。基于此样本，本节对原油期货价格波动率的已实现测度进行构建，并对跳跃项进行分析与检测。

具体地，原油期货价格的5分钟高频收益率数据计算公式为

$$r_{t,i} = P_{t,i} - P_{t,i-1} \tag{3-5-1}$$

其中，$P_{t,i}$ 表示原油期货在交易日 t 的第 i 个对数日内价格。

首先，对原油期货价格波动率的已实现测度进行构建。

第一，基于 5 分钟原油期货收益率序列，构造已实现波动率变量RV，共 3349 个观测值。图 3-5 展示了样本期内的原油期货价格收益率的已实现波动率的时间序列。由图 3-5 可知，原油期货价格收益率的已实现波动率在大多数样本时间内较低，而在 2008 年金融危机时期和 2016 年前后比较高。

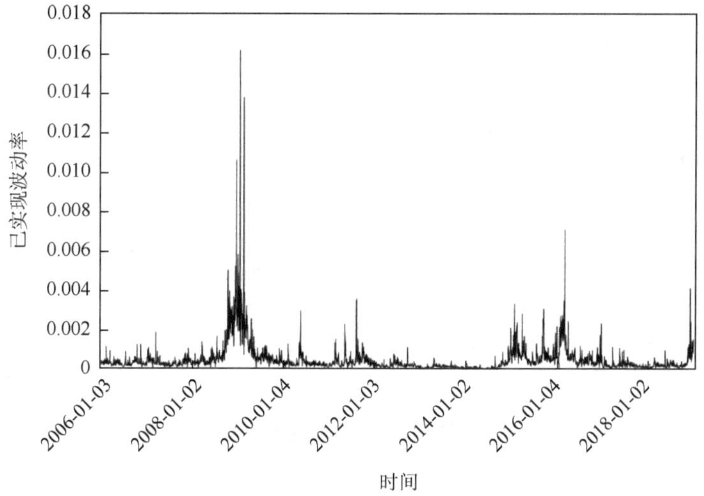

图 3-5 原油期货价格收益率的已实现波动率

第二，基于 5 分钟原油期货价格数据，选取 30 分钟的取样频率，构造已实现极差波动率变量，共 3349 个观测值。图 3-6 展示了样本期内的原油期货价格收益率的已实现极差波动率的时间序列。已实现极差波动率整体上波动更加频繁，但其整体走势与已实现波动率非常相似。

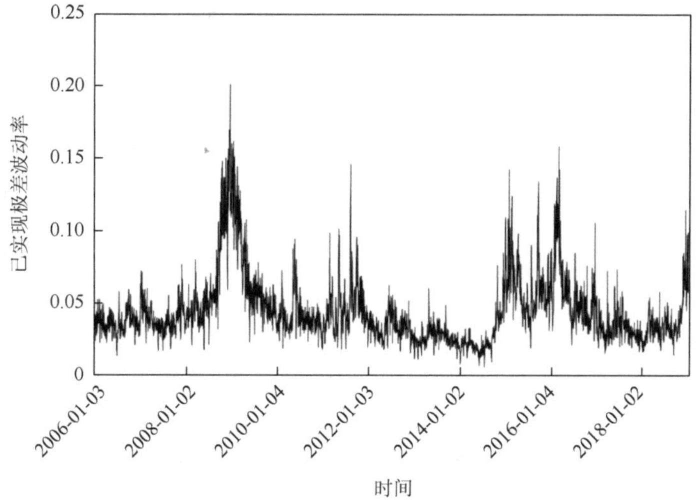

图 3-6 原油期货价格收益率的已实现极差波动率

第三，基于 5 分钟原油期货价格收益率序列，构造已实现双幂次变差变量，共 3349 个观测值。图 3-7 展示了样本期内的原油期货价格收益率的已实现双幂次变差的时间序列，其整体走势与前述两种已实现测度也是相似的。

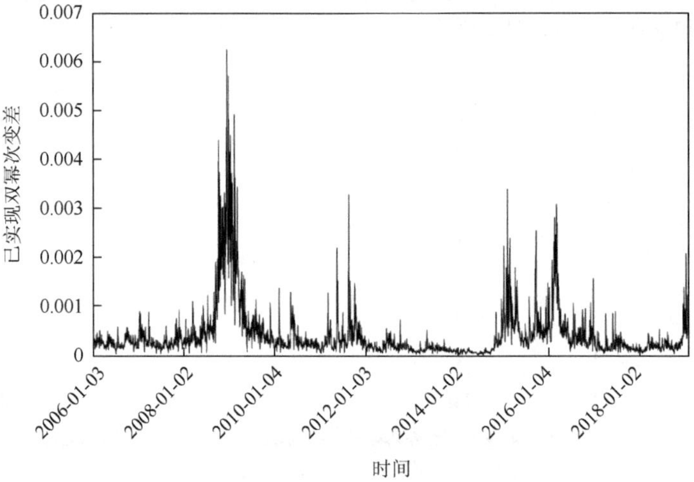

图 3-7　原油期货价格收益率的已实现双幂次变差

由图 3-5、图 3-6 以及图 3-7 可知，无论是用已实现波动率、已实现极差波动率，还是已实现双幂次变差来衡量原油期货价格波动率，结果都是比较一致的，即原油期货价格收益率波动在 2008 年金融危机时期及 2016 年前后出现了较大的波动，其余时期价格收益率波动较为平稳。

其次，对原油期货价格收益率波动中的跳跃成分进行分析。

第一，基于已实现波动率和已实现双幂次变差，构建跳跃序列，共有 3349 个观测值。图 3-8 展示了样本期内的原油期货价格跳跃的时间序列。可以看出，跳跃主要发生在 2008 年金融危机时期与 2016 年前后，对应于原油期货价格波动率较高的时期，说明在整体波动较高时，跳跃更有可能存在。

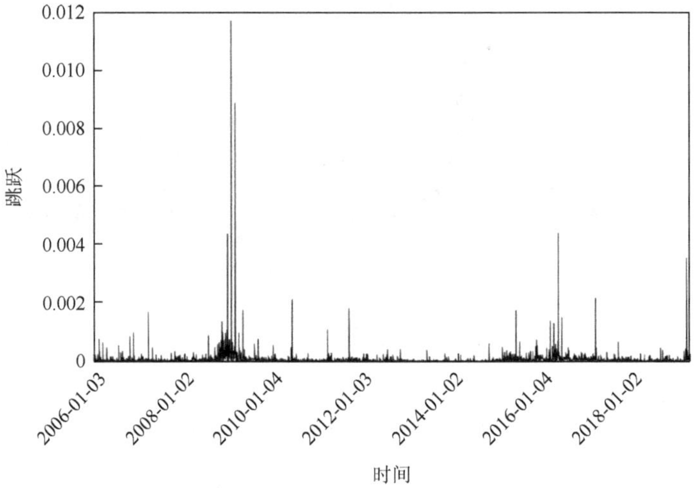

图 3-8　原油期货价格跳跃的时间序列

第二，对跳跃进行实证检测。通过构造检测统计量BNS，对其是否显著为正进行检测。结果显示统计值为 57.04，显著拒绝无跳跃的原假设，即存在跳跃。

第三，使用 HAR-RV 模型及 HAR-RV-J 模型对已实现波动率进行拟合。表 3-1 展示了 HAR-RV 模型的拟合结果。

表 3-1　HAR-RV 模型的拟合结果

指标	回归系数	t 统计值
截距	0.234	2.160
RV_t	0.111	5.438
$RV_{w,t}$	0.325	7.833
$RV_{m,t}$	0.519	13.627
R^2	0.574	

由表 3-1 可知，RV_t、$RV_{w,t}$ 和 $RV_{m,t}$ 都与未来的已实现波动率正相关，且是显著的（t 统计值分别为 5.438、7.833 以及 13.627）；其整体拟合程度也较高，R^2 为 0.574，说明 HAR-RV 模型在原油期货市场有较好的表现。得到的具体的 HAR-RV 模型拟合公式为

$$RV_{t+1} = 0.234 + 0.111RV_t + 0.325RV_{w,t} + 0.519RV_{m,t} + \varepsilon_{t+1} \quad (3\text{-}5\text{-}2)$$

表 3-2 展示了 HAR-RV-J 模型的拟合结果。可知，跳跃成分与未来的已实现波动率负相关（回归系数为−0.670），且是显著的（t 统计值为−15.168）；在考虑跳跃成分后，RV_t、$RV_{w,t}$、$RV_{m,t}$ 与未来已实现波动率的关系和显著性都没有受到影响。此外，HAR-RV-J 模型的整体拟合程度高于 HAR-RV 模型（0.601＞0.574），说明在原油期货市场上，考虑跳跃成分可以提高模型对已实现波动率的预测能力。得到的具体的 HAR-RV-J 模型拟合公式为

$$RV_{t+1} = 0.136 + 0.489RV_t + 0.169RV_{w,t} + 0.418RV_{m,t} - 0.670J_t + \varepsilon_{t+1} \quad (3\text{-}5\text{-}3)$$

表 3-2　HAR-RV-J 模型的拟合结果

指标	回归系数	t 统计值
截距	0.136	1.291
RV_t	0.489	15.367
$RV_{w,t}$	0.169	4.082
$RV_{m,t}$	0.418	11.165
J_t	−0.670	−15.168
R^2	0.601	

参 考 文 献

Andersen T G，Bollerslev T. 1998. Answering the skeptics：yes，standard volatility models do provide accurate forecasts[J]. International Economic Review，39（4）： 885-905.

Andersen T G，Bollerslev T，Diebold F X，et al. 2003. Modeling and forecasting realized volatility[J]. Econometrica，71（2）：579-625.

Barndorff-Nielsen O E，Shephard N. 2004. Power and bipower variation with stochastic volatility and jumps[J]. Journal of Financial Econometrics，2（1）： 1-37.

Barndorff-Nielsen O E，Shephard N. 2006. Econometrics of testing for jumps in financial economics using bipower variation[J]. Journal of Financial Econometrics，4（1）： 1-30.

Corsi F. 2009. A simple approximate long-memory model of realized volatility[J]. Journal of Financial Econometrics，7（2）：174-196.

Merton R C. 1980. On estimating the expected return on the market： an exploratory investigation[J]. Journal of Financial Economics，8（4）： 323-361.

Wang Y D，Ma F，Wei Y，et al. 2016. Forecasting realized volatility in a changing world： a dynamic model averaging approach[J]. Journal of Banking & Finance，64： 136-149.

Wang Y D，Wei Y，Wu C F，et al. 2018. Oil and the short-term predictability of stock return volatility[J]. Journal of Empirical Finance，47： 90-104.

Zhang Y J，Wahab M I M，Wang Y D. 2023. Forecasting crude oil market volatility using variable selection and common factor[J]. International Journal of Forecasting，39（1）： 486-502.

Zhang Y J，Wei Y，Zhang Y，et al. 2019. Forecasting oil price volatility： forecast combination versus shrinkage method[J]. Energy Economics，80： 423-433.

第四章　一元能源价格尾部风险测度

前三章介绍了能源价格作为一类具有随机过程特征的时间序列数据，其收益率每时每刻的均值与方差是不断变化的过程。均值和方差反映了能源价格收益率分布的一阶矩与二阶矩的性质，然而收益率分布的尾部特征无法被其描述。尾部特征反映了能源价格收益率出现极高或极低值的概率，并直接使得能源资产投资者出现极端损失，造成价格收益率尾部风险。尾部风险已成为能源价格风险管理工作中的重要一环。本章将探索能源价格收益率分布的尾部特征，并了解如何利用相应测度描述能源价格收益率分布的尾部性态。能源价格尾部风险测度在能源价格资产组合优化、能源价格风险传染预测等工作中起着重要作用。与能源价格的均值和方差性质类似，尾部风险会随着时间动态变化。如无特殊说明，本章只研究一元情形。

4.1　能源极端价格与收益率尾部风险测度

当两个能源资产的价格收益率的均值与方差相同时，它们的收益率分布仍有许多特征可能存在差异并影响投资者的决策，其中一个非常重要的特征是收益率的尾部行为，即在某一个阈值以外收益率分布的特征。通俗地说，就是能源价格收益率出现特别高或特别低的数值时，我们应当以何种方式描述并测度这种行为。当投资者的效用函数对收益率尾部行为敏感时，不同时刻能源价格收益率的尾部行为可能会给投资者带来尾部风险。

特别是新冠疫情全球大流行以来，加之地缘政治冲突事件频发，能源资产也时常呈现出极端的收益率变化。以原油市场为例，新冠疫情暴发初期，由于全球交通运输中断和生产活动停滞，全球原油存储量迅速抬升，原油储存空间迅速下降。多数运油船只不得已滞留于海上，等待合适的仓库收纳货物；投资者为了避免购买原油后没有地方储存，纷纷停止原油交易与购买，作为北美原油标杆的 WTI 原油期货原定于在 2020 年 5 月交割的合约被大量抛售。纽约商品交易所为了顺应行情需求，约定 WTI 原油期货的收盘价不设下限，于是便出现了有史以来第一个负值的原油期货价格——在 2020 年 4 月 20 日出现了–37.63 美元/桶的交易价格。这种价格的出现，说明原油期货合约的多头即使给空头 37.63 美元也要把手上的货物卖出去，因为如果不卖出去的话进入 5 月交割期，多头投资者将没有仓储空间来存放原油，必然会面临更大的损失。诸如此类能源价格收益率出现不正常的极端情况，在近些年地缘政治动荡的国际背景下屡见不鲜。因此，很有必要通过理论分析并刻画能源价格收益率的尾部行为。

在系统地介绍尾部风险测度前，我们需要了解什么是风险测度。能源价格收益率 X 包含了能源投资者想要知道的全部信息，风险测度就是将收益率 X，通过某个风险测

度函数 ρ，映射到一个测度结果 $\mathbb{R}$ 上，即 $\rho(X):X\to\mathbb{R}$。需要注意的是，并非满足 $\rho(X):X\to\mathbb{R}$ 定义的风险测度性质都是优良的。例如，投资者购买了两个能源资产，其收益率分别是 X 和 Y，那么从理论上必然有 $\rho(X+Y)\leqslant\rho(X)+\rho(Y)$，即不可能出现购买的两个能源资产的总风险超过各自资产风险之和的情况。然而并非每一种风险测度函数 ρ 都能满足这一性质。对此，我们需要给出一致性风险测度的定义，在实际应用中我们常用的风险测度大多都是一致性风险测度。令能源价格收益率为 X，一致性风险测度有以下四个特征。

（1）平移不变性：对于任意实数 $\alpha\in\mathbb{R}$，假设另一个无风险资产的价格收益率为正数的 r，则有

$$\rho(X+\alpha\cdot r)=\rho(X)-\alpha \tag{4-1-1}$$

平移不变性说明对于一个一致性风险测度而言，资产组合中增加的无风险资产的数量应当等于一致性风险测度值减少的数值 α。在能源资产风险管理工作中，在某一个风险测度值下，如果增加了无风险资产却不能降低整个资产组合的风险测度值，那么决策者可能会减少购买无风险资产的行为，这使得能源资产风险管理工作可能失效。如果风险测度 ρ 不满足平移不变性，那么决策者的决策行为将发生偏误。特别地，有 $\rho(X+\rho(X)\cdot r)=0$。

（2）正齐次性：对于任意正数 $k>0$，有

$$\rho(k\cdot X)=k\cdot\rho(X) \tag{4-1-2}$$

正齐次性说明对于一个一致性风险测度而言，当能源资产投资者的头寸发生变化时，风险测度的结构也应当等比例发生变化。例如，在某一个一致性风险测度 ρ 下，某个能源资产投资者将头寸扩大了一倍，那么他所承受的风险（测度 ρ 所定义的风险）也应当扩大一倍。

（3）单调性：对于两个收益率分别为 X 和 Y 的能源资产 A 和 B，如果 $X\leqslant Y$，则有

$$\rho(X)\geqslant\rho(Y) \tag{4-1-3}$$

单调性说明如果资产 A 的收益率小于资产 B 的收益率，那么资产 A 的风险一定大于资产 B 的风险。

（4）次可加性：对于两个收益率分别为 X 和 Y 的能源资产 A 和 B，有

$$\rho(X+Y)\leqslant\rho(X)+\rho(Y) \tag{4-1-4}$$

次可加性保证了“融合不能增加新的风险”。我们以一个简单的例子来理解次可加性——如果 ρ 测度的是某一个能源资产的最大损失，那么同时购买资产 A 和 B 的损失，必然不可能超过单独购买 A 的最大损失与单独购买 B 的最大损失之和。如果在某一个风险测度下，次可加性不满足，那么只需要将能源资产分给两个人同时持有即可。

满足以上四个性质的风险测度被称为一致性风险测度。在了解尾部风险与风险测度的概念后，我们再讨论尾部风险测度。尾部风险测度事实上就是将 $\rho(X):X\to\mathbb{R}$ 转变为

$$\rho(X):X\,|\,X\text{处于某一个尾部条件}\to\mathbb{R} \tag{4-1-5}$$

例如，期望 $\mathbb{E}(X):X\to\mathbb{R}$ 就是一个风险测度，而尾部风险测度就是当资产价格处于某一个尾部条件下的测度，如下偏期望 $\mathbb{E}(X\,|\,X\leqslant c):X\,|\,X\leqslant c\to\mathbb{R}$。我们观测期望与下偏期望，它们的测度方式非常接近，只不过下偏期望施加了条件变量使得下偏期望更加关注 X

处于尾部时的行为。类似的尾部风险测度还有下偏矩 $\mathbb{E}(X^n \mid X\leqslant c): X \mid X\leqslant c \to \mathbb{R}$ 等。

在 4.2～4.4 节中，我们将具体学习 VaR、条件在险价值（conditional value-at-risk，CVaR）两种经典的尾部风险测度，以及能源价格收益率的极值分布理论。

4.2　能源价格收益率的 VaR

4.2.1　VaR 的定义

VaR 是刻画能源价格收益率尾部风险的一个重要测度，它时常被应用于能源资产组合构建与风险管理（Adrian and Brunnermeier，2016）。VaR 被定义为在某一个特定时期内、某一个置信度之下，持有某一个能源资产或能源资产组合头寸的最大可能损失。

假设在时点 t，我们对未来 l 期内的能源价格收益率非常感兴趣，并打算持有相应头寸从而获得回报。令 $\Delta V(l)$ 表示未来 l 期的能源价格收益率，$L(l)$ 表示对应的损失。这里需要注意的是，并非总是 $-\Delta V(l)=L(l)$。我们举两个例子说明这种情况。

一种情况是，当投资者持有多头头寸时，能源价格变化越高，投资者收益越大，此时 $-\Delta V(l)=L(l)$；而对于期货交易所中的能源类商品期货而言，投资者可以持有空头头寸，此时能源商品价格越高，投资者收益越小，于是有 $\Delta V(l)=L(l)$。

另一种情况是，能源价格上涨时现货持有者无库存的情形。如果一个需要用到能源资源的生产商，其工厂内没有能源商品库存，那么当能源价格上涨时，他将面临巨大的购买成本压力，他自然会认为能源价格上涨是一种损失。类似地，如果一个以能源资源作为原料的工厂中，能源商品的库存水平较高，而此时能源价格上涨，那么对于这个工厂的工厂主来说，他减少了购买高昂价格能源商品的隐性成本，尽管此时他没有参与交易。此时对于这个工厂来说 $-\Delta V(l)=L(l)$。所以当我们讨论能源价格尾部风险时，必须要明确投资者持有头寸的方向，如果对于方向的理解不正确，那么将会计算出完全相反的结果。

令 $L(l)$ 的概率分布函数为 $F_{L,l}(x)$，显著性水平为 α 或置信度为 $1-\alpha$ 情况下的在险价值为 $\mathrm{VaR}_{\alpha,l}$，于是有

$$\alpha=\mathbb{P}(L(l)\geqslant \mathrm{VaR}_{\alpha,l})=1-\mathbb{P}(L(l)<\mathrm{VaR}_{\alpha,l}) \tag{4-2-1}$$

其中，$\mathbb{P}$ 表示概率。从式（4-2-1）中，我们可以认为 $\mathrm{VaR}_{\alpha,l}$ 实际上就是 $L(l)$ 的上 α 分位数，或者用通俗的语言来说，一个能源资产某种头寸的持有者在持有期 l 内所遭遇的损失超过 $\mathrm{VaR}_{\alpha,l}$ 的概率是 α。例如，当 α 为 10%，持有期为 5 天，$\mathrm{VaR}_{\alpha,l}$ 为 15%时，意味着投资者 5 天内持有某个能源商品所产生的损失超过 15%的概率为 10%。无论 $L(l)$ 的概率密度函数 $f_{L,l}(x)$ 连续与否，都有

$$\mathrm{VaR}_{\alpha,l}=\inf\{x \mid F_{L,l}(x)\leqslant 1-\alpha\} \tag{4-2-2}$$

令收益率 r_l 的概率分布函数为 F_l^r，其伪逆函数为 $F_l^{r(-1)}$。如果 F_l^r 的伪逆函数为 $F_l^{r(-1)}(t)=\inf\{x \mid F_l^r(x)\geqslant t\}=\sup\{x \mid F_l^r(x)\leqslant t\}$（当 F_l^r 为连续函数时，伪逆函数就是一般的逆函数），则

$$\mathrm{VaR}_{\alpha,l} = F_{L,l}^{(-1)}(1-\alpha) \tag{4-2-3}$$

其中，inf 和 sup 函数分别表示下确界和上确界；$F_{L,l}^{(-1)}$ 表示 $F_{L,l}(x)$ 的伪逆函数。式（4-2-2）常常还有不同的表达形式，如果我们定义某一个能源商品在持有期 l 的收益率为 r_l，那么对于多头头寸持有者来说，他更关心 r_l 的概率密度函数的下尾行为（即下跌风险）；对于空头头寸持有者来说，他更关心 r_l 的概率密度函数的上尾行为（即上涨风险）。此时，我们可以根据 r_l 定义对应的下尾（或左侧、左尾）在险价值 $\mathrm{VaR}_{\alpha,l}^{\mathrm{down}}$ 和上尾（或右侧、右尾）在险价值 $\mathrm{VaR}_{\alpha,l}^{\mathrm{up}}$，则有

$$\mathrm{VaR}_{\alpha,l}^{\mathrm{down}} = \sup\{x \mid F_l^r(x) \leqslant \alpha\} = F_l^{r(-1)}(\alpha) \tag{4-2-4}$$

$$\mathrm{VaR}_{\alpha,l}^{\mathrm{up}} = \inf\{x \mid F_l^r(x) \geqslant \alpha\} = F_l^{r(-1)}(1-\alpha) \tag{4-2-5}$$

在式（4-2-4）的定义下，$\mathrm{VaR}_{\alpha,l}^{\mathrm{down}}$ 的含义是投资者在持有期 l 下，其能源价格收益率 r_l 具有 α 大小的概率低于 $\mathrm{VaR}_{\alpha,l}^{\mathrm{down}}$。$\mathrm{VaR}_{\alpha,l}^{\mathrm{down}}$ 常常为负值，且 $\mathrm{VaR}_{\alpha,l}^{\mathrm{down}}$ 的数值越小说明下尾风险越大。在资产组合目标构建工作中，常常需要最小化某一个资产组合或资产的风险测度，而 $\mathrm{VaR}_{\alpha,l}^{\mathrm{down}}$ 越小说明风险越大。于是在进行资产组合优化时，如果目标函数中有 $\mathrm{VaR}_{\alpha,l}^{\mathrm{down}}$，我们需要最大化这个测度，或者等价地，有

$$-\mathrm{VaR}_{\alpha,l}^{\mathrm{down}} = \inf\{x \mid -F_l^r(x) \geqslant 1-\alpha\} = \mathrm{VaR}_{1-\alpha,l} \tag{4-2-6}$$

在式（4-2-5）中，$\mathrm{VaR}_{\alpha,l}^{\mathrm{up}}$ 的含义是投资者在持有期 l 下，其能源价格收益率 r_l 有 α 的概率高于 $\mathrm{VaR}_{\alpha,l}^{\mathrm{up}}$。$\mathrm{VaR}_{\alpha,l}^{\mathrm{up}}$ 一般为正值，对于空头投资者来说，$\mathrm{VaR}_{\alpha,l}^{\mathrm{up}}$ 的数值越大说明所面临的风险越大。$\mathrm{VaR}_{\alpha,l}^{\mathrm{up}}$ 的概念符合最优化的资产组合中风险测度应当最小化的要求。

我们假设在 t 时刻与持有期 l 下，某个能源价格收益率 r_l 以均等可能性出现的值为 $-15\%, -14\%, -13\%, \cdots, 5\%, 6\%, 7\%$，显著性水平 α 为 10%，则 $\mathrm{VaR}_{10\%,l}^{\mathrm{down}}$ 为–14%，$\mathrm{VaR}_{10\%,l}^{\mathrm{up}}$ 为 6%，这说明该能源资产有 10%的可能性收益率小于或等于–14%，有 10%的可能性收益率大于或等于 6%。

有了下尾与上尾 VaR 的概念后，我们将不再具体讨论投资者是否为多头头寸或空头头寸，均以能源价格收益率 r_l 的概率密度性质为研究对象，只同时讨论 r_l 的 $\mathrm{VaR}_{\alpha,l}^{\mathrm{down}}$ 和 $\mathrm{VaR}_{\alpha,l}^{\mathrm{up}}$ 数值。如前三章所述，能源价格收益率的均值和方差可能会随着时间而变化，变为 $r_{t,l}$，能源价格收益率每时每刻的概率分布函数也将随时间而变化为 $F_{t,l}^r$。于是，能源价格收益率的上尾与下尾 VaR 也将变为具有动态特征的 $\mathrm{VaR}_{t,\alpha,l}^{\mathrm{down}}$ 和 $\mathrm{VaR}_{t,\alpha,l}^{\mathrm{up}}$。熟悉并掌握 VaR 的定义与计算方式是进一步学习其他风险测度的基础。

4.2.2 VaR 的计算

通过 4.2.1 小节的学习我们认识到，假设一种能源资产的价格收益率为 X，只要能得到 X 的概率分布函数 $F(x)$ 的表达式，我们就可以计算 X 的 VaR。针对这一点，可根据 X 的概率分布函数是非时变的 $F(x)$ 或时变的 $F(x)$，采用不同方法计算 VaR。为了简化讨论，我们先不考虑能源资产持有期，这不影响分析 VaR 的计算方式。

1. 非时变概率分布函数 $F(x)$

当能源价格收益率 X 的分布是非时变的时，说明历史价格数据和未来价格数据都是来自同一个分布的样本。可以采用历史样本数据估计 $\hat{F}(x)$，并认为未来时刻的能源价格收益率的概率分布函数依然是 $\hat{F}(x)$。这里给出两个常用的估计方式：一元核密度估计和一元分布函数参数估计。

一元核密度估计是一种非参数方法，利用随机变量的观测值，估计概率分布函数。其朴素的原理可认为是根据观测值的直方图，判断在某一个区间内其概率密度函数 $\hat{f}(x)$ 的大小。如果某一个区间内样本点多，那么这个区间概率密度函数的数值一定大。对于要在 x 处估计 $\hat{f}(x)$ 的数值，如果 x 附近的样本数值越多，那么 $\hat{f}(x)$ 的值就应该越大。对于什么是"附近"或怎样定义 x 与样本的距离，我们可以设置一个核函数 $K(x)$。令历史观测值为 $\{x_1,x_2,\cdots,x_N\}$，于是有

$$\hat{f}(x)=\frac{1}{Nh}\sum_{i=1}^{N}K\left(\frac{x-x_i}{h}\right) \tag{4-2-7}$$

其中，N 表示观测值数量；h 表示核函数的窗宽。对于核函数 $K(x)$ 的选取有多种方式，可以选择高斯核密度函数、矩形窗函数或三角窗函数。在得到 $\hat{f}(x)$ 后，我们可以计算出 $\hat{F}(x)=\int_{-\infty}^{x}\hat{f}(t)\mathrm{d}t$，从而得到上尾和下尾 VaR。

另一种方法是一元分布函数参数估计。我们对历史数据的偏态性、"尖峰厚尾"性、均值和方差等统计量进行分析后，假定其服从某一分布，并用矩估计、极大似然法等方法估计其参数 θ，得到 $\hat{F}(x\,|\,\hat{\theta})$，从而可以得到

$$\begin{aligned}\mathrm{VaR}_{\alpha}^{\mathrm{up}}&=\hat{F}\left(1-\alpha\,|\,\hat{\theta}\right)\\ \mathrm{VaR}_{\alpha}^{\mathrm{down}}&=\hat{F}\left(\alpha\,|\,\hat{\theta}\right)\end{aligned} \tag{4-2-8}$$

2. 时变概率分布函数 $F_t(x)$

当 $F_t(x)$ 随着时间动态变化时，我们要做的工作仍然是估计 t 时刻的 $F_t(x)$，且在此种情形下，每时每刻的 VaR 都是一个动态的数值。在能源价格时间序列分析中，我们经常会遇到收益率的概率分布函数随着时间变化的情况，一种常用且方便的假设是认为 $F_t(x)$ 的分布族不会随着时间发生变化，而 $F_t(x)$ 的参数却是时变的。例如，$F_t(x)$ 每时每刻都是正态分布，然而 $F_t(x)$ 的均值和方差却在不断改变。在这种假设下，我们可以使用第一章和第二章中介绍的能源价格时间序列均值过程或波动过程建模方法来刻画 $F_t(x)$。我们以 ARMA(1,1)-GARCH(1,1)模型为例说明如何计算 VaR。假设收益率 X 服从一个 ARMA(1,1)-GARCH(1,1)过程，则收益率变为时变的 X_t，我们有

$$\begin{aligned}X_t&=a_0+a_1X_{t-1}+\varepsilon_t+b_1\varepsilon_{t-1}\\ \varepsilon_t&=\sigma_t\nu\\ \sigma_t^2&=\omega+\alpha_1\sigma_{t-1}^2+\beta_1\varepsilon_{t-1}^2\end{aligned} \tag{4-2-9}$$

其中，v 表示一个均值为 0、方差为 1 的随机变量，v 的概率分布函数为 $F_v(x)$ 。当我们拟合或预测出某一期的 $\hat{X}_t$ 和 $\hat{\sigma}_t$ 后，有

$$\mathrm{VaR}_{\alpha,t}^{\mathrm{up}}=\hat{X}_t+\hat{\sigma}_t F_v^{-1}(1-\alpha) \tag{4-2-10}$$

$$\mathrm{VaR}_{\alpha,t}^{\mathrm{down}}=\hat{X}_t+\hat{\sigma}_t F_v^{-1}(\alpha) \tag{4-2-11}$$

总之，只要能够得到某一个时刻的 $F_t(x)$，我们就可以计算出上尾与下尾的 VaR，这是一个非常充分的条件。

我们也可以采用历史模拟法来对价格或收益率的变化路径进行仿真。例如，收益率序列 X_t 服从第三章中的几何布朗运动，那么可以对其从 0 时刻到 t 时刻的收益率演变路径进行仿真。如果仿真 N 个路径，然后对 t 时刻的 N 个路径的数值进行排序，则有

$$x_t^{(1)}\leqslant x_t^{(2)}\leqslant x_t^{(3)}\leqslant\cdots\leqslant x_t^{(N-1)}\leqslant x_t^{(N)}$$

其中，$x_t^{(r)}$ 表示 t 时刻 N 个仿真的数值中按升序排序的第 r 个数值，于是有

$$\mathrm{VaR}_{\alpha,t}^{\mathrm{up}}=x_t^{(\lfloor(1-\alpha)N\rfloor)} \tag{4-2-12}$$

$$\mathrm{VaR}_{\alpha,t}^{\mathrm{down}}=x_t^{(\lceil\alpha N\rceil)} \tag{4-2-13}$$

其中，$\lfloor\ \rfloor$ 和 $\lceil\ \rceil$ 表示向下取整和向上取整。

4.2.3 VaR 的拟合优度检验

VaR 的拟合优度检验是讨论计算出的 VaR 数值是否可以与显著性水平 α 下的能源价格收益率分布的真实阈值所契合。拟合优度检验是判定 VaR 计算数值优劣的标准。由于我们并不知道能源价格收益率的真实分布，由此我们需要构建统计量来判断我们所计算出的 VaR 是否接近真实阈值。

可以采用对数似然比（log-likelihood ratio，LLR）统计量计算 VaR 的拟合优度。我们先简要介绍似然比检验和似然比统计量。令能源价格收益率 X 的概率密度函数为 $f(x;\boldsymbol{\theta})$，$\boldsymbol{\theta}\in\Theta\in\mathbb{R}^d$，$x_1,x_2,\cdots,x_n$ 是 X 的一组样本。似然比检验的功能是判定 $\boldsymbol{\theta}$ 的真实值是否属于集合 Θ_0，即原假设和备择假设分别为

$$\begin{aligned}H_0&:\boldsymbol{\theta}\in\Theta_0\\H_1&:\boldsymbol{\theta}\in\Theta_1\end{aligned} \tag{4-2-14}$$

其中，$\Theta_0\in\Theta$；$\Theta_1=\Theta\setminus\Theta_0$ 表示参数空间 Θ 的不相交子集。$\lambda=\sup\limits_{\boldsymbol{\theta}\in\Theta_0}L(\boldsymbol{\theta}\mid x_1,x_2,\cdots,x_n)\Big/\sup\limits_{\boldsymbol{\theta}\in\Theta_1}L(\boldsymbol{\theta}\mid x_1,x_2,\cdots,x_n)$ 为似然比，$L(\boldsymbol{\theta}\mid x_1,x_2,\cdots,x_n)$ 是 $f(x;\boldsymbol{\theta})$ 的似然函数。λ 可以作为检验似然比检验的统计量，给定显著性水平 α，当 $\lambda\leqslant\lambda_\alpha$ 时，拒绝原假设。

LLR 检验就是将似然函数变为对数似然函数。假设我们所估计出的参数是 $\boldsymbol{\theta}$，真实参数是 $\boldsymbol{\theta}_0$。我们可以构造一个 LLR 统计量（偏差度函数），即

$$D(\boldsymbol{\theta})=2\{l(\boldsymbol{\theta}\mid x_1,x_2,\cdots,x_n)-l(\boldsymbol{\theta}_0\mid x_1,x_2,\cdots,x_n)\} \tag{4-2-15}$$

其中，l 表示 $f(x;\boldsymbol{\theta})$ 的对数似然函数。LLR 检验的原假设是所估计出的参数 $\boldsymbol{\theta}$ 是真实的参数 $\boldsymbol{\theta}_0$，即

$$\begin{aligned} H_0 &: \boldsymbol{\theta} = \boldsymbol{\theta}_0 \in \mathbb{R}^d \\ H_1 &: \boldsymbol{\theta} \neq \boldsymbol{\theta}_0 \in \mathbb{R}^d \end{aligned} \tag{4-2-16}$$

在适当的条件下 LLR 统计量 $D(\boldsymbol{\theta}_0) \sim \chi^2(d)$，给定显著性水平 β，当 $D(\boldsymbol{\theta}_0)$ 大于 $\chi^2(d)$ 的右侧 β 分位数时，我们拒绝原假设，犯 I 类错误的概率为 β，或者说我们可以在 $1-\beta$ 的水平上拒绝原假设 $\boldsymbol{\theta} = \boldsymbol{\theta}_0$。无论能源价格收益率服从静态分布 $F(x)$ 或动态分布 $F_t(x)$，当我们求出能源价格收益率序列的 $\mathrm{VaR}_{\alpha,t}^{\mathrm{up}}$ 后，都可以针对收益率超出 $\mathrm{VaR}_{\alpha,t}^{\mathrm{up}}$ 阈值的概率构建似然函数。当能源价格收益率服从非时变分布 $F(x)$ 时，我们令 N_u 表示所有能源价格收益率超出 $\mathrm{VaR}_{\alpha}^{\mathrm{up}}$ 的观测值数量；当能源价格收益率服从时变分布 $F_t(x)$ 时，我们令 N_u 表示当日能源价格收益率超出当日 $\mathrm{VaR}_{\alpha,t}^{\mathrm{up}}$ 的观测值数量。令随机变量 T 表示超出阈值的观测值天数，总观测天数为 n，真实的超出阈值率为 α（如 5%），则有

$$l(\alpha \mid X_1, X_2, \cdots, X_n) = P(T = N_u) = \log\left(\alpha^{N_u}(1-\alpha)^{n-N_u}\right) \tag{4-2-17}$$

其中，l 表示对数似然函数。根据所计算出的 $\mathrm{VaR}_{\alpha,t}^{\mathrm{up}}$，超出阈值率为 $\pi = N_u/n$，所以有

$$l(\pi \mid X_1, X_2, \cdots, X_n) = P(T = N_u) = \log\left(\left(\frac{N_u}{n}\right)^{N_u}\left(1-\frac{N_u}{n}\right)^{n-N_u}\right) \tag{4-2-18}$$

利用式（4-2-15），我们可以构建统计量

$$\begin{aligned} D(\pi) &= 2\left(l(\pi \mid X_1, X_2, \cdots, X_n) - l(\alpha \mid X_1, X_2, \cdots, X_n)\right) \\ &= 2\left(N_u \log\left(\frac{N_u}{n\alpha}\right) + (n - N_u)\log\left(\frac{1-\dfrac{N_u}{n}}{1-\alpha}\right)\right) \end{aligned} \tag{4-2-19}$$

且 $D(\pi=\alpha) \sim \chi^2(1)$，给定显著性水平 β，如果式（4-2-19）中 $D(\alpha)$ 的值超过 $\chi^2(1)$ 右侧 β 分位数［或者说超过 $\chi^2(1)$ 的 $1-\beta$ 分位数］，那么我们可以在 β 的显著性水平上拒绝原假设（$H_0: N_u/n = \alpha_0$），即计算出的 $\mathrm{VaR}_{\alpha}^{\mathrm{up}}$ 并不能良好反映能源价格收益率 X 的上 α 分位数阈值。

同理，对于 $\mathrm{VaR}_{\alpha}^{\mathrm{down}}$ 和 $\mathrm{VaR}_{\alpha,t}^{\mathrm{down}}$ 的检验，只需要将式（4-2-17）至式（4-2-19）中的 N_u 替换为 N_d 即可。当能源价格收益率服从静态分布 $F(x)$ 时，N_d 表示所有能源价格收益率小于 $\mathrm{VaR}_{\alpha}^{\mathrm{down}}$ 的观测值数量；当能源价格收益率服从动态分布 $F_t(x)$ 时，N_d 表示当日能源价格收益率小于当日 $\mathrm{VaR}_{\alpha,t}^{\mathrm{down}}$ 的观测值数量。

以上介绍的 VaR 拟合优度检验有着简单、快捷、便于计算的优点，然而它忽略了 VaR 的独立性和条件变化的问题。独立性，即当期能源价格收益率序列是否会突破某一准则下的 VaR 这一事件，不会受到上一期能源价格收益率序列是否会突破某一准则下的 VaR 这一事件的影响；而条件变化，是指当期能源价格收益率序列是否会突破某一准则下的 VaR 这一事件是关于上一期事件的马尔可夫运动。一个 VaR 计算模型如果是优良的，那么它应当不存在独立性与条件变化问题，即它应当是无条件变化的。对于这种情况的分析，我们依然可以构造类似的 LLR 统计量来判定 VaR 的拟合优度。

我们先来考察 VaR 的条件变化问题。令矩阵 $\boldsymbol{\Pi}_1 = \begin{bmatrix} \pi_{00} = 1-\pi_{01} & \pi_{01} \\ \pi_{10} = 1-\pi_{11} & \pi_{11} \end{bmatrix}$ 表示能源价格收益率 X_t 是否突破 VaR 阈值的一种有条件转移矩阵。以检测 $\mathrm{VaR}_\alpha^{\mathrm{up}}$ 为例，有

$$\pi_{ij} = \mathbb{P}\left(I(X_t \geqslant \mathrm{VaR}_\alpha^{\mathrm{up}}) = j \mid I(X_{t-1} \geqslant \mathrm{VaR}_\alpha^{\mathrm{up}}) = i\right) \tag{4-2-20}$$

其中，$I(\cdot)$ 表示一个指示函数，当事件发生时取 1，未发生时取 0，可以看出 $\boldsymbol{\Pi}_1$ 由两个参数 π_{01} 和 π_{11} 决定。再令矩阵 $\boldsymbol{\Pi}_2 = \begin{bmatrix} 1-\pi_2 & \pi_2 \\ 1-\pi_2 & \pi_2 \end{bmatrix}$ 表示能源价格收益率 X_t 是否突破 VaR 阈值的另一种有条件转移矩阵。可以发现如果 $\pi_{01} = \pi_{11}$，则 $\boldsymbol{\Pi}_1 = \boldsymbol{\Pi}_2$。此时，我们可以构建假设：

$$\begin{aligned} &H_0 : \pi_{11} = \pi_2 \\ &H_1 : \pi_{11} \neq \pi_2 \end{aligned} \tag{4-2-21}$$

如果式（4-2-21）中原假设成立，那么我们认为从 $0 \to 1$ 和从 $1 \to 1$ 的概率是相同的，但从 $0 \to 0$ 和从 $0 \to 1$ 的概率不同。我们令 n_{01} 表示前一期能源价格收益率未突破 VaR，而当期能源价格收益率突破 VaR 的天数；n_{10} 表示前一期能源价格收益率突破 VaR，而当期能源价格收益率未突破 VaR 的天数。同理，定义 n_{00} 和 n_{11}。类似于式（4-2-17）与式（4-2-18），我们有

$$l\left(\boldsymbol{\Pi}_1 \mid X_1, X_2, \cdots, X_n\right) = \log\left(\pi_{00}{}^{n_{00}} \pi_{01}{}^{n_{01}} \pi_{10}{}^{n_{10}} \pi_{11}{}^{n_{11}}\right) \tag{4-2-22}$$

$$l\left(\boldsymbol{\Pi}_2 \mid X_1, X_2, \cdots, X_n\right) = \log\left(\left(1-\pi_2\right)^{(n_{00}+n_{10})} \pi_2{}^{(n_{01}+n_{11})}\right) \tag{4-2-23}$$

根据式（4-2-15），我们构造 LLR 统计量：

$$D_1(\pi_{11}) = 2\left(l(\boldsymbol{\Pi}_1 \mid X_1, X_2, \cdots, X_n) - l(\boldsymbol{\Pi}_2 \mid X_1, X_2, \cdots, X_n)\right) \tag{4-2-24}$$

根据假设检验（4-2-21），有 $D_1(\pi_{11} = \pi_2) \sim \chi^2(1)$。先计算出 $\hat{\pi}_2 = \dfrac{n_{01}+n_{11}}{n_{00}+n_{10}+n_{01}+n_{11}}$，$\hat{\pi}_{01} = \dfrac{n_{01}}{n_{00}+n_{01}}$，$\hat{\pi}_{11} = \dfrac{n_{11}}{n_{10}+n_{11}}$。如果 $D_1(\hat{\pi}_{11})$ 超过 $\chi^2(1)$ 某一右侧显著性水平分位数，那么可以拒绝假设检验（4-2-21）中的原假设，即认为我们所构建的 $\mathrm{VaR}_\alpha^{\mathrm{up}}$ 存在条件变化，计算出的 $\mathrm{VaR}_\alpha^{\mathrm{up}}$ 不理想。

接下来考察 VaR 的独立性问题，依旧以 $\mathrm{VaR}_\alpha^{\mathrm{up}}$ 为例。检查 VaR 的独立性，实际上就是在 $\boldsymbol{\Pi}_2$ 的基础上给出以下假设，即

$$H_0 : \mathbb{P}\left(I(X_t \geqslant \mathrm{VaR}_\alpha^{\mathrm{up}}) = 1 \mid I(X_{t-1} \geqslant \mathrm{VaR}_\alpha^{\mathrm{up}}) = i\right) = \mathbb{P}\left(I(X_t \geqslant \mathrm{VaR}_\alpha^{\mathrm{up}}) = 1\right),\ i = 1,2$$

$$H_1 : \mathbb{P}\left(I(X_t \geqslant \mathrm{VaR}_\alpha^{\mathrm{up}}) = 1 \mid I(X_{t-1} \geqslant \mathrm{VaR}_\alpha^{\mathrm{up}}) = i\right) \neq \mathbb{P}\left(I(X_t \geqslant \mathrm{VaR}_\alpha^{\mathrm{up}}) = 1\right),\ i = 1,2$$

即讨论

$$H_0 : \pi_2 = \alpha \leftrightarrow H_1 : \pi_2 \neq \alpha \tag{4-2-25}$$

利用式（4-2-23）和式（4-2-17），我们可以针对假设检验（4-2-25），构造统计量

$$D_2(\pi_2) = 2\left(l(\boldsymbol{\Pi}_2 \mid X_1, X_2, \cdots, X_n) - l(\alpha \mid X_1, X_2, \cdots, X_n)\right) \tag{4-2-26}$$

由于假设检验（4-2-25）中只有一个参数，所以 $D_2(\pi_2=\alpha)\sim\chi^2(1)$。先计算出 $\hat{\pi}_2=\dfrac{n_{01}+n_{11}}{n_{00}+n_{10}+n_{01}+n_{11}}$，如果 $D_2(\hat{\pi}_2)$ 的数值超过 $\chi^2(1)$ 某一右侧显著性水平分位数，那么就拒绝假设检验（4-2-25）中的原假设，即认为我们所构建的 $\mathrm{VaR}_\alpha^{\mathrm{up}}$ 存在独立性问题，计算出的 $\mathrm{VaR}_\alpha^{\mathrm{up}}$ 不理想。

通过假设检验（4-2-21）和假设检验（4-2-25），我们进一步分析了 $\mathrm{VaR}_\alpha^{\mathrm{up}}$ 在条件变化和独立性问题上的拟合优度。事实上，我们可以同时检测所计算出的 $\mathrm{VaR}_\alpha^{\mathrm{up}}$ 是否存在条件变化和独立性问题，即合并假设检验（4-2-21）和假设检验（4-2-25），即

$$\begin{aligned}&H_0:(\pi_{01},\pi_{11})=(\alpha,\alpha)\\&H_1:(\pi_{01},\pi_{11})\neq(\alpha,\alpha)\end{aligned}\tag{4-2-27}$$

构造统计量

$$D_3(\boldsymbol{\Pi}_1)=2\big(l(\boldsymbol{\Pi}_1\mid X_1,X_2,\cdots,X_n)-l(\alpha\mid X_1,X_2,\cdots,X_n)\big)\tag{4-2-28}$$

由于假设检验（4-2-27）中包含两个参数的检验，有 $D_3(\pi_{01}=\alpha,\pi_{11}=\alpha)\sim\chi^2(2)$，计算出 $\hat{\pi}_{01}=\dfrac{n_{01}}{n_{00}+n_{01}}$ 和 $\hat{\pi}_{11}=\dfrac{n_{11}}{n_{10}+n_{11}}$ 后，如果 $D_3(\hat{\boldsymbol{\Pi}}_1)$ 的数值超过 $\chi^2(2)$ 某一右侧显著性水平分位数，那么我们拒绝假设检验（4-2-27）中的原假设，并认为所构建的 $\mathrm{VaR}_\alpha^{\mathrm{up}}$ 拟合优度并不良好。

事实上我们可以把式（4-2-28）变形得到

$$D_3(\boldsymbol{\Pi}_1)=D_2(\pi_2)+D_1(\pi_{11})\tag{4-2-29}$$

即对整体 $\mathrm{VaR}_\alpha^{\mathrm{up}}$ 拟合优度的检测可以拆分为对条件变化和独立性的检测，且在统计推断的抽样分布上有 $\chi^2(1)+\chi^2(1)=\chi^2(2)$，而 $D_2(\pi_2=\alpha)\sim\chi^2(1)$，$D_1(\pi_{11}=\pi_2)\sim\chi^2(1)$，故 $D_3(\pi_{01}=\alpha,\pi_{11}=\alpha)\sim\chi^2(2)$。

采用同样原理定义能源价格收益率小于 $\mathrm{VaR}_\alpha^{\mathrm{down}}$ 的发生次数，我们可以实现对 $\mathrm{VaR}_\alpha^{\mathrm{down}}$ 的拟合优度的分析。

4.3　能源价格收益率的 CVaR

4.3.1　CVaR 的定义

VaR 并不具有次可加性，尽管它是应用最为广泛的风险测度，但并非一致性风险测度。此外，对于某一个显著性水平 α 下 VaR 相同的两个资产，它们的其他尾部行为也不尽相同。虽然 VaR 给出了能源价格收益率大于或小于某一个临界值的概率，但是投资者也关心当能源价格收益率大于或小于某一个临界值这件事发生后，收益率的期望是多少。CVaR 的提出，很好地回答了这个问题。令能源价格收益率 X 的分布函数为 $F_r(x)$，密度函数为 $f_r(x)$，则显著性水平为 α 的 CVaR 的定义为

$$\mathrm{CVaR}_\alpha^{\mathrm{down}}=\mathbb{E}(X\mid X\leqslant\mathrm{VaR}_\alpha^{\mathrm{down}})\tag{4-3-1}$$

$$\mathrm{CVaR}_\alpha^{\mathrm{up}}=\mathbb{E}(X\mid X\geqslant \mathrm{VaR}_\alpha^{\mathrm{up}}) \tag{4-3-2}$$

其中，$\mathrm{CVaR}_\alpha^{\mathrm{down}}$ 表示下尾条件在险价值；$\mathrm{CVaR}_\alpha^{\mathrm{up}}$ 表示上尾条件在险价值；$\mathrm{VaR}_\alpha^{\mathrm{down}}$ 和 $\mathrm{VaR}_\alpha^{\mathrm{up}}$ 表示能源价格收益率 X 在显著性水平为 α 的条件下的下尾 VaR 和上尾 VaR，且有 $\mathbb{P}(X\leqslant \mathrm{VaR}_\alpha^{\mathrm{down}})=\alpha$ 和 $\mathbb{P}(X\geqslant \mathrm{VaR}_\alpha^{\mathrm{up}})=\alpha$。与 VaR 类似，CVaR 也分为上尾风险和下尾风险，如果投资者是能源资产多头，那么他会更加关注式（4-3-1）中的 $\mathrm{CVaR}_\alpha^{\mathrm{down}}$；如果是能源资产空头，那么他会更加关注式（4-3-2）中的 $\mathrm{CVaR}_\alpha^{\mathrm{up}}$。

从定义可以看出，CVaR 实际上就是能源价格收益率的条件期望，且条件范围是收益率小于下尾 VaR 或大于上尾 VaR 水平，所以 CVaR 又被称为期望损失。为了简化讨论，我们先不考虑能源资产的持有期 l 和能源价格收益率是不是时变的。CVaR 和 VaR 之间有着重要关系，如果将式（4-3-1）和式（4-3-2）进行变换，则有

$$\mathrm{CVaR}_\alpha^{\mathrm{up}}=\min_{\varsigma}\varsigma+\frac{1}{\alpha}\int_{x\in\mathbb{R}}(x-\varsigma)_+f(x)\mathrm{d}x \tag{4-3-3}$$

$$\mathrm{CVaR}_\alpha^{\mathrm{down}}=\max_{\varsigma}\varsigma+\frac{1}{\alpha}\int_{x\in\mathbb{R}}(x-\varsigma)_-f(x)\mathrm{d}x \tag{4-3-4}$$

且

$$\mathrm{VaR}_\alpha^{\mathrm{up}}=\arg\min_{\varsigma}\varsigma+\frac{1}{\alpha}\int_{x\in\mathbb{R}}(x-\varsigma)_+f(x)\mathrm{d}x \tag{4-3-5}$$

$$\mathrm{VaR}_\alpha^{\mathrm{down}}=\arg\max_{\varsigma}\varsigma+\frac{1}{\alpha}\int_{x\in\mathbb{R}}(x-\varsigma)_-f(x)\mathrm{d}x \tag{4-3-6}$$

其中，ς 表示辅助变量；$(x)_+\triangleq\max\{x,0\}$，$(x)_-\triangleq\min\{x,0\}$；$x$ 表示积分变量；$\mathbb{R}$ 表示实数域，且有 $\mathbb{P}(X\leqslant \mathrm{VaR}_\alpha^{\mathrm{down}})=\alpha$ 和 $\mathbb{P}(X\geqslant \mathrm{VaR}_\alpha^{\mathrm{up}})=\alpha$。式（4-3-3）至式（4-3-6）是进行风险测度改进与计算的重要步骤，特别是风险测度主体在收益率变量和损失变量之间转换时，式（4-3-3）至式（4-3-6）的表达式极易写错。为方便读者理解，这里给出一种证明，具体如下。

对于式（4-3-2），有

$$\begin{aligned}
\mathrm{CVaR}_\alpha^{\mathrm{up}}&=\mathbb{E}(X\mid X\geqslant \mathrm{VaR}_\alpha^{\mathrm{up}})\\
&=\mathbb{E}(\mathrm{VaR}_\alpha^{\mathrm{up}}\mid X\geqslant \mathrm{VaR}_\alpha^{\mathrm{up}})+\mathbb{E}(X-\mathrm{VaR}_\alpha^{\mathrm{up}}\mid X\geqslant \mathrm{VaR}_\alpha^{\mathrm{up}})\\
&=\mathrm{VaR}_\alpha^{\mathrm{up}}+\int_{-\infty}^{\infty}(x-\mathrm{VaR}_\alpha^{\mathrm{up}})\frac{\mathbb{P}(X=x,X\geqslant \mathrm{VaR}_\alpha^{\mathrm{up}})}{\mathbb{P}(X\geqslant \mathrm{VaR}_\alpha^{\mathrm{up}})}\mathrm{d}x\\
&=\mathrm{VaR}_\alpha^{\mathrm{up}}+\frac{1}{\alpha}\int_{-\infty}^{\infty}(x-\mathrm{VaR}_\alpha^{\mathrm{up}})\mathbb{P}(X=x,X\geqslant \mathrm{VaR}_\alpha^{\mathrm{up}})\mathrm{d}x\\
&=\mathrm{VaR}_\alpha^{\mathrm{up}}+\frac{1}{\alpha}\int_{x\geqslant \mathrm{VaR}_\alpha^{\mathrm{up}}}(x-\mathrm{VaR}_\alpha^{\mathrm{up}})\mathbb{P}(X=x)\mathrm{d}x+\frac{1}{\alpha}\int_{x<\mathrm{VaR}_\alpha^{\mathrm{up}}}(x-\mathrm{VaR}_\alpha^{\mathrm{up}})\cdot 0\cdot\mathrm{d}x\\
&=\mathrm{VaR}_\alpha^{\mathrm{up}}+\frac{1}{\alpha}\int_{x\geqslant \mathrm{VaR}_\alpha^{\mathrm{up}}}(x-\mathrm{VaR}_\alpha^{\mathrm{up}})f(x)\mathrm{d}x\\
&=\mathrm{VaR}_\alpha^{\mathrm{up}}+\frac{1}{\alpha}\int_{x\in\mathbb{R}}(x-\mathrm{VaR}_\alpha^{\mathrm{up}})_+f(x)\mathrm{d}x
\end{aligned} \tag{4-3-7}$$

式（4-3-7）告诉我们$\mathrm{CVaR}_{\alpha}^{\mathrm{up}}$完全可以由$\mathrm{VaR}_{\alpha}^{\mathrm{up}}$来表征。根据式（4-3-7）倒数第二行，对于$\varsigma \in \mathbb{R}$，我们构建一个辅助函数$\varphi_1(\varsigma)$，即

$$\begin{aligned}\varphi_1(\varsigma) &= \varsigma + \frac{1}{\alpha}\int_{x\in\mathbb{R}} (x-\varsigma)_+ f(x)\mathrm{d}x \\ &= \varsigma + \frac{1}{\alpha}\int_{x\geqslant\varsigma} (x-\varsigma) f(x)\mathrm{d}x\end{aligned} \tag{4-3-8}$$

对式（4-3-8）第二行的等式求一阶导数（第一行的等式不易求导），有

$$\begin{aligned}\frac{\partial\varphi_1(\varsigma)}{\partial\varsigma} &= \frac{1}{\partial\varsigma}\left(\varsigma + \frac{1}{\alpha}\int_{x\geqslant\varsigma} (x-\varsigma) f(x)\mathrm{d}x\right) \\ &= 1 - \frac{1}{\alpha}\int_{x\geqslant\varsigma} f(x)\mathrm{d}x\end{aligned} \tag{4-3-9}$$

对式（4-3-9）第二行的等式求二阶导数，有$\frac{\partial^2\varphi_1(\varsigma)}{\partial\varsigma^2} = \frac{f(\varsigma)}{\alpha} > 0$。由此，根据式（4-3-9）可以得出，当$\frac{\partial\varphi_1(\varsigma)}{\partial\varsigma}$为0时，$\varsigma = \mathrm{VaR}_{\alpha}^{\mathrm{up}}$，此时辅助函数$\varphi_1(\varsigma)$取得最小值。根据式（4-3-7），此时对于辅助函数$\varphi_1(\varsigma)$，有

$$\begin{aligned}&\min_{\varsigma}\varphi_1(\varsigma) = \mathrm{VaR}_{\alpha}^{\mathrm{up}} + \frac{1}{\alpha}\int_{x\in\mathbb{R}} (x-\mathrm{VaR}_{\alpha}^{\mathrm{up}})_+ f(x)\mathrm{d}x = \mathrm{CVaR}_{\alpha}^{\mathrm{up}} \\ &\arg\min_{\varsigma}\varphi_1(\varsigma) = \mathrm{VaR}_{\alpha}^{\mathrm{up}}\end{aligned} \tag{4-3-10}$$

式（4-3-3）和式（4-3-5）得证。参照式（4-3-7）的推导过程，对于式（4-3-1），有

$$\begin{aligned}\mathrm{CVaR}_{\alpha}^{\mathrm{down}} &= \mathbb{E}(X \mid X\leqslant\mathrm{VaR}_{\alpha}^{\mathrm{down}}) \\ &= \mathbb{E}(\mathrm{VaR}_{\alpha}^{\mathrm{down}} \mid X\leqslant\mathrm{VaR}_{\alpha}^{\mathrm{down}}) + \mathbb{E}(X-\mathrm{VaR}_{\alpha}^{\mathrm{down}} \mid X\leqslant\mathrm{VaR}_{\alpha}^{\mathrm{down}}) \\ &= \mathrm{VaR}_{\alpha}^{\mathrm{down}} + \frac{1}{\alpha}\int_{x\leqslant\mathrm{VaR}_{\alpha}^{\mathrm{down}}} (x-\mathrm{VaR}_{\alpha}^{\mathrm{down}}) f(x)\mathrm{d}x \\ &= \mathrm{VaR}_{\alpha}^{\mathrm{down}} + \frac{1}{\alpha}\int_{x\in\mathbb{R}} (x-\mathrm{VaR}_{\alpha}^{\mathrm{down}})_- f(x)\mathrm{d}x\end{aligned} \tag{4-3-11}$$

式（4-3-11）告诉我们，$\mathrm{CVaR}_{\alpha}^{\mathrm{down}}$完全可以由$\mathrm{VaR}_{\alpha}^{\mathrm{down}}$所表达。根据式（4-3-11）倒数第二行，我们构建一个辅助函数$\varphi_2(\varsigma)$，即

$$\begin{aligned}\varphi_2(\varsigma) &= \varsigma + \frac{1}{\alpha}\int_{x\in\mathbb{R}} (x-\varsigma)_- f(x)\mathrm{d}x \\ &= \varsigma + \frac{1}{\alpha}\int_{x\leqslant\varsigma} (x-\varsigma) f(x)\mathrm{d}x\end{aligned} \tag{4-3-12}$$

对式（4-3-12）第二行的等式分别求一阶导数与二阶导数，有

$$\frac{\partial\varphi_2(\varsigma)}{\partial\varsigma} = 1 - \frac{1}{\alpha}\int_{x\leqslant\varsigma} f(x)\mathrm{d}x,\quad \frac{\partial^2\varphi_2(\varsigma)}{\partial\varsigma^2} = -\frac{f(\varsigma)}{\alpha} < 0 \tag{4-3-13}$$

根据式（4-3-13）可以得出，当$\dfrac{\partial \varphi_2(\varsigma)}{\partial \varsigma}$为 0 时，$\varsigma = \mathrm{VaR}_\alpha^{\mathrm{down}}$，此时辅助函数$\varphi_2(\varsigma)$取得最大值。此时，对于辅助函数$\varphi_2(\varsigma)$，有

$$\begin{gathered}\max_\varsigma \varphi_2(\varsigma) = \mathrm{VaR}_\alpha^{\mathrm{down}} + \frac{1}{\alpha}\int_{x\in\mathbb{R}} (x - \mathrm{VaR}_\alpha^{\mathrm{down}})_- f(x)\mathrm{d}x = \mathrm{CVaR}_\alpha^{\mathrm{down}} \\ \arg\max_\varsigma \varphi_2(\varsigma) = \mathrm{VaR}_\alpha^{\mathrm{down}}\end{gathered} \tag{4-3-14}$$

可以证明，CVaR 是一致性风险测度，即满足平移不变性、正齐次性、单调性与次可加性，在风险管理中 CVaR 被广泛应用，是资产组合管理中常用的目标风险测度之一。

4.3.2 CVaR 的计算与高阶一致风险矩

与计算 VaR 时所要考虑的问题相同，无论是上尾 CVaR 还是下尾 CVaR，都需要知道能源价格收益率 X 的分布信息。事实上，在 4.2.2 小节中，我们已经介绍了多种方法去拟合静态或动态的收益率。这里我们介绍在得到了能源价格收益率 X 的分布函数后如何计算 CVaR。

以$\mathrm{CVaR}_\alpha^{\mathrm{up}}$为例，我们有

$$\begin{gathered}\mathrm{CVaR}_\alpha^{\mathrm{up}} = \min_\varsigma \varsigma + \frac{1}{\alpha}\int_{x\in\mathbb{R}} (x-\varsigma)_+ f(x)\mathrm{d}x \\ \mathrm{VaR}_\alpha^{\mathrm{up}} = \arg\min_\varsigma \varsigma + \frac{1}{\alpha}\int_{x\in\mathbb{R}} (x-\varsigma)_+ f(x)\mathrm{d}x\end{gathered} \tag{4-3-15}$$

在求解式（4-3-15）的第一个规划式时，难点在于$\int_{x\in\mathbb{R}} (x-\varsigma)_+ f(x)\mathrm{d}x$的计算，实际上，其等价于$\mathbb{E}\left((X-\varsigma)_+\right)$，而$\mathbb{E}\left((X-\varsigma)_+\right)$的数值解非常容易计算。我们在得到 X 的分布函数 $F(x)$ 后生成 R 个随机数$\{x_1^R, x_2^R, x_3^R, \cdots, x_R^R\}$，并转换成$\{(x_1^R-\varsigma)_+, (x_2^R-\varsigma)_+, (x_3^R-\varsigma)_+, \cdots, (x_R^R-\varsigma)_+\}$，随后计算$\dfrac{1}{R}\sum_{i=1}^{R}(x_i^R-\varsigma)_+$，得到$\mathbb{E}((X-\varsigma)_+)$，从而就可以计算出$\mathrm{CVaR}_\alpha^{\mathrm{up}}$。

这启示我们如果在一定情况下无法得到 X 的分布函数 $F(x)$ 或 X_t 在某一个时点下的分布函数 $F_t(x)$，而只能通过某些方法计算出随机数，我们同样也可以计算出 CVaR。例如，马尔可夫链蒙特卡罗（Markov Chain Monte Carlo，MCMC）法以帮助我们在不清楚 $F(x)$ 的情况下计算出 X 的随机数。

在计算规划式（4-3-15）时，如果对$(x-\varsigma)_+$施加 p 阶范数$(p>1)$，那么 CVaR 将变为高阶一致风险矩（higher moment coherent risk，HMCR），具体可以表示为

$$\begin{gathered}\mathrm{HMCR}_\alpha^{\mathrm{up}} = \min_\varsigma \varsigma + \frac{1}{\alpha}\int_{x\in\mathbb{R}} \left\|(x-\varsigma)_+\right\|_p f(x)\mathrm{d}x \\ \mathrm{HMCR}_\alpha^{\mathrm{down}} = \max_\varsigma \varsigma + \frac{1}{\alpha}\int_{x\in\mathbb{R}} \left\|(x-\varsigma)_-\right\|_p f(x)\mathrm{d}x\end{gathered} \tag{4-3-16}$$

其中，$\|\boldsymbol{x}\|_p = \sqrt[p]{x_1^p + x_2^p + \cdots + x_n^p}$。高阶一致风险矩也是一致性风险测度，且拥有诸多优良性质，在风险管理中是常用的尾部风险测度之一。

4.4　能源价格收益率极值分布

在 4.4 节中，我们主要解决两个问题。

首先，一段时间内某个能源价格收益率（或一系列能源价格收益率）的极大值 M_n 与极小值 m_n 对投资者的冲击是巨大的，如何在不清楚能源价格收益率分布 $F(x)$ 的情况下，分析其极大值与极小值的分布函数及其性质？

其次，在不同能源资产具有相同 VaR 的情况下，它们的 CVaR 或期望损失不尽相同，这引发了一个思考：当能源价格收益率处于很高或很低的状态时，其尾部分布特征如何？用数学语言来表达，即解决收益率 r 的条件概率分布 $F_r(x\,|\,x\leqslant -u)$ 或 $F_r(x\,|\,x\geqslant u)$ 的刻画问题，其中 u 是一个较大的数。此时的条件分布有什么性质？如何对其进行统计推断？这些问题将在本节中展开讨论。

了解能源价格收益率的极值分布有助于精细刻画其尾部风险行为，特别是对于效用函数尾部形态复杂的投资者而言，了解能源价格收益率尾部分布对最大化其效用函数具有重要作用。此外，当能源价格收益率具有“尖峰厚尾”特征时，只有了解尾部特征才能更好地进行风险管理。本节将通过介绍能源价格收益率的极值理论来完成此部分理论架构的构建。

4.4.1　极大值与极小值的分布

随着地缘政治冲突或新冠疫情等“黑天鹅”事件的发生，能源资产时常出现不合理的高收益率或低收益率。在第一章中，我们介绍了常用的收益率分布，但它们描述出现极端价格的能力并不优秀。如何将这种极端收益率发生的概率进行量化，或专门使用极端收益率数据进行能源价格建模是本小节要解决的问题。尽管对于任何数据集来说，刻画极大值与极小值出现的概率特征都是极其困难的，但如果能够选择合适的刻画模型与参数估计手段，可以帮助我们增加对这种极端不确定性的认知。极值理论帮助我们解决了这个问题（Gilli and Këllezi，2006；Rocco，2014）。

假设多个能源资产或同一个能源资产在多天的收益率分别为 $X_1, X_2, \cdots, X_n$，这些收益率是独立同分布的随机变量，分布函数为 $F(x)$。对自然数 n，令

$$\begin{aligned} M_n &= \max\{X_1, X_2, \cdots, X_n\} \\ m_n &= \min\{X_1, X_2, \cdots, X_n\} \end{aligned} \tag{4-4-1}$$

分别表示 n 个随机变量的最大值与最小值，则对于其极大值与极小值分布，有

$$\begin{aligned} P(M_n \leqslant x) &= P(X_1 \leqslant x, X_2 \leqslant x, \cdots, X_n \leqslant x) = F^n(x) \\ P(m_n \leqslant x) &= 1 - P(m_n \geqslant x) = 1 - [1 - F(x)]^n \end{aligned} \tag{4-4-2}$$

在实际应用中，我们很难精准描述能源价格收益率的分布 $F(x)$，这意味着很难用一

般方法刻画能源价格收益率极值的分布。所以在实际应用中，需要研究能源价格收益率极大值与极小值分布的极限性质或近似性质，从而掌握极值分布的信息。在本小节中，我们只研究极大值分布，通过符号变换，可通过相似方式研究能源价格收益率的极小值性质。

对于 $F^n(x)$，若 $F(x)$ 的值域有限时，当 $n\to\infty$ 必然有 $F^n(x)\to 0$。在实际应用中，我们可以理解为某个每天的收益率独立同分布的能源资产在 n 天（n 甚至可以无穷大）之内几乎必然出现一次非常大的值，以至于式（4-4-2）中无论设定多大的 x，都没有办法超越这个所出现的极端值。

讨论退化的能源价格收益率的极大值分布 $F^n(x)\to 0$ 没有意义，类似于处理随机变量之和的中心极限定理，我们对 M_n 进行规范变化，以了解最大值分布的性质。根据 Fisher-Tippett 定理，设 $X_1, X_2, \cdots, X_n$ 是独立同分布的随机变量序列，如果存在常数列 $\{a_n>0\}$ 和 $\{b_n\}$（或称为规范化常数），使得 $\lim\limits_{n\to\infty} P\left(\dfrac{M_n-b_n}{a_n}\leqslant x\right)=H(x)$，$x\in\mathbb{R}$ 成立，其中 $H(x)$ 是非退化的分布函数，那么 $H(x)$ 必定属于以下三种分布之一。

（1）Gumbel 分布，概率分布函数 $H_1(x)$ 和概率密度函数 $h_1(x)$ 分别为

$$
\begin{aligned}
H_1(x) &= \exp\left(-\exp\left(\frac{-(x-\mu)}{\sigma}\right)\right),\quad x\in\mathbb{R} \\
h_1(x) &= \frac{1}{\sigma}\exp\left(-\frac{(x-\mu)}{\sigma}\right)H_1(x),\quad x\in\mathbb{R}
\end{aligned}
\tag{4-4-3}
$$

（2）Frechet 分布，概率分布函数 $H_2(x)$ 和概率密度函数 $h_2(x)$ 分别为

$$
\begin{aligned}
H_2(x) &= \begin{cases} 0 &, x\leqslant\mu,\ a>0 \\ \exp\left(-\left(\dfrac{x-\mu}{\sigma}\right)^{-a}\right) &, x>\mu,\ a>0 \end{cases} \\
h_2(x) &= \frac{a}{\sigma}\left(\frac{x-\mu}{\sigma}\right)^{-(1+a)} H_2(x),\quad x>\mu,\ a>0
\end{aligned}
\tag{4-4-4}
$$

（3）Weibull 分布，概率分布函数 $H_3(x)$ 和概率密度函数 $h_3(x)$ 分别为

$$
\begin{aligned}
H_3(x) &= \begin{cases} \exp\left(-\left(-\dfrac{x-\mu}{\sigma}\right)^{a}\right) &, x\leqslant\mu,\ a>0 \\ 1 &, x>\mu,\ a>0 \end{cases} \\
h_3(x) &= a(-x)^{a-1}H_3(x),\quad x\leqslant 0,\ a>0
\end{aligned}
\tag{4-4-5}
$$

其中，μ 表示位置参数；σ 表示尺度参数。当 $a=1$ 时，$H_2(x)$ 和 $H_3(x)$ 又称为标准 Frechet 分布和标准 Weibull 分布。Fisher-Tippett 定理说明，只要能源价格收益率极大值经过线性变换所成为的规范化变量 $M_n^*=(M_n-b_n)/a_n$ 依分布收敛于某一非退化分布，那么，不管能源价格收益率分布 $F(x)$ 是何种形式，M_n^* 必定属于以上三个分布之一。对一个能源品

种而言，我们将它每一段时间内（如每年）收益率的最大值提取出来构成一个极大值序列，那么这个极大值序列的分布就必然服从 Gumbel 分布、Frechet 分布和 Weibull 分布之一。Gumbel 分布、Frechet 分布和 Weibull 分布在数学形式变换上有着紧密联系，设 $X>0$，有 $X \sim H_2 \Leftrightarrow \log X^{a} \sim H_1 \Leftrightarrow -X^{-1} \sim H_3$。所以我们在讨论时，可针对这三个分布中的一个进行讨论即可。此外，我们还可以用一个统一的分布来表达这三种能源价格收益率的极值分布。设某个（多个）能源资产在多个时期的随机变量序列 $X_1, X_2, \cdots, X_n$ 是独立同分布的，如果存在常数列 $\{a_n>0\}$ 和 $\{b_n\}$ 使得 $\lim\limits_{n\to\infty} P\left(\dfrac{M_n-b_n}{a_n} \leqslant x\right)=H(x)$，$H(x)$ 的概率密度函数是 $h(x)$，那么

$$
\begin{aligned}
&H(x)=\exp\left\{-\left(1+\xi\frac{x-\mu}{\sigma}\right)^{-1/\xi}\right\},\quad 1+\xi\frac{x-\mu}{\sigma}>0,\ \mu\in\mathbb{R},\ \xi\in\mathbb{R},\ \sigma>0\\
&h(x)=\frac{1}{\sigma}H(x)\left(1+\xi\frac{x-\mu}{\sigma}\right)^{-\left(1+\frac{1}{\xi}\right)}
\end{aligned}
\tag{4-4-6}
$$

其中，μ 表示位置参数；σ 表示尺度参数；ξ 表示形状参数。我们称式（4-4-6）为极大值的广义极值（generalized extreme value，GEV）分布。将 Gumbel 分布、Frechet 分布和 Weibull 分布统一成一种分布，有利于统计分析。通过对形状参数 ξ 的估计与推断，就能确定恰当的极值分布类型。当 $\xi>0$ 时，取 $a=1/\xi$，则式（4-4-6）中 $H(x)$ 表示 Frechet 分布 $H_2(x)$；当 $\xi=0$ 时，则式（4-4-6）中 $H(x)$ 表示 Gumbel 分布 $H_1(x)$；当 $\xi<0$ 时，取 $a=-1/\xi$，则式（4-4-6）中 $H(x)$ 表示 Weibull 分布 $H_3(x)$。

GEV 分布的期望与方差分别为

$$
\begin{aligned}
&\mathbb{E}(X)=\mu+\sigma(\Gamma(1-\xi)-1)/\xi,\quad \xi<1\\
&\mathbb{D}(X)=\sigma^2\left(\Gamma(1-2\xi)-\Gamma^2(1-\xi)\right)/\xi^2,\quad \xi<\frac{1}{2}
\end{aligned}
\tag{4-4-7}
$$

令分位数水平 $\alpha\in[0,1]$，GEV 分布的分位数函数 $F^{-1}(x)$ 为

$$
F^{-1}(x)=\mu-\sigma\left(1-(-\log\alpha)^{-\xi}\right)/\xi \tag{4-4-8}
$$

最后，对于能源价格收益率的极小值分布 m_n，设某个（多个）能源资产多个时期的随机变量序列 $X_1, X_2, \cdots, X_n$ 是独立同分布的，如果存在常数列 $\{c_n>0\}$ 和 $\{d_n\}$ 使得 $\lim\limits_{n\to\infty} P\left(\dfrac{m_n-d_n}{c_n} \leqslant x\right)=\tilde{H}(x)$，那么

$$
\tilde{H}(x)=1-\exp\left\{-\left(1-\xi\frac{x+\mu}{\sigma}\right)^{-1/\xi}\right\} \tag{4-4-9}
$$

其中 ξ、μ、σ 参数等于式（4-4-6）中的对应参数，这也体现了能源价格收益率的极大值分布与极小值分布之间的联系。

在实际研究中，我们常常采用一些经典的概率分布函数 $F(x)$ 描述能源价格收益率

X，这里我们不加证明地给出它们的极大值分布的相关性质。如果能源价格收益率 $X \sim N(\mu,\sigma)$，那么其线性变换的极大值序列 $\frac{M_n - b_n}{a_n}$ 将服从式（4-4-3）中的 Gumbel 分布，其中，

$$a_n = (2\log n)^{-1/2}$$
$$b_n = \sqrt{2\log n} - \frac{\log(4\pi) + \log(\log n)}{2(2\log n)^{1/2}} \tag{4-4-10}$$

如果能源价格对数收益率 $\log(1+X) \sim N(\mu,\sigma)$，那么其线性变换的极大值序列 $\frac{M_n - b_n}{a_n}$ 将服从式（4-4-3）中的 Gumbel 分布，其中，

$$a_n = \sigma(2\log n)^{-1/2} b_n$$
$$b_n = \exp\left\{\mu + \sigma\left(\sqrt{2\log n} - \frac{\log(4\pi) + \log(\log n)}{2(2\log n)^{1/2}}\right)\right\} \tag{4-4-11}$$

如果能源价格收益率 $X \sim U(0,1)$，那么其线性变换的极大值序列 $\frac{M_n - b_n}{a_n}$ 将服从式（4-4-5）中的 Weibull 分布，其中，

$$a_n = n^{-1}, \quad b_n = 1 \tag{4-4-12}$$

以式（4-4-6）中分布函数 $H(x)$ 为例，接下来我们将给出 $H(x)$ 中的位置参数 μ、尺度参数 σ 和形状参数 ξ 的估计过程。由于 GEV 分布描绘的是对能源价格收益率极值的分布，因此我们需要利用极值数据估计参数。对于一个能源资产长时间的价格收益率数据或在一个时间下多个能源资产的价格收益率数据，我们先按等长度进行分组，并认为每一个区组中的最大值或最小值服从 GEV 分布。区组长度的选择是一个关键问题，区组长度过小会使得每一个区组中的极值并不适合用 GEV 分布描述，一个极限的情况是如果区组长度为 1，那么此时等价于用 GEV 分布对能源价格收益率原始观测数据进行描述，这会使得估计结果有偏；而如果区组较长，那只能得到少量的区组最大值数据，由此估计的参数方差较大。值得注意的是，式（4-4-6）成立的条件是 $X_1, X_2, \cdots, X_n$ 是独立同分布的，如果我们有能源价格收益率的日度数据，并且以季度长度进行分组，将每一个季度的能源价格收益率数据分别作为 $X_1, X_2, \cdots, X_n$ 的观测值，那么很难保证 $X_1, X_2, \cdots, X_n$ 的独立同分布性，因为由第一章与第二章的内容可知，能源价格收益率时间序列很有可能存在均值和方差上的自相关性。此外，对于天然气等能源资产，它们的价格收益率很可能具有季节周期特征，这里我们先不考虑这种复杂的情况，先简单假设每一个区组内的观测值分别来自 $X_1, X_2, \cdots, X_n$ 独立同分布的总体。

将每一个区组内的最大值序列记为 $x_1, x_2, \cdots, x_n$，其服从 GEV 分布，可以采用极大似然法拟合 GEV。因为考虑到对 X 尺度的放缩不影响其分布函数，先不考虑 a_n 与 b_n 的设定。GEV 的对数极大似然函数为

$$l(\mu,\sigma,\xi \mid x_1,x_2\cdots,x_n) = \begin{cases} -n\log\sigma-\left(1+\dfrac{1}{\xi}\right)\displaystyle\sum_{i=1}^{n}\log\left(1+\xi\left(\dfrac{x_i-\mu}{\sigma}\right)\right)-\displaystyle\sum_{i=1}^{n}\left(1+\xi\left(\dfrac{x_i-\mu}{\sigma}\right)\right)^{-1/\xi}, & \xi\neq 0 \\ -n\log\sigma-\displaystyle\sum_{i=1}^{n}\left(\dfrac{x_i-\mu}{\sigma}\right)-\displaystyle\sum_{i=1}^{n}\exp\left(-\left(\dfrac{x_i-\mu}{\sigma}\right)\right), & \xi=0 \end{cases} \quad (4\text{-}4\text{-}13)$$

通过采用数值方法对目标式进行最优化，我们有

$$\begin{aligned} &(\hat{\mu},\hat{\sigma},\hat{\xi})=\underset{(\mu,\sigma,\xi)}{\arg\max}\ l(\mu,\sigma,\xi \mid x_1,x_2\cdots,x_n) \\ &\text{s.t.}\quad 1+\xi\left(\frac{x_i-\mu}{\sigma}\right)>0,\ \sigma>0 \end{aligned} \quad (4\text{-}4\text{-}14)$$

在求出$(\hat{\mu},\hat{\sigma},\hat{\xi})$后，我们可以采用数值微分方法，计算极大似然估计结果$(\hat{\mu},\hat{\sigma},\hat{\xi})$的渐进性质。由此我们完成了能源价格收益率极大值与极小值分布估计的全部过程。

4.4.2　超阈值的尾部数值分布

4.4.1 小节告诉了我们如何对能源价格收益率的极大值与极小值的分布进行估计，然而能源资产投资者不仅关注价格收益率极值，也关注类似于 4.2 节和 4.3 节中提到的超过某一个阈值的能源价格收益率的尾部行为。所以在对极限分布的分析中，还有一种方法是峰值过阈值（peak over threshold，POT）法。利用 POT 法，我们可以在不了解能源价格收益率全貌的情况下，单独了解超过某一个门限值情况下的能源价格收益率的分布特征。令能源价格收益率变量 X 超过某一个门限值 u 的超出量分布函数为

$$F_u(y)=P(X-u\leqslant y \mid X>u),\quad 0\leqslant y\leqslant \text{supRanF}-u \quad (4\text{-}4\text{-}15)$$

其中，F_u 表示条件超越概率分布函数；$u\geqslant 0$ 表示一个门限；supRanF 表示 X 的概率分布函数的定义域中的最大值。利用式（4-4-15），我们有

$$F_u(y)=\frac{F(u+y)-F(u)}{1-F(u)}=\frac{F(x)-F(u)}{1-F(u)} \quad (4\text{-}4\text{-}16)$$

对于一个较大的 u，我们有 $F_u(y)\to G_{\xi,\sigma}(y)$，$u\to\infty$，则

$$G_{\xi,\sigma}(y)=\begin{cases} 1-\left(1+\dfrac{\xi}{\sigma}y\right)^{-1/\xi}, & \xi\neq 0 \\ 1-\exp(-y/\sigma), & \xi=0 \end{cases} \quad (4\text{-}4\text{-}17)$$

如果 $\xi\geqslant 0$，则 $y\in[0,\text{supRanF}-u]$；如果 $\xi<0$，且 $\sigma>0$，则 $y\in[0,-\sigma/\xi]$。$G_{\xi,\sigma}(y)$ 又称作广义帕累托分布（generalized Pareto distribution，GPD）的概率分布函数，其概率密度函数 $g_{\xi,\sigma}(y)$ 为

$$g_{\xi,\sigma}(y)=\begin{cases} \dfrac{1}{\sigma}\left(1+\dfrac{\xi y}{\sigma}\right)^{-\left(\frac{1}{\xi}+1\right)}, & \xi\neq 0 \\ \dfrac{1}{\sigma}\exp(-y/\sigma), & \xi=0 \end{cases} \quad (4\text{-}4\text{-}18)$$

如果我们令 $x=u+y$，则 GPD 的概率分布函数的表达式为

$$G_{\xi,\sigma}(x)=\begin{cases}1-\left(1+\dfrac{\xi}{\sigma}(x-u)\right)^{-1/\xi}, & \xi\neq 0\\ 1-\exp(-(x-u)/\sigma), & \xi=0\end{cases} \tag{4-4-19}$$

图 4-1 展现了式（4-4-17）中不同 ξ 和 σ 下的 GPD 的概率分布函数 $G_{\xi,\sigma}(y)$ 的特征。毫无疑问，$G_{\xi,\sigma}(y)$ 作为概率分布函数，其数值恒为正数，且不能超过 1。当保持 ξ 不变时，σ 越大，$G_{\xi,\sigma}(y)$ 越平缓；当保持 σ 不变时，ξ 越小，$G_{\xi,\sigma}(y)$ 越早接近于 1。可以看出，当 ξ 确定时，σ 的变化只能横向拉伸 $G_{\xi,\sigma}(y)$ 的“胖瘦”，而不能改变其形状，这也是我们称 σ 为尺度参数的原因；而当 ξ 发生变化时，$G_{\xi,\sigma}(y)$ 的形状也会随之发生变化。

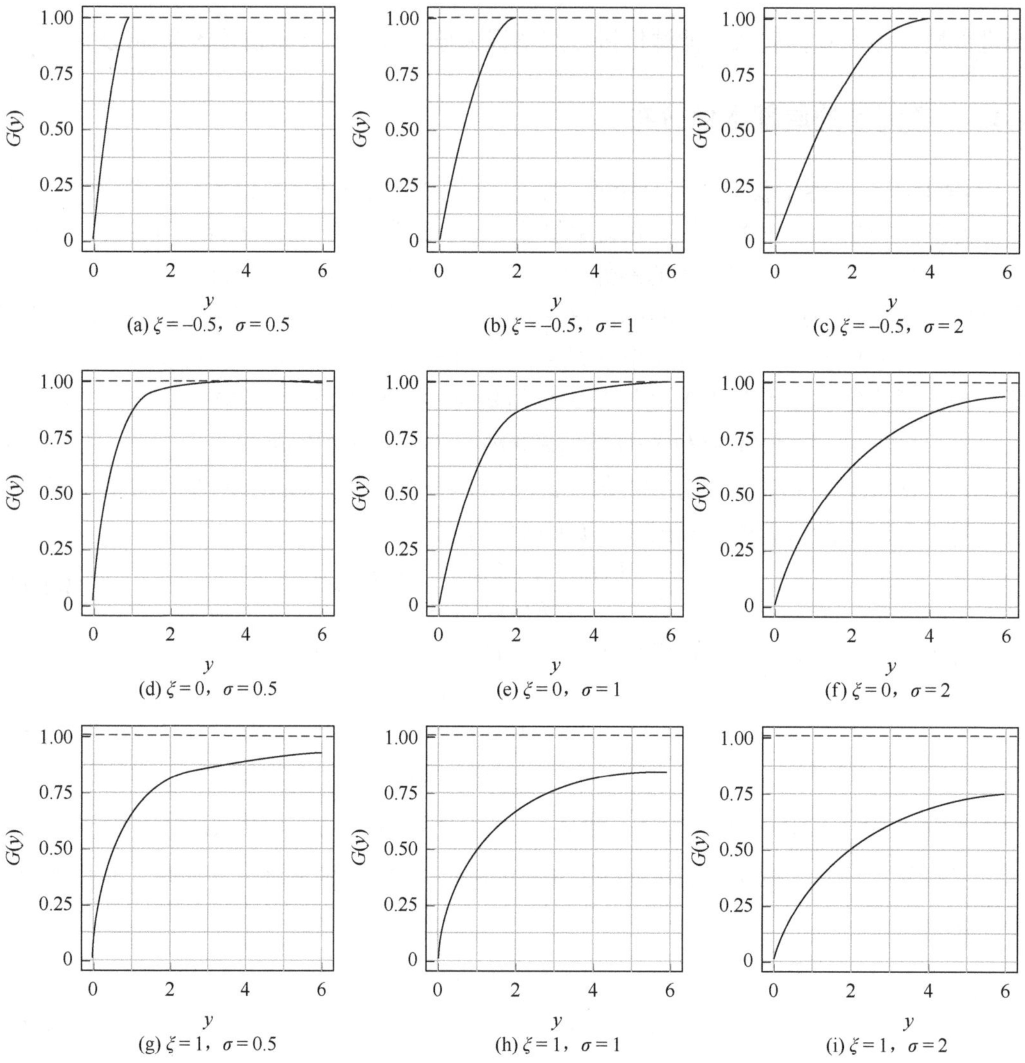

(a) $\xi=-0.5$，$\sigma=0.5$　(b) $\xi=-0.5$，$\sigma=1$　(c) $\xi=-0.5$，$\sigma=2$

(d) $\xi=0$，$\sigma=0.5$　(e) $\xi=0$，$\sigma=1$　(f) $\xi=0$，$\sigma=2$

(g) $\xi=1$，$\sigma=0.5$　(h) $\xi=1$，$\sigma=1$　(i) $\xi=1$，$\sigma=2$

图 4-1　不同 ξ 和 σ 下的 GPD 的概率分布函数特征

相对应地，令能源价格收益率 X 小于某一个门限值 l 的超出量分布函数为 F_l，则

$$F_l(y) = P(l - X \leqslant y \mid X < l), \quad 0 \leqslant y \leqslant l - \text{infRanF} \tag{4-4-20}$$

其中，$F_l(y)$ 表示左尾超阈值的概率分布函数；infRanF 表示 X 的概率分布函数定义域中的最小值。对于能源资产多头来说，当能源价格收益率小于某一个阈值后，式（4-4-20）的性质是其所关心的。为了加深读者对概念的理解，我们简单给出 $F_l(y)$ 的分布及其推导过程。令 $F_X(x)$ 与 $F_{-X}(x)$ 分别为随机变量 X 与 $-X$ 的概率分布函数，并且有 $F_{-X}(x) = 1 - F_X(-x)$。于是，有

$$\begin{aligned}
F_l(y) &= P(l - X \leqslant y \mid X \leqslant l) \\
&= \frac{P(l - y \leqslant -X \leqslant l)}{P(-X \geqslant -l)} \\
&= \frac{F_{-X}(-l + y) - F_{-X}(-l)}{1 - F_{-X}(-l)} \\
(l \to -\infty) \approx G_{\xi,\sigma}(y) &= \begin{cases} 1 - \left(1 + \dfrac{\xi}{\sigma} y\right)^{-1/\xi}, & \xi \neq 0 \\ 1 - \exp(-y / \sigma), & \xi = 0 \end{cases}
\end{aligned} \tag{4-4-21}$$

可见左尾超阈值与右尾超阈值的极限分布都是 GPD。利用式（4-4-21）最后两行之间的关系以及 $F_{-X}(x) = 1 - F_X(-x)$，有

$$F_X(x) = F_X(l) - F_X(l) G_{\xi,\sigma}(y) \tag{4-4-22}$$

接下来我们介绍参数估计的过程。在以下分析中，我们均以右侧超阈值情况下的 GPD 为例，对于左尾超阈值的情况可以按照同样的步骤进行分析。在得到了能源价格收益率 X 的观测值 $\{x_1, x_2, \cdots, x_n\}$ 后，我们估计 X 尾部分布所近似于的 GPD 的参数需要两个步骤：①选择合适的阈值 u；②利用大于阈值 u 的观测值，估计参数 ξ 和 σ。在确定了 GPD 的参数后，X 的概率分布可以近似表达为

$$F(x) \approx (1 - F(u)) G_{\xi,\sigma}(y) + F(u) \tag{4-4-23}$$

$F(u)$ 项可以理解为 $F(u) = P(X \leqslant u) = (n - N_u) / n$，其中 n 表示能源价格收益率 X 的观测数量；N_u 表示超过阈值 u 的观测值数量。利用估计出的 $\hat{\xi}$ 和 $\hat{\sigma}$，有

$$\begin{aligned}
\hat{F}(x) &\approx \frac{N_u}{n}\left(1 - \left(1 + \frac{\hat{\xi}}{\hat{\sigma}}(x - u)\right)^{-1/\hat{\xi}}\right) + \left(1 - \frac{N_u}{n}\right) \\
&= 1 - \frac{N_u}{n}\left(1 + \frac{\hat{\xi}}{\hat{\sigma}}(x - u)\right)^{-1/\hat{\xi}}
\end{aligned} \tag{4-4-24}$$

于是，我们便可以构建出能够精细刻画 X 尾部特征的概率分布函数 $\hat{F}(x)$。不过值得注意的是，$\hat{F}(x)$ 刻画非尾部部分的能力并不强。参数估计的详细步骤如下。

（1）选择合适的阈值 u。理论上来说，所选择的 u 如果太小，则无法让 $F_u(y) \to G_{\xi,\sigma}(y)$，$u \to \infty$ 这个条件成立；但如果 u 选择得太大，又无法提供充足的大于 u 的观测值以估计参数 ξ 和 σ。至今，最优 u 的选择依然是一个问题，对于能源价格收益率中什么

样的观测值属于“尾部”数据，尚无统一结论。

一种思路是采用拟合法来计算最优的阈值u，其原理是采用式（4-4-17）中GPD的平均超出量函数

$$\mathbb{E}(X-u \mid X>u)=\frac{\sigma+\xi u}{1-\xi} \tag{4-4-25}$$

确定阈值u。从式（4-4-25）可知，平均超出量函数是u的线性函数。而$\mathbb{E}(X-u \mid X>u)$可以用样本的形式来表达，即样本平均超出量函数$e_n(u)=\frac{\sum_{i=k}^{n}(x_i^n-u)}{n-k+1}$，$k=\min\{i \mid x_i^n>u\}$。我们将所有观测值由小到大排序为$x_1^n \leqslant x_2^n \leqslant \cdots \leqslant x_{n-1}^n \leqslant x_n^n$，$x_1^n$表示最小的观测值，$x_n^n$表示最大的观测值。最小的超过$u$的观测值的排名是$k$，$n-k+1$是所有超过$u$的观测值的数量。定义点集$\{(u,e_n(u)):u<x_n^n\}$，并观察点集的图像。如果对于某一个阈值$u^*$而言，超出量分布近似服从GPD，则对于大于阈值$u^*$的$u$而言，其与样本平均超出量函数应该在一条直线附近波动。我们将这样的图像称为平均剩余寿命图。如果在某个阈值u^*后，$e_n(u)$呈现为一条直线，那么这个u^*可以作为阈值。

（2）利用大于阈值u的观测值，估计参数ξ和σ。在数理统计中，在已知观测值的情况下估计总体分布中的参数是一个经典问题，有多种方式可以帮助求解，如极大似然法、矩估计等方法，对于GPD也不例外。值得注意的是，必须用大于阈值u的样本进行参数估计。得到观测值$x=\{x_1,x_2,\cdots,x_n\}$后，需要将其转变为$y=\{y_1,y_2,\cdots,y_n\}=\{x_1-u, x_2-u,\cdots,x_n-u\}$。极大似然法是最常见的估计方法，且有成熟的理论可提供估计出的参数的统计性质。对于样本$y=\{y_1,y_2,\cdots,y_n\}$，式（4-4-17）中GPD的概率密度函数为

$$\frac{\partial G(y)}{\partial y}=\begin{cases}\dfrac{1}{\sigma}\left(1+\dfrac{\xi}{\sigma}\right)^{-\left(\frac{1}{\xi}+1\right)}, & \xi \neq 0 \\ \dfrac{1}{\sigma}\exp\left(-\dfrac{y}{\sigma}\right), & \xi=0\end{cases} \tag{4-4-26}$$

对式（4-4-26）取对数，并写成样本y的对数似然函数形式，有

$$\ln L(\xi,\sigma \mid y)=\begin{cases}-n\log\sigma-\left(\dfrac{1}{\xi}+1\right)\sum\limits_{i=1}^{n}\log\left(1+\dfrac{\xi}{\sigma}y_i\right), & \xi \neq 0 \\ -n\log\sigma-\dfrac{1}{\sigma}\sum\limits_{i=1}^{n}y_i, & \xi=0\end{cases} \tag{4-4-27}$$

通过寻找式（4-4-27）的最大值，我们有$(\hat{\xi},\hat{\sigma})=\underset{(\xi,\sigma)}{\arg\max}\ln L(\xi,\sigma \mid y)$。由此我们完成了能源价格收益率极大值与极小值分布估计的全部过程。

利用式（4-4-23）以及GPD的结果，可以计算出能源价格收益率的$\mathrm{VaR}_\alpha^{\mathrm{up}}$与$\mathrm{CVaR}_\alpha^{\mathrm{up}}$。当得出$(\hat{\xi},\hat{\sigma})$后，我们有

$$\hat{F}(x)=\frac{N_u}{n}\left(1-\left(1+\frac{\hat{\xi}}{\hat{\sigma}}(x-u)\right)^{-1/\xi}\right)+\left(1-\frac{N_u}{n}\right)$$
$$=1-\frac{N_u}{n}\left(1+\frac{\hat{\xi}}{\hat{\sigma}}(x-u)\right)^{-1/\xi} \tag{4-4-28}$$

其中，N_u 表示超过阈值 u 的观测值数量。给定显著性水平 α，根据式（4-2-4）和式（4-2-5），有

$$\text{VaR}_{\alpha}^{\text{up}}=\left(\left(\frac{n}{N_u}\alpha\right)^{-\hat{\xi}}-1\right)\frac{\hat{\sigma}}{\hat{\xi}}+u \tag{4-4-29}$$

根据式（4-3-7）和式（4-4-25），有

$$\text{CVaR}_{\alpha}^{\text{up}}=\text{VaR}_{\alpha}^{\text{up}}+\mathbb{E}(X-\text{VaR}_{\alpha}^{\text{up}}\mid X>\text{VaR}_{\alpha}^{\text{up}})=\text{VaR}_{\alpha}^{\text{up}}+\frac{\hat{\sigma}-\hat{\xi}\text{VaR}_{\alpha}^{\text{up}}}{1-\hat{\xi}} \tag{4-4-30}$$

利用式（4-4-22），我们可利用 GPD 的结果计算能源价格收益率的 $\text{VaR}_{\alpha}^{\text{down}}$ 与 $\text{CVaR}_{\alpha}^{\text{down}}$。根据式（4-4-22），有

$$\hat{F}^{-1}(x)=l-\frac{\hat{\sigma}}{\hat{\xi}}\left(\left(\frac{n}{N_l}x\right)^{-\hat{\xi}}-1\right) \tag{4-4-31}$$

其中，N_l 表示小于阈值 l 的观测值 x_i 的数量；n 表示总观测值 x_i 的数量，则

$$\text{VaR}_{\alpha}^{\text{down}}=l-\frac{\hat{\sigma}}{\hat{\xi}}\left(\left(\frac{n}{N_l}\alpha\right)^{-\hat{\xi}}-1\right) \tag{4-4-32}$$

$$\begin{aligned}\text{CVaR}_{\alpha}^{\text{down}}&=\text{VaR}_{\alpha}^{\text{down}}+\mathbb{E}(X-\text{VaR}_{\alpha}^{\text{down}}\mid X<\text{VaR}_{\alpha}^{\text{down}})\\&=\text{VaR}_{\alpha}^{\text{down}}-\mathbb{E}(\text{VaR}_{\alpha}^{\text{down}}-X\mid X<\text{VaR}_{\alpha}^{\text{down}})\\&=\text{VaR}_{\alpha}^{\text{down}}-\frac{\hat{\sigma}+\hat{\xi}\text{VaR}_{\alpha}^{\text{down}}}{1-\hat{\xi}}\end{aligned} \tag{4-4-33}$$

由此，我们通过 GPD 下的超阈值分布，计算出了 X 的 VaR 与 CVaR。

4.5 应用案例

我们以布伦特原油现货品种为例，探索其收益率变化过程中的 VaR 与 CVaR 测度，并用极值理论计算其尾部极值分布。采用 EIA 网站公布的英国布伦特原油现货周度价格，样本长度为 1987 年 5 月 22 日至 2022 年 2 月 18 日，共 1814 个观测值。

我们先对布伦特原油现货价格 P_t 做对数差分变换，得到收益率 $r_t=\ln\left(P_t/P_{t-1}\right)\times100\%$。随后对收益率序列构建 ARMA(1,1)-GARCH(1,1)模型，即

$$
\begin{gathered}
r_t = a_0 + a_1 r_{t-1} + \varepsilon_t + b_1 \varepsilon_{t-1} \\
\varepsilon_t = \sigma_t \nu \\
\sigma_t^2 = \omega + \alpha_1 \sigma_{t-1}^2 + \beta_1 \varepsilon_{t-1}^2
\end{gathered}
\tag{4-5-1}
$$

式（4-5-1）中的ν服从某一个均值为 0、方差为 1 的分布族。我们分别选择 7 种不同的分布族作为备选分布族，包括标准正态分布（之所以选择标准正态分布是因为我们要保证新息分布的均值为 0、尺度参数为 1，下同）、标准 t 分布、标准 GED、偏态标准正态分布、偏态标准 t 分布、偏态标准 GED 以及左右尾 GPD，接着观察不同分布族下 VaR 拟合优度的表现。其中，标准正态分布的概率密度函数为

$$f(x;\alpha=0,\beta=1)=\frac{1}{\sqrt{2\pi}}\mathrm{e}^{-x^2/2} \tag{4-5-2}$$

标准 t 分布的概率密度函数为

$$f(x;\alpha=0,\beta=1,\nu)=\frac{\Gamma\left(\dfrac{\nu+1}{2}\right)}{\sqrt{\nu\pi}\,\Gamma\left(\dfrac{\nu}{2}\right)}\left(1+\frac{(x)^2}{\nu}\right)^{-\left(\frac{\nu+1}{2}\right)} \tag{4-5-3}$$

标准 GED 的概率密度函数为

$$f(x;\alpha=0,\beta=1,\kappa)=\frac{\kappa\mathrm{e}^{-0.5|x|^{\kappa}}}{2^{1+\kappa^{-1}}\Gamma(\kappa^{-1})} \tag{4-5-4}$$

偏态标准正态分布、偏态标准 t 分布、偏态标准 GED 是在标准正态分布、标准 t 分布、标准 GED 的基础上将其改造成具有偏态性，而不改变其他性质的新分布。我们假设原始的标准分布的概率密度函数为式（4-5-2）、式（4-5-3）以及式（4-5-4）中的 $f(x)$，那么偏态标准分布的概率密度函数 $f^{\text{skew}}(x)$ 为

$$f^{\text{skew}}(x)=\frac{2}{\xi+\xi^{-1}}\big(f(\xi x)H(-x)+f(\xi^{-1}x)H(x)\big) \tag{4-5-5}$$

其中，$H(x)$ 表示单位阶跃函数。

左右尾 GPD 是指小于某个阈值的左尾和大于某个阈值的右尾是帕累托分布，而中间是一个正态分布的综合分布，其概率分布函数为

$$F^p(x)=\begin{cases}\dfrac{N_l}{N}\left(1+\dfrac{\xi_l}{\sigma_l}(u_l-x)\right)^{-1/\xi_l}, & x<u_l \\ \Phi\left(x;\mu,\sigma_m\right), & u_l\leqslant x<u_r \\ 1-\dfrac{N_r}{N}\left(1+\dfrac{\xi_r}{\sigma_r}(x-u_r)\right)^{-1/\xi_r}, & x\geqslant u_r\end{cases} \tag{4-5-6}$$

其中，N 表示总观测值数量；N_r 表示大于阈值 u_r 的观测值数量；N_l 表示小于阈值 u_l 的观测值数量；$\Phi(x)$ 表示正态分布的概率分布函数。在此案例中，我们以下尾 10%观测值分位数与上尾 10%观测值分位数为阈值界限。

利用观测到的原油现货收益率 r_t 数据和极大似然法，可以计算出不同新息分布下的式（4-5-2）至式（4-5-6）中的参数估计结果及拟合优度检验结果，见表 4-1。表 4-1 中的似然值是指在不同的新息分布假定之下，ARMA-GARCH 模型的似然函数值，似然值越大，说明模型的拟合效果越好；KS（Kolmogorov-Smirnov）检验是指在某一个新息分布下 ARMA-GARCH 模型的残差经过概率积分变换后与均匀分布 $U(0,1)$ 之间的距离，其原假设认为它们之间没有距离，即 KS 检验的 P 值越大越能接受原假设，即认为模型的拟合优度越高。残差在概率积分变换后理论上应当服从均匀分布 $U(0,1)$，这是因为如果 $X \sim F(x)$，那么 $F(X) \sim U(0,1)$。式（4-5-1）中的 ARMA-GARCH 模型的一切随机性均来自新息 $v_{i,t}$，如果我们对于新息分布族的假定是完全正确的，那么概率积分变换后的结果就应当是一个标准的均匀分布 $U(0,1)$。从表 4-1 的结果来看，无论是似然值的表现还是 KS 检验的 P 值结果，以标准 t 分布作为新息分布的 ARMA-GARCH 模型表现最佳。

表 4-1　不同新息分布下的参数估计结果及拟合优度检验结果

新息分布	a_0	a_1	b_1	ω	α_1	β_1	似然值	KS 检验的 P 值
标准正态分布	0.166 [0.098]	−0.012 [0.119]	0.250 [0.115]	0.611*** [0.171]	0.143*** [0.017]	0.833*** [0.019]	−5032.02	0.023
标准 t 分布	0.164 [0.097]	−0.005 [0.121]	0.250 [0.118]	0.565*** [0.183]	0.133*** [0.020]	0.841*** [0.023]	−4983.18	0.916
标准 GED	0.186 [0.098]	0.029 [0.076]	0.216 [0.077]	0.613*** [0.199]	0.139*** [0.020]	0.834*** [0.024]	−4997.10	0.419
偏态标准正态分布	0.131 [0.095]	−0.125 [0.129]	0.343 [0.123]	0.552*** [0.164]	0.141*** [0.016]	0.837*** [0.019]	−5021.84	0.095
偏态标准 t 分布	0.087 [0.099]	−0.057 [0.127]	0.290 [0.123]	0.513*** [0.173]	0.131*** [0.020]	0.846*** [0.022]	−4978.56	0.514
偏态标准 GED	0.091 [0.098]	−0.065 [0.169]	0.294 [0.161]	0.531*** [0.186]	0.138*** [0.020]	0.841*** [0.023]	−4990.84	0.256
左右尾 GPD	0.166 [0.098]	−0.012 [0.119]	0.250 [0.115]	0.611*** [0.171]	0.143*** [0.017]	0.833*** [0.019]	−5032.02	0.831

注：表中的方括号是对应参数的标准误；上标“***”表示在 1%的显著性水平下显著不为 0

接下来，我们计算上下尾 VaR。先计算出 7 种不同新息分布下的 ARMA-GARCH 模型所对应的 $\mathrm{VaR}_\alpha^{\mathrm{up}}$ 和 $\mathrm{VaR}_\alpha^{\mathrm{down}}$。以新息分布为标准 t 分布情形为例，我们对 ARMA- GARCH-t 模型计算出式（4-5-3）中的形状参数 ν，为 7.65（对应的标准误为 1.191）；然后计算出其上尾 5%分位数 $F^{-1}(0.95;\alpha=0,\beta=1,\nu=7.65)\approx 1.607$，以及下尾 5%分位数 $F^{-1}(0.05;\alpha=0,\beta=1,\nu=7.65)\approx -1.607$。估计出 ARMA-GARCH-$t$ 模型每时每刻的均值序列 $\hat{r}_t$ 与方差序列

$\hat{\sigma}_t$ 后，利用 ARMA-GARCH-t 模型估计出的 5%分位数水平的上下尾 VaR 分别为

$$\begin{aligned} \mathrm{VaR}_{5\%,t}^{\mathrm{up}} &= \hat{r}_t + 1.607\hat{\sigma}_t \\ \mathrm{VaR}_{5\%,t}^{\mathrm{down}} &= \hat{r}_t - 1.607\hat{\sigma}_t \end{aligned} \tag{4-5-7}$$

再例如，以偏态标准 GED 为新息分布，估计出偏度参数 ξ 为 0.893（对应的标准误为 0.027），形状参数 κ 为 1.452（对应的标准误为 0.061）。接着，计算出在此数值下的偏态标准 GED 的上尾 5%分位数是 1.558，下尾 5%分位数是–1.580。于是利用 ARMA-GARCH-SGED（这里的 SGED 指的是标准 GED）模型估计出的 5%分位数水平的上下尾 VaR 分别为

$$\begin{aligned} \mathrm{VaR}_{5\%,t}^{\mathrm{SGED,up}} &= \hat{r}_t^{\mathrm{SGED}} + 1.558\hat{\sigma}_t^{\mathrm{SGED}} \\ \mathrm{VaR}_{5\%,t}^{\mathrm{SGED,down}} &= \hat{r}_t^{\mathrm{SGED}} - 1.580\hat{\sigma}_t^{\mathrm{SGED}} \end{aligned} \tag{4-5-8}$$

根据不同的新息分布，所估计出的均值序列与方差序列不尽相同，我们将 7 种不同的新息分布的上下尾 VaR 全部计算出，并采用 LLR 检验验证不同新息分布下所计算出的 VaR 的拟合优度。首先，计算出 7 种不同新息分布下的上尾和下尾 5%分位数水平的 VaR，一共 14 个序列；其次，分别计算出当天原始收益率观测值 r_t 超过所计算出的当天上尾 α 的 VaR 序列的天数 $N_{r,\alpha}$，以及当天原始收益率观测值 r_t 小于所计算出的当天下尾 α 的 VaR 序列的天数 $N_{l,\alpha}$；最后计算出式（4-2-19）中的 LLR 统计量。不同新息分布下 5%分位数 VaR 的拟合优度检验结果见表 4-2。从表 4-2 中的 LLR 统计量结果来看，左右尾 GPD 的新息分布对于上尾和下尾 VaR 的拟合效果最好。特别是对于上尾 5%分位数，其表现远远好于标准正态分布、标准 t 分布和标准 GED 这三种没有偏态性质的分布函数。因此，我们将运用 ARMA-GARCH-GPD 模型求解出布伦特原油现货的 VaR 与 CVaR。

表 4-2 不同新息分布下 5%分位数 VaR 的拟合优度检验结果

新息分布	$N_{r,5\%}$	$\frac{N_{r,5\%}}{N}$	上尾 LLR 统计量	$N_{l,5\%}$	$\frac{N_{l,5\%}}{N}$	下尾 LLR 统计量
标准正态分布	67	3.69%	7.141	90	4.96%	0.006
标准 t 分布	70	3.85%	5.379	103	5.67%	1.685
标准 GED	66	3.63%	7.789	91	5.01%	0.001
偏态标准正态分布	78	4.29%	1.961	81	4.46%	1.131
偏态标准 t 分布	84	4.63%	0.534	87	4.79%	0.161
偏态标准 GED	79	4.35%	1.658	78	4.29%	1.961
左右尾 GPD	91	5.01%	0.001	91	5.01%	0.001

在参数估计的过程中，形如式（4-5-6）的上下尾 GPD 的估计结果是

$$F^{p}(x)=\begin{cases}\dfrac{N_l}{N}\left(1+\dfrac{0.021}{0.499}(-1.278-x)\right)^{-1/0.021}, & x<-1.278\\ \Phi(x;\mu,\sigma_m), & -1.278\leqslant x<1.120\\ 1-\dfrac{N_r}{N}\left(1+\dfrac{0.167}{0.486}(x-1.120)\right)^{-1/0.167}, & x\geqslant 1.120\end{cases} \tag{4-5-9}$$

利用式（4-5-9）可以计算出上下尾 CVaR 序列。首先，利用式（4-5-9），计算出 R 个随机数 $\{x_1^R,x_2^R,x_3^R,\cdots,x_R^R\}$，每一个随机数 x_i^R 都来自式（4-5-9）中的总体，也是式（4-5-1）中的 ν 所生成的随机数。其次，根据 ARMA-GARCH-GPD 的估计结果，可以得到 t 时刻的条件均值 $\hat{r}_t$ 与条件方差 $\hat{\sigma}_t$，根据 $\nu_t=(r_t-\hat{r}_t)/\hat{\sigma}_t$，可以得到 t 时刻收益率的 R 个随机数 $\{\hat{\sigma}_t x_1^R+\hat{r}_t,\hat{\sigma}_t x_2^R+\hat{r}_t,\hat{\sigma}_t x_3^R+\hat{r}_t,\cdots,\hat{\sigma}_t x_R^R+\hat{r}_t\}$。最后，利用 4.4.1 小节中的数值方法求解出 t 时刻上尾和下尾 5%的 CVaR。由此我们计算出了布伦特原油现货的 VaR 与 CVaR。

参考文献

Adrian T，Brunnermeier M K. 2016. CoVaR[J]. American Economic Review，106（7）：1705-1741.

Gilli M，Këllezi E. 2006. An application of extreme value theory for measuring financial risk[J]. Computational Economics，27(2/3)：207-228.

Rocco M. 2014. Extreme value theory in finance：a survey[J]. Journal of Economic Surveys，28（1）：82-108.

第五章　一元能源价格分形特征

本章我们将从分形理论的角度对能源价格收益率的特征进行介绍。学者基于分形理论提出了分形市场假说（fractal market hypothesis，FMH），对金融学中经典的有效市场假说理论提出了挑战。在本章中，我们将简单介绍能源价格形成的特点和能源资产与金融证券之间的差异，分析为何能源价格难以被有效市场假说所解释，并由有效市场假说引入分形理论和分形市场假说，介绍自相似性、分形维数等分形理论的概念和分形问题的一些常用研究方法，带领读者学习能源价格的分形特征和能源市场的有效性分析方法。本章将主要针对一元能源价格的分形特征分析进行介绍，在 5.3.2 节中所介绍的方法将涉及二元能源价格的分形研究。除 5.3.2 节外，如无特殊说明，本章所介绍的相关概念和方法仅针对一元情况。

5.1　能源市场有效性

Fama（1970）提出的有效市场假说可以说是现代金融理论的奠基石，许多经典金融理论模型都建立于有效市场的假设之上。比如，布莱克-斯科尔斯期权定价模型（Black-Scholes pricing model for option）、Fama-French 三因子定价模型等。简单来说，有效市场假说认为资产价格已经反映了所有有价值的信息，投资者不可能通过分析来获取超额收益。但是，学术界对于有效市场假说一直存在一定的争议，许多学者尝试提出了如异质市场假说等理论来更好地解释金融市场。原油、天然气、燃油等能源产品是一类特殊的商品，在这些能源产品不断金融化的进程中，有效市场假说中的部分理论对于能源价格收益率的变化具有一定的解释作用。不过，能源市场中的投资者具有明显更强的异质性，且相较于金融产品而言，能源产品的价格收益率具有更明显的“尖峰厚尾”特征和波动聚集性，因此在更多情况下，能源市场既不能满足有效市场假说的条件，也不能被其理论所解释。我们将首先在 5.1.1 节中介绍一下有效市场假说，包括其具体内容、假设条件等，从而指出该假说存在的一些限制和争议；然后在 5.1.2 节中简单探讨一下能源投资者异质性，分析有效市场假说在能源市场中的局限。

5.1.1　有效市场假说的争议

有效市场假说认为，市场中的投资者都是理性的，能够迅速对市场信息做出充分、合理的反应，而资产价格的变化能够及时准确地反映一切有价值的信息；如果市场中存在套利机会，那么会被投资者迅速发现并完成套利，从而使得资产价格恢复至预期水平，以此保证市场的有效性。

有效市场假说有三种形式。

（1）弱式有效市场：在弱式有效市场中，资产价格已经充分反映了所有历史信息，投资者无法通过分析历史信息来获取超额收益，但是仍然能够通过分析新公开的信息来赚取超额收益。

（2）半强式有效市场：在半强式有效市场中，资产价格已经完全反映了所有历史信息和新公开的信息，投资者无法通过这两类信息获取超额收益，但是仍然可以通过内部信息来获利。

（3）强式有效市场：在强式有效市场中，所有有价值的信息，包括历史信息、新公开的信息和内部信息都已经反映在了市场价格中，在这种情况下，投资者没有任何方法可以获取超额收益。

有效市场假说对于现代金融理论的发展具有极大的推动作用，一系列的经典模型和理论的提出都建立在该假说的基础之上。然而，现实中的金融市场与有效市场假说所描述的情况仍然存在差异，许多违背有效市场假说的现象不断发生，并且，有效市场假说有着较为严苛的前提假设，这使得有效市场假说饱受争议。

首先，我们来看有效市场假说的假设条件。

（1）有效市场假说假设市场中的投资者都是理性的，能够独立地做出正确决策来使得自身收益最大化。然而，现实中存在大量的非理性行为，比如羊群效应、处置效应等，投资人在面对市场价格变化时往往无法做出理性的决策，因为他们总是受到市场中其他投资者的干扰，从而产生了决策的偏差。不仅如此，有效市场假说还认为在理性的基础上，不同投资者面对同样的信息能够做出相同的反应，也就是“同质预期”，但现实中投资者之间往往会存在异质性。

（2）有效市场假说假设市场价格能够完全反映信息，投资者对信息的反应迅速且准确，但是往往交易者在接受新信息时并不能将其及时地转化为正确的知识，也就是说处理信息的过程并不是线性的，而是存在非线性，投资者往往需要积累一定的信息才能对价格变化做出反应。

（3）有效市场假说假设交易过程中不存在交易成本，市场中有大量的买入者和卖出者，因此总能实现供需均衡。但是，这一条件在现实中并不总是能够满足，比如在市场整体行情火爆的时候，投资者都看好某一只股票，供不应求，此时如果想要买入该股票，则需要将报价提高至更高的水平，从而才有人愿意卖出。这种情况在股市低迷时更为常见，投资者纷纷抛售某种股票，可是并没有其他投资者愿意接手，因此会使得价格不断降低至一个极低水平。可见，由于市场并不总是能满足供需均衡，因此存在交易成本，资产价格中也会包含较多的噪声。

以上这些都是有效市场假说的假设条件存在的问题。此外，还有一系列市场现象与有效市场假说的描述不符，具体如下。

（1）收益率分布呈现“尖峰厚尾”的特征。根据有效市场假说的观点，收益率在时间序列上应该是相互独立的，也就是序列不相关，那么根据中心极限定理，收益率之间相互独立，其均值应该近似服从正态分布。但是，大量的实证研究中都证明了价格收益率序列，尤其是能源价格收益率序列，普遍存在“尖峰厚尾”的特点，其均值并非服从正态分布，这与有效市场假说的观点不一致。

（2）波动聚集性的现象。除了收益率分布呈现“尖峰厚尾”的特征外，资产收益率变化大多也呈现出波动聚集性的特点，即收益率出现大幅波动的时间点往往聚集在一起，小波动也呈现出聚集性，或者说，大幅的收益率波动之后往往有大波动跟随的趋势，而小波动之后也有小波动跟随的趋势。因此才有大量的研究运用 ARCH 和 GARCH 族模型来研究金融产品的收益率时间序列的波动性。然而，有效市场假说认为资产价格服从几何布朗运动，即对数价格遵循正态分布的独立增量随机过程，其波动性应该互不相关。因此，波动聚集性所表现出的长记忆性也是使得有效市场假说备受争议的原因之一。

此外，经典的动量效应和反转效应也表明，资产收益率很可能存在相关性，而并非不相关。综上所述，有效市场假说在许多方面都受到了其他理论和实证证据的挑战，诸如对理性人、对信息的反应、对市场均衡的前提假设，还有对收益率分布和相关性的观点等。更重要的是，对于能源这类更为复杂的资产而言，有效市场假说的假设条件更难得到满足，其价格变化等特征也就更难以被有效市场假说所描绘。

5.1.2　能源投资者异质性

有效市场假说假定投资者存在同质预期，然而金融市场中普遍存在投资者异质性，即不同的投资者可能会分别关注短期、中期或长期收益，从而制定出不同的投资策略。能源产品在金融化不断深化的过程中，已然成了人们所熟知的一种金融投资产品，更多的投资者参与其中并影响着能源价格的变化，但是能源归根结底是一种商品，不像传统金融证券仅是作为债务凭据，因此，能源产品的市场价格变化更为复杂。

首先，能源产品是商品，受到市场中供需变化的约束。传统的金融证券通常是由企业发行，在市场上流通，其在一段时间内的总量往往是稳定的，这时就需要市场投资者对企业的现值以及未来的价值等做出预期，从而决定股票的价格。根据资产定价理论，股价取决于未来股息的现值和贴现率。但是能源产品并不如此，其价格不仅取决于投资者对其未来的异质性预期，同时也会受到供给与需求因素变化的影响。能源的供需非常不稳定，一边是新开采的能源增加供给，另一边是能源在不停地被消耗，且不可再生。尽管随着能源金融化的发展，其金融属性已经越来越明显，甚至超出了其商品属性，但是我们必须清楚地认识到，能源作为商品的本质地位并未改变，也无法改变。

其次，能源是重要的生产资源，在不同行业的需求量和使用量不同，因此，其价格也必然受到产业结构因素的影响。更重要的是，不同行业对于能源需求的周期性不同，其一是因为行业自身的能源需求特性，其二则是由于能源产品会产生高昂的库存成本。正如 2020 年 4 月 20 日美国 WTI 原油出现了历史上前所未有的负数价格那样，简单来说，其原因正是由于在新冠疫情等因素的冲击下，原油价格低于其仓储和运输成本，原油期货多头持有者为避免无法平仓，不得不倒贴卖出，使得原油价格跌至负数。这不同于金融产品，金融产品的实物至多就是一份合约或一张凭证，不存在库存和运输成本的问题，因此，可以说能源期货市场的交易成本是无法被忽略的，而且不同行业之间对能源的预期显然不是同质的，而是具有异质性，这两点都明显违背了有效市场假说的前提条件。

再次，能源是极为重要的战略资源，能源的开采、生产、消耗、进出口，还有全球的政治和经济活动等都影响着它的价格走势。国际之间经济政策、贸易政策的不协调将使得能源价格随之波动，地缘局势紧张以及战争冲突也将影响能源的正常供应。因此，能源价格难以完全反映这些信息，且投资者也难以对这些信息给出同质的反馈，因此能源市场具有异质性。

最后，能源价格也受季节和天气等因素的影响，从而具有异质性。这是因为能源与人的活动密不可分。比如，在酷暑和寒冬下人们往往需要更大的用电量，使得能源需求量相较于其他季节会增加；在天气好的时候，人们的出行相较于天气不好时更频繁，导致能源在汽车、飞机等交通工具上的消耗也更大，正如驾车出行的人们总会关注油价的变化。

总之，能源市场与传统的金融证券市场有很多不同之处，也更难以满足有效市场假说的假设条件。相比之下，分形理论并没有苛刻的假设条件，可以描述这样一种复杂的系统。接下来我们将对分形理论进行介绍。

5.2 分形理论与能源价格

分形一词是由美籍数学家伯努瓦·曼德尔布罗（Benoit Mandelbrot）提出的，他于1967 年在美国权威杂志《科学》上发表了题为“英国的海岸线有多长？统计自相似性和分数维度”（How long is the coast of Britain? Statistical self-similarity and fractional dimension）的著名论文，来说明在观察海岸的两个不同部分时，很难从形貌上区分二者的不同。海岸之间所体现出的几乎相同程度的不规则性和复杂性，表明海岸线可能在形状和结构上具有自相似性，也就是局部和整体的相似性。事实上，自相似性普遍存在于现实世界的复杂系统之中。在自然界中，我们可以看到山峦的连绵起伏、大树的枝繁叶茂、天空的层云密布等，这些都表现出了自相似性。在科学领域，数学家也创造出了不少符合自相似特点的模型，比如科赫雪花（Koch snowflake）、康托三分集（Cantor third-middle set）、谢尔平斯基镂垫（Sierpinski gasket）等。我们以科赫雪花为例，直观地展示一下“自相似性”的特点。我们简单地绘制了科赫雪花曲线的演变，如图 5-1 所示。图 5-1（a）到图 5-1（f）描绘了科赫雪花由一条简单的线段（即 0 阶科赫雪花）变为雪花形状的过程，可以发现在其不断细化和复杂化的过程中，雪花中的每一个小部分又与自身的整体具有极高的相似度，这就是多重分形（multifractal）理论中所述的自相似性。

这种自相似性不仅可以表现在形态上，也可以表现在时间和空间上，比如心脏和脉搏的跳动、粒子的布朗运动轨迹等。曼德尔布罗在前人研究成果的基础之上，提出了分形理论来刻画复杂系统的自相似性，并最早提出用“fractal”来命名分形，因此他被称为现代“分形几何之父”。

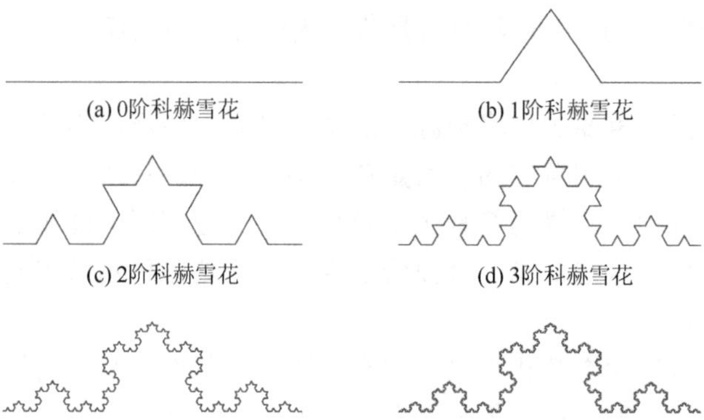

(a) 0阶科赫雪花　(b) 1阶科赫雪花
(c) 2阶科赫雪花　(d) 3阶科赫雪花
(e) 4阶科赫雪花　(f) 5阶科赫雪花

图 5-1　科赫雪花曲线的演变

5.2.1 小节将介绍分形的基本特点和分形市场假说，并简单比较一下有效市场假说和分形市场假说；5.2.2 小节将用具体图例让读者更加直观地了解分形维数，并介绍一个在分形理论中十分重要的指标，即赫斯特指数（Hurst exponent），利用该指数来反映能源价格收益率的分形特征；5.2.3 小节将进一步介绍多重分形理论，阐述单分形（monofractal）和多重分形的区别。

5.2.1　分形与分形市场假说

一般而言，分形具有如下几个特点。

（1）传统的欧式几何中所研究的对象的维数都是整数，而在分形理论中，维数可以是分数，这使得研究对象可以被更加细致地进行刻画，使用分形维数可以描述事物的不规则程度和复杂程度，分形维数越高，则对象越不规则、越复杂。关于分形维数我们将在 5.2.2 小节进行介绍。

（2）在分形理论中，分形最重要的特征是自相似性，即局部和整体之间存在一定的相关关系。

（3）分形的自相似可以是通过数学公式、递归等方法推导或证明出来的严格自相似或标准自相似，也可以是具有统计学意义的自相似。严格的自相似又可以称为有规分形，即其分形程度是具有规则的；而统计学意义的自相似又可以称为无规分形，因为其自相似表现出一定的无规律性。在现实中，绝大多数分形都是无规分形，而有规分形只占少数。

分形理论诞生至今，已经融入了许多理论和学科之中，并被广泛地研究和应用。在金融学领域，曼德尔布罗很早就研究了资产价格变化的复杂特性（Mandelbrot，1963），只是当时并没有形成系统的分形理论。后来 Peters（1991，1994）将分形理论更深入地应用于金融市场和经济系统的研究中，提出了分形市场假说。该假说突破了有效市场假说在传统金融理论框架下的线性分析范式，刻画了市场的非线性，对市场的描述更加符合实际。表 5-1 给出了有效市场假说和分形市场假说之间的区别。

表 5-1　有效市场假说和分形市场假说之间的区别

特征	有效市场假说	分形市场假说
市场特性	线性、孤立的系统	非线性、开放的系统
均衡状态	均衡	允许非均衡
市场复杂性	简单系统	具有分形、混沌等复杂性
反馈机制	无反馈	正反馈
对信息的反应	线性因果关系	非线性因果关系
收益率序列	白噪声，随机游走，不相关	分数噪声，长记忆
价格序列	布朗运动	分数布朗运动
可预测性	不可预测	可以预测
波动有序性	无序	有序

具体来说，分形市场假说的基本理论可以分为以下几点。

（1）金融市场中的投资者并不是同质的，而是具有异质性。这些投资者可能因投资理念、投资习惯、所处环境等的不同而具有不同的投资期限。比如，保险公司等机构投资者会关注长期投资，因为这些资金在较长的时间内都比较稳定，对于流动性要求并不高；然而一些投资经理人或是市场中的投机者会频繁交易来获取短期超额收益。显然，这两类投资者的理念、策略，还有投资期限都不相同，因此市场投资者是异质的。

（2）投资者对于同一个信息产生的反应和判断也具有异质性，因为他们对信息的关注度和投资策略都不同。一个长期投资者，往往会关注证券的基本面信息，通过谨慎的价值评估才能决定如何投资；然而，短期投资者很难对这些基本面信息进行适当的处理，因为他们的交易频率通常较高，很难完全处理公司基本面所反映出的证券价值信息，他们更关注短期内的价格变动所反映出的技术分析信息，即使这些高频交易者能够通过基本面信息了解到证券的未来价值，但是他们所要知道的只是该证券在下一分钟，甚至下一秒的价格变化。同样，即使长期投资者通过技术分析知道了持有的证券在后面几天可能会有价格下跌，但这并不会改变他们对证券的基本面分析和长期持有的策略，因此他们并不会对短期交易信息做出反应。

（3）市场价格的形成并不是因为所有投资者达成了相同的预期，而是由于异质投资者之间相互提供了流动性，从而使得价格达到了均衡。比如，当一部分短期投资者想要卖出手中的资产，对于短期价格变化并不敏感的中长期投资者便为其提供了流动性。因此，正是因为市场中存在异质的投资者，才为证券市场提供了充足的流动性，从而使得市场是稳定的。

（4）由于不同投资者对信息的判断不同，所以信息无法在市场中均匀扩散，价格也并没有反映所有已获得的信息，而是反映了与投资期限相对应的信息的重要性。一般而言，短期交易导致的价格波动比长期交易导致的价格波动更为剧烈，且更具有易变性，价格变化是短期波动和长期波动共同作用的结果。如果某种证券与经济基本面无关，那么其价格并无长期趋势可言，短期交易行为将对其价格变化起决定性作用。

（5）金融系统是一个开放的混沌系统，有不同投资期限的交易行为的相互作用，也有周期性趋势与非周期变化的相互影响。尽管异质投资者之间的流动性为均衡创造了条件，但是，在危机发生时，投资者的投资期限很有可能发生变化。对价格信息的误判，很可能会导致流动性枯竭，使得市场价格在短期剧烈波动，产生非均衡状态。因此，在分形市场假说的框架下，市场中可能存在非均衡状态，这种非均衡状态也可能存在于不同投资期限的投资者之间；此外，相同投资期限的投资者内部也可能达到均衡状态。也就是说，市场中可能存在多种不同的均衡。

（6）在分形市场假说中，资产收益率序列具有分形特征，呈现有偏的随机游走（或者称为分数布朗运动），不同于有效市场假说中的随机游走和不可预测性。收益率的分形特征主要表现为标度不变性（scaling invariance）和长记忆性（long-term memory），其中标度不变性是指收益率在不同的时间标度（日、周、月、年等）下具有相似的统计性质，而长记忆性是指历史信息会对未来的收益变化产生长期影响。

（7）分形市场假说并非完全推翻有效市场假说，而是对有效市场假说的拓展和推广。有效市场假说可以看作是分形市场假说中的一个特例。

5.2.2　分形维数与 Hurst 指数

分形维数是描述分形最主要的参量，简称分维。在传统的欧式几何之中，一个物体的维数等于决定该物体中任何一点的位置所需要的变量数目，比如线是一维的，面是二维的，而我们生活的空间是三维（经度、纬度和高度）的。然而，在这种维度定义的方式下，应该是不存在分数维度的。但是，意大利数学家佩亚诺（Peano）打开了对分数维度研究的大门，他构造了一种奇怪的曲线，称为佩亚诺曲线（或希尔伯特曲线）。我们简单地绘制了佩亚诺曲线来帮助读者更直观清晰地了解分数维度，如图 5-2 所示。

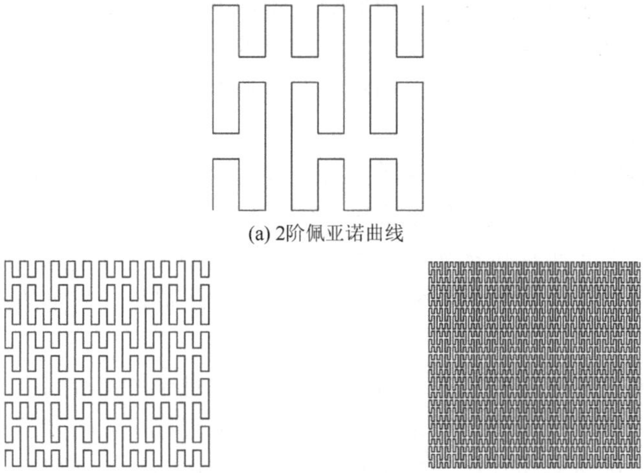

(a) 2阶佩亚诺曲线

(b) 3阶佩亚诺曲线　　(c) 4阶佩亚诺曲线

图 5-2　佩亚诺曲线的形式

图 5-2（a）、图 5-2（b）、图 5-2（c）分别为 2 阶、3 阶、4 阶佩亚诺曲线，可以看到，当阶数越高时，曲线越能覆盖正方形内更多的点。由此类推，当佩亚诺曲线的阶数趋于无穷时，该曲线仍能满足自身不相交，但是却能通过一个正方形内的所有点，换句话说，这条曲线就是正方形本身，且拥有和该正方形一样的面积。

那么，这条线究竟是一维还是二维的呢？后来，德国数学家豪斯多夫（Hausdorff）从自相似的角度，提出了分数维度的概念，并对分形维数进行了严格的定义，该定义由于过于复杂，不在本书的讨论范畴之内。这里我们采用计盒维数（或称为盒维数）方法对分形维数进行更加简单直观的介绍，其基本思想与豪斯多夫维数是一致的。假设需要计算分形物体 S 的维数，想象一下将其放在一个均匀分割的网格上，该网格是边长为 δ 的正方体（形），接下来就是数一数总共需要几个网格来覆盖 S，假设至少需要 N_s 个网格将 S 完全覆盖。当网格逐渐精细化，即 δ 逐渐趋于零时，我们便可以通过求取极限得到计盒维数，即

$$D_s = \lim_{\delta \to 0} \frac{\ln\left(N_s(\delta)\right)}{\ln\left(1/\delta\right)} \tag{5-2-1}$$

这里仅考虑极限存在的情况，对于极限不存在的情况这里不再展开讨论。通过计盒维数方法，我们可以对一些整数维的事物进行维度计算。比如，单位长度的线段需要 $N(\delta)=1/\delta$ 个网格；同理，对于单位边长的矩阵和正方体，也分别有 $N(\delta)=(1/\delta)^2$ 和 $N(\delta)=(1/\delta)^3$。它们分别对应一维、二维和三维。对于分形的物体，也可以运用以上方法进行研究，科学家已经计算了一些经典分形的维数，比如科赫雪花是 1.26 维，谢尔平斯基镂垫是 1.58 维，而佩亚诺曲线正是 2 维。

除了分形维数之外，还有一种研究分形的参量，那就是被广为应用的 Hurst 指数，该指数由英国水文学家赫斯特（Hurst）提出。Hurst（1951）在研究尼罗河水库的流量和存储能力之间的关系时，发现有偏的随机游走能够更好地描述水库的长期存储能力，并在此基础之上，提出了重标极差（rescaled range，R/S）分析方法，构造了 Hurst 指数。Hurst 指数可以用来判断能源价格收益率序列是遵从随机游走还是有偏的随机游走过程。R/S 分析方法的基本内容如下。

对于一个给定的长度为 N 的能源价格收益率时间序列 x_t，将其分为 A 个长度为 n 的等长子区间（A 取 N 的因数），比如 $N=240$，则可以取 $A=[4,6,8,\cdots]$，对应的 $n=[60,40,30,\cdots]$。计算子区间 a（$a=1,2,3,\cdots,A$）的累计离差序列，即

$$X_{k,a} = \sum_{\tau=1}^{k}(x_{\tau,a}-\mu_a) \quad , \quad k=1,2,\cdots,n \tag{5-2-2}$$

其中，μ_a 表示子区间 a 内的所有观测值 $\left\{x_{k,a}\right\}_{k=1}^{n}$ 的均值。由此，可以得到子区间 a 上的极差为

$$R_a = \max(X_{k,a}) - \min(X_{k,a}) \tag{5-2-3}$$

将子区间 a 的样本标准差定义为

$$S_a = \left[\frac{1}{n}\sum_{k=1}^{n}(x_{k,a}-\mu_a)^2\right]^{1/2} \tag{5-2-4}$$

通过计算极差与标准差的比值可以得到重标极差 R_a/S_a，对能源价格收益率序列的

A 个子区间的重标极差取均值，得到该收益率序列的 R/S 统计量为

$$(R/S)_n = \frac{1}{A}\sum_{a=1}^{A}(R_a / S_a) \tag{5-2-5}$$

那么，根据不同的子区间长度 n，可以得到对应的 $(R/S)_n$，$(R/S)_n$ 和 n 服从如式(5-2-6)所示的幂律关系

$$(R/S)_n = Kn^H \tag{5-2-6}$$

其中，K 表示常数；H 表示 Hurst 指数。对式（5-2-6）两边取自然对数，可以得到

$$\ln[(R/S)_n] = \ln(K) + H\ln(n) \tag{5-2-7}$$

最后，对式（5-2-7）所表述的线性方程进行 OLS 回归，即可得到系数 H，也就是 Hurst 指数的估计值。Hurst 指数根据其数值大小可以分为以下三种形式：①如果 $H=0.5$，那么能源价格收益率序列遵循随机游走的过程；②如果 $H>0.5$，那么收益率序列存在长记忆性，或者说持久性；③如果 $H<0.5$，那么收益率序列具有反持久性，即“均值回复性”。也就是说，只要 $H \neq 0.5$，就可以用有偏的随机游走来描述该收益率序列。

5.2.3　多重分形理论

前面我们已经介绍了分形和分数维度，列举了一些不同于往常整数维度的例子。不过，前面所举的例子只是较为简单的单一分形，或称为单分形，而现实中的事物往往较为复杂，可能是由多个单分形组合而成的，我们将其称为多重分形。多重分形也称为多标度分形，是单分形的推广形式，可以被分为多个具有不同奇异程度的小的单分形结构，比单分形更加复杂、不规则。单分形是多重分形的一个特例。在描述多重分形时，需要引入研究对象的概率密度函数及其各阶矩的计算，从而得到不同阶数下分形维数或 Hurst 指数的变化。如果分形维数或 Hurst 指数随着矩的阶数的变化而变化，那就是多重分形，换言之，当分形维数或 Hurst 指数并不受矩的阶数的影响，即为常数时，那就是单分形。

例如，在 5.2.2 小节的 R/S 分析方法中，对于子区间 a，R/S 统计量是根据极差 R_a 与标准差 S_a 的比值求得的，我们将式（5-2-4）中的标准差替换为 q 阶波动函数，即

$$S_{a,q} = \left[\frac{1}{n}\sum_{k=1}^{n}(x_{k,a} - \mu_a)^q\right]^{1/q} \tag{5-2-8}$$

由此，可以得到广义的 R/S 统计量，对于不同的阶数 q，都存在幂律关系

$$(R/S)_{n,q} = K_q n^{H(q)} \tag{5-2-9}$$

通过对数回归可以得到广义 Hurst 指数 $H(q)$，该指数可以用于研究在阶数 q 变化时，$H(q)$ 是否会随之发生改变。如果 $H(q)$ 随着 q 的变化而变化，那么能源价格收益率序列就具有多重分形特征；如果 $H(q)$ 为常数，那么就具有单分形特征。

曼德尔布罗对于多重分形给出了数学定义，具体如下。

假定一个具有平稳增量的连续时间过程 $X(t)$ 满足

$$\mathbb{E}\left(\left|X(t+\Delta t) - X(t)\right|^q\right) = c(q)(\Delta t)^{\tau(q)+1} \tag{5-2-10}$$

则 $X(t)$ 是一个多重分形过程。其中，等式左侧表示 $X(t)$ 增量的 q 阶矩的期望值；Δt 表示

时间增量。$c(q)$ 为 q 的函数，$\tau(q)$ 被称为质量函数。广义 Hurst 指数 $H(q)$ 又被定义为

$$\left[\mathbb{E}\left(\left|X(t+\Delta t)-X(t)\right|^{q}\right)\right]^{1/q}=c(q)(\Delta t)^{H(q)} \tag{5-2-11}$$

由此，$\tau(q)$ 与 $H(q)$ 之间的关系可以表示为

$$H(q)=\frac{\tau(q)+1}{q} \tag{5-2-12}$$

或者，我们可以将 $\tau(q)$ 表示为 q 的函数，即

$$\tau(q)=qH(q)-1 \tag{5-2-13}$$

根据广义 Hurst 指数的含义可以知道，当 $H(q)$ 为常数时，$\tau(q)$ 是 q 的线性函数，此时能源价格收益率序列具有单分形特征；而当 $H(q)$ 随 q 变化时，$\tau(q)$ 是 q 的非线性函数，收益率序列具有多重分形特征。

多重分形描述了不同幅度大小的波动所具有的不同的长记忆性，波动函数的阶数 q 则是对能源价格收益率波动的一种放大和缩小，当 q 取正值时代表着大波动，取负值时则代表着小波动。利用多重分形特征能够精确地刻画局部区域，从局部研究整体市场的有效性。Wang 和 Liu（2010）利用 Hurst 指数研究了 WTI 原油市场的有效性变化，结果表明短期、中期和长期下的原油价格收益率变化随时间推移通常会趋向于有效，但是从长期样本的结果来看这种现象并不稳定，也就是说，市场仍是非有效的。Wang 和 Wu（2013）则利用多重分形的理论与分析方法研究了 WTI 原油期货市场的有效性，检验了 WTI 原油期货的价格收益率是否具有随机游走的特征，结果表明原油期货价格收益率在短期内具有持久性，而在长期内具有“均值回复性”，也就是说，原油期货市场在短期和长期都是非有效的。我们在 5.3 节中将会介绍两种常用的多重分形特征分析方法。

在计量经济学中，还有一些其他考虑时间序列分数维度的计量模型，比如分整自回归移动平均（autoregressive fractionally integrated moving average，ARFIMA）模型和 FIGARCH 模型等，也被用来研究能源价格收益率的分形和长记忆性等特征，其中后者已在 2.3.4 小节中介绍过，因此本章不再对此部分内容具体展开。

5.3　能源价格多重分形特征分析方法

能源价格收益率具有分形特征意味着该市场并不有效，即其收益率不服从随机游走，或者说服从有偏的随机游走，具有分数噪声。那么，在实际研究中如何分析能源价格收益率的多重分形特征呢？本节将介绍两种经典的多重分形特征分析方法，这两种方法均能摆脱 R/S 分析方法对序列平稳条件要求的限制，其中 5.3.1 小节将介绍多重分形消除趋势波动分析（multifractal detrended fluctuation analysis，MF-DFA）方法；5.3.2 小节将介绍多重分形去趋势互相关分析（multifractal detrended cross-correlation analysis，MF-DCCA）方法，该方法更适用于分析市场间交互关系的分形特征，是 MF-DFA 方法的进一步拓展。

5.3.1 MF-DFA 方法

尽管 R/S 分析方法可以用于计算 Hurst 指数，但是该方法及其各种改进方法都受到能源价格收益率序列平稳性条件的限制，即 R/S 分析方法只适用于检测平稳序列的长程相关性，当收益率序列不平稳时，会产生有偏的结果。因此，这里介绍一种能够用来分析非平稳条件下的能源价格收益率序列多重分形特征的方法，即 MF-DFA 方法（Kantelhardt et al.，2002）。该方法的具体步骤如下。

首先，对于能源价格收益率序列 x_t，其中 $t=1,2,\cdots,N$，N 表示整个收益率序列的长度，我们可以得到其轮廓（profile）序列为

$$y_k=\sum_{t=1}^{k}(x_t-\bar{x}) \text{ , } k=1,2,\cdots,n \tag{5-3-1}$$

其中，$\bar{x}$ 表示整个收益率序列 x_t 的均值。

其次，将该轮廓序列分割为 $N_s\equiv \text{int}(N/s)$ 段长度为 s 的互不重叠的等长子区间。由于序列长度 N 并不总是可以被时间标度 s 所整除，从而轮廓序列的最后会余下一部分观测值。为了不忽略这部分余下的观测值，我们从轮廓序列的尾部开始逆向地重复上述分割子区间的操作，总共可以得到 $2N_s$ 个子区间，时间标度 s 一般可以取 $10\leqslant s\leqslant N_s/5$。

再次，通过 OLS 将每一个子序列对时间 t 回归得到拟合值，即局部趋势，并计算消除趋势后的 RSS，即

$$F^2(s,\lambda)\equiv\frac{1}{s}\sum_{j=1}^{s}[y_{(\lambda-1)s+j}-P_j(\lambda,m)]^2,\ \lambda=1,2,\cdots,N_s \tag{5-3-2}$$

$$F^2(s,\lambda)\equiv\frac{1}{s}\sum_{j=1}^{s}[y_{N-(\lambda-N_s)s+j}-P_j(\lambda,m)]^2,\ \lambda=N_s+1,N_s+2,\cdots,2N_s \tag{5-3-3}$$

其中，$P_j(\lambda,m)$ 表示第 λ 个子区间的 m 阶拟合多项式，其被称为 m 阶 MF-DFA，一般取 $m=1$。

最后，通过对所有子区间消除趋势后的 RSS 求平均值，得到 q 阶波动函数。在 $q\neq 0$ 时，波动函数为

$$F_q(s)=\left\{\frac{1}{2N_s}\sum_{\lambda=1}^{2N_s}\left[F^2(s,\lambda)\right]^{q/2}\right\}^{1/q} \tag{5-3-4}$$

而 $q=0$ 时，根据洛必达法则，有

$$F_0(s)=\exp\left\{\frac{1}{4N_s}\sum_{\lambda=1}^{2N_s}\ln\left[F^2(s,\lambda)\right]\right\} \tag{5-3-5}$$

由此，我们根据不同的时间标度 s 得到了对应的波动函数 $F_q(s)$。一般而言，$F_q(s)$ 和 s 服从如式（5-3-6）所示的幂律关系。

$$F_q(s)\propto s^{H(q)} \tag{5-3-6}$$

通过对数回归，可以得到 $\log(s)$ 的系数 $H(q)$，也可以从对数-对数（log-log）图像的斜率来更直观地观察 $H(q)$ 的值。对于平稳的能源价格收益率序列而言，$H(2)$ 即为 Hurst

指数，因此我们也称$H(q)$为广义 Hurst 指数。如果广义 Hurst 指数$H(q)$是随q的变化而变化的，那么收益率序列就具有多重分形的特征。当$H(q)>0.5$时，q对应的波动类型表现出持久性的特点；$H(q)<0.5$时，q对应的波动类型表现出反持久性的特点；$H(q)=0.5$时，q对应的波动类型则表现为随机游走。

5.3.2　MF-DCCA 方法

MF-DFA 方法用于研究一元能源价格收益率序列的自相关性特征，Podobnik 和 Stanley（2008）提出了去趋势互相关分析（detrended cross-correlation analysis，DCCA）方法，用于检验两个序列之间的长程相关性，从分形的角度度量了两个非平稳的收益率序列之间的幂律交叉相关性，即拓展到了针对二元价格序列的分形分析。Zhou（2008）将该方法拓展到了多重分形维度，提出了 MF-DCCA 方法，该方法具体可以分为如下几个步骤。

首先，考虑两个等长的不同能源产品的价格收益率序列x_t和y_t，其中$t=1,2,\cdots,N$，N表示收益率序列的长度。我们可以分别确定两个收益率序列的轮廓序列为

$$X_k=\sum_{t=1}^{k}(x_t-\overline{x}) \tag{5-3-7}$$

和

$$Y_k=\sum_{t=1}^{k}(y_t-\overline{y})\text{，}\ k=1,2,\cdots,N \tag{5-3-8}$$

其中，$\overline{x}$和$\overline{y}$分别表示序列x_t和y_t的均值。由此，我们得到了轮廓序列X_k和Y_k。

其次，与 MF-DFA 方法类似，我们将两个轮廓序列分别分割为$N_s\equiv \text{int}(N/s)$段长度为$s$的互不重叠的等长子区间，并且为了不忽略尾部余下的观测值，我们仍然从序列尾部开始分段，从而得到总共$2N_s$个子区间。同样，时间标度s一般可以取$10\leqslant s\leqslant \frac{N_s}{5}$。

再次，通过 OLS 对每一个子序列拟合其m阶时间趋势（通常$m=1$），得到局部趋势的拟合值$\tilde{X}$和$\tilde{Y}$，再计算消除趋势后的序列协方差。对于$\lambda=1,2,\cdots,N_s$，有

$$F^2(s,\lambda)\equiv\frac{1}{s}\sum_{j=1}^{s}\left|X_{(\lambda-1)s+j}-\tilde{X}_{(\lambda-1)s+j}\right|\left|Y_{(\lambda-1)s+j}-\tilde{Y}_{(\lambda-1)s+j}\right| \tag{5-3-9}$$

对于$\lambda=N_s+1,N_s+2,\cdots,2N_s$，有

$$F^2(s,\lambda)\equiv\frac{1}{s}\sum_{j=1}^{s}\left|X_{N-(\lambda-N_s)s+j}-\tilde{X}_{N-(\lambda-N_s)s+j}\right|\left|Y_{N-(\lambda-N_s)s+j}-\tilde{Y}_{N-(\lambda-N_s)s+j}\right| \tag{5-3-10}$$

最后，通过对消除趋势后的协方差求平均值，得到q阶波动函数。在$q\neq 0$时，波动函数为

$$F_q(s)=\left\{\frac{1}{2N_s}\sum_{\lambda=1}^{2N_s}\left[F^2(s,\lambda)\right]^{q/2}\right\}^{1/q} \tag{5-3-11}$$

而 $q=0$ 时，根据洛必达法则，有

$$F_0(s)=\exp\left\{\frac{1}{4N_s}\sum_{\lambda=1}^{2N_s}\ln\left[F^2(s,\lambda)\right]\right\} \tag{5-3-12}$$

由此，我们根据不同的时间标度 s 得到了对应的波动函数 $F_q(s)$。一般而言，$F_q(s)$ 和 s 服从如式（5-3-6）所示的幂律关系。

与 MF-DFA 方法相同，通过对数回归，可以得到 $\log(s)$ 的系数 $H(q)$，也就是广义 Hurst 指数。如果广义 Hurst 指数 $H(q)$ 是随 q 的变化而变化的，那么两个能源产品的价格收益率序列之间就具有多重分形的特征。如果 $H(q)>0.5$，我们就可以认为两个收益率序列之间的波动相关性表现出持久性的特点（或者说是正相关，即一个序列的上升往往接着另一个序列的上升）；如果 $H(q)<0.5$，那么两个收益率序列之间的波动相关性就具有反持久性的特点（或者说是负相关，即一个序列的上升往往接着另一个序列的下降）；如果 $H(q)=0.5$，那么两个收益率序列之间的波动相关性就表现为随机游走（或者说是不相关）。很容易看出，当应用 MF-DCCA 方法研究两个完全相同的序列 x_t 和 y_t 之间的互相关性的时候，就等同于使用 MF-DFA 方法研究一元序列 x_t（或 y_t），因此，可以说 MF-DFA 方法是 MF-DCCA 方法的一个特例。

5.4 能源价格多重分形风险测度

非有效的市场意味着其相比于有效市场具有更高的不确定性和风险。因此，对于能源市场的多重分形风险进行测度和研究变得非常重要。在本节中，我们将基于 5.3 节中的多重分形特征分析方法和 Hurst 指数，引入对多重分形谱的介绍，从而对能源市场有效性进行检验和分析，实现更有效的能源价格风险管理。

5.4.1 多重分形谱

为了更好地描述多重分形特征，测度多重分形，我们引入多重分形的奇异性谱，简称多重分形谱，来对分形的复杂性和不均匀性进行更加细致的刻画。由于多重分形谱的定义十分复杂，不是本书所关注的主要内容，因此本书对此内容只进行简单介绍，不具体展开，有兴趣的读者可以自行查阅相关资料。从多重分形的定义角度来说，多重分形谱的表达如下。

对于给定的连续时间过程 $\{X(t)\}$，如果其满足关系：

$$\left|X(t+\Delta t)-X(t)\right|\sim C_1(\Delta t)^{\alpha(t)} \tag{5-4-1}$$

并且，将区间 $[0,T]$ 等分为 b^k 个子区间（即区间数与阶段 k 满足幂律关系），$N_k(\alpha)$ 表示包含 $\alpha(t)$ 的子区间个数，则定义

$$f(\alpha)=\lim_{k\to\infty}\left\{\frac{\ln[N_k(\alpha)]}{\ln(b^k)}\right\} \tag{5-4-2}$$

如果 $f(\alpha)$ 在比一个点更大的范围内有定义且为正数，那么 $\{X(t)\}$ 则是一个多重分形过程。其中，C_1 表示前置因子；α 称为局部 Holder 指数或奇异指数，是刻画多重分形过程奇异程度的指标；$f(\alpha)$ 则是多重分形谱，表示具有相同奇异指数 α 的点的子集的分数维度。因此，多重分形谱代表了研究对象内在复杂的多重分形结构，能够测度市场的多重分形风险。

在实际应用中，多重分形谱的计算可以大大简化，奇异指数 α 和多重分形谱 $f(\alpha)$ 均可以通过广义 Hurst 指数和质量指数，运用勒让德变换（Legendre transformation）得到。其计算方式为

$$\alpha=\frac{\partial\tau(q)}{\partial q} \tag{5-4-3}$$

$$f(\alpha)=\alpha q-\tau(q) \tag{5-4-4}$$

通过广义 Hurst 指数、质量指数、奇异指数和多重分形谱，可以综合分析能源价格收益率序列的多重分形特征，也可以由此对能源市场进行有效性检验。

5.4.2　有效性检验

一般而言，对能源市场进行有效性分析，主要分析的是能源价格的收益率序列。对于给定的能源价格序列 P_t，我们可以通过取对数差分的形式得到其对数收益率序列 r_t，即

$$r_t=\ln(P_t)-\ln(P_{t-1}) \tag{5-4-5}$$

根据具体研究问题的不同自然也可以对能源价格或波动率等其他时间序列进行研究。在获取目标序列的数据后，就可以运用分形分析方法（如 5.2.2 小节介绍的 R/S 分析方法和 5.3.1 小节介绍的 MF-DFA 方法等）计算出序列的 Hurst 指数等指标，从而分析该序列的多重分形特征。

Hurst 指数 H 根据取值可分为三类：一是 $H=0.5$ 的情况，说明能源价格收益率具有随机游走特征，因此表明市场有效；二是 $H>0.5$ 的情况，表明收益率具有持久性，即会呈现出趋势性，H 越大则持久性越强；三是 $H<0.5$ 的情况，表明收益率具有反持久性，即呈现出均值回复的特点，H 越小则反持久性越强。

在考虑多重分形的情况下加入不同波动阶数 q 之后，观察广义 Hurst 指数 $H(q)$ 与 q 之间的关系，可以分为两种情况：一是 $H(q)$ 随 q 的变化而变化时，序列具有多重分形特征；二是若 $H(q)$ 与 q 无关，为特定常数时，那么序列具有单分形特征。同样，由 $\tau(q)$ 与 q 之间的关系［式（5-2-13）］可知，当 $\tau(q)$ 是 q 的线性函数时，能源价格收益率序列具有单分形特征；而当 $\tau(q)$ 是 q 的非线性函数时，收益率序列则具有多重分形特征。

此外，还可以通过计算

$$\Delta H=H_{\max}(q)-H_{\min}(q) \tag{5-4-6}$$

来描述市场在不同波动程度下的分形差异，即市场的多重分形风险。

通过奇异指数 α 和多重分形谱 $f(\alpha)$ 之间的关系，我们可以计算

$$\Delta\alpha = \alpha_{\max} - \alpha_{\min} \tag{5-4-7}$$

$$\Delta f = \left| f(\alpha_{\min}) - f(\alpha_{\max}) \right| \tag{5-4-8}$$

其中，$\Delta\alpha$ 表示多重分形谱的宽度；Δf 表示多重分形谱两端的高度差，是描述多重分形强度的重要指标，所反映的是能源价格收益率分布的不均匀程度和长程相关性的大小；$\alpha_{\min}$ 表示奇异指数 α 的最小值，反映的是大波动（对应较大的波动阶数 q ）的奇异指数；$\alpha_{\max}$ 表示奇异指数 α 的最大值，反映的是小波动（对应较小的波动阶数 q ）的奇异指数。$f(\alpha_{\min})$ 近似为大波动点集的分形维数，而 $f(\alpha_{\max})$ 近似为小波动点集的分形维数，系统点集的最大的分形维数为 $\max[f(\alpha)]=1$ 。因此，$\Delta\alpha$ 表示大小波动的奇异程度差异，而 Δf 则表示大小波动的频率比。一般而言，$\Delta\alpha$ 和 Δf 越大则表明概率分布越不均匀，分形也越复杂，并且具有很强的长程相关性。在能源市场有效的情况下，能源价格收益率应该服从正态分布的假设且相互独立，属于均匀的分形，此时应有 $\Delta\alpha=0$ 和 $\Delta f=0$ ，即其多重分形谱基本上会收缩至一个点。

由此，通过对以上指标的计算和分析，我们可以研究能源价格收益率的分形特征并分析能源市场的有效性。

5.5　应 用 案 例

本章介绍了能源价格收益率的分形特征、分形的基本内容以及分析方法，本节将以案例的形式展示理论的应用。首先，我们以美国 WTI 原油市场作为研究对象，观察其是否满足有效市场假说的描述。数据来源于英为财情网站（Investing.com），WTI 原油期货价格序列的样本期为 2010 年 1 月 4 日至 2019 年 12 月 31 日，共计 2591 个观测值。进行对数差分后，可以得到 WTI 原油期货的日收益率序列，由于日收益率较小，我们将收益率乘以 100，以百分比形式给出，如图 5-3 所示。

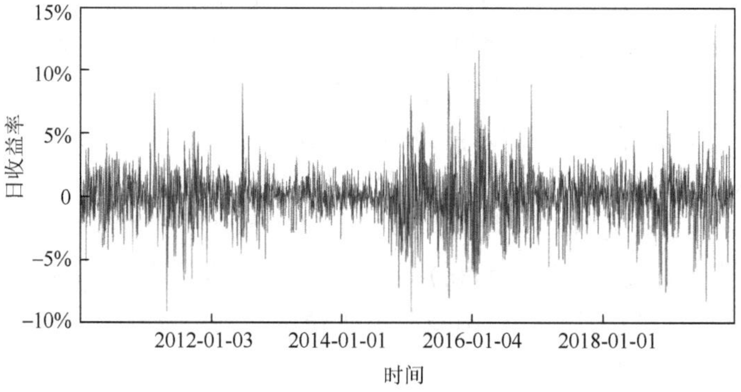

图 5-3　WTI 原油期货日收益率序列图

从图 5-3 中可以看出，WTI 原油期货日收益率序列具有明显的异方差性和波动聚集性，比如在 2013 年的波动明显较小，而在 2015 年和 2019 年收益率的波动极为剧烈，并且高波动频繁出现，这表明能源价格收益率之间存在相关性，并不符合有效市场假说的理论。那么，收益率的分布情况又如何？我们给出了 WTI 原油期货日收益率的分布图（图 5-4）和描述性统计结果（表 5-2）。

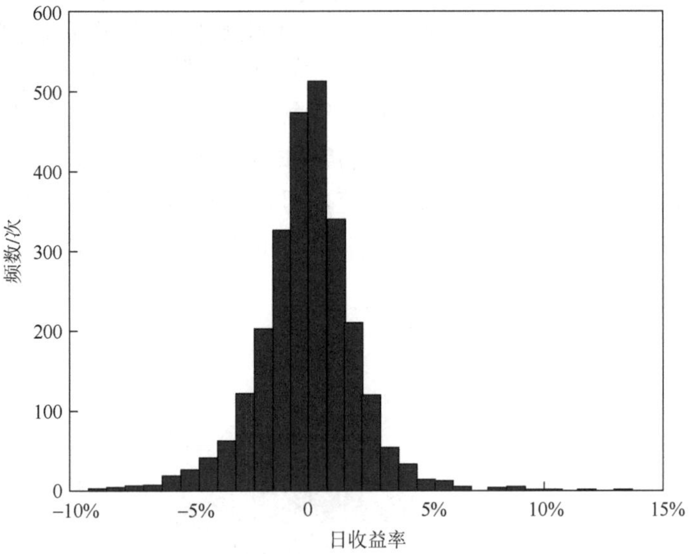

图 5-4　WTI 原油期货日收益率分布图

表 5-2　WTI 原油期货日收益率的描述性统计结果

描述性统计量	统计值
样本数/个	2590
均值	−0.01%
中值	0.05%
标准差	2.04%
偏度	0.11
峰度	6.27
最大值	13.69%
最小值	−9.07%
JB 检验统计量	1160.31***

***表示在 1%的显著水平下拒绝原假设

从图 5-4 中可以看出，绝大部分的收益率观测值集中于零附近，而分布的两端出现了不少极端值，具有明显的“尖峰厚尾”特征，说明 WTI 原油期货日收益率并不服从正态分布。此外，极端值更多地出现在坐标原点的右侧，即存在极端正收益，这表明收益率的分布应该是右偏的。结合表 5-2 中的统计值可以看出分布情况确实表现为右偏（偏度为 0.112），且峰度为 6.271，大于 3，说明存在“尖峰厚尾”特征。JB 检验统计量也在 1% 的显著水平下拒绝了正态分布的原假设。因此，收益率的分布情况同样说明了原油价格收益率变化并不符合有效市场假说。

显然，表 5-2 中的描述性统计结果已经表明能源市场并不符合有效市场的条件，可能存在分形特征，因此，我们采用 MF-DFA 方法对美国 WTI 原油期货收益率的分形特征进行分析。时间标度 s 的取值为从 10 到 518（即样本长度的 1/5）的所有正整数，波动阶数 q 的取值为从−10 到 10 的所有整数。我们对收益率序列消除一阶趋势，即 $m=1$，计算得到波动函数 $F_q(s)$，对标度 s 进行对数回归，得到斜率，即 q 阶波动函数下的广义 Hurst 指数 $H(q)$。图 5-5 给出了波动函数与时间标度的对数–对数图像，纵轴为波动函数的对数值，即 $\log[F_q(s)]$，横轴为时间标度的对数值，即 $\log(s)$，可以看到曲线之间有略微收敛的趋势，说明其斜率并不相同，也就是在不同阶数 q 的情况下，对应的广义 Hurst 指数 $H(q)$ 存在差异，因此收益率可能存在多重分形特征。

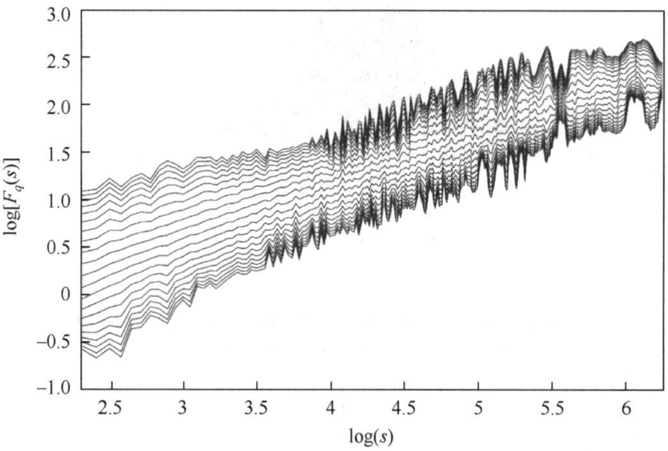

图 5-5 波动函数与时间标度的对数–对数图像

为了更直接地观察，我们计算出广义 Hurst 指数，其数值变化见表 5-3；此外，我们还绘制了广义 Hurst 指数随波动阶数 q 变化的曲线，如图 5-6 所示。

表 5-3 广义 Hurst 指数数值变化

序号	波动阶数 q	广义 Hurst 指数 $H(q)$
1	−10	0.6377
2	−9	0.6308
3	−8	0.6230
4	−7	0.6143
5	−6	0.6047
6	−5	0.5943

续表

序号	波动阶数 q	广义 Hurst 指数 $H(q)$
7	−4	0.5834
8	−3	0.5720
9	−2	0.5604
10	−1	0.5487
11	0	0.5366
12	1	0.5240
13	2	0.5106
14	3	0.4964
15	4	0.4819
16	5	0.4679
17	6	0.4548
18	7	0.4430
19	8	0.4325
20	9	0.4233
21	10	0.4152

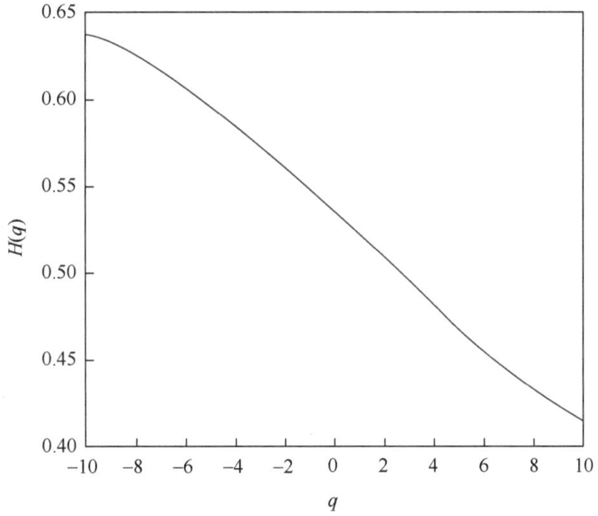

图 5-6　广义 Hurst 指数随波动阶数 q 变化的曲线

从表 5-3 和图 5-6 的结果来看，在不同波动程度下，收益率序列的广义 Hurst 指数并不相同，说明 WTI 原油期货收益率在不同波动程度下表现出不一致的分形特征，即存在多重分形性，并且随着波动阶数 q 的上升，$H(q)$ 逐渐下降。其中在 $q=-10$ 时 $H(q)$ 最大，为 0.6377；而 $q=10$ 时，$H(q)$ 最小，为 0.4152。这说明在收益率波动较小时，收益率变化具有一定的持久性，也就是说收益率的小幅波动往往伴随着趋势性；而收益率在波动较大时，则表现出反持久性，即原油价格收益率大幅波动时往往会出现价格反复的升降，具有不稳定性。

接下来，我们同样可以根据质量指数和多重分形谱的图像结果进行分析，质量指数曲线和多重分形谱分别如图 5-7 和图 5-8 所示。此外，表 5-4 还给出了 ΔH 、$\Delta\alpha$ 和 Δf 三个指标的计算结果以给出多重分形的数值解释。

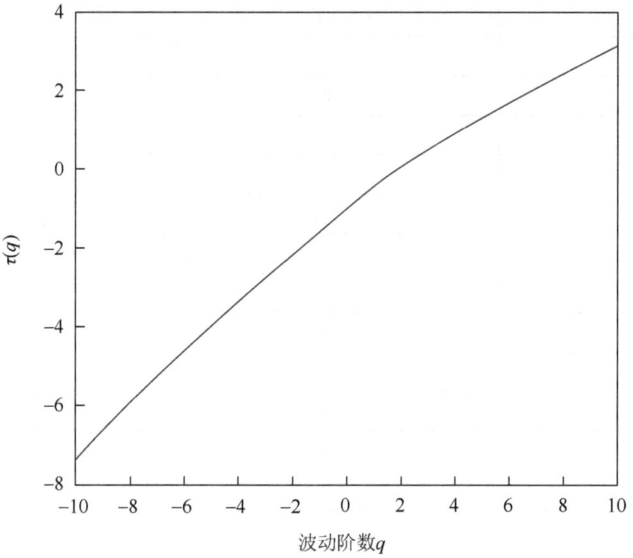

图 5-7　质量指数曲线

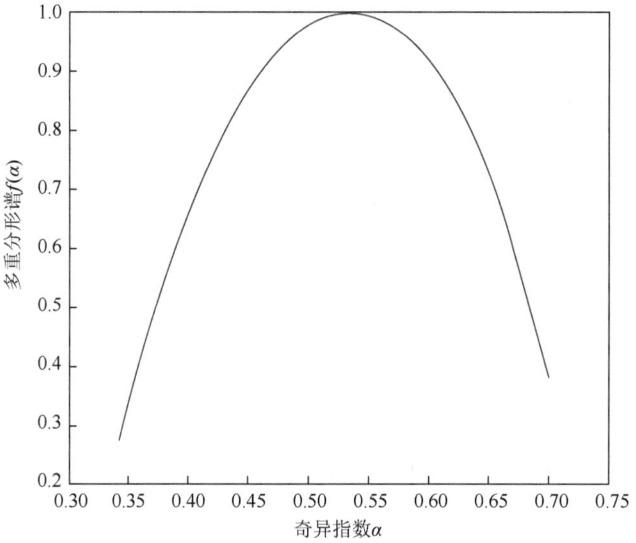

图 5-8　多重分形谱

表 5-4　多重分形指标的计算结果

指标	ΔH	$\Delta\alpha$	Δf
数值	0.2225	0.3575	0.1069

根据图 5-7 的结果来看，质量指数 $\tau(q)$ 曲线表现出一定的凸性，$\tau(q)$ 与 q 存在非线性关系，表明 WTI 原油期货收益率具有多重分形特征。图 5-8 中多重分形谱的宽度 $\Delta\alpha$ 较大，为 0.3575，说明系统内各区域的奇异程度存在较大差异，子分形较为复杂，偏离了市场有效性。Δf 为 0.1069 也表明不同奇异程度的点集具有不同的分形维数，表明 WTI 原油期货的收益率具有多重分形特征和长程相关性。

以上就是对 WTI 原油期货收益率序列的分形特征的应用案例介绍，有兴趣的读者可以尝试对其他能源市场或不同的样本时间段进行应用和分析，进一步可以运用滑动窗口等方法构建动态的 Hurst 指数，从而分析能源市场有效性的变化；也可以采用 MF-DCCA 方法对两个能源产品价格之间的多重分形相关关系进行研究等。

参 考 文 献

Fama E F. 1970. Efficient capital markets：a review of theory and empirical work[J]. The Journal of Finance，25（2）：383-417.

Hurst H E. 1951. Long-term storage capacity of reservoirs[J]. Transactions of the American Society of Civil Engineers，116（1）：770-799.

Kantelhardt J W，Zschiegner S A，Koscielny-Bunde E，et al. 2002. Multifractal detrended fluctuation analysis of nonstationary time series[J]. Physica A：Statistical Mechanics and Its Applications，316（1/2/3/4）：87-114.

Mandelbrot B B. 1963. The variation of certain speculative prices[J]. The Journal of Business，36：371-418.

Mandelbrot B B. 1967. How long is the coast of Britain? Statistical self-similarity and fractional dimension[J]. Science，156（3775）：636-638.

Peters E E. 1991. Chaos and Order in the Capital Markets：A New View of Cycles，Prices，and Market Volatility[M]. New York：John Wiley & Sons.

Peters E E. 1994. Fractal Market Analysis：Applying Chaos Theory to Investment and Economics[M]. New York：John Wiley & Sons.

Podobnik B，Stanley H E. 2008. Detrended cross-correlation analysis：a new method for analyzing two nonstationary time series[J]. Physical Review Letters，100（8）：084102.

Wang Y D，Liu L. 2010. Is WTI crude oil market becoming weakly efficient over time?：new evidence from multiscale analysis based on detrended fluctuation analysis[J]. Energy Economics，32（5）：987-992.

Wang Y D，Wu C F. 2013. Efficiency of crude oil futures markets：new evidence from multifractal detrending moving average analysis[J]. Computational Economics，42（4）：393-414.

Zhou W X. 2008. Multifractal detrended cross-correlation analysis for two nonstationary signals[J]. Physical Review E，77（6）：1-4.

第六章　多元能源价格均值过程

从第六章开始，我们将进入多元能源价格时间序列分析部分。与第一章至第五章不同，第六章至第九章的内容将聚焦于探索多个能源资产价格之间的互动关系，而不仅局限于某一个能源资产。对于任意一个时刻t，多元能源价格收益率序列从第一章至第五章的一元序列$\{r_t, t=0,\pm1,\pm2,\cdots\}$变为了多元向量序列$\{\boldsymbol{r}_t, t=0,\pm1,\pm2,\cdots\}$。由此第一章至第五章中的均值变为均值向量，方差变为方差-协方差矩阵，一元概率密度函数变为多元联合概率密度函数。本章研究多元能源价格均值过程，即学习如何使用模型描述多元能源价格收益率序列的变化。在第一章的学习中，我们认识到一元能源价格收益率的当前值可能受到其过去数值的影响，本章我们将继续了解多元能源价格收益率均值过程变化的相关性质。在学习本章内容前，读者依然需要保持一个认识：多元能源价格收益率是随机的，我们观察到的真实世界的多元能源价格收益率数值是来自某种多元总体的一个样本。

6.1　多元能源价格收益率特征

6.1.1　多元能源价格收益率的平稳性

与第一章中对一元能源价格收益率的平稳性描述类似，多元能源价格收益率也具有平稳与否的性质，且同样具有强平稳性与弱平稳性之分。如果一个n元能源价格收益率$\boldsymbol{r}_t$满足$\mathbb{E}(\boldsymbol{r}_t)=\boldsymbol{\mu}$，且$\mathrm{Cov}(\boldsymbol{r}_t)=\mathbb{E}\left((\boldsymbol{r}_t-\boldsymbol{\mu})(\boldsymbol{r}_t-\boldsymbol{\mu})^{\mathrm{T}}\right)=\boldsymbol{\Sigma}_r$，$\boldsymbol{\Sigma}_r$表示$n\times n$元的常数正定矩阵，那么该序列就是平稳的。这里$\mathbb{E}(\boldsymbol{r}_t)$和$\mathrm{Cov}(\boldsymbol{r}_t)$分别表示随机向量$\boldsymbol{r}_t$的期望和方差-协方差矩阵。所以，一个弱平稳时间序列$\boldsymbol{r}_t$的均值和方差-协方差矩阵不依赖于时间t，即$\boldsymbol{r}_t$的前两阶矩不随时间变化。

如果n元能源价格收益率$\boldsymbol{r}_t$是严平稳的，则它的观测子集$(\boldsymbol{r}_{t_1},\boldsymbol{r}_{t_2},\cdots,\boldsymbol{r}_{t_m})$和$(\boldsymbol{r}_{t_1+j},\boldsymbol{r}_{t_2+j},\cdots,\boldsymbol{r}_{t_m+j})$的联合分布相同，这里$m$、$j$和$(t_1,t_2,\cdots,t_m)$表示任意正整数。用统计学术语来讲，严平稳要求$\boldsymbol{r}_t$的任意子集的概率分布都是与时间无关的。严平稳的一个例子就是具有标准多元正态分布的独立同分布随机向量序列。从定义可知，对于一个严平稳时间序列，如果它的前两阶矩存在，则该序列同时是弱平稳的。

在本章中，我们主要讨论弱平稳时间序列。在实际中，严平稳是很难验证的。在第七章中，我们也会考虑非平稳时间序列。在本章后续内容中，平稳指的就是弱平稳。

6.1.2　多元能源价格收益率的新息

与一元情形类似，一个n元能源价格收益率$\boldsymbol{r}_t=(r_{1t},r_{2t},r_{3t},\cdots,r_{nt})^{\mathrm{T}}$在每时每刻也会接收

来自市场的新信息，我们也称其为新息。此时，当能源资产i发生某个冲击时，这个冲击不仅会给能源资产i的价格收益率r_{it}带来影响，同时也很可能会给能源资产j的价格收益率r_{jt}带来影响，即能源资产i的新息会通过影响能源资产j的新息，进而影响r_{jt}。由此一来，新息将会在n元能源价格收益率中不断传导，且传导的特征和不同资产的新息之间的相依程度有关。

由于每一个能源资产的价格收益率都存在新息，我们将每个市场的新息构成一个新息向量$\boldsymbol{\epsilon}_t$，即

$$\boldsymbol{\epsilon}_t=(\epsilon_{1t},\epsilon_{2t},\epsilon_{3t},\cdots,\epsilon_{nt})^{\mathrm{T}} \tag{6-1-1}$$

这个向量的多元联合概率分布函数反映了不同能源资产新息之间的相依关系。在n个能源资产组成的系统中，新息向量$\boldsymbol{\epsilon}_t$是每时每刻n元能源价格收益率$\boldsymbol{r}_t=(r_{1t},r_{2t},r_{3t},\cdots,r_{nt})^{\mathrm{T}}$随机性的来源。这里介绍有关新息向量$\boldsymbol{\epsilon}_t$常见的几种联合分布函数。

1. 新息向量$\boldsymbol{\epsilon}_t$服从多元正态分布

新息向量$\boldsymbol{\epsilon}_t=(\epsilon_{1t},\epsilon_{2t},\epsilon_{3t},\cdots,\epsilon_{nt})^{\mathrm{T}}$如果在时刻$t$服从多元正态分布，必须满足下面三个等价条件。

（1）任何线性组合$Y=a_1\epsilon_{1t}+a_2\epsilon_{2t}+\cdots+a_n\epsilon_{nt}$均服从正态分布。

（2）存在随机向量$\boldsymbol{Z}=(z_1,z_2,\cdots,z_m)^{\mathrm{T}}$（它的每个元素均服从独立标准正态分布），向量$\boldsymbol{\mu}=(\mu_1,\mu_2,\cdots,\mu_n)^{\mathrm{T}}$及$n\times m$矩阵$\boldsymbol{A}$，满足$\boldsymbol{X}=\boldsymbol{AZ}+\boldsymbol{\mu}$。

（3）存在$\boldsymbol{\mu}=(\mu_1,\mu_2,\cdots,\mu_n)^{\mathrm{T}}$和一个对称半正定矩阵$\boldsymbol{\Sigma}$，满足$\boldsymbol{\epsilon}_t$的特征函数，即

$$\phi_{\epsilon_t}(\boldsymbol{u}\mid\boldsymbol{\mu},\boldsymbol{\Sigma})=\mathrm{e}^{-\left(i\boldsymbol{\mu}^{\mathrm{T}}\boldsymbol{u}+\frac{1}{2}\boldsymbol{u}^{\mathrm{T}}\boldsymbol{\Sigma}\boldsymbol{u}\right)} \tag{6-1-2}$$

其中，$i=\sqrt{-1}$。如果$\boldsymbol{\Sigma}$是非奇异的，那么新息向量可以由如式（6-1-3）所示的概率密度函数来描述，即

$$f(\epsilon_{1t},\epsilon_{2t},\cdots,\epsilon_{nt})=\frac{1}{\sqrt{(2\pi)^n|\boldsymbol{\Sigma}|}}\mathrm{e}^{-1/2(\epsilon_t-\boldsymbol{\mu})^{\mathrm{T}}\boldsymbol{\Sigma}^{-1}(\epsilon_t-\boldsymbol{\mu})} \tag{6-1-3}$$

其中，$|\boldsymbol{\Sigma}|$表示$\boldsymbol{\Sigma}$的行列式；$\boldsymbol{\Sigma}$表示新息向量的方差-协方差矩阵；$\boldsymbol{\mu}$表示新息向量的均值。

新息向量服从多元正态分布是最常见的一种假定。多元正态分布的边际分布都是一元正态分布。在第一章中，我们了解到当能源价格收益率的新息受到很多因素干扰，而每种因素的干扰又不强烈时，一元新息分布便会呈现出正态分布的形式。多元正态分布的方差-协方差矩阵反映了某个能源资产的新息的变化会以怎样的程度传递到其他市场。

2. 新息向量$\boldsymbol{\epsilon}_t$服从多元t分布

在第一章中我们了解到一元能源价格收益率可能呈现出“尖峰厚尾”的特征，即收益率出现极大值或者极小值的概率可能会比服从正态分布时更高。在多元序列中，也会发生类似的情况。为了描述这种“尖峰厚尾”特征，并同时控制不同的能源市场新息之间类似于多元正态分布的相依关系，使用多元t分布描述新息向量$\boldsymbol{\epsilon}_t$是一个很好的选择。

令 ϵ_t 的均值为 $\boldsymbol{\mu}=(\mu_1,\mu_2,\cdots,\mu_n)^{\mathrm{T}}$，方差-协方差矩阵为 $\boldsymbol{\Sigma}$，当 ϵ_t 在 t 时刻服从多元 t 分布时，它的概率密度函数为

$$f(\epsilon_{1t},\epsilon_{2t},\cdots,\epsilon_{nt})=\frac{\Gamma\left((\nu+n)/2\right)}{\Gamma(\nu/2)\nu^{n/2}\pi^{n/2}\left|\boldsymbol{\Sigma}\right|^{1/2}}\left(1+\frac{1}{\nu}(\epsilon_t-\boldsymbol{\mu})^{\mathrm{T}}\boldsymbol{\Sigma}^{-1}(\epsilon_t-\boldsymbol{\mu})\right)^{-(\nu+n)/2} \quad (6\text{-}1\text{-}4)$$

其中，ν 表示多元 t 分布的自由度。

3. 新息向量 ϵ_t 服从其他多元分布

除上述情形之外，当新息向量 ϵ_t 的边缘分布已知时，copula 函数是常用的联合分布建模工具，它无须先验地设定其服从某种已知的分布函数。

设新息向量 ϵ_t 的边缘分布分别为 $F_1(x_1),F_2(x_2),\cdots,F_n(x_n)$，其联合分布为 $H(x_1,x_2,\cdots,x_n)$，则存在唯一的 copula 函数 $C:[0,1]^n\rightarrow[0,1]$，满足

$$C(u_1,u_2,\cdots,u_n)=H[F^{-1}(u_1),F_2^{-1}(u_2),\cdots,F_n^{-1}(x_n)] \quad (6\text{-}1\text{-}5)$$

其中，$F^{-1}(\cdot)$ 表示逆累积分布函数，通过多元 copula 函数的概率密度函数 $c(u_1,u_2,\cdots,u_n)=\dfrac{\partial C(u_1,u_2,\cdots,u_n)}{\partial u_1\partial u_2\cdots\partial u_n}$ 和边缘分布 $F_1(x_1),F_2(x_2),\cdots,F_n(x_n)$，可以求出 $F(x_1,x_2,\cdots,x_n)$ 的联合概率密度函数，即

$$f\left(x_1,x_2,\cdots,x_n\right)=c\left(F_1(x_1),F_2(x_2),\cdots,F_n(x_n)\right)\prod_{i=1}^{n}f_i(x_i) \quad (6\text{-}1\text{-}6)$$

其中，$f_i(x_i)$ 表示边缘分布 $F_i(x_i)$，$i=1,2,\cdots,n$ 的概率密度函数。

copula 函数的种类众多，主要分为椭圆 copula 函数簇与阿基米德 copula 函数簇两大类。其中椭圆 copula 函数簇主要包括 t copula 函数、高斯 copula 函数等，两者均有对称的尾部相关性。阿基米德 copula 函数簇中，根据不同的生成元函数能够得到不同的阿基米德 copula 函数，主要有 Frank copula 函数、Clayton copula 函数以及 Gumbel copula 函数等。在第九章中，我们将进一步系统地学习 copula 函数。

6.1.3 能源价格间的均值溢出效应

能源价格间的均值溢出效应是指一个能源资产 A 的价格收益率发生变动会引发另一个能源资产 B 的价格收益率发生变动。这里暗含着一种因果关系：能源资产 A 的收益率变动是“因”，而能源资产 B 的收益率变动是“果”。我们可以用数学语言描述这种溢出效应，即均值溢出效应发生时等价于

$$\mathbb{E}(r_{B,t})\neq\mathbb{E}(r_{B,t}\mid r_{A,t-1},r_{A,t-2},\cdots) \quad (6\text{-}1\text{-}7)$$

从式（6-1-7）可以看出，当能源资产 B 在 t 时刻的收益率的均值，条件于能源资产 A 在 t 时刻以前的收益率信息时，条件均值将会和无条件均值产生差异。这种因果关系也被称作格兰杰因果关系。假设能源资产 A 的收益率和能源资产 B 的收益率之间存在关系：

$$r_{B,t}=a_0+a_1r_{B,t-1}+b_1r_{A,t-1}+\epsilon_t \quad (6\text{-}1\text{-}8)$$

这是一种最简单的符合式（6-1-7）定义的因果发生条件。此时能源资产 A 过去的收益率数值将会以线性的形式影响能源资产 B 当前的收益率数值。这种均值溢出效应在多元能源价格中经常会出现，并且厘清这种效应的特征对于风险管理工作尤其重要。例如，在考虑中国天然气价格的定价模式时，经常会分析其是否受到国外其他油气价格的影响。如果国外油气价格对中国天然气价格存在均值溢出效应，那么中国天然气市场投资者就需要考虑来自国外市场的外生风险。

均值溢出效应也可能是双向的，即能源资产 A 的价格收益率变化会引发能源资产 B 的价格收益率变化；反之，亦然。这种双向的均值溢出效应用数学语言可以描述为

$$\begin{aligned}\mathbb{E}(r_{B,t}) &\neq \mathbb{E}(r_{B,t} \mid r_{A,t-1}, r_{A,t-2}, \cdots) \\ \mathbb{E}(r_{A,t}) &\neq \mathbb{E}(r_{A,t} \mid r_{B,t-1}, r_{B,t-2}, \cdots)\end{aligned} \tag{6-1-9}$$

一种最简单的符合式（6-1-9）定义的双向溢出效应的表达式为

$$\begin{aligned}r_{B,t} &= a_{01} + a_{11} r_{B,t-1} + a_{12} r_{A,t-1} + \epsilon_{1,t} \\ r_{A,t} &= a_{02} + a_{21} r_{B,t-1} + a_{22} r_{A,t-1} + \epsilon_{2,t}\end{aligned} \tag{6-1-10}$$

此时，在式（6-1-10）中，能源资产 A 和能源资产 B 的收益率变化“互为因果”，形成了一种双向均值溢出效应。众多研究发现，能源价格收益率之间常常存在着双向均值溢出效应。

6.2　多元能源价格均值过程模型

6.2.1　模型设定

观察式（6-1-10），我们可以将其写成如式（6-2-1）所示的形式：

$$\boldsymbol{r}_t = \boldsymbol{a}_0 + \boldsymbol{A}_1 \boldsymbol{r}_{t-1} + \boldsymbol{\epsilon}_t \tag{6-2-1}$$

其中，$\boldsymbol{r}_t = (r_{B,t}, r_{A,t})^{\mathrm{T}}$，$\boldsymbol{a}_0 = (a_{01}, a_{02})^{\mathrm{T}}$，$\boldsymbol{A}_1 = \begin{bmatrix} a_{11} & a_{12} \\ a_{21} & a_{22} \end{bmatrix}$，$\boldsymbol{\epsilon}_t = (\epsilon_{1,t}, \epsilon_{2,t})^{\mathrm{T}}$。观察式（6-2-1），它用非常简洁的向量形式描述了式（6-1-10）中能源资产 A 和能源资产 B 之间的交互作用。式（6-2-1）很像一个向量形式的 AR 模型，由此我们称其为 VAR 模型。VAR 模型描述了多元能源价格收益率均值之间的变动关系。一个滞后阶数为 p 阶的 n 元 VAR(p) 模型的形式为

$$\boldsymbol{r}_t = \boldsymbol{a}_0 + \boldsymbol{A}_1 \boldsymbol{r}_{t-1} + \boldsymbol{A}_2 \boldsymbol{r}_{t-2} + \cdots + \boldsymbol{A}_p \boldsymbol{r}_{t-p} + \boldsymbol{\epsilon}_t \tag{6-2-2}$$

其中，$\boldsymbol{r}_t = (r_{1,t}, r_{2,t}, \cdots, r_{n,t})^{\mathrm{T}}$ 表示多元能源资产在 t 时刻的收益率；$\boldsymbol{a}_0 = (a_{01}, a_{02}, \cdots, a_{0n})^{\mathrm{T}}$ 表示一个均值向量；$\boldsymbol{A}_k$ 表示一个系数矩阵（$1 \leqslant k \leqslant p$），$\boldsymbol{A}_k$ 的第 i 行、第 j 列元素为 $a_{k,ij}$；$\boldsymbol{\epsilon}_t = (\epsilon_{1,t}, \epsilon_{2,t}, \cdots, \epsilon_{n,t})^{\mathrm{T}}$ 表示多元能源价格收益率的新息向量，且

$$\begin{aligned}&\mathbb{E}(\boldsymbol{\epsilon}_t) = \boldsymbol{0} \\ &\mathbb{E}(\boldsymbol{\epsilon}_t \boldsymbol{\epsilon}_\tau^{\mathrm{T}}) = \begin{cases} \boldsymbol{\Sigma}, & t = \tau \\ \boldsymbol{0}, & t \neq \tau \end{cases}\end{aligned} \tag{6-2-3}$$

其中，$\boldsymbol{\Sigma}$ 表示多元能源价格收益率新息的方差-协方差矩阵，并且它不会随着时间而变化。由此，VAR (p) 模型描绘了这样的一个能源价格收益率变化模式：每一个能源资产价格收益率都对一个常数项及其自身的 p 阶滞后项回归，并且对模型中其他能源资产价格收益率变量的 p 阶滞后项回归。所以 VAR (p) 模型也可以转化为 n 个带有外生项的 AR 模型，且每个 AR 模型都具有相同的解释变量。VAR 模型的阶数，同样可以采用第一章中的 AIC 和 BIC 来确定。

6.2.2 平稳性条件

一个平稳时间序列具有不变的均值和方差-协方差矩阵。因此，为了满足该平稳性条件，能源价格收益率序列的均值应该不受初始时间和初始值的影响。以 VAR(1)为例，为了方便讨论，我们将常数项设为 0（当常数项不为 0 时，可以将多元能源价格收益率序列减去自身均值作为新的收益率序列），模型可以表示为

$$\boldsymbol{r}_t = \boldsymbol{A}_1 \boldsymbol{r}_{t-1} + \boldsymbol{\epsilon}_t \tag{6-2-4}$$

假定时间序列在 $t=\tau$ 时开始且初始值为 $\boldsymbol{r}_\tau$（τ 表示固定时间点）。随着时间推移，重复替代，可以得到

$$\begin{aligned} \boldsymbol{r}_t &= \boldsymbol{A}_1 \boldsymbol{r}_{t-1} + \boldsymbol{\epsilon}_t \\ &= \boldsymbol{A}_1(\boldsymbol{A}_1 \boldsymbol{r}_{t-2} + \boldsymbol{\epsilon}_{t-1}) + \boldsymbol{\epsilon}_t \\ &= \boldsymbol{A}_1^2 \boldsymbol{r}_{t-2} + \boldsymbol{A}_1 \boldsymbol{\epsilon}_{t-1} + \boldsymbol{\epsilon}_t \\ &\vdots \\ &= \boldsymbol{A}_1^{t-\tau} \boldsymbol{r}_\tau + \sum_{i=0}^{t-1} \boldsymbol{A}_1^i \boldsymbol{\epsilon}_{t-i} \end{aligned} \tag{6-2-5}$$

为了让均值不受初始值的影响，需要让 $\boldsymbol{r}_t$ 独立于 $\boldsymbol{r}_\tau$，当 $\tau \to -\infty$ 时，需要 $\boldsymbol{A}_1^{t-\tau} \to 0$。设 $\boldsymbol{A}_1$ 的特征值为 $\{\lambda_1, \lambda_2, \cdots, \lambda_k\}$，那么 $\boldsymbol{A}_1^n$ 的特征值为 $\{\lambda_1^n, \lambda_2^n, \cdots, \lambda_k^n\}$；另外如果一个矩阵的特征值均为 0，那么矩阵为 $\mathbf{0}$。因此，当 $\tau \to -\infty$ 时，$\boldsymbol{A}_1^{t-\tau} \to 0$ 的条件为 $\boldsymbol{A}_1$ 的所有特征值均在 $\tau \to -\infty$ 时趋近于 0。这表明所有特征值的绝对值必须小于 1。$\boldsymbol{A}_1$ 的特征值是方程式（6-2-6）和方程式（6-2-7）的解，即

$$|\lambda \boldsymbol{I}_k - \boldsymbol{A}_1| = 0 \tag{6-2-6}$$

或

$$\lambda^k \left| \boldsymbol{I}_k - \frac{1}{\lambda} \boldsymbol{A}_1 \right| = 0 \tag{6-2-7}$$

因此，VAR(1)模型平稳的充要条件是行列式方程 $|\lambda \boldsymbol{I}_k - \boldsymbol{A}_1| = 0$ 的解的绝对值大于 1。$\boldsymbol{A}_1$ 的特征值决定了 $\boldsymbol{r}_t$ 的平稳性，而 $\boldsymbol{A}_1$ 中的每个元素不能决定 $\boldsymbol{r}_\tau$ 的平稳性。VAR (p) 模型的平稳性条件可以通过将其转化为一个新的 VAR(1)模型得到。

6.2.3 参数估计

一个描述 n 元能源资产系统的 VAR (p) 模型的待估参数包含参数向量 $\boldsymbol{a}_0$、参数矩阵

$\boldsymbol{A}_1$ 至 $\boldsymbol{A}_p$ 以及新息 $\boldsymbol{\epsilon}_t$ 的方差–协方差矩阵 $\boldsymbol{\Sigma}$ 中的所有元素。令 VAR(p) 模型的所有待估参数的集合为 $\boldsymbol{\theta}$，则 $\boldsymbol{\theta}$ 有 $(n+p\cdot n^2+n^2)$ 个元素。可以采用最小二乘法和极大似然法求解参数 $\hat{\boldsymbol{\theta}}$，此处介绍极大似然法。

在形如式（6-2-2）的 VAR(p) 模型中，t 时刻 n 元能源价格收益率的随机性来自新息向量 $\boldsymbol{\epsilon}_t$。我们可以围绕 $\boldsymbol{\epsilon}_t$ 的分布族构建似然函数或对数似然函数。假定 $\boldsymbol{\epsilon}_t$ 服从多元正态分布，这个假设和真实的情况不一定相符，但在大样本条件下，可以认为按照 $\boldsymbol{\epsilon}_t$ 服从多元正态分布所计算得到的 $\hat{\boldsymbol{\theta}}$ 和 $\boldsymbol{\theta}$ 具有一致性。读者同样可以设定 $\boldsymbol{\epsilon}_t$ 服从其他多元分布，6.1.2 小节已就新息分布的选择给出了介绍。

在 t 时刻，$\{\boldsymbol{r}_{t-1},\boldsymbol{r}_{t-2},\boldsymbol{r}_{t-3},\cdots\}$ 已不再是随机向量，而是多元观测值序列。此时，在假设新息向量服从多元正态分布的情况下，有

$$\boldsymbol{r}_t\big|\boldsymbol{r}_{t-1},\boldsymbol{r}_{t-2},\boldsymbol{r}_{t-3},\cdots,\boldsymbol{r}_{t-p}\sim N\left(\boldsymbol{a}_0+\boldsymbol{A}_1\boldsymbol{r}_{t-1}+\boldsymbol{A}_2\boldsymbol{r}_{t-2}+\cdots+\boldsymbol{A}_p\boldsymbol{r}_{t-p},\boldsymbol{\Sigma}\right) \tag{6-2-8}$$

对于观测值序列 $\{\boldsymbol{r}_t,t=1,2,\cdots,T\}$，极大似然法就是要寻找一个 $\hat{\boldsymbol{\theta}}$，使得如式（6-2-9）所示的似然函数达到最大值：

$$f_{\boldsymbol{r}_T,\boldsymbol{r}_{T-1},\cdots,\boldsymbol{r}_2,\boldsymbol{r}_1}\left(\boldsymbol{r}_T,\boldsymbol{r}_{T-1},\cdots,\boldsymbol{r}_2,\boldsymbol{r}_1;\hat{\boldsymbol{\theta}}\right) \tag{6-2-9}$$

由于第 t 个多元能源价格收益率观测值的条件概率密度函数为

$$\begin{aligned}&f_{\boldsymbol{r}_t|\boldsymbol{r}_{t-1},\boldsymbol{r}_{t-2},\cdots,\boldsymbol{r}_{t-p+1},\boldsymbol{r}_{t-p}}\left(\boldsymbol{r}_t\mid\boldsymbol{r}_{t-1},\boldsymbol{r}_{t-2},\cdots,\boldsymbol{r}_{t-p+1},\boldsymbol{r}_{t-p};\hat{\boldsymbol{\theta}}\right)\\&=(2\pi)^{-n/2}\left|\boldsymbol{\Sigma}^{-1}\right|^{1/2}\times\mathrm{e}^{-1/2(\boldsymbol{r}_t-\boldsymbol{a}_0-\boldsymbol{A}_1\boldsymbol{r}_{t-1}-\boldsymbol{A}_2\boldsymbol{r}_{t-2}-\cdots-\boldsymbol{A}_p\boldsymbol{r}_{t-p})^{\mathrm{T}}\boldsymbol{\Sigma}^{-1}(\boldsymbol{r}_t-\boldsymbol{a}_0-\boldsymbol{A}_1\boldsymbol{r}_{t-1}-\boldsymbol{A}_2\boldsymbol{r}_{t-2}-\cdots-\boldsymbol{A}_p\boldsymbol{r}_{t-p})}\end{aligned} \tag{6-2-10}$$

我们可以对式（6-2-9）进行分解，得到似然函数为

$$\begin{aligned}&f_{\boldsymbol{r}_T,\boldsymbol{r}_{T-1},\cdots,\boldsymbol{r}_2,\boldsymbol{r}_1}\left(\boldsymbol{r}_T,\boldsymbol{r}_{T-1},\cdots,\boldsymbol{r}_2,\boldsymbol{r}_1;\hat{\boldsymbol{\theta}}\right)\\&=f_{\boldsymbol{r}_T|\boldsymbol{r}_{T-1},\cdots,\boldsymbol{r}_2,\boldsymbol{r}_1}\left(\boldsymbol{r}_T\mid\boldsymbol{r}_{T-1},\cdots,\boldsymbol{r}_{T-P+1},\boldsymbol{r}_{T-P};\hat{\boldsymbol{\theta}}\right)\times f_{\boldsymbol{r}_{T-1}|\boldsymbol{r}_{T-2},\cdots,\boldsymbol{r}_2,\boldsymbol{r}_1}\left(\boldsymbol{r}_{T-1}\mid\boldsymbol{r}_{T-2},\cdots,\boldsymbol{r}_{T-P},\boldsymbol{r}_{T-P-1};\hat{\boldsymbol{\theta}}\right)\\&\quad\times f_{\boldsymbol{r}_{T-2}|\boldsymbol{r}_{T-3},\cdots,\boldsymbol{r}_2,\boldsymbol{r}_1}\left(\boldsymbol{r}_{T-2}\mid\boldsymbol{r}_{T-3},\cdots,\boldsymbol{r}_{T-P-1},\boldsymbol{r}_{T-P-2};\hat{\boldsymbol{\theta}}\right)\times\cdots\times f_{\boldsymbol{r}_{p+1}|\boldsymbol{r}_p,\cdots,\boldsymbol{r}_2,\boldsymbol{r}_1}\left(\boldsymbol{r}_{p+1}\mid\boldsymbol{r}_p,\cdots,\boldsymbol{r}_2,\boldsymbol{r}_1;\hat{\boldsymbol{\theta}}\right)\\&\quad\times f_{\boldsymbol{r}_p,\cdots,\boldsymbol{r}_2,\boldsymbol{r}_1}\left(\boldsymbol{r}_p,\cdots,\boldsymbol{r}_2,\boldsymbol{r}_1;\hat{\boldsymbol{\theta}}\right)\\&=\prod_{t=p+1}^{T}f_{\boldsymbol{r}_t|\boldsymbol{r}_{t-1},\cdots,\boldsymbol{r}_{t-p+1},\boldsymbol{r}_{t-p}}\left(\boldsymbol{r}_t\mid\boldsymbol{r}_{t-1},\cdots,\boldsymbol{r}_{t-p+1},\boldsymbol{r}_{t-p};\hat{\boldsymbol{\theta}}\right)\times f_{\boldsymbol{r}_p,\cdots,\boldsymbol{r}_2,\boldsymbol{r}_1}\left(\boldsymbol{r}_p,\cdots,\boldsymbol{r}_2,\boldsymbol{r}_1;\hat{\boldsymbol{\theta}}\right)\end{aligned} \tag{6-2-11}$$

或者，可以把式（6-2-11）写成对数似然函数的形式，即

$$\begin{aligned}&\ln f_{\boldsymbol{r}_T,\boldsymbol{r}_{T-1},\cdots,\boldsymbol{r}_2,\boldsymbol{r}_1}(\boldsymbol{r}_T,\boldsymbol{r}_{T-1},\cdots,\boldsymbol{r}_2,\boldsymbol{r}_1;\hat{\boldsymbol{\theta}})\\&=\sum_{t=p+1}^{T}\ln f_{\boldsymbol{r}_t|\boldsymbol{r}_{t-1},\cdots,\boldsymbol{r}_{t-p+1},\boldsymbol{r}_{t-p}}(\boldsymbol{r}_t\mid\boldsymbol{r}_{t-1},\cdots,\boldsymbol{r}_{t-p+1},\boldsymbol{r}_{t-p};\hat{\boldsymbol{\theta}})+\ln f_{\boldsymbol{r}_p,\cdots,\boldsymbol{r}_2,\boldsymbol{r}_1}(\boldsymbol{r}_p,\cdots,\boldsymbol{r}_2,\boldsymbol{r}_1;\hat{\boldsymbol{\theta}})\end{aligned} \tag{6-2-12}$$

式(6-2-12)中等号右侧第一个求和式中的每一项都可以用式(6-2-10)表示。式(6-2-12)中等号右侧第二项有两种处理方式，第一种是将其省去，对数似然函数变为条件对数似然函数。这种方法是一种便于计算的处理，且对估计值 $\hat{\boldsymbol{\theta}}$ 的一致性没有影响。第二种处理方式是采用拉直算子将变量 $\boldsymbol{r}_p,\cdots,\boldsymbol{r}_2,\boldsymbol{r}_1$ 视作服从 np 维的多元正态分布，也可以求出它的对数似然函数表达式。

6.2.4　格兰杰因果关系检验

探究多元能源资产均值之间的互动特征，是投资风险管理工作中最重要的一部分。在 6.1 节的学习中我们了解到，多元能源价格收益率均值之间可能会相互影响，形成均值溢出效应，我们把这种均值溢出效应用式（6-1-7）和式（6-1-9）来描述。我们在讨论均值溢出效应时，引入了“因果”的概念，并认为对于两个能源资产 A 和 B，如果 B 的无条件价格收益率均值与 B 包含 A 过去信息的条件均值之间的数值不相同，那么我们可以认为 A 是引发 B 均值变动的原因。事实上，因果关系的检验非常复杂，因果关系在不同的定义视角下也不尽相同。本小节我们将学习利用 VAR 模型判断均值影响因果的方法，并给出非常重要的格兰杰因果关系的定义。

在多元能源资产的收益率均值互动关系中，格兰杰因果关系的核心论点是一个能源资产 A 的收益率信息 r_A 能否帮助预测另一个能源资产 B 的收益率信息 r_B。如果不能，则我们说 A 的收益率信息并不是引起 B 收益率信息变动的格兰杰原因。

这里也可以用数学化的语言来描述格兰杰因果关系。对于所有的 $s>0$，如果 $r_{B,t+s}$ 基于 r_B 的当前值及以前的信息 $(r_{B,t},r_{B,t-1},\cdots)$ 预测的 MSE 与 $r_{B,t+s}$ 基于 r_B 和 r_A 的当前值及以前的信息 $(r_{B,t},r_{B,t-1},\cdots,r_{A,t},r_{A,t-1},\cdots)$ 预测的 MSE 是相同的，则称能源资产 A 的收益率不是能源资产 B 的收益率变动的格兰杰原因，即此时

$$\text{MSE}\left(\mathbb{E}(r_{B,t+s}\mid r_{B,t},r_{B,t-1},\cdots)\right)=\text{MSE}\left(\mathbb{E}(r_{B,t+s}\mid r_{B,t},r_{B,t-1},\cdots,r_{A,t},r_{A,t-1},\cdots)\right)\quad(6\text{-}2\text{-}13)$$

格兰杰因果关系由式（6-2-13）给出的原因在于，如果能源资产 A 收益率的变动是引起能源资产 B 收益率变动的原因，那么 A 收益率的变动一定发生在 B 收益率的变动之前。

事实上，式（6-2-13）定义下的 A 与 B 的关系并不一定要是线性的互动关系，但本章所讨论的 VAR 模型是一种线性模型，由此我们先利用 VAR 模型学习如何判断变量之间的格兰杰因果关系，从而推断能源资产之间的收益率均值溢出关系。

我们利用一个二元 VAR(1)模型来学习检验格兰杰因果关系，n 元 VAR(p) 模型也可通过一个二元 VAR(1)模型的检验过程衍生得到。假设一个二元 VAR(1)模型的形式为

$$\begin{bmatrix} r_{1,t} \\ r_{2,t} \end{bmatrix}=\begin{bmatrix} a_{01} \\ a_{02} \end{bmatrix}+\begin{bmatrix} a_{1,11} & 0 \\ a_{1,21} & a_{1,22} \end{bmatrix}\begin{bmatrix} r_{1,t-1} \\ r_{2,t-1} \end{bmatrix}+\begin{bmatrix} \epsilon_{1,t} \\ \epsilon_{2,t} \end{bmatrix}\quad(6\text{-}2\text{-}14)$$

式（6-2-14）的第一行可以写为

$$r_{1,t}=a_{01}+a_{1,11}r_{1,t-1}+\epsilon_{1,t}\quad(6\text{-}2\text{-}15)$$

那么 r_1 的向前预测的数值只基于 r_1 的滞后数值，而不会基于 r_2。此时在式（6-2-14）的形式下，r_2 不是 r_1 变化的格兰杰原因。所以对一个一般的二元 VAR(1)模型，即

$$\begin{bmatrix} r_{1,t} \\ r_{2,t} \end{bmatrix}=\begin{bmatrix} a_{01} \\ a_{02} \end{bmatrix}+\begin{bmatrix} a_{1,11} & a_{1,12} \\ a_{1,21} & a_{1,22} \end{bmatrix}\begin{bmatrix} r_{1,t-1} \\ r_{2,t-1} \end{bmatrix}+\begin{bmatrix} \epsilon_{1,t} \\ \epsilon_{2,t} \end{bmatrix}\quad(6\text{-}2\text{-}16)$$

我们要判断 r_2 是不是 r_1 变化的格兰杰原因的一种潜在途径是，判断系数 $a_{1,12}$ 是不是统计显

著的。对于一个原假设——r_2不是r_1变化的格兰杰原因，可以将其转化为

$$H_0 : a_{1,12} = 0 \tag{6-2-17}$$

可以采用卡方检验来判断是否接受原假设（6-2-17）。计算式（6-2-14）情形下对于r_1的残差平方和RSS_0，以及在式（6-2-16）情形下对于r_1的残差平方和RSS_1。一个服从卡方分布的统计量为

$$\frac{t(\mathrm{RSS}_0 - \mathrm{RSS}_1)}{\mathrm{RSS}_1} \sim \chi^2(p) \tag{6-2-18}$$

其中，p表示滞后阶数；t表示t分布。如果统计量超过$\chi^2(p)$分布的α分位数水平，则我们可以在α的显著性水平上拒绝原假设（6-2-17），认为r_2是引起r_1变化的格兰杰原因。

6.3　多元能源价格均值过程的脉冲响应函数

6.3.1　脉冲响应函数的定义

脉冲响应函数是一个关于时间的函数。当一个多元能源资产组成的系统中某一个能源价格收益率的新息产生了变化（这种变化也被称为对某个能源价格收益率施加了一个脉冲），这个脉冲会在多元能源资产所组成的系统中不断传导，并引起其他能源价格收益率的变化。例如，在一个由原油、天然气和煤炭组成的简单的三元系统中，当给原油价格收益率的新息施加一个脉冲，原油价格收益率会突然产生变化，这种变化会通过价格替代效应影响天然气和煤炭，同时也会通过油气价格联动机制影响天然气的定价，从而影响其收益率；接着天然气和煤炭价格的变化也会进一步影响三元系统中的其他元素。由此，最初在原油市场的一个脉冲会在系统中不停地传导，最终影响所有能源资产的收益率。为了刻画这个脉冲在不断的传导过程中，每时每刻会对所有能源资产构成怎样的影响，我们可以构造9个不同的脉冲响应函数：$f_{11}(t)$、$f_{12}(t)$、$f_{13}(t)$、$f_{21}(t)$、$f_{22}(t)$、$f_{23}(t)$、$f_{31}(t)$、$f_{32}(t)$、$f_{33}(t)$。其中，下标1表示原油，下标2表示天然气，下标3表示煤炭。$f_{ij}(t)$是最初的来自能源资产i的脉冲对能源资产j的影响关于时间t的函数。注意$f_{ij}(t)$并不暗含着最初的脉冲数值是多大，只关注脉冲每时每刻的影响数值为多大。

6.3.2　脉冲响应函数的计算

由上述内容可以发现，脉冲响应函数可以应用于任何一种描述能源价格收益率系统的模型之中。本小节，我们将学习如何在VAR模型所描绘的多元能源资产系统中构建脉冲响应函数。

VAR模型可以写成向量移动平均（vector moving average，VMA）模型的形式。考虑VMA模型，是因为它可以追踪针对VAR模型中的变量的各个脉冲的时间路径。任意一个形如式（6-2-2）的n元VAR(p)模型，可以表示为如式（6-3-1）所示的n元VMA(∞)形式，即

$$\boldsymbol{r}_t = \boldsymbol{\mu} + \boldsymbol{\epsilon}_t + \boldsymbol{B}_1\boldsymbol{\epsilon}_{t-1} + \boldsymbol{B}_2\boldsymbol{\epsilon}_{t-2} + \boldsymbol{B}_3\boldsymbol{\epsilon}_{t-3} + \boldsymbol{B}_4\boldsymbol{\epsilon}_{t-4} + \cdots \tag{6-3-1}$$

其中，$\boldsymbol{\mu}$ 表示一个向量，它是 $\boldsymbol{r}_t$ 的无条件均值，且有

$$\boldsymbol{\mu} = \left(\boldsymbol{I}_n - \boldsymbol{A}_1 - \boldsymbol{A}_2 - \cdots - \boldsymbol{A}_p\right)^{-1}\boldsymbol{A}_0 \tag{6-3-2}$$

此外，$\boldsymbol{B}_i$（$i=1,2,3,\cdots$）表示一个系数矩阵，且有

$$\boldsymbol{B}_i = \boldsymbol{A}_1\boldsymbol{B}_{i-1} + \boldsymbol{A}_2\boldsymbol{B}_{i-2} + \boldsymbol{A}_3\boldsymbol{B}_{i-3} + \cdots + \boldsymbol{A}_p\boldsymbol{B}_{i-p} \tag{6-3-3}$$

其中，$\boldsymbol{B}_0 = \boldsymbol{I}_n$；且对于 $i<0$ 有 $\boldsymbol{B}_i = \boldsymbol{0}$。脉冲进入多元能源系统的方式是通过新息进入的。如果已知在时间 t 上的新息向量 $\boldsymbol{\epsilon}_t$ 的第一个能源资产（第一个元素）变化 δ_1，第二个能源资产变化 δ_2……第 n 个能源资产变化 δ_n，那么这些脉冲对于能源价格收益率 $\boldsymbol{r}_{t+s}$ 的组合影响为

$$\Delta\boldsymbol{r}_{t+s} = \frac{\partial\boldsymbol{r}_{t+s}}{\partial\epsilon_{1,t}}\delta_1 + \frac{\partial\boldsymbol{r}_{t+s}}{\partial\epsilon_{2,t}}\delta_2 + \frac{\partial\boldsymbol{r}_{t+s}}{\partial\epsilon_{3,t}}\delta_3 + \cdots + \frac{\partial\boldsymbol{r}_{t+s}}{\partial\epsilon_{n,t}}\delta_n = \boldsymbol{B}_s\boldsymbol{\delta} \tag{6-3-4}$$

其中，$\boldsymbol{\delta} = (\delta_1,\delta_2,\cdots,\delta_n)$。我们将

$$\frac{\partial r_{i,t+s}}{\partial\epsilon_{j,t}} = \frac{\partial r_{i,t+s}}{\partial\boldsymbol{\epsilon}_t}\frac{\partial\boldsymbol{\epsilon}_t}{\partial\epsilon_{j,t}} \tag{6-3-5}$$

作为关于 s 的函数，便可以得到 VAR(p) 模型的脉冲响应函数。当满足 6.2.2 小节中的平稳性条件后，VAR(p) 模型的脉冲响应函数值就不会随着 s 的增大而无限增大，这也意味着当一个脉冲进入多元能源系统后，并不会让某个能源价格收益率的数值无限扩大，而是会达到一个新的平稳状态。对于一个 n 元 VAR(p) 模型，我们可以得到 n^2 个脉冲响应函数，分别是每一个能源资产对系统里所有能源资产的脉冲响应函数。

以 $\dfrac{\partial r_{i,t+s}}{\partial\epsilon_{j,t}}$ 作为脉冲响应函数的计算方式是简单明了的，但可能还会遇到以下问题。根据式（6-2-3），我们知道多元能源价格收益率序列的新息的方差-协方差矩阵 $\boldsymbol{\Sigma}$ 的非对角线元素并非一定为 0。这意味着当新息 $\boldsymbol{\epsilon}_t$ 中某一个元素变化时，其他元素也会同时发生变化。假如我们给 $\boldsymbol{\epsilon}_t$ 中的某一个元素施加一个脉冲 δ，那么这个脉冲 δ 不仅会影响 $\boldsymbol{r}_t$ 中的元素，也会同时影响 $\boldsymbol{\epsilon}_t$ 中的其他元素，进而通过其他元素影响 $\boldsymbol{r}_t$ 中的元素。从式（6-3-5）中我们观察到

$$\frac{\partial\boldsymbol{\epsilon}_t}{\partial\epsilon_{j,t}} = \begin{bmatrix} \dfrac{\boldsymbol{\Sigma}_{1j}}{\boldsymbol{\Sigma}_{jj}} \\ \dfrac{\boldsymbol{\Sigma}_{2j}}{\boldsymbol{\Sigma}_{jj}} \\ \vdots \\ \dfrac{\boldsymbol{\Sigma}_{nj}}{\boldsymbol{\Sigma}_{jj}} \end{bmatrix} \tag{6-3-6}$$

如果我们想排除这种因为$\boldsymbol{\epsilon}_t$不同元素之间的协方差造成的影响，采用$\dfrac{\partial r_{i,t+s}}{\partial \epsilon_{j,t}}$作为脉冲响应函数则不再合适。

采用正交化的脉冲响应函数可以避免这种情况。由于$\boldsymbol{\epsilon}_t$的方差-协方差矩阵$\boldsymbol{\Sigma}$是一个正定矩阵，那么它一定并且唯一地可以分解为一个下三角矩阵、一个对角元素全为正数的对角矩阵和一个上三角矩阵的乘积，即

$$\boldsymbol{\Sigma} = \boldsymbol{L}\boldsymbol{D}\boldsymbol{L}^{\mathrm{T}} \tag{6-3-7}$$

其中，$\boldsymbol{L}$表示一个下三角矩阵；$\boldsymbol{D}$表示一个对角元素全为正数的对角矩阵。式（6-3-7）的分解方式也被称为三角分解。当$\boldsymbol{\Sigma}$确定时，$\boldsymbol{L}$和$\boldsymbol{D}$也唯一确定。利用$\boldsymbol{L}$，我们可以构造一个正交化新息$\boldsymbol{u}_t$，即

$$\boldsymbol{u}_t = \boldsymbol{L}^{-1}\boldsymbol{\epsilon}_t \tag{6-3-8}$$

之所以称$\boldsymbol{u}_t$为正交化新息，是因为其方差-协方差矩阵为$\mathbb{E}(\boldsymbol{u}_t\boldsymbol{u}_t^{\mathrm{T}}) = \boldsymbol{D}$，而$\boldsymbol{D}$的非对角线元素都为 0。这意味着$\boldsymbol{u}_t$中每一个元素彼此之间是不相关的。如果此时，我们对$\boldsymbol{u}_t$中的某个元素施加一个脉冲，就可以观察到该行为不会影响其他能源资产正交化新息的脉冲响应函数。我们将$\boldsymbol{\epsilon}_t = \boldsymbol{L}\boldsymbol{u}_t$代入式（6-3-1），从而得到

$$\boldsymbol{r}_t = \boldsymbol{\mu} + \boldsymbol{L}\boldsymbol{u}_t + \boldsymbol{B}_1\boldsymbol{L}\boldsymbol{u}_{t-1} + \boldsymbol{B}_2\boldsymbol{L}\boldsymbol{u}_{t-2} + \boldsymbol{B}_3\boldsymbol{L}\boldsymbol{u}_{t-3} + \boldsymbol{B}_4\boldsymbol{L}\boldsymbol{u}_{t-4} + \cdots \tag{6-3-9}$$

由此，我们给正交化的信息$\boldsymbol{u}_t$施加一个脉冲，就可以得到新的脉冲响应函数，且这种脉冲响应函数的值排除了新息之间相关性的干扰。

除了对$\boldsymbol{\Sigma}$进行三角分解，还可以对其进行楚列斯基分解，即

$$\boldsymbol{\Sigma} = \boldsymbol{L}\boldsymbol{D}\boldsymbol{L}^{\mathrm{T}} = \boldsymbol{L}\boldsymbol{D}^{1/2}\boldsymbol{D}^{1/2}\boldsymbol{L}^{\mathrm{T}} = \boldsymbol{P}\boldsymbol{P}^{\mathrm{T}} \tag{6-3-10}$$

其中，$\boldsymbol{P} = \boldsymbol{L}\boldsymbol{D}^{1/2}$。通过式（6-3-10），我们可以得到一种新的正交化新息$\boldsymbol{v}_t$，即

$$\boldsymbol{v}_t = \boldsymbol{P}^{-1}\boldsymbol{\epsilon}_t \tag{6-3-11}$$

此时，式（6-3-9）变为

$$\boldsymbol{r}_t = \boldsymbol{\mu} + \boldsymbol{P}\boldsymbol{v}_t + \boldsymbol{B}_1\boldsymbol{P}\boldsymbol{v}_{t-1} + \boldsymbol{B}_2\boldsymbol{P}\boldsymbol{v}_{t-2} + \boldsymbol{B}_3\boldsymbol{P}\boldsymbol{v}_{t-3} + \boldsymbol{B}_4\boldsymbol{P}\boldsymbol{v}_{t-4} + \cdots \tag{6-3-12}$$

同样，对正交化新息$\boldsymbol{v}_t$施加脉冲，从而可以观察到脉冲响应函数。

至此，我们了解了基于 VAR 模型的三种不同的脉冲响应函数。第一种是基于直观的定义得到的脉冲响应函数，采用这种脉冲响应函数定义时，我们常常将脉冲设定为一个单位（即数值 1），并将其施加于能源资产的新息，进而观察脉冲响应函数随着时间的变化趋势。第二种是对能源资产新息向量做三角分解，得到正交化新息，对正交化新息施加一个单位的脉冲，脉冲响应函数也会显示脉冲随着时间变化的趋势。第三种是对能源资产新息做楚列斯基分解，同样得到一种正交化新息，并对某个新息施加一个单位的脉冲，观察脉冲响应函数的变化。第三种脉冲响应函数相当于在第二种脉冲响应函数定义的基础上给某个正交化新息$u_{i,t}$施加$\sqrt{\mathbb{D}(u_{i,t})}$个单位的脉冲。

值得注意的是，在计算 VAR 模型的脉冲响应函数时，需要先将其转化为 VMA 模型。由于我们不知道 VAR 模型中的真实系数以及新息真实的方差-协方差矩阵，所以只能采用以上这些参数的估计值。这使得我们求解的脉冲响应函数也并非真实的脉冲响应函数，所求解的脉冲响应函数同样存在标准误。

6.4 多元能源价格的均值溢出网络

在 6.3 节的学习中，我们认识到当能源资产系统中的元素非常多时，系统内能源价格收益率之间的均值溢出关系会变得非常复杂（Dai et al.，2021；Ouyang et al.，2021）。无论是 6.2.4 小节中的格兰杰因果关系检验，还是直接观察 VAR 模型的系数，都无法直观且便捷地定量描述多元能源价格收益率的均值溢出关系。在本节，我们将学习如何用预测误差方差分解（forecast error variance decomposition，FEVD）方法及其衍生出的 Diebold-Yilmaz（DY）溢出指数模型定量刻画多元能源价格收益率之间的均值溢出关系。

6.4.1 FEVD 方法

FEVD 方法描述了多元能源资产系统中某一个能源资产 A 的收益率的预测值的误差在多大程度上是由系统中（包含 A 本身）其他的能源价格收益率的新息所贡献的。这种贡献程度直接反映了某个能源资产对 A 的影响程度，从而间接反映出均值溢出效应的大小。FEVD 方法的文字描述不易理解，我们从数学描述上来理解 FEVD 的含义。

令多元能源价格收益率在观测时刻 t 对未来第 s 期的预测值为 $\hat{\boldsymbol{r}}_{t+s|t}$，那么根据式（6-3-1），预测误差为

$$\boldsymbol{r}_{t+s}-\hat{\boldsymbol{r}}_{t+s|t}=\boldsymbol{\epsilon}_{t+s}+\boldsymbol{B}_1\boldsymbol{\epsilon}_{t+s-1}+\boldsymbol{B}_2\boldsymbol{\epsilon}_{t+s-2}+\cdots+\boldsymbol{B}_{s-1}\boldsymbol{\epsilon}_{t+1} \tag{6-4-1}$$

于是提前 s 期的预测的 MSE 为

$$\begin{aligned}\mathrm{MSE}\left(\hat{\boldsymbol{r}}_{t+s|t}\right)&=\mathbb{E}\left(\left(\boldsymbol{r}_{t+s}-\hat{\boldsymbol{r}}_{t+s|t}\right)\left(\boldsymbol{r}_{t+s}-\hat{\boldsymbol{r}}_{t+s|t}\right)^{\mathrm{T}}\right)\\&=\boldsymbol{\Sigma}+\boldsymbol{B}_1\boldsymbol{\Sigma}\boldsymbol{B}_1^{\mathrm{T}}+\boldsymbol{B}_2\boldsymbol{\Sigma}\boldsymbol{B}_2^{\mathrm{T}}+\cdots+\boldsymbol{B}_{s-1}\boldsymbol{\Sigma}\boldsymbol{B}_{s-1}^{\mathrm{T}}\end{aligned} \tag{6-4-2}$$

其中，$\boldsymbol{\Sigma}=\mathbb{E}\left(\boldsymbol{\epsilon}_t\boldsymbol{\epsilon}_t^{\mathrm{T}}\right)$。在 6.3.2 小节中，我们了解到由于新息之间的协方差不为 0，一个能源价格收益率的新息对某一个能源价格收益率预测误差方差的贡献可能会通过影响其他能源价格收益率的新息而形成，所以也需要考虑采用 6.3.2 小节中的正交化新息来刻画其对预测误差方差的贡献。对能源价格收益率新息采用如式（6-3-8）所示的正交变换形式，从而可以得到

$$\boldsymbol{\epsilon}_t=\boldsymbol{L}\boldsymbol{u}_t=\boldsymbol{l}_1u_{1,t}+\boldsymbol{l}_2u_{2,t}+\cdots+\boldsymbol{l}_nu_{n,t} \tag{6-4-3}$$

其中，$u_{i,t}$（$i=1,2,\cdots,n$）表示 $\boldsymbol{u}_t$ 的元素；$\boldsymbol{l}_i$（$i=1,2,\cdots,n$）表示 $\boldsymbol{L}$ 的列向量分量。将式（6-4-3）代入式（6-4-2），可以得到

$$\mathrm{MSE}\left(\hat{\boldsymbol{r}}_{t+s|t}\right)=\sum_{i=1}^{n}\left(\mathbb{D}\left(u_{i,t}\right)\cdot\left(\boldsymbol{l}_i\boldsymbol{l}_i^{\mathrm{T}}+\boldsymbol{B}_1\boldsymbol{l}_i\boldsymbol{l}_i^{\mathrm{T}}\boldsymbol{B}_1^{\mathrm{T}}+\boldsymbol{B}_2\boldsymbol{l}_i\boldsymbol{l}_i^{\mathrm{T}}\boldsymbol{B}_2^{\mathrm{T}}+\cdots+\boldsymbol{B}_{s-1}\boldsymbol{l}_i\boldsymbol{l}_i^{\mathrm{T}}\boldsymbol{B}_{s-1}^{\mathrm{T}}\right)\right) \tag{6-4-4}$$

其中，$\mathbb{D}(u_{i,t})$ 表示式（6-3-7）中 $\boldsymbol{D}$ 的第 i 行、第 i 列元素。有了此表达式，我们就可以计算出第 i 个正交化新息对 VAR 模型内不同能源价格收益率未来 s 期预测误差方差的贡献程度，即

$$\mathbb{D}\left(u_{i,t}\right)\cdot\left(\boldsymbol{l}_i\boldsymbol{l}_i^{\mathrm{T}}+\boldsymbol{B}_1\boldsymbol{l}_i\boldsymbol{l}_i^{\mathrm{T}}\boldsymbol{B}_1^{\mathrm{T}}+\boldsymbol{B}_2\boldsymbol{l}_i\boldsymbol{l}_i^{\mathrm{T}}\boldsymbol{B}_2^{\mathrm{T}}+\cdots+\boldsymbol{B}_{s-1}\boldsymbol{l}_i\boldsymbol{l}_i^{\mathrm{T}}\boldsymbol{B}_{s-1}^{\mathrm{T}}\right) \tag{6-4-5}$$

从而可以判断一个能源资产对另一个能源资产均值的影响程度。注意到 $\boldsymbol{l}_i\sqrt{\mathbb{D}\left(u_{i,t}\right)}$ 等于式（6-3-11）中 $\boldsymbol{P}$ 的第 i 列 $\boldsymbol{p}_i$，所以式（6-4-4）可以等价地写为

$$\mathrm{MSE}\left(\hat{\boldsymbol{r}}_{t+s|t}\right)=\sum_{i=1}^{n}\left(\boldsymbol{p}_i\boldsymbol{p}_i^{\mathrm{T}}+\boldsymbol{B}_1\boldsymbol{p}_i\boldsymbol{p}_i^{\mathrm{T}}\boldsymbol{B}_1^{\mathrm{T}}+\boldsymbol{B}_2\boldsymbol{p}_i\boldsymbol{p}_i^{\mathrm{T}}\boldsymbol{B}_2^{\mathrm{T}}+\cdots+\boldsymbol{B}_{s-1}\boldsymbol{p}_i\boldsymbol{p}_i^{\mathrm{T}}\boldsymbol{B}_{s-1}^{\mathrm{T}}\right) \tag{6-4-6}$$

无论是式（6-4-4）或式（6-4-6），其数值都和预测步长 s 有关；又因为对于一个协方差平稳的 VAR 模型来说，当 $s\to\infty$ 时多元能源价格收益率 $\boldsymbol{r}_t$ 的 $\mathrm{MSE}\left(\hat{\boldsymbol{r}}_{t+s|t}\right)$ 会趋于一个固定数值的矩阵，所以在实际应用 FEVD 方法时，我们常常选取一个非常大的 s（通常取值为 100）。有了 FEVD 方法后，我们可以清晰地计算出每一个变量对另一个变量（包括其本身）的方差贡献的占比，从而了解不同能源价格收益率之间的影响程度。

6.4.2　DY 溢出指数计算

FEVD 是一种非常经典的了解不同变量之间均值影响的方法，然而它的缺点是，当我们在 VAR 模型的系统内交换了变量顺序时，最终得到的数值可能会发生变化。此外，当使用 FEVD 方法得到贡献的比重之后，虽然可以判断不同能源资产之间收益率的单项影响，但不能计算双向的净影响大小。举个例子，在由原油、天然气和煤炭组成的三元能源资产系统中，如果我们采用 VAR 模型描述其多元均值过程，并通过 FEVD 方法得到原油对天然气预测误差方差的贡献为 A%，天然气对原油的预测误差方差的贡献为 B%，我们并不能够得到原油对天然气影响的净误差为（$A-B$）%。也由此，我们无法计算出整个系统的均值溢出占比或者评价整个系统的溢出特征。

Diebold 和 Yilmaz（2012，2014）基于 VAR 模型的 FEVD 方法提出了 DY 溢出指数模型。这种模型依靠良好的数理统计性质被称为当下最流行的计算均值溢出网络特征的模型之一。本小节介绍如何应用这种方法计算能源价格收益率之间的溢出网络特征。

DY 溢出指数模型是在 FEVD 方法的理论基础上，采用广义预测误差方差分解（generalized forecast error variance decomposition，GFEVD）方法来计算溢出指数。根据 Pesaran 和 Shin（1998），一个 n 元 VAR(p) 模型中能源价格收益率 j 对能源价格收益率 i 的 GFEVD 可以表示为

$$\theta_{ij}^{g}(H)=\frac{\sigma_{jj}^{-1}\sum_{h=0}^{H-1}\left(\boldsymbol{e}_i^{\mathrm{T}}\boldsymbol{A}_h\boldsymbol{\Sigma}\boldsymbol{e}_j\right)^2}{\sum_{h=0}^{H-1}\left(\boldsymbol{e}_i^{\mathrm{T}}\boldsymbol{A}_h\boldsymbol{\Sigma}\boldsymbol{A}_h^{\mathrm{T}}\boldsymbol{e}_j\right)} \tag{6-4-7}$$

其中，g 表示广义分解；$\boldsymbol{\Sigma}$ 表示新息的方差-协方差矩阵；σ_{jj} 表示第 j 个新息的标准差；$\boldsymbol{e}_j$ 表示一个 $n\times 1$ 选择矩阵，它的第 j 个元素为 1，其他元素为 0；H 表示 GFEVD 的预测步长（实际中一般设置为 100）。$\theta_{ij}^{g}(H)$ 并不是归一化的，这意味着 $\sum_{j=1}^{n}\theta_{ij}^{g}(H)\neq 1$，即所有能源价格收益率对资产 i 的方差贡献之和并不为 100%。为了使 $\theta_{ij}^{g}(H)$ 归一化，可以将

能源价格收益率 j 对能源价格收益率 i 的预测误差方差的贡献调整为

$$\tilde{\theta}_{ij}^{g}(H)=\frac{\theta_{ij}^{g}(H)}{\sum_{j=1}^{n}\theta_{ij}^{g}(H)} \tag{6-4-8}$$

根据式（6-4-8），有 $\sum_{j=1}^{n}\tilde{\theta}_{ij}^{g}(H)=1$ 和 $\sum_{i=1}^{n}\sum_{j=1}^{n}\tilde{\theta}_{ij}^{g}(H)=n$ 。根据式（6-4-8），我们把这种方差贡献称为溢出，从而可以得到 n 元 DY 溢出指数模型的溢出表（表 6-1）。在表 6-1 中，第 2 行的第 2 列到第 $(n+1)$ 列的元素 $\tilde{\theta}_{11}^{g}(H),\tilde{\theta}_{12}^{g}(H),\cdots,\tilde{\theta}_{1n}^{g}(H)$ 分别代表 $r_{1,t},r_{2,t},\cdots,r_{n,t}$ 对 $r_{1,t}$ 的均值溢出。表 6-1 中第 2 列的第 2 行到第 $(n+1)$ 行的元素 $\tilde{\theta}_{11}^{g}(H),\tilde{\theta}_{21}^{g}(H),\cdots,\tilde{\theta}_{n1}^{g}(H)$ 分别代表 $r_{1,t}$ 对 $r_{1,t},r_{2,t},\cdots,r_{n,t}$ 的均值溢出。第二行的元素 $\sum_{j=1,j\neq 1}^{n}\tilde{\theta}_{1j}^{g}(H)$ 代表所有其他能源变量对 $r_{1,t}$ 溢出的总和（不包括 $r_{1,t}$ 对自身的溢出）。第二列的元素 $\sum_{i=1,i\neq 1}^{n}\tilde{\theta}_{i1}^{g}(H)$ 代表 $r_{1,t}$ 对所有其他能源变量溢出的总和（不包括 $r_{1,t}$ 对自身的溢出）。最后一行、最后一列的元素 $\frac{1}{n}\sum_{i,j=1,i\neq j}^{n}\tilde{\theta}_{ij}^{g}(H)$ 代表整个多元能源系统中总的溢出量（不包括所有元素对其自身的溢出）。通过表 6-1，我们可以厘清不同能源价格收益率之间的溢出关系及整个系统的溢出量。

表 6-1　n 元 DY 溢出指数模型的溢出表

接收变量	输出变量				
	$r_{1,t}$	$r_{2,t}$	…	$r_{n,t}$	总溢出接收量
$r_{1,t}$	$\tilde{\theta}_{11}^{g}(H)$	$\tilde{\theta}_{12}^{g}(H)$	…	$\tilde{\theta}_{1n}^{g}(H)$	$\sum_{j=1,j\neq 1}^{n}\tilde{\theta}_{1j}^{g}(H)$
$r_{2,t}$	$\tilde{\theta}_{21}^{g}(H)$	$\tilde{\theta}_{22}^{g}(H)$	…	$\tilde{\theta}_{2n}^{g}(H)$	$\sum_{j=1,j\neq 2}^{n}\tilde{\theta}_{2j}^{g}(H)$
⋮	⋮	⋮		⋮	⋮
$r_{n,t}$	$\tilde{\theta}_{n1}^{g}(H)$	$\tilde{\theta}_{n2}^{g}(H)$	…	$\tilde{\theta}_{nn}^{g}(H)$	$\sum_{j=1,j\neq n}^{n}\tilde{\theta}_{nj}^{g}(H)$
总溢出输出量	$\sum_{i=1,i\neq 1}^{n}\tilde{\theta}_{i1}^{g}(H)$	$\sum_{i=1,i\neq 2}^{n}\tilde{\theta}_{i1}^{g}(H)$	…	$\sum_{i=1,i\neq n}^{n}\tilde{\theta}_{i1}^{g}(H)$	$\frac{1}{n}\sum_{i,j=1,i\neq j}^{n}\tilde{\theta}_{ij}^{g}(H)$

此外，我们还可以计算某个能源价格收益率 j 对另一个能源价格收益率 i 的净溢出量 $N_{ij}^{g}(H)$，即

$$N_{ij}^{g}(H)=\tilde{\theta}_{ij}^{g}(H)-\tilde{\theta}_{ji}^{g}(H) \tag{6-4-9}$$

如果 $N_{ij}^{g}(H)$ 的值为正，说明能源价格收益率 j 对能源价格收益率 i 有净溢出，并领导着能源价格收益率 i 的变化。如果 $N_{ij}^{g}(H)$ 的值为负，说明能源价格收益率 i 对能源价格收益率 j 有净溢出，并领导着能源价格收益率 j 的变化。通过式（6-4-9），我们可以很便捷

地刻画出不同能源价格收益率变化之间的先导-滞后（lead-lag）性。

利用 DY 溢出指数模型，我们可以画出一个描述能源系统均值溢出的图（graph）。图是拓扑学中的一个概念，图中的元素包含节点（node）和边（edge），而边又包含有向边和无向边。我们可以把能源资产作为图中的节点，把能源资产之间的 DY 溢出指数作为图的有向边，由此便可以采用图论相关知识分析能源系统的相关性质。

6.5 应用案例

本节案例使用“黑色系”商品（“黑色系”商品主要是指黑色金属冶炼及其上下游相关商品）期货（具体变量为铁矿石 I、焦炭 J、焦煤 JM、螺纹钢 RB、热轧卷板 HC）及相关公司的股票日数据（具体变量为海南矿业 Mine、中国神华 Coalf、凌钢股份 LingGang、马钢股份 MaGang、包钢股份 BaoGang、宝钢股份 BaoyGang、金地集团 PROP、振华重工 INDU、中船科技 SHIP），采用不同阶矩信息溢出指数模型描述其收益率变化的相依结构，并着重展现计算结果。本节中，我们将学习如何构建溢出指数以及如何解读溢出指数矩阵的结果。

选取收盘价序列，采用对数差分法将其转化为收益率序列，分别从一阶矩均值、二阶矩波动、三阶矩偏度和四阶矩峰度四种视角计算溢出效应，所用公式如式（6-5-1）至式（6-5-5）所示，计算结果见表 6-2 至表 6-5。

对收盘价序列进行对数差分计算后，得到收益率序列 r_t 为

$$r_t = \ln\left(\frac{P_t}{P_{t-1}}\right) \times 100 \tag{6-5-1}$$

从一阶矩均值视角计算得到的样本均值为

$$\bar{r} = \frac{1}{T}\sum_{t=1}^{T} r_t \tag{6-5-2}$$

从二阶矩波动视角计算得到的样本方差为

$$S^2 = \frac{1}{T-1}\sum_{t=1}^{T}\left(r_t - \bar{r}\right)^2 \tag{6-5-3}$$

从三阶矩偏度视角计算得到的样本超额偏度为

$$\text{Skew} = \frac{1}{T-1}\sum_{t=1}^{T}\left(\left(r_t - \bar{r}\right)\Big/\sqrt{\frac{1}{T-1}\sum_{t=1}^{T}\left(r_t - \bar{r}\right)^2}\right)^3 \tag{6-5-4}$$

从四阶矩峰度视角计算得到的样本超额峰度为

$$\text{Kurt} = \frac{1}{T-1}\sum_{t=1}^{T}\left(\left(r_t - \bar{r}\right)\Big/\sqrt{\frac{1}{T-1}\sum_{t=1}^{T}\left(r_t - \bar{r}\right)^2}\right)^4 - 3 \tag{6-5-5}$$

在表 6-2 的净一阶矩均值溢出指数矩阵中，钢铁制造业对采矿业、煤炭加工业的净一

表 6-2　净一阶矩均值溢出指数矩阵

接收变量	输出变量														
	Mine	Coalf	LingGang	MaGang	BaoGang	BaoyGang	PROP	INDU	SHIP	RB	*J*	HC	JM	*I*	总溢出接收量
Mine	37.45	6.53	6.15	11.27	10.61	8.40	3.85	9.24	5.30	0.63	0.07	0.23	0.03	0.22	4.47
Coalf	6.38	37.63	3.83	9.95	9.09	14.96	6.77	8.02	2.18	0.46	0.10	0.34	0.11	0.19	4.46
LingGang	7.09	4.41	43.83	13.55	7.45	8.77	2.45	7.20	3.75	0.65	0.04	0.65	0.02	0.14	4.01
MaGang	8.70	7.77	9.15	29.52	11.69	13.80	4.15	9.92	4.12	0.85	0.02	0.21	0.03	0.08	5.03
BaoGang	9.41	8.10	5.83	13.40	33.71	11.61	4.41	8.41	4.33	0.21	0.09	0.38	0.09	0.04	4.73
BaoyGang	6.90	12.33	6.23	14.64	10.73	30.99	5.50	8.99	2.67	0.50	0.14	0.24	0.06	0.07	4.93
PROP	5.09	9.07	3.11	7.63	6.85	9.24	48.85	6.88	2.80	0.15	0.11	0.01	0.03	0.17	3.65
INDU	8.59	7.38	5.84	11.93	8.76	10.00	4.60	35.19	6.87	0.41	0.08	0.05	0.21	0.10	4.63
SHIP	7.96	2.87	4.34	7.38	6.88	4.47	2.65	10.31	52.55	0.31	0.02	0.11	0.07	0.08	3.39
RB	1.41	0.94	0.74	2.34	0.49	1.41	0.03	0.86	0.36	87.35	0.52	2.72	0.28	0.53	0.90
J	0.27	0.32	0.42	0.27	0.44	0.32	0.03	0.19	0.08	0.69	94.66	1.09	0.65	0.55	0.38
HC	0.41	0.34	0.65	0.40	0.45	0.34	0.51	0.19	0.08	2.66	1.03	90.47	1.14	1.31	0.68
JM	0.09	0.28	0.25	0.18	0.17	0.25	0.11	0.59	0.03	0.15	0.86	0.01	96.30	0.73	0.26
I	0.57	0.32	0.17	0.32	0.15	0.71	0.35	0.22	0.18	0.49	0.46	1.16	0.37	94.53	0.39
总溢出输出量	4.49	4.33	3.34	6.66	5.27	6.02	2.53	5.07	2.34	0.58	0.25	0.51	0.22	0.30	41.92

表 6-3　净二阶矩波动溢出指数矩阵

接收变量	输出变量														
	Mine	Coalf	LingGang	MaGang	BaoGang	BaoyGang	PROP	INDU	SHIP	RB	J	HC	JM	I	总溢出接收量
Mine	56.15	4.82	0.05	10.69	2.41	6.30	3.25	9.27	6.63	0.11	0.11	0.04	0.05	0.12	3.13
Coalf	5.33	51.09	0.02	11.08	2.18	15.05	6.01	6.94	1.81	0.09	0.070	0.02	0.17	0.12	3.49
LingGang	0.61	0.27	95.24	1.31	0.19	0.43	0.06	0.32	0.56	0.23	0.04	0.70	0.02	0.02	0.34
MaGang	10.55	8.67	0.08	43.58	3.67	14.49	4.19	10.87	3.52	0.08	0.06	0.04	0.06	0.16	4.03
BaoGang	3.97	3.36	0.02	6.78	69.81	7.04	2.25	4.43	1.31	0.42	0.07	0.35	0.04	0.14	2.16
BaoyGang	6.60	11.99	0.03	14.85	3.40	43.65	6.15	9.64	3.22	0.05	0.02	0.06	0.17	0.17	4.03
PROP	4.43	6.29	0.01	6.49	1.75	8.22	63.02	5.87	2.68	0.81	0.05	0.05	0.12	0.20	2.64
INDU	9.24	6.93	0.05	11.88	2.95	10.67	5.01	47.22	5.21	0.10	0.03	0.04	0.26	0.42	3.77
SHIP	8.32	2.86	0.03	5.58	1.32	4.10	3.11	7.00	66.93	0.15	0.02	0.40	0.15	0.04	2.36
RB	0.23	0.06	0.42	0.19	0.60	0.02	1.11	0.11	0.39	90.58	0.41	3.42	1.03	1.44	0.67
J	0.13	0.19	0.14	0.05	0.05	0.04	0.15	0.08	0.09	0.01	94.02	0.21	2.88	1.98	0.43
HC	0.10	0.08	0.03	0.04	0.41	0.11	0.11	0.06	0.40	3.45	1.70	90.73	2.55	0.23	0.66
JM	0.11	0.37	0.02	0.28	0.02	0.39	0.20	0.64	0.24	0.30	2.79	0.37	93.43	0.85	0.47
I	0.94	0.09	0.02	0.64	0.37	0.09	0.12	0.41	0.52	0.01	1.95	0.05	0.80	94.01	0.43
总溢出输出量	3.61	3.29	0.07	4.99	1.38	4.78	2.27	3.98	1.90	0.41	0.52	0.41	0.59	0.42	28.61

表 6-4　净三阶矩偏度溢出指数矩阵

接收变量	输出变量														
	Mine	Coalf	LingGang	MaGang	BaoGang	BaoyGang	PROP	INDU	SHIP	RB	*J*	HC	JM	*I*	总溢出接收量
Mine	60.11	1.47	1.22	1.07	1.05	5.29	2.76	7.97	1.66	4.49	1.13	3.00	0.16	8.62	2.85
Coalf	0.38	63.59	0.89	1.41	10.76	10.59	3.27	2.56	0.61	0.94	0.17	3.55	0.77	0.50	2.60
LingGang	9.60	2.80	54.76	2.34	1.38	17.01	1.02	4.59	1.14	0.27	1.04	0.88	2.39	0.76	3.23
MaGang	0.61	10.44	0.36	59.46	0.14	11.63	0.65	3.23	0.58	8.31	2.89	0.08	1.34	0.28	2.90
BaoGang	2.12	16.50	0.44	2.41	50.27	0.40	2.21	3.05	1.30	2.39	0.59	14.47	2.83	1.02	3.55
BaoyGang	7.10	4.40	1.47	3.28	1.66	62.76	1.16	10.54	0.38	3.49	1.29	1.43	0.25	0.79	2.66
PROP	0.83	8.75	0.46	6.56	10.66	1.60	55.04	5.03	1.08	0.66	0.51	8.13	0.60	0.08	3.21
INDU	9.09	0.75	1.87	7.94	0.75	0.84	9.61	54.41	1.09	5.61	1.85	4.73	0.46	1.00	3.26
SHIP	15.34	2.27	2.82	2.40	1.04	1.09	8.22	14.93	29.9	4.42	2.97	7.88	0.20	6.53	5.01
RB	18.1	2.36	0.50	1.40	0.32	0.20	0.13	0.81	2.49	70.59	0.05	1.33	1.51	0.21	2.10
J	8.00	0.64	3.62	0.49	5.01	3.53	0.61	4.90	8.22	0.04	58.5	4.18	0.73	1.52	2.96
HC	2.71	8.72	0.63	4.26	0.64	4.05	6.31	1.23	1.37	1.56	3.56	64.00	0.69	0.27	2.57
JM	4.41	1.59	7.85	7.60	3.30	0.15	1.76	1.82	0.63	1.44	1.17	0.14	68.04	0.10	2.28
I	0.31	0.90	0.31	2.01	0.24	8.74	1.30	1.11	0.33	0.06	0.62	6.72	0.95	76.4	1.69
总溢出输出量	5.62	4.40	1.60	3.08	2.64	4.65	2.79	4.41	1.49	2.41	1.27	4.04	0.92	1.55	40.87

表 6-5　净四阶矩峰度溢出指数矩阵

接收变量	输出变量													
	Mine	Coalf	LingGang	MaGang	BaoGang	BaoyGang	PROP	INDU	SHIP	RB	*J*	HC	JM	*I*	总溢出接收量
Mine	51.81	0.51	1.33	0.22	0.64	4.01	8.46	7.45	11.47	0.14	3.47	0.42	9.78	0.29	3.44
Coalf	5.99	43.9	1.08	0.51	21.35	6.24	0.74	0.47	8.32	1.17	0.54	8.00	0.48	1.21	4.01
LingGang	3.03	1.18	23.59	3.12	2.47	46.01	0.84	3.01	5.48	7.47	1.63	0.10	0.90	1.18	5.46
MaGang	1.09	3.72	2.43	54.03	0.14	3.35	0.44	5.94	6.56	17.19	3.04	0.69	0.45	0.93	3.28
BaoGang	9.89	3.43	0.15	1.16	65.67	1.26	3.42	0.44	7.87	1.00	1.83	2.07	1.24	0.57	2.45
BaoyGang	3.09	0.67	36.15	0.42	0.42	49.25	0.42	3.92	1.80	0.95	0.19	0.30	1.64	0.77	3.62
PROP	6.27	0.28	6.23	0.07	5.56	0.62	62.51	2.67	0.24	10.89	2.92	1.03	0.37	0.35	2.68
INDU	8.96	0.33	1.05	0.19	1.47	2.53	0.98	67.54	1.57	0.79	7.28	3.39	3.91	0.01	2.32
SHIP	0.95	0.69	0.19	0.10	0.97	0.18	2.13	1.29	87.61	0.32	0.54	1.91	3.03	0.09	0.88
RB	1.41	0.13	0.14	0.22	0.35	1.24	0.96	0.48	2.75	81.17	4.76	4.77	0.66	0.95	1.34
J	0.34	3.17	0.45	0.19	1.45	3.54	3.75	11.51	0.71	6.08	67.03	0.56	1.09	0.12	2.35
HC	0.27	0.23	0.57	4.40	0.65	5.26	1.84	3.27	4.82	1.16	0.09	76.1	1.23	0.11	1.71
JM	4.84	1.14	0.11	17.12	0.61	2.51	0.95	0.62	9.40	4.57	2.03	0.23	55.56	0.30	3.17
I	0.17	0.02	1.61	0.33	2.54	0.08	2.00	4.42	2.38	1.44	0.17	2.48	0.64	81.72	1.31
总溢出输出量	3.31	1.11	3.68	2.00	2.76	5.49	1.92	3.25	4.53	3.80	2.04	1.85	1.81	0.49	38.04

阶矩均值溢出较大。钢铁制造业收益率均值对上下游行业收益率均值溢出明显，同时该行业内部收益率也存在明显的均值溢出效应。钢铁制造业收益率均值对整个“黑色系”产业链收益率有不可比拟的影响力。“黑色系”产业链收益率均值变化主要沿着产业链进行传导，影响范围较大且多为正向溢出。“黑色系”产业链上净一阶矩均值溢出效应较普遍存在，主要从上游的采矿业和煤炭加工业开始向下传导，并通过钢铁制造业逐渐传导到其他重工业。

在表 6-3 的净二阶矩波动溢出指数矩阵中，钢铁制造业对采矿业、煤炭加工业的净二阶矩波动溢出指数也较大，这说明钢铁制造业收益率波动会使得上游采矿业和煤炭加工业的收益率波动风险增加，同时也会使得下游的重工业收益率波动风险增加。钢铁制造业收益率波动对上下游收益率波动程度影响巨大，是重要的波动风险传染源头。可以发现，钢铁制造业和煤炭加工业之间形成了显著的关联关系，这意味着煤炭加工业收益率的波动变化会使得钢铁制造业收益率的波动变化增加，钢铁制造业会受到煤炭加工业的风险传染。

偏度反映了概率密度偏离对称分布的程度。偏度越高，说明出现单侧极端值的概率越大。正态分布左右是对称的，偏度为 0。较大的正值表明该分布具有右侧较长尾部。较大的负值表明具有左侧较长尾部。在表 6-4 的净三阶矩偏度溢出指数矩阵中，钢铁制造业净三阶矩偏度溢出显著，其对上游行业（如 Mine）以及下游产品（如 SHIP）均存在显著的净三阶矩偏度溢出，钢铁制造业收益率变动更有可能使得整个产业链出现极端正收益的概率增加。重工业和采矿业对造船业的净三阶矩偏度溢出接近 14，出现强的净三阶矩偏度溢出关系，这说明“黑色系”上游产业收益率的变动可能会造成下游产业收益率出现极端正收益的概率上升。

四阶矩峰度衡量数据的离群程度，用来表示出现极端值的概率。数据概率密度为正态分布的情况下，四阶矩峰度数值是 0。四阶矩峰度为正说明观测数据较为集中，且有着比正态分布更长的尾部；四阶矩峰度为负说明观测数据较为分散，且有比正态分布更短的尾部。在表 6-5 中，净四阶矩峰度溢出效应较分散。相较而言，钢铁制造业对内部和上游行业具有较弱的净四阶矩峰度溢出效应。煤炭加工业对钢铁制造业巨头的净四阶矩峰度溢出、马钢股份对原材料焦煤的净四阶矩峰度溢出显著高于其他大多数关联。如果峰度系数偏大，说明该项资产的价格波动更加剧烈，所在行情更有可能出现极端值的情况。由此可见，煤炭加工业收益率变动会使得钢铁制造业收益率出现极端值的概率上升。

参 考 文 献

Dai X Y，Xiao L，Wang Q W，et al. 2021. Multiscale interplay of higher-order moments between the carbon and energy markets during Phase III of the EU ETS[J]. Energy Policy，156：112428.

Diebold F X，Yilmaz K. 2012. Better to give than to receive：predictive directional measurement of volatility spillovers[J]. International Journal of Forecasting，28（1）：57-66.

Diebold F X，Yilmaz K. 2014. On the network topology of variance decompositions：measuring the connectedness of financial firms[J]. Journal of Econometrics，182（1）：119-134.

Ouyang Z Y，Qin Z，Cao H，et al. 2021. A spillover network analysis of the global crude oil market：evidence from the post-financial crisis era[J]. Petroleum Science，18（4）：1256-1269.

Pesaran H H，Shin Y. 1998. Generalized impulse response analysis in linear multivariate models[J]. Economics Letters，58（1）：17-29.

第七章 多元能源价格波动过程

随着全球经济一体化的不断深化和市场之间关联性的提高，多元能源资产市场间的收益率波动表现出越发复杂的互相关性特征。这种相关性主要包含以下两个方面。第一，就研究对象而言，石油、天然气、煤炭和电力等单一能源产品在不同市场之间往往存在较高的相关性。Liu 和 Gong（2020）的研究发现 WTI、布伦特、阿曼（Oman）和塔皮斯（Tapis）[①]这四种原油期货收益率波动间存在时变的溢出效应，当收益率波动越大时，溢出效应越明显。第二，在考虑能源结构转型的背景下，清洁能源替代加速，不同能源资产之间收益率波动的相关性也表现出越发复杂的网络结构。例如，现阶段的很多研究都发现原油市场对天然气等清洁能源市场存在较强的波动溢出效应。因此，某一种能源市场产生的价格波动可能来自多个其他能源市场的影响，如果仅仅研究单一市场的影响，那么明显存在着一定的局限性。在实际的情况中，对于一个能源市场收益率波动情况的判定往往需要获取诸多其他关联市场对它的综合波动信息指标，其结果才能真实地解释市场的波动情况。

价格波动过程是指一个能源市场价格收益率的波动除了会受到自身前期波动的影响，还会受到其他相关市场的波动影响。此外，随着世界经济全球化的快速发展，不同的能源市场间的联系越来越密切，波动溢出效应也越来越普遍。在进行研究时，为了准确刻画不同能源资产间的多元动态特征，往往需要建立相应的模型来描述不同市场间波动的相互影响关系。因此，在研究多元能源资产收益率波动时，一般需要建立多元 GARCH 模型。本质上讲，多元 GARCH 模型是在一元 GARCH 模型的基础上考虑多个资产波动率间相互影响的模型。从公式上看，多元 GARCH 模型相当于一元 GARCH 模型的联立形式，在联立方程中存在波动率的交叉项。因此，多元 GARCH 模型能够充分利用残差向量的方差-协方差矩阵中所包含的信息，通过建模来分析市场间的波动溢出。其中，用来研究市场间波动溢出效应最常用的模型是由 Engle 和 Kroner（1995）提出的 BEKK-GARCH 模型[②]。相对于其他多元 GARCH 模型，BEKK-GARCH 模型突破了金融变量之间的相关系数保持恒定的假设限制。因为 BEKK-GARCH 模型具备直接估计条件协方差的特点，并且保证了条件协方差的正定性，因此被广泛应用。本章主要介绍多种能源资产间的波动特征及相关的检验和模型估计，并给出相应的案例分析以加深理解（在不引起歧义的情况下，本章所提及的价格波动率都指价格收益率的波动率）。

---

① WTI 原油是北美地区较为通用的一类原油。布伦特原油，是出产于北海的布伦特和尼尼安油田的轻质低硫原油。阿曼原油，是阿曼生产和出口的原油品种，用于为中东出口至亚洲的原油定价。塔皮斯原油，马来西亚轻质原油，是在东南亚地区代表轻质原油价格的典型原油，东南亚的轻质原油大部分以它为基准进行作价。

② BEKK-GARCH 模型是 Engle 和 Kroner（1995）在综合了 Baba、Engle、Kraft 和 Kroner 在 1991 年未发表的手稿内容的基础上提出的多元 GARCH 模型的表达式之一，简称为 BEKK-GARCH 模型。

7.1　多元能源价格波动特征

基于对多元能源价格均值过程的讨论，探讨能源价格波动过程就变成了一件很自然的事。随着市场之间关联性的提高，信息在不同市场之间传递的速度越来越快，能源价格间的波动也越来越密切，这种特性不仅可以存在于同一能源资产的不同市场间，也可以在不同能源资产市场间出现。图 7-1～图 7-3 分别刻画了 2019 年 1 月至 2020 年 12 月 WTI 原油现货、布伦特原油现货以及天然气现货的日收益率序列图。从图 7-1～图 7-3 中可以看出，无论是原油资产的不同市场还是原油与其他能源资产市场，它们的收益率波动情况都是相似的：当 WTI 原油现货收益率波动加剧后，布伦特原油现货与天然气现货的收益率也出现了剧烈的波动。这说明不同能源资产市场间存在密切联系，尤其在新冠疫情全球大流行时期，能源价格波动率急剧加大，它们之间协同运动的趋势也较为明显。

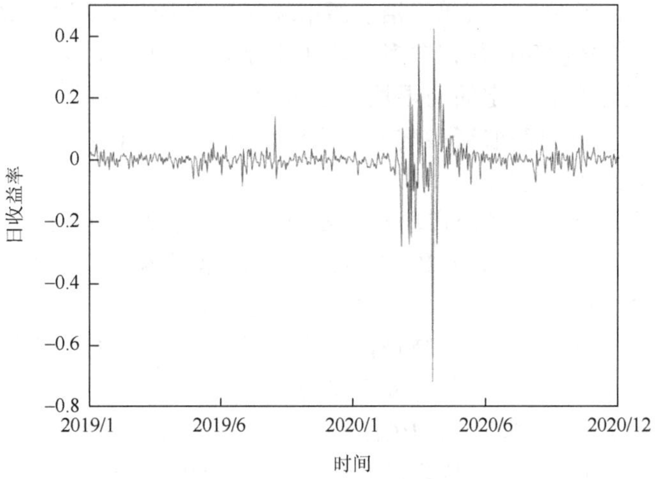

图 7-1　WTI 原油现货的日收益率序列图

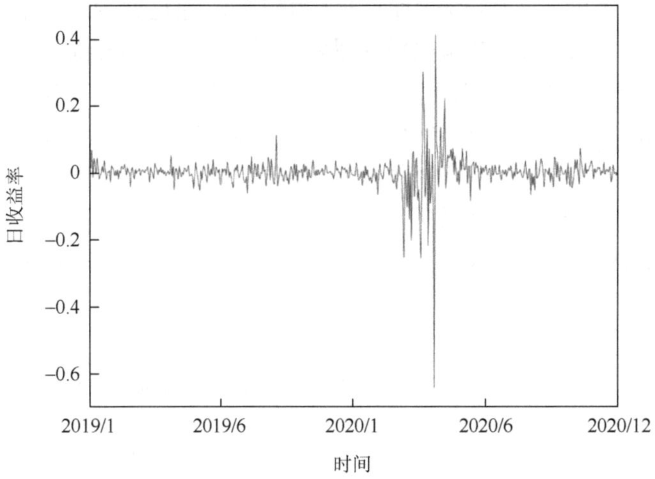

图 7-2　布伦特原油现货的日收益率序列图

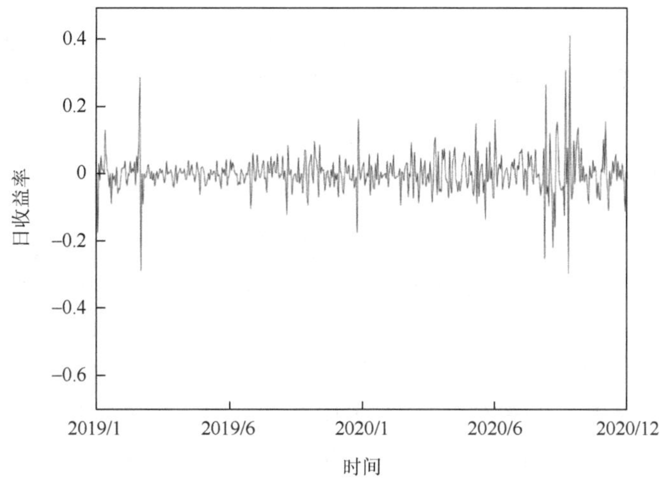

图 7-3　天然气现货的日收益率序列图

目前为止，我们仅考虑了单一能源资产的波动特征，分别用一元 GARCH 模型和一元已实现测度方法为波动过程进行了建模。为了考虑多种能源资产收益间的波动特征，下面主要介绍多元能源价格收益率间的方差-协方差矩阵、动态特征以及波动溢出效应。

7.1.1　方差-协方差矩阵

在研究多元能源价格波动过程前，首先需要了解方差-协方差矩阵的含义。方差-协方差矩阵已经被广泛应用于资产定价、风险管理、套期保值以及资产配置等方面。随着多元 GARCH 模型的提出和发展，关于方差-协方差矩阵的研究也越来越多。在统计学与概率论中，方差-协方差矩阵是一个矩阵，其每个元素是各个向量元素之间的协方差。协方差的计算公式可以写成

$$\mathrm{Cov}(x_i,x_j)=E\left[\left(x_i-E(x_i)\right)\left(x_j-E(x_j)\right)\right] \tag{7-1-1}$$

对于多元随机变量 $(x_1,x_2,\cdots,x_n)$，我们需要对任意两个变量 (x_i,x_j) 求线性关系，也就是需要对任意两个变量求方差-协方差矩阵，即

$$\mathbf{Cov}(x_i,x_j)=\begin{pmatrix}\mathrm{Cov}(x_1,x_1) & \mathrm{Cov}(x_1,x_2) & \mathrm{Cov}(x_1,x_3) & \cdots & \mathrm{Cov}(x_1,x_n)\\ \mathrm{Cov}(x_2,x_1) & \mathrm{Cov}(x_2,x_2) & \mathrm{Cov}(x_2,x_3) & \cdots & \mathrm{Cov}(x_2,x_n)\\ \mathrm{Cov}(x_3,x_1) & \mathrm{Cov}(x_3,x_2) & \mathrm{Cov}(x_3,x_3) & \cdots & \mathrm{Cov}(x_3,x_n)\\ \vdots & \vdots & \vdots & & \vdots\\ \mathrm{Cov}(x_n,x_1) & \mathrm{Cov}(x_n,x_2) & \mathrm{Cov}(x_n,x_3) & \cdots & \mathrm{Cov}(x_n,x_n)\end{pmatrix} \tag{7-1-2}$$

其中，每个元素 $\mathrm{Cov}(x_i,x_j)$ 表示变量 x_i 与 x_j 之间的协方差，对角线上的第 i 个元素等于

x_i 的方差。如果协方差为正，则代表变量之间的相关关系为正相关；如果为负，则代表变量之间的相关关系为负相关；如果为零，则代表变量之间没有线性相关性。

7.1.2　动态特征

单一能源市场具有显著的随时间变化的动态特征，其价格、数量和交易频率及市场结构都会连续地发生变动，并且存在着广泛的非正态，即“尖峰厚尾”现象，与此同时，还表现出异方差性和波动聚集性等特点。同样地，多元能源市场之间也存在着相应的动态特征，在实际例子中研究者通常面对的能源资产并非一种，例如在进行投资组合分析时，就会面临多种能源资产的收益-风险分析。对于能源期货的最优套期保值比率分析亦是如此。显然传统的一元 GARCH 模型无法捕捉到这种跨市场的风险传递。因此，我们除了考虑单个市场的波动性，还需要考虑不同市场间波动的相互影响关系，这就需要在市场间建立相应的模型来分析问题。对多元能源价格收益率动态特征的刻画需要建立多元模型，通过建模来分析市场间的波动溢出、风险转移或投资组合等相关问题。相比传统的单变量 GARCH 模型只能刻画单一金融资产风险的纵向传递，多元 GARCH 模型不仅能刻画多个能源资产沿时间方向的波动聚集，还能有效捕捉不同能源资产之间的风险传递情况。

分析多个能源市场之间相关关系的方法主要包括相关系数分析法、历史数据平滑法以及多元 GARCH 模型。多元能源资产包含了各种跨市场和跨期限的资产，由于能源价格收益率波动表现出动态变化特征和波动聚集效应，使用相关系数分析法难以反映不同时期的动态相关关系；使用滚动历史相关法与指数平滑法等历史数据平滑法较难准确刻画波动聚集效应；而基于多元 GARCH 模型的动态相关性模型能够充分利用残差向量的方差-协方差矩阵中所包含的所有信息来进行分析，同时还能考虑资产波动与风险特征，为分析多元能源资产的联动关系提供了更有效的实证途径。Ciarreta 和 Zarraga（2015）就基于多元 GARCH 模型发现西班牙、葡萄牙、法国、奥地利、德国、瑞士的电力市场间的收益率波动溢出情况存在较大差异。多元模型和一元模型相比，可以更加准确地估计参数值，对市场间溢出效应的检验效率也更高。

7.1.3　波动溢出效应

波动溢出效应，是指一个市场的波动除了会受到自身前期波动的影响，还会受到其他相关市场的波动影响。首先，根据市场的强有效假说，金融市场的信息或者冲击会使有效的金融市场同时做出反应，这种反应往往是通过价格水平体现的。也就是说，信息能够在同一时刻被所有市场吸收，这样的话就不会存在溢出效应，然而现实中的市场并非完全有效的市场，历史价格中也包括了很多没有能被市场充分消化的信息，这些信息能够持续影响市场走势，并且不同能源资产的市场间有着相同的信息来源。因为不同的市场往往有着不同的交易制度，同源信息在不同市场上的反应速度不同，即一个市场的波动不仅会对自身未来的波动产生影响，还可能会对其他具有相同信息源的市场的未来波动产生影响，该现象也被众多学者证实（Wang and Guo，2018；Wang and Wu，2018；Wang and Wang，2019；Xu et al.，2019；Wen et al.，2020；Wen and Wang，2021；Jin et al.，2022；Wei et al.，2022）。随着能源市场之间的联系越来越密切，波动溢出效应也越来越普遍。目前关于波动溢出效应的形成因素，主要有以下两个方面。

1. 宏观因素

随着经济的全球一体化，能源市场之间的联动也在逐渐增加，波动的信息也由此在不同的市场之间进行传递。现实中的市场并不是完全有效的，一些限制因素的存在会导致不同能源市场对信息或冲击不能做出迅速而充分的反应。马超群等（2009）发现 WTI 原油和迪拜原油期货市场对新加坡燃料油现货市场及上海燃料油期货市场存在较为稳定的信息溢出效应，上海燃料油期货市场会受到其他三个市场的波动溢出作用。

同时，考虑到近年来人们对气候变化的关注度不断上升，各国政府为应对气候变化所采取的行动也加深了能源资产间的波动溢出效应。总体来看，国际上应对气候变化的政策框架主要包括设定净零排放目标，围绕“碳中和”出台行动计划，而能源（尤其是传统化石能源）的使用与碳排放息息相关。例如，英国分别于 2020 年和 2021 年发布的《绿色工业革命十点计划》和《净零战略》，支持英国企业和消费者向清洁能源与绿色技术过渡，降低对传统化石燃料的依赖，鼓励投资可持续清洁能源。这些气候政策增加了能源资产间，尤其是传统化石能源资产与清洁能源资产间收益率的波动溢出效应。

此外，考虑能源市场金融化的影响，不同的能源资产可能拥有共同的投资者，从而令不同能源资产收益面对金融信息冲击时出现波动溢出效应。姬强等（2016）基于一种新的时变最优 copula 模型，研究了国际油气（原油和天然气）价格与汇率之间的动态相依关系，发现油气价格与汇率之间存在非对称的反向极端相依性。

因此，从宏观上讲，不同的能源市场间的信息传递存在着滞后的关系。这种滞后关系在一定程度上能够反映不同市场之间联系的紧密程度以及它们之间信息传递的程度。这就是造成能源价格收益率波动溢出效应的宏观经济因素。

2. 微观因素

能源期货是能源资产的重要组成部分，通过期货市场套期保值的交易方式，在现货和期货两个市场进行相反方向的交易，可以在现货市场和期货市场之间建立一种盈亏冲抵机制，进而实现锁定能源市场、稳定收益和成本的目的。期货的保证金交易机制和套期保值功能在保证能源期货市场可以稳定连续地运转下去的同时，也降低了能源资产间的对冲成本，从而促进了能源资产间的波动溢出。许多能源投资者会在现货和期货市场之间寻找套利机会，或者是跨时期、跨能源品种的风险对冲机会，这些投资行为在微观上加深了能源资产收益率波动间的联系与协同变动的趋势。Cortazar 等（2019）指出石油期货价格和分析师的预测对石油现货的定价有重要影响。Ghoddusi 和 Emamzadehfard（2017）研究了美国天然气市场的最优套期保值问题，发现使用更长期限的合约可以提高天然气套期保值的有效性，协整和时变价格因素对几乎所有实物价格的套期比率和套期效率影响最小。由此可见，能源市场的微观套利以及套期保值行为亦在不断加深不同能源市场间的波动溢出效应。

能源资产投资者的非理性行为也会助长能源资产间的溢出效应。实际上，不同市场间的波动性溢出与交易者并非是完全理性的。Bunn 等（2017）研究发现石油市场的投机因素增加了石油与天然气市场的相关性。很多时候人们的行为并不能完全满足传统的经济学关于理性人的假设，也就是说现实中基本不存在完全理性的投资者，实际的能源市场参与者还包括一些投机者。当他们需要做投资决策时，通常不是通过认真研究、复杂的理论推理，而是根据以往的经验或者使用简单的标准来进行判断。Du 和 He（2015）研究了 2008 年金融危机前后标准普尔 500 指数和 WTI 原油期货收益率的溢出效应，发现标准普尔 500 指数和 WTI 原油期货市场之间存在重大的正向风险溢出，且在金融危机之后，双向正向风险溢出明显增强。很多研究者都证明投资者对能源市场中共同消息的过度敏感和主观偏见也较容易引发非理性思维与判断，从而加大了溢出效应。

此外，学者还指出有一类投资者行为偏差叫作“羊群效应”，即当投资者在进行决策时，往往会过度信赖他们所听到的一些舆论从而失去主观判断，导致他们只参考别人的意见而放弃自己本来合理的决定。投资者的这种行为会导致能源资产的价格出现非正常的波动，同时也会加强不同能源市场之间的协同联系，因此会放大不同能源市场间的溢出效应。

7.2　多元能源价格的异方差性检验

在能源市场中，波动率是能源资产时间序列最重要的特征之一，时序方向上的波动聚集与不同能源资产之间的风险传递情况已经成为众多理论和实证研究的重要领域。然而，在现实的能源市场上，许多能源资产收益率序列存在非平稳性，在呈现出阶段性相对平稳的同时，往往先后表现出彼此相关的剧烈波动性，具有明显的异方差性特征。因此，传统的线性结构模型（以及时间序列模型）并不能很好地解释多元能源资产数据的重要特征，如“尖峰厚尾”性、波动聚集性、杠杆效应等特征。图 7-4 刻画了 2011 年至 2020 年 WTI 原油与天然气资产日收益率的分布状况。从图 7-4 中可以发现，这两种能源资产的收益率都存在“尖峰厚尾”特征，并不是标准的正态分布。图 7-5 描绘了 WTI 原油现货日收益率变动状况，可以看出，WTI 原油现货市场的日收益率的波动有一定的持续性，呈现出明显的聚集现象，即波动聚集性。这种集群现象会对 OLS 估计造成一定的困难，故而，多元 GARCH 模型是多元能源价格波动率研究中被广泛应用的特殊非线性模型。另外，这种波动聚集现象也从侧面反映出了 WTI 原油现货收益率数据具有较高的异方差性。

我们已经知道多元情形下，能源资产自身的当前波动可能会受到来自其他能源资产收益过去波动的影响。本节将针对多元能源价格波动率间存在相互影响的实际情况，介绍多维情形下，如何检验能源价格收益率序列是否存在由多元能源价格收益率波动导致的异方差性。

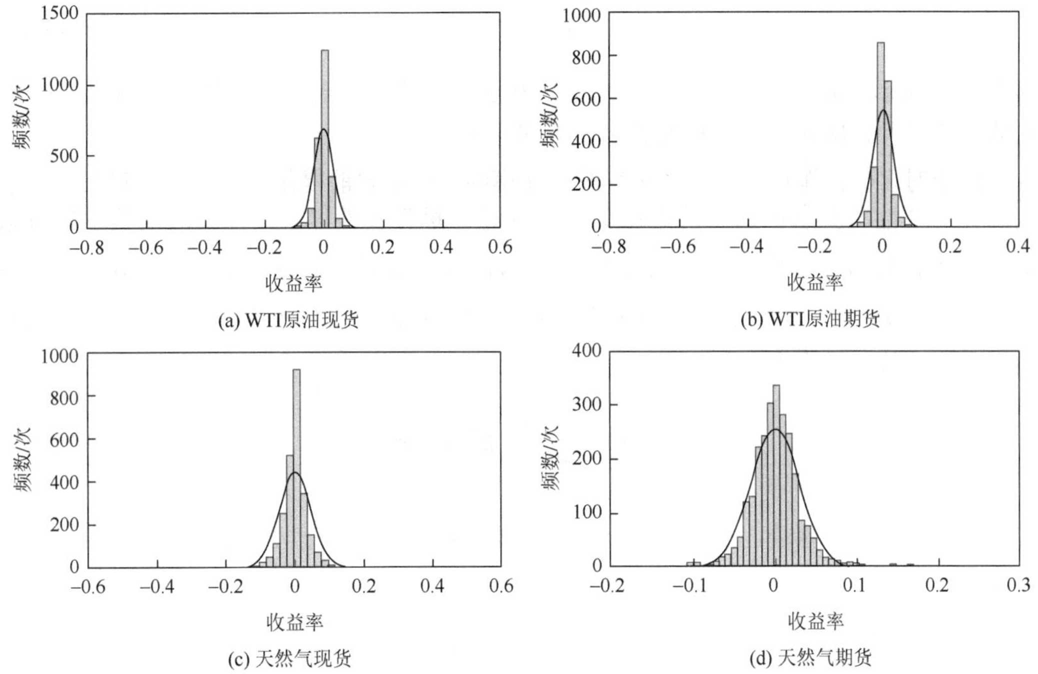

图 7-4　WTI 原油与天然气资产日收益率分布图

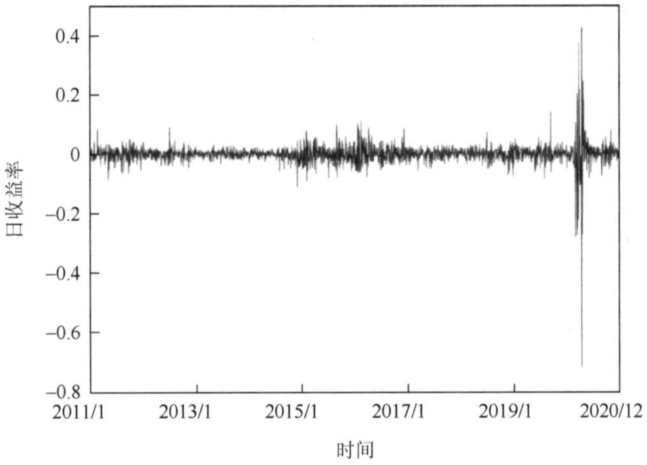

图 7-5　WTI 原油现货日收益率变动状况

7.2.1　多元 LB 检验

在对多元能源价格收益率进行波动建模之前，我们将一个多元能源价格收益率序列 $\boldsymbol{r}_t$ 分解为

$$\boldsymbol{r}_t = \boldsymbol{\mu}_t + \boldsymbol{\alpha}_t \tag{7-2-1}$$

其中，$\boldsymbol{\mu}_t$表示已知信息集下的条件期望。基于上一章的分析，我们假设$\boldsymbol{\mu}_t$服从一个给定的均值过程，因此噪声过程或新息$\boldsymbol{\alpha}_t$是可得的。

由于对多元能源价格收益率进行波动建模的一个重要前提是异方差性的存在，而序列的异方差性与新息$\boldsymbol{\alpha}_t$的二阶矩相关，所以对$\boldsymbol{\alpha}_t$进行条件异方差性质的检验。若新息$\boldsymbol{\alpha}_t$没有条件异方差性质，则可以对$i\left(1\leqslant i\leqslant m\right)$检验原假设$H_0:\boldsymbol{\rho}_1=\boldsymbol{\rho}_2=\cdots=\boldsymbol{\rho}_m=0$与备择假设$H_\alpha:\boldsymbol{\rho}_i\neq 0$，其中$\boldsymbol{\rho}_i$是新息平方项$\boldsymbol{\alpha}_t^2$的滞后$i$交叉相关矩阵。在该情形中，使用的显著检验统计量为多元LB统计量：

$$Q_k\left(m\right)=T^2\sum_{i=1}^{m}\frac{1}{T-i}\boldsymbol{b}_i'\left(\hat{\boldsymbol{\rho}}_0^{-1}\otimes\hat{\boldsymbol{\rho}}_0^{-1}\right)\boldsymbol{b}_i \tag{7-2-2}$$

其中，T表示样本容量；k表示新息$\boldsymbol{\alpha}_t$的维数；$\boldsymbol{b}_i=\operatorname{vec}\left(\rho_i'\right)$且$\hat{\rho}_j$表示$\boldsymbol{\alpha}_t^2$的滞后$j$样本交叉相关矩阵。

7.2.2 多元秩检验

由于能源价格收益率的分布拥有厚尾的特点，因此有些极端的收益可能会对式（7-2-2）的多元LB统计量$Q_k\left(m\right)$的性能产生显著效应。本节要介绍的多元秩检验可以克服这些潜在的弱点。对于标准化序列

$$e_t=\boldsymbol{\alpha}_t'\boldsymbol{\Sigma}^{-1}\boldsymbol{\alpha}_t-k \tag{7-2-3}$$

其中，$\boldsymbol{\Sigma}$表示新息$\boldsymbol{\alpha}_t$的无条件协方差矩阵；k表示新息$\boldsymbol{\alpha}_t$的维数。令R_t是e_t的秩，e_t的之后l秩自相关定义为

$$\tilde{\rho}_l=\frac{\sum_{t=l+1}^{T}\left(R_t-\bar{R}\right)\left(R_{t-l}-\bar{R}\right)}{\sum_{t=1}^{T}\left(R_t-\bar{R}\right)^2},\quad l=1,2,\cdots \tag{7-2-4}$$

其中，$\bar{R}$表示R_t的样本均值。

秩自相关的分布与当$\left\{e_t\right\}$是连续可交换随机变量时，秩自相关的分布相同。此外，如果e_t不是序列相关的，则统计量

$$Q_R\left(m\right)=\sum_{i=1}^{m}\frac{\left[\tilde{\rho}_i-\mathbb{E}\left(\tilde{\rho}_i\right)\right]^2}{\operatorname{Var}\left(\tilde{\rho}_i\right)} \tag{7-2-5}$$

的渐进分布为χ_m^2。

7.3　多元能源价格波动过程模型

由于人们在实际中经常面对多元时间序列数据的分析，因此，多元 GARCH 模型一经提出就引起了极大关注。但是理论上的完美与应用上的便捷总是存在很大差距。多元 GARCH 模型涉及对方差-协方差矩阵建立动态模型，从技术上看主要的困难有两个：首先，随着维数的增加，需要估计大量的参数，在现有的非线性优化技术和计算机技术下实现起来通常很困难；其次是如何通过参数限定条件来保证方差-协方差矩阵的正定性。

最早将一元 GARCH 模型推广到多元形式的是 Bollerslev 等（1988），他们提出了半向量化 GARCH（half-vectorization GARCH，VECH-GARCH）模型。VECH-GARCH 模型可以考虑不同能源资产波动率之间的交叉动态影响，但该模型在应用中也存在较大的缺陷：其需要估计的参数非常多，且难以保证方差-协方差矩阵的正定性。所以当 VECH-GARCH 模型提出后，对多元资产收益率的方差-协方差矩阵 $\boldsymbol{H}_t$ 的“合理”参数化就成为一直困扰理论计量经济学家的问题。“合理”就是要兼顾模型的简洁性和适宜性，整个多元 GARCH 模型的发展历程就是在 $\boldsymbol{H}_t$ 的参数化过程中不断调整简洁性和适宜性的过程。由此，Engle 和 Kroner（1995）提出了一种新的多元 GARCH 模型——BEKK-GARCH 模型，它的优点在于能容易地施加约束条件从而保证方差-协方差矩阵的正定性，且大大减少了待估参数。BEKK-GARCH 模型可以很好地描述多元市场之间的波动溢出效应，因而被广泛应用。下面对标准 BEKK-GARCH 模型及其推广形式进行相关的介绍。

7.3.1　动态特征与 VECH-GARCH 模型

能源市场主要表现出强相关性、厚尾性、异方差性和波动聚集性等特性，如何估计出具有上述特性的方差-协方差矩阵成了研究多元能源价格收益率序列波动特征的主要任务之一，其中，多元 GARCH 模型是常见的估计方法。在第二章中，我们介绍了一元 GARCH 模型，其基本方程式为

$$x_t = \sigma_t \varepsilon_t\,,\quad \varepsilon_t \sim N(0,1) \tag{7-3-1}$$

这里，$\sigma_t^2 = \mathbb{E}_{t-1}\left(x_t^2\right)$ 表示满足式（7-3-2）的条件方差。

$$\sigma_t^2 = \alpha_0 + \sum_{i=1}^{q} \alpha_i x_{t-i}^2 + \sum_{j=1}^{p} \beta_j \sigma_{t-j}^2 \tag{7-3-2}$$

在实际应用中，仅仅研究单一能源资产的波动率是不够的，通常还需要考虑由多种能源资产收益率向量构成的投资组合，以及多种能源资产收益率的波动率之间的关系。假设将这个多元序列通过 ARMA 模型过滤后，我们得到了一个由 n 种资产的收益率新息构成的投资组合 $x_{i,t}$，其中 $i = 1,2,\cdots,n$。把这些新息叠放在一起，形成一个向量 $\boldsymbol{X}_t$。定义 $\boldsymbol{H}_t = [\sigma_{ij,t}]$ 表示所有收益率的条件方差-协方差矩阵。其中，$\sigma_{ii,t}$ 表示条件方差-协方差矩阵对角线上的元素，等于向量本身的条件方差；$\sigma_{ij,t}$ 则表示变量 x_i 与 x_j 之间的

条件协方差。一元 GARCH 模型的最简单推广是把条件方差-协方差矩阵 $\boldsymbol{H}_t$ 和 $\boldsymbol{X}_t\boldsymbol{X}_t^{\mathrm{T}}$ 按式（7-3-3）和式（7-3-4）的方式联系在一起：

$$\boldsymbol{X}_t = \boldsymbol{H}_t^{1/2}\boldsymbol{\varepsilon}_t \tag{7-3-3}$$

$$\mathbb{E}(\boldsymbol{X}_t\boldsymbol{X}_t^{\mathrm{T}} \mid \mathcal{F}_{t-1}) = \boldsymbol{H}_t \tag{7-3-4}$$

其中，$\boldsymbol{\varepsilon}_t = (\varepsilon_{1t}, \varepsilon_{2t}, \cdots, \varepsilon_{nt})^{\mathrm{T}}$，是 $n\times 1$ 维随机向量，其一阶矩和二阶矩分别为 $E(\boldsymbol{\varepsilon}_t)=0$ 和 $\mathrm{Var}(\boldsymbol{\varepsilon}_t)=\boldsymbol{I}_n$，$\boldsymbol{I}_n$ 为单位阵，$\boldsymbol{\varepsilon}_t$ 服从独立同分布。$\mathcal{F}_{t-1}$ 表示 $t-1$ 时刻以前的信息集。

在式（7-3-3）和式（7-3-4）中需要解决的主要问题是如何寻求一个适当的模型，能精确地估计出动态 $\boldsymbol{H}_t$，同时还要满足 $\boldsymbol{H}_t$ 的正定性。Bollerslev 等（1988）最早提出了 $\boldsymbol{H}_t$ 的一般形式，即 VECH-GARCH 模型。该模型将条件方差-协方差矩阵 $\boldsymbol{H}_t$ 表示为向量形式。通过引入半拉直算子 $\mathrm{vech}(\cdot)$，将 n 阶对称方阵 $\boldsymbol{H}_t$ 的下三角部分按列依次堆积成一个 $n(n+1)/2$ 维列向量，即

$$\mathrm{vech}(\boldsymbol{H}_t) = \mathrm{vech}\begin{pmatrix} h_{11,t} & h_{12,t} & h_{13,t} & \cdots & h_{1n,t} \\ h_{21,t} & h_{22,t} & h_{23,t} & \cdots & h_{2n,t} \\ h_{31,t} & h_{32,t} & h_{33,t} & \cdots & h_{3n,t} \\ \vdots & \vdots & \vdots & & \vdots \\ h_{n1,t} & h_{n2,t} & h_{n3,t} & \cdots & h_{nn,t} \end{pmatrix} = \begin{pmatrix} h_{11,t} \\ h_{21,t} \\ h_{22,t} \\ h_{31,t} \\ \vdots \\ h_{nn,t} \end{pmatrix} \tag{7-3-5}$$

利用半拉直算子，VECH-GARCH 模型可以表示为

$$\mathrm{vech}(\boldsymbol{H}_t) = \boldsymbol{C} + \sum_{j=1}^{q} \boldsymbol{A}_j \mathrm{vech}(\boldsymbol{\varepsilon}_{t-j}\boldsymbol{\varepsilon}_{t-j}^{\mathrm{T}}) + \sum_{i=1}^{p} \boldsymbol{B}_i \mathrm{vech}(\boldsymbol{H}_{t-i}) \tag{7-3-6}$$

其中，$\boldsymbol{C}$ 表示 $n(n+1)/2$ 维的参数向量；$\boldsymbol{A}_j$ 和 $\boldsymbol{B}_i$ 都表示 $n(n+1)/2$ 维的参数方阵；p 和 q 表示模型的阶。此时，这个模型中的参数总个数为 $[n(n+1)/2]^2\times(p+q)+[n(n+1)/2]$。尽管 VECH-GARCH 模型考虑了不同波动率之间的交叉动态影响，但即使是对于中等大小的 n，这个模型也可能会变得很复杂。在 VECH-GARCH 模型被提出的时代，计算机的普及程度以及计算机软件的可选择性都无法和现在相比。因此，VECH-GARCH 模型的估计难度阻碍了这一模型在实际中的应用和推广。另外，VECH-GARCH 模型中对 $\boldsymbol{H}_t$ 的参数化过程难以保证 $\boldsymbol{H}_t$ 的正定性；而 $\boldsymbol{H}_t$ 的正定性对多元 GARCH 模型的理论分析至关重要。因此，对于式（7-3-6），必须提出一些限制条件以减少参数的个数，同时还需要确保条件方差-协方差矩阵 $\boldsymbol{H}_t$ 的正定性。基于此，Engle 和 Kroner（1995）提出了 BEKK-GARCH 模型，该模型的一般形式为

$$\boldsymbol{H}_t = \boldsymbol{C}\boldsymbol{C}^{\mathrm{T}} + \sum_{j=1}^{q} \boldsymbol{A}_j\boldsymbol{\varepsilon}_{t-j}\boldsymbol{\varepsilon}_{t-j}^{\mathrm{T}}\boldsymbol{A}_j^{\mathrm{T}} + \sum_{i=1}^{p} \boldsymbol{B}_i\boldsymbol{H}_{t-i}\boldsymbol{B}_i^{\mathrm{T}} \tag{7-3-7}$$

其中，$\boldsymbol{C}$ 表示由 $n(n+1)/2$ 个参数组成的下三角阵；$\boldsymbol{A}_j$ 和 $\boldsymbol{B}_i$ 均表示由 n^2 个参数组成的 $n\times n$ 方阵；p 和 q 表示模型的阶。此时，模型中的参数总个数为 $2n^2+n(n+1)/2$。

BEKK-GARCH 模型本质上也是一个 VECH-GARCH 模型。它通过巧妙的设定使其比 VECH-GARCH 模型在正定性上有优势。在保证 BEKK-GARCH 模型一般性的前提下，这

两个模型的参数个数相同。从式（7-3-7）可以看出，BEKK-GARCH 模型比 VECH-GARCH 模型的估计参数要少，另外在 BEKK-GARCH 模型中还可以保证 $\boldsymbol{H}_t$ 的正定性。

以二元模型为例，令 $p=q=1$，BEKK-GARCH 模型的具体展开形式为

$$\begin{pmatrix} h_{11,t} & h_{12,t} \\ h_{21,t} & h_{22,t} \end{pmatrix} = \begin{pmatrix} c_{11} & 0 \\ c_{21} & c_{22} \end{pmatrix}\begin{pmatrix} c_{11} & c_{21} \\ 0 & c_{22} \end{pmatrix} + \begin{pmatrix} a_{11} & a_{12} \\ a_{21} & a_{22} \end{pmatrix}\begin{pmatrix} \varepsilon_{1,t-1}^2 & \varepsilon_{1,t-1}\varepsilon_{2,t-1} \\ \varepsilon_{1,t-1}\varepsilon_{2,t-1} & \varepsilon_{2,t-1}^2 \end{pmatrix}\begin{pmatrix} a_{11} & a_{12} \\ a_{21} & a_{22} \end{pmatrix}^{\mathrm{T}} + \begin{pmatrix} b_{11} & b_{12} \\ b_{21} & b_{22} \end{pmatrix}\begin{pmatrix} h_{11,t-1} & h_{12,t-1} \\ h_{21,t-1} & h_{22,t-1} \end{pmatrix}\begin{pmatrix} b_{11} & b_{12} \\ b_{21} & b_{22} \end{pmatrix}^{\mathrm{T}} \tag{7-3-8}$$

式（7-3-8）中需估计的参数个数为 11 个，而相同的二元 VECH-GARCH 模型所需估计的参数个数为 21 个。相比之下，BEKK-GARCH 模型的估计参数减少了很多，随着模型维度的提高，其减少的估计参数个数更多，显著简化了模型估计。VECH-GARCH 和 BEKK-GARCH 的模型构造都是要尽量满足 $\boldsymbol{H}_t$ 参数化的一般性与适宜性，但是参数太多则模型不够简洁，在实际应用中会遇到难以克服的计算障碍。当序列个数 n 超过 4 个时，即使 $p=q=1$，BEKK-GARCH 模型也存在较多需要估计的参数。在 7.3.2 节至 7.3.5 节我们将详细介绍 BEKK-GARCH 模型的估计过程。

7.3.2　波动溢出效应与 BEKK-GARCH 模型

标准 BEKK-GARCH 模型的条件方差形式为

$$\boldsymbol{H}_t = \boldsymbol{C}\boldsymbol{C}^{\mathrm{T}} + \boldsymbol{A}\boldsymbol{\varepsilon}_{t-1}\boldsymbol{\varepsilon}_{t-1}^{\mathrm{T}}\boldsymbol{A}^{\mathrm{T}} + \boldsymbol{B}\boldsymbol{H}_{t-1}\boldsymbol{B}^{\mathrm{T}} \tag{7-3-9}$$

以二元 BEKK-GARCH 模型为例，其中 $\boldsymbol{C}$ 、$\boldsymbol{A}$ 和 $\boldsymbol{B}$ 是 2×2 的矩阵，分别表示多元 ARCH 项系数和多元 GARCH 项系数，条件方差-协方差矩阵是 $\boldsymbol{H}_t$ 。$\boldsymbol{A}$ 和 $\boldsymbol{B}$ 的非对角元素捕捉了两个市场之间的波动溢出效应。其中，

$$\boldsymbol{H}_t = \begin{pmatrix} h_{11,t} & h_{12,t} \\ h_{21,t} & h_{22,t} \end{pmatrix},\quad \boldsymbol{C} = \begin{pmatrix} c_{11} & 0 \\ c_{21} & c_{22} \end{pmatrix},\quad \boldsymbol{A} = \begin{pmatrix} a_{11} & a_{12} \\ a_{21} & a_{22} \end{pmatrix},\quad \boldsymbol{B} = \begin{pmatrix} b_{11} & b_{12} \\ b_{21} & b_{22} \end{pmatrix}$$

在这个方差方程中，$\boldsymbol{A}$ 矩阵反映的是多元 ARCH 效应，代表了收益率序列的随机扰动项的过去值对现在条件方差的影响程度；$\boldsymbol{B}$ 矩阵反映的是多元 GARCH 效应，代表了收益率序列的预测条件方差的过去值对现在条件方差的影响程度。以二元情形为例，假设有两种能源资产 1 和能源资产 2。a_{ii}^2（$i=1,2$）可以反映能源资产 i 的 $\varepsilon_{i,t-1}^2$ 项对 $h_{ii,t}$ 的影响程度；a_{ij}^2（$i,j=1,2$）可以反映能源资产 j 的 $\varepsilon_{j,t-1}^2$ 项对 $h_{ii,t}$ 的影响程度，描述的是条件方差受到其他序列前期随机扰动项的影响，即市场间的冲击溢出效应。此外，b_{ii}^2（$i=1,2$）可以描述能源资产 i 的 $h_{ii,t-1}$ 项对 $h_{ii,t}$ 的影响程度；b_{ij}^2（$i,j=1,2$）表示能源资产 j 的 $h_{jj,t-1}$ 项对 $h_{ii,t}$ 的影响程度，描述的是条件方差受到其他序列前期条件方差的影响，即市场间的波动溢出效应。

BEKK-GARCH 模型主要有三种类型，分别是全（full）BEKK-GARCH、对角（diagonal）BEKK-GARCH 和标量（scalar）BEKK-GARCH。

7.3.3 非对称性与非对称 BEKK-GARCH 模型

能源价格的波动存在杠杆效应，即同等程度的正向和负向市场冲击对能源价格的波动影响不同，坏消息通常会带来比同等程度的好消息更强烈的波动性冲击。标准 BEKK-GARCH 模型对正负扰动的反应是对称的。扰动项是真实值与预测值之差。如果扰动项为正，说明真实值比预测值大，对于投资者而言就是获得了超预期收益；如果扰动项为负，说明真实值比预测值小，对于投资者而言就是出现了超预期亏损。此时，无论前期扰动项是正还是负，它对下一期的影响系数都相同。这意味着无论上一期的投资是盈利还是亏损，都不影响投资者的下一期投资状况。这与实际情况不符，大量的实践经验显示，投资者在面对盈利和亏损时的反应不是对称的：出现盈利时，通常反应比较慢；出现亏损时，通常反应比较快。如果忽视这种信息的不对称性，有时会影响预测的精度。因此，Kroner 和 Ng（1998）在 BEKK-GARCH 模型的基础上，提出了一种包含一般动态协方差的非对称 BEKK-GARCH 模型。以二元模型为例，存在杠杆效应的二元 BEKK-GARCH 模型的条件方差方程为

$$\boldsymbol{H}_t = \boldsymbol{C}\boldsymbol{C}^{\mathrm{T}} + \boldsymbol{A}\boldsymbol{\varepsilon}_{t-1}\boldsymbol{\varepsilon}_{t-1}^{\mathrm{T}}\boldsymbol{A}^{\mathrm{T}} + \boldsymbol{B}\boldsymbol{H}_{t-1}\boldsymbol{B}^{\mathrm{T}} + \boldsymbol{D}\boldsymbol{u}_{t-1}\boldsymbol{u}_{t-1}^{\mathrm{T}}\boldsymbol{D}^{\mathrm{T}} \tag{7-3-10}$$

其中，$\boldsymbol{H}_t=\begin{pmatrix} h_{11,t} & h_{12,t} \\ h_{21,t} & h_{22,t} \end{pmatrix}$，$\boldsymbol{C}=\begin{pmatrix} c_{11} & 0 \\ c_{21} & c_{22} \end{pmatrix}$，$\boldsymbol{A}=\begin{pmatrix} a_{11} & a_{12} \\ a_{21} & a_{22} \end{pmatrix}$，$\boldsymbol{B}=\begin{pmatrix} b_{11} & b_{12} \\ b_{21} & b_{22} \end{pmatrix}$，$\boldsymbol{D}=\begin{pmatrix} d_{11} & d_{12} \\ d_{21} & d_{22} \end{pmatrix}$。非对称项 $u_{i,t-1}=\min\{\varepsilon_{i,t-1},0\}$（这里的 i 指代二元 BEKK-GARCH 模型中的两个变量，即变量 1 和变量 2），系数 d_{ij}^2 衡量了负向冲击和正向冲击的非对称性。具体地，影响变量 1 波动率的因素由六部分组成：扰动项平方的滞后项 $(\varepsilon_{1,t-1}^2,\varepsilon_{2,t-1}^2)$、条件方差的滞后项 $(h_{11,t-1},h_{22,t-1})$、非对称项的滞后项 $(u_{1,t-1}^2,u_{2,t-1}^2)$、条件协方差 $(h_{12,t-1})$、扰动项的交叉项 $(\varepsilon_{1,t-1}\varepsilon_{2,t-1})$ 和非对称项的交叉项 $(u_{1,t-1}u_{2,t-1})$。扰动项的平方表示非对称的新息冲击或意外冲击；条件方差的滞后项表示自身前期的波动率，它对当前条件方差的影响表现为波动的持续性；非对称项衡量的是负面消息比正面消息引致的更剧烈的波动；扰动项的交叉项表示潜在的双向冲击；非对称项的交叉项表示负面信息的双向冲击。d_{ii}^2（$i=1,2$）可以描述能源资产 i 的 $u_{i,t-1}^2$ 项对 $h_{ii,t}$ 的影响程度；d_{ij}^2（$i,j=1,2$）表示能源资产 j 的 $u_{j,t-1}^2$ 项对 $h_{ii,t}$ 的影响程度；$d_{ii}d_{ij}$ 表示 $u_{i,t-1}u_{j,t-1}$ 项对 $h_{ii,t}$ 的影响程度。

7.3.4 BEKK-GARCH 模型的平稳条件

在建立时间序列模型时为了便于分析，通常会假定时间序列具有平稳性。首先，平稳性通常可以分为强平稳性和弱平稳性。一般来讲，强平稳性假设非常严格，是一种较理想的情况，实际数据很难满足这种要求，因此在 BEKK-GARCH 模型中往往只需要达到弱平稳条件即可。这里我们简要介绍弱平稳性。考虑一个多元时间序列 X_t，如果满足：

$$\mathbb{E}(\boldsymbol{X}_t)=\boldsymbol{\mu} \tag{7-3-11}$$

$$\mathrm{Cov}(\boldsymbol{X}_t) = \boldsymbol{H} \tag{7-3-12}$$

则称 X_t 是弱平稳的，也称为协方差平稳。

此外，在一元 GARCH 模型中，为了满足模型的平稳性，通常会对参数施加非常严格的约束——无条件方差必须非负的要求，导致了参数非负的约束条件；同时，有条件方差必须平稳的要求导致了参数有界的约束条件。例如，约束条件为

$$0 < \sum_{i=1}^{m} \alpha_i + \sum_{j=1}^{s} \beta_j < 1 \tag{7-3-13}$$

类似地，在多元情形下，由形如式（7-3-9）的 BEKK-GARCH(1,1)模型表示的随机过程 $\boldsymbol{\varepsilon}_{t-1}$ 的协方差平稳的充分必要条件是矩阵 $\boldsymbol{A} \otimes \boldsymbol{A} + \boldsymbol{B} \otimes \boldsymbol{B}$ 所有特征值的模都在 0 到 1 之间，其中 $\otimes$ 表示两个矩阵的克罗内克积（Kronecker product）。严格的约束条件在一定程度上限制了 GARCH 模型的适用范围。

7.3.5　参数估计

通过对多元 GARCH 模型的学习，我们可以发现多元能源资产间的波动特征主要通过多元残差序列，即多元新息序列间的关系来衡量。在多元时间序列系统中，ε_{1t} 的条件方差不仅受到自身的 ARCH 项 $\varepsilon_{1,t-1}^2$ 和 GARCH 项 $h_{11,t-1}$ 的影响，还受到 ε_{2t} 的 ARCH 项 $\varepsilon_{2,t-1}^2$ 和 GARCH 项 $h_{22,t-1}$ 以及 ε_{1t} 与 ε_{2t} 的协同项 $(\varepsilon_{1,t-1}\varepsilon_{2,t-1}, h_{12,t-1})$ 的持续影响。如果要判断 ε_{2t} 是否对 ε_{1t} 存在波动溢出，那么只需检验 $H_0: a_{12} = b_{12} = 0$；用同样的方法亦可检验 ε_{1t} 对 ε_{2t} 的波动溢出。因此，求解多元 GARCH 模型估计问题的核心在于确定多元新息序列的分布特征以及估计方法。

同一元 GARCH 模型的参数估计相类似，在似然函数可求的情况下，同样可以使用极大似然法来对多元 GARCH 模型进行参数估计。理论上，若假定了新息序列的分布，多元 GARCH 模型的估计问题可直接通过极大似然法求解。本小节主要介绍多元新息分布的设定以及使用极大似然法进行求解的过程。

对于多元 GARCH 模型的参数估计，其极大似然估计的思路和一元模型的思路类似。在多元 GARCH 模型中，误差向量可表示为

$$\boldsymbol{\varepsilon}_t = \boldsymbol{H}_t^{1/2} z_t \tag{7-3-14}$$

其中，$\boldsymbol{H}_t$ 表示条件方差矩阵。以正态分布为例，若假定新息序列服从多维正态分布 $N_N(0, \boldsymbol{I}_N)$ 且与 $\boldsymbol{H}_t$ 独立，则 $\boldsymbol{\varepsilon}_t \sim N(0, \boldsymbol{H}_t)$，令参数集合为 $\boldsymbol{\theta}$，则其对数似然函数为

$$\begin{aligned} \ln L(\boldsymbol{\theta}) &= \sum_{t=1}^{T} l_t(\boldsymbol{\theta}) \\ &= \sum_{t=1}^{T} \left(-\frac{N}{2}\ln(2\pi) - \frac{1}{2}\ln\left|\boldsymbol{H}_t(\boldsymbol{\theta})\right| - \frac{1}{2}\boldsymbol{\varepsilon}_t^{\mathrm{T}}(\boldsymbol{\theta})\boldsymbol{H}_t(\boldsymbol{\theta})^{-1}\boldsymbol{\varepsilon}_t(\boldsymbol{\theta}) \right) \end{aligned} \tag{7-3-15}$$

和一元 GARCH 模型参数估计思路类似，在标准新息项 ε_t 为独立同分布的假设下，多元 GARCH 模型参数的极大似然估计同样也通过最大化似然函数——式（7-3-15）来得到。多元 GARCH 模型的参数估计多数采用 Berndt-Hall-Hall-Hausman（BHHH）算

法，利用目标函数的梯度信息进行迭代和优化，并且其收敛性已经得到证实。它的迭代过程如式（7-3-16）所示。

$$\boldsymbol{\theta}^{(i+1)}=\boldsymbol{\theta}^{(i)}+\lambda_i\left(\sum_{i=1}^{T}\frac{\partial l_t(\boldsymbol{\theta})}{\partial\boldsymbol{\theta}}\frac{\partial l_t(\boldsymbol{\theta})}{\partial\boldsymbol{\theta}^{\mathrm{T}}}\right)^{-1}\sum_{i=1}^{T}\frac{\partial l_t(\boldsymbol{\theta})}{\partial\boldsymbol{\theta}}\Bigg|_{\boldsymbol{\theta}=\boldsymbol{\theta}^{(i)}} \tag{7-3-16}$$

其中，λ_i 表示第 i 步的搜索步长；$\left(\sum_{i=1}^{T}\frac{\partial l_t}{\partial\boldsymbol{\theta}}\frac{\partial l_t}{\partial\boldsymbol{\theta}^{\mathrm{T}}}\right)^{-1}\sum_{i=1}^{T}\frac{\partial l_t}{\partial\boldsymbol{\theta}}$ 表示最优可行方向，一般将 OLS 的结果作为初始值，对于式（7-3-16）重复使用，直到所得到的结果满足一定的条件，比如收敛性和迭代次数。但是，多元 GARCH 模型的参数较多，梯度计算非常复杂且不一定存在。同时，搜索中往往存在震荡，导致模型收敛于局部最优解，且结果对初始值的选取比较敏感。这些都是用 BHHH 算法估计多元 GARCH 模型参数存在的不足，所以也有研究在估计时引入模拟退火算法或者遗传算法等优化方法以改进 BHHH 算法的缺陷。

此外，在实际情况中，新息序列可能存在着各种形式的分布，对于正态分布的假设不一定能够满足。Bollerslev 和 Wooldridge（1992）证明了在忽略随机扰动项是正态分布的情形下，用极大似然法得到的估计值仍是参数的一致性估计，这种估计被称为拟极大似然估计（quasi-maximum likelihood，QML）。因此，对于扰动项不是正态分布的情况，可以通过拟极大似然估计的方法进行参数估计。

7.4 多元能源价格的波动脉冲响应函数

在 7.3 节中，我们学习了形如式（7-3-6）的 VECH-GARCH 模型。这个模型的巧妙之处在于可以构建一种反映波动变化的脉冲响应函数，即波动脉冲响应函数（volatility impulse response function，VIRF）。VIRF 描述的是当对多元能源系统的收益率新息施加一个脉冲时，这个脉冲会使得整个系统中的价格收益率波动如何随时间变化。由此可以看出，当确定了某一个新息的大小、新息的输出变量以及新息的响应变量后，VIRF 是一个关于时间的函数，即 $f^{\mathrm{VIRF}}(t)$。以原油、煤炭和天然气所构成的三元能源资产系统为例，当我们对三者的价格波动率（或方差-协方差矩阵）构建完 VECH-GARCH 模型后，便可以得到 9 种不同的脉冲响应函数：$f_{11}^{\mathrm{VIRF}}(t)$、$f_{12}^{\mathrm{VIRF}}(t)$、$f_{13}^{\mathrm{VIRF}}(t)$、$f_{21}^{\mathrm{VIRF}}(t)$、$f_{22}^{\mathrm{VIRF}}(t)$、$f_{23}^{\mathrm{VIRF}}(t)$、$f_{31}^{\mathrm{VIRF}}(t)$、$f_{32}^{\mathrm{VIRF}}(t)$、$f_{33}^{\mathrm{VIRF}}(t)$。$f_{ij}^{\mathrm{VIRF}}(t)$ 表示最初的来自能源资产 i 的脉冲对能源资产 j 的波动率影响是关于时间 t 的函数。

在 6.3.2 节中，我们了解到脉冲是通过能源资产收益率的新息进入多元能源系统的。在研究 VIRF 时，我们也可能会遇到以下问题：当某个能源资产 i 的新息发生变化时（如施加某一个数值的脉冲），由于能源资产 i 的新息和能源资产 j 的新息之间的相关性，能源资产 i 的新息和能源资产 j 的新息会同时发生变化，同时形成两股脉冲进入系统，从而让最初想判断是否来自能源资产 i 的 VIRF 的初衷产生偏误。由此，我们可以参考式（6-3-8），将 N 元能源系统收益率的多元新息 $\boldsymbol{\epsilon}_t$ 分解为正交化新息 $\boldsymbol{u}_t$，从而研究 VIRF。

假定有形如式（7-3-6）的 VECH-GARCH 模型。由于在 VECH-GARCH 模型中，t 时刻的能源收益率的方差-协方差矩阵 $\boldsymbol{H}_t$ 是关于 $(t-1)$ 时刻之前的所有正交化新息、初始时刻的正交化新息 $\boldsymbol{u}_0$（定义 $\boldsymbol{u}_t=\boldsymbol{H}_t^{-1/2}\boldsymbol{\epsilon}_t$）、初始时刻的方差-协方差矩阵 $\boldsymbol{H}_0$ 的函数，所以在一个由 N 个能源收益率所组成的 VECH-GARCH 模型中，VIRF 可以被定义为

$$V_t(\boldsymbol{u}_0)=\mathbb{E}\left(\text{vech}(\boldsymbol{H}_t)\,|\,\boldsymbol{u}_0,\mathcal{F}_{-1}\right)-\mathbb{E}\left(\text{vech}(\boldsymbol{H}_t)\,|\,\mathcal{F}_{-1}\right) \tag{7-4-1}$$

其中，$V_t(\boldsymbol{u}_0)$ 是一个 $N(N+1)/2$ 元向量值函数，它表示当脉冲是一个多元正交向量 $\boldsymbol{u}_0$ 时，在 t 时刻的波动脉冲响应数值。在 6.3 节中，我们讨论了对某一个能源资产收益率新息施加脉冲的情形下，其他不同能源资产收益率（包括施加脉冲的能源资产收益率自身）的脉冲响应函数。与之不同的是，式（7-4-1）中的脉冲是一个多元脉冲，它表示分别对每一个能源资产收益率施加脉冲，即对整个能源资产收益率所组成的系统施加一个向量脉冲。当 $N=2$ 时，$V_t(\boldsymbol{u}_0)$ 是一个三元向量值函数，$V_t(\boldsymbol{u}_0)$ 的第一个元素代表第一个能源资产收益率的方差在 t 时刻的脉冲响应，第二个元素代表第一个和第二个能源资产收益率的协方差在 t 时刻的脉冲响应，第三个元素代表第二个能源资产收益率的方差在 t 时刻的脉冲响应。

根据式（7-3-6）和式（7-4-1），如果我们利用 VECH-GARCH(1,1)模型，即 $\text{vech}(H_t)=\boldsymbol{C}+\boldsymbol{A}_1\text{vech}(\epsilon_{t-1}\boldsymbol{\epsilon}_{t-1}^{\mathrm{T}})+\boldsymbol{B}_1\text{vech}(\boldsymbol{H}_{t-1})$ 计算 VIRF，在 $t=1$ 时刻可以得到

$$V_1(\boldsymbol{u}_0)=\boldsymbol{A}_1(\text{vech}(\boldsymbol{H}_0^{0.5}\boldsymbol{u}_0\boldsymbol{u}_0^{\mathrm{T}}\boldsymbol{H}_0^{0.5})-\text{vech}(\boldsymbol{H}_0)) \tag{7-4-2}$$

明白式（7-4-2）的推导对理解 VECH-GARCH 模型非常有帮助。我们将 VECH-GARCH(1,1)模型转变为具有无限滞后项的 VECH-GARCH(∞,0)形式，即

$$\begin{aligned}\text{vech}(\boldsymbol{H}_t)&=\boldsymbol{C}+\boldsymbol{A}_1\text{vech}(\epsilon_{t-1}\boldsymbol{\epsilon}_{t-1}^{\mathrm{T}})+\boldsymbol{B}_1\text{vech}(\boldsymbol{H}_{t-1})\\&=(1-\boldsymbol{B}_1)^{-1}\boldsymbol{C}+\boldsymbol{A}_1\text{vech}(\epsilon_{t-1}\epsilon_{t-1}^{\mathrm{T}})+\boldsymbol{B}_1\boldsymbol{A}_1\text{vech}(\epsilon_{t-2}\epsilon_{t-2}^{\mathrm{T}})\\&\quad+\boldsymbol{B}_1^2\boldsymbol{A}_1\text{vech}(\epsilon_{t-3}\epsilon_{t-3}^{\mathrm{T}})+\cdots\end{aligned} \tag{7-4-3}$$

欲计算 $V_1(\boldsymbol{u}_0)=\mathbb{E}(\text{vech}(\boldsymbol{H}_1)\,|\,\boldsymbol{u}_0,\mathcal{F}_{-1})-\mathbb{E}(\text{vech}(\boldsymbol{H}_1)\,|\,\mathcal{F}_{-1})$，需要分别计算 $\mathbb{E}(\text{vech}(\boldsymbol{H}_1)\,|\,\boldsymbol{u}_0,\mathcal{F}_{-1})$ 和 $\mathbb{E}(\text{vech}(\boldsymbol{H}_1)\,|\,\mathcal{F}_{-1})$。根据式（7-4-3），有

$$\begin{aligned}\mathbb{E}(\text{vech}(\boldsymbol{H}_1)\,|\,\boldsymbol{u}_0,\mathcal{F}_{-1})&=(1-\boldsymbol{B}_1)^{-1}\boldsymbol{C}+\boldsymbol{A}_1\mathbb{E}(\text{vech}(\epsilon_0\epsilon_0^{\mathrm{T}})\,|\,\boldsymbol{u}_0,\mathcal{F}_{-1})\\&\quad+\boldsymbol{B}_1\boldsymbol{A}_1\mathbb{E}(\text{vech}(\epsilon_{-1}\epsilon_{-1}^{\mathrm{T}})\,|\,\boldsymbol{u}_0,\mathcal{F}_{-1})\\&\quad+\boldsymbol{B}_1^2\boldsymbol{A}_1\mathbb{E}(\text{vech}(\epsilon_{-2}\epsilon_{-2}^{\mathrm{T}})\,|\,\boldsymbol{u}_0,\mathcal{F}_{-1})+\cdots\end{aligned} \tag{7-4-4}$$

因为 $\mathcal{F}_{-1}$ 表示的是 $t=-1$ 时刻以前所有的多元能源市场收益率信息，所以对于 $t\leqslant-1$ 时刻，$\mathbb{E}(\text{vech}(\epsilon_t\epsilon_t^{\mathrm{T}})\,|\,\boldsymbol{u}_0,\mathcal{F}_{-1})=\text{vech}(\epsilon_t\epsilon_t^{\mathrm{T}})$，且 $\mathbb{E}(\text{vech}(\epsilon_0\epsilon_0^{\mathrm{T}}))=\mathbb{E}(\text{vech}(\boldsymbol{H}_0))$，则式（7-4-4）可表示为

$$\begin{aligned}&\mathbb{E}(\text{vech}(\boldsymbol{H}_1)\,|\,\boldsymbol{u}_0,\mathcal{F}_{-1})\\&=(1-\boldsymbol{B}_1)^{-1}\boldsymbol{C}+\boldsymbol{A}_1\mathbb{E}(\text{vech}(\epsilon_0\epsilon_0^{\mathrm{T}})\,|\,\boldsymbol{u}_0,\mathcal{F}_{-1})+\boldsymbol{B}_1\boldsymbol{A}_1\mathbb{E}(\text{vech}(\epsilon_{-1}\epsilon_{-1}^{\mathrm{T}})\,|\,\boldsymbol{u}_0,\mathcal{F}_{-1})\\&\quad+\boldsymbol{B}_1^2\boldsymbol{A}_1\mathbb{E}(\text{vech}(\epsilon_{-2}\epsilon_{-2}^{\mathrm{T}})\,|\,\boldsymbol{u}_0,\mathcal{F}_{-1})+\cdots\\&=(1-\boldsymbol{B}_1)^{-1}\boldsymbol{C}+\boldsymbol{A}_1\mathbb{E}(\text{vech}(\boldsymbol{H}_0)\,|\,\boldsymbol{u}_0,\mathcal{F}_{-1})+\boldsymbol{B}_1\boldsymbol{A}_1\mathbb{E}(\text{vech}(\epsilon_{-1}\epsilon_{-1}^{\mathrm{T}})\,|\,\boldsymbol{u}_0,\mathcal{F}_{-1})\\&\quad+\boldsymbol{B}_1^2\boldsymbol{A}_1\mathbb{E}(\text{vech}(\epsilon_{-2}\epsilon_{-2}^{\mathrm{T}})\,|\,\boldsymbol{u}_0,\mathcal{F}_{-1})+\cdots\\&=(1-\boldsymbol{B}_1)^{-1}\boldsymbol{C}+\boldsymbol{A}_1\text{vech}(\boldsymbol{H}_0^{0.5}\boldsymbol{u}_0\boldsymbol{u}_0^{\mathrm{T}}\boldsymbol{H}_0^{0.5})+\boldsymbol{B}_1\boldsymbol{A}_1\text{vech}(\epsilon_{-1}\epsilon_{-1}^{\mathrm{T}})\\&\quad+\boldsymbol{B}_1^2\boldsymbol{A}_1\text{vech}(\epsilon_{-2}\epsilon_{-2}^{\mathrm{T}})+\cdots\end{aligned} \tag{7-4-5}$$

同理，$\mathbb{E}(\text{vech}(\boldsymbol{H}_1)\,|\,\mathcal{F}_{-1})$ 可以表示为

$$\begin{aligned}&\mathbb{E}(\text{vech}(\boldsymbol{H}_1)\,|\,\mathcal{F}_{-1})\\&=(1-\boldsymbol{B}_1)^{-1}\boldsymbol{C}+\boldsymbol{A}_1\text{vech}(\boldsymbol{H}_0)+\boldsymbol{B}_1\boldsymbol{A}_1\text{vech}(\boldsymbol{\epsilon}_{-1}\boldsymbol{\epsilon}_{-1}^{\mathrm{T}})+\boldsymbol{B}_1^2\boldsymbol{A}_1\text{vech}(\boldsymbol{\epsilon}_{-2}\boldsymbol{\epsilon}_{-2}^{\mathrm{T}})+\cdots\end{aligned}\tag{7-4-6}$$

由式（7-4-5）减去式（7-4-6），可以得到式（7-4-2）。

进一步，对于任意一个 $N\times N$ 对称矩阵 $\boldsymbol{Z}$，我们有 $\text{vec}(Z)=\boldsymbol{D}_N\text{vech}(Z)$。其中，vec 表示拉直算子，$\boldsymbol{D}_N$ 表示 $N\times N$ 对称矩阵 $\boldsymbol{Z}$ 的拉直算子与半拉直算子间的复制矩阵。于是对于式（7-4-2），我们有

$$\begin{aligned}V_1(\boldsymbol{u}_0)&=\boldsymbol{A}_1(\text{vech}(\boldsymbol{H}_0^{0.5}\boldsymbol{u}_0\boldsymbol{u}_0^{\mathrm{T}}\boldsymbol{H}_0^{0.5})-\text{vech}(\boldsymbol{H}_0))\\&=\boldsymbol{A}_1\boldsymbol{D}_N^{+}(\text{vec}(\boldsymbol{H}_0^{0.5}\boldsymbol{u}_0\boldsymbol{u}_0^{\mathrm{T}}\boldsymbol{H}_0^{0.5})-\text{vec}(\boldsymbol{H}_0^{0.5}\boldsymbol{H}_0^{0.5}))\\&=\boldsymbol{A}_1\boldsymbol{D}_N^{+}(\boldsymbol{H}_0^{0.5}\otimes\boldsymbol{H}_0^{0.5}\text{vec}(\boldsymbol{u}_0\boldsymbol{u}_0^{\mathrm{T}})-\boldsymbol{H}_0^{0.5}\otimes\boldsymbol{H}_0^{0.5}\text{vec}(\boldsymbol{I}_N))\\&=\boldsymbol{A}_1\boldsymbol{D}_N^{+}\boldsymbol{H}_0^{0.5}\otimes\boldsymbol{H}_0^{0.5}(\text{vec}(\boldsymbol{u}_0\boldsymbol{u}_0^{\mathrm{T}})-\text{vec}(\boldsymbol{I}_N))\\&=\boldsymbol{A}_1\boldsymbol{D}_N^{+}\boldsymbol{H}_0^{0.5}\otimes\boldsymbol{H}_0^{0.5}(\text{vec}(\boldsymbol{u}_0\boldsymbol{u}_0^{\mathrm{T}}-\boldsymbol{I}_N))\\&=\boldsymbol{A}_1\boldsymbol{D}_N^{+}\boldsymbol{H}_0^{0.5}\otimes\boldsymbol{H}_0^{0.5}\boldsymbol{D}_N(\text{vech}(\boldsymbol{u}_0\boldsymbol{u}_0^{\mathrm{T}}-\boldsymbol{I}_N))\end{aligned}\tag{7-4-7}$$

其中，$\boldsymbol{D}_N^{+}$ 表示 $\boldsymbol{D}_N$ 的广义逆。由此，我们得到了基于 VECH-GARCH(1,1)模型，在 $t=1$ 时刻的 VIRF 的表达式 $V_1(\boldsymbol{u}_0)=\boldsymbol{A}_1\boldsymbol{D}_N^{+}\boldsymbol{H}_0^{0.5}\otimes\boldsymbol{H}_0^{0.5}\boldsymbol{D}_N\,(\text{vech}(\boldsymbol{u}_0\boldsymbol{u}_0^{\mathrm{T}}-\boldsymbol{I}_N))$。

接下来，我们观察基于 VECH-GARCH(1,1)模型，在 $t=2$ 时刻的 VIRF 表达式，即计算 $V_2(\boldsymbol{u}_0)=\mathbb{E}(\text{vech}(\boldsymbol{H}_2)\,|\,\boldsymbol{u}_0,\mathcal{F}_{-1})-\mathbb{E}(\text{vech}(\boldsymbol{H}_2)\,|\,\mathcal{F}_{-1})$。与 $t=1$ 时刻类似，我们分别计算 $\mathbb{E}(\text{vech}(\boldsymbol{H}_2)\,|\,\boldsymbol{u}_0,\mathcal{F}_{-1})$ 和 $\mathbb{E}(\text{vech}(\boldsymbol{H}_2)\,|\,\mathcal{F}_{-1})$ 的表达式。此时将式（7-4-3）代入式（7-4-1），有

$$\begin{aligned}&\mathbb{E}(\text{vech}(\boldsymbol{H}_2)\,|\,\boldsymbol{u}_0,\mathcal{F}_{-1})\\&=(1-\boldsymbol{B}_1)^{-1}\boldsymbol{C}+\boldsymbol{A}_1\mathbb{E}(\text{vech}(\epsilon_1\epsilon_1^{\mathrm{T}})\,|\,\boldsymbol{u}_0,\mathcal{F}_{-1})\\&\quad+\boldsymbol{B}_1\boldsymbol{A}_1\mathbb{E}(\text{vech}(\epsilon_0\epsilon_0^{\mathrm{T}})\,|\,\boldsymbol{u}_0,\mathcal{F}_{-1})\\&\quad+\boldsymbol{B}_1^2\boldsymbol{A}_1\mathbb{E}(\text{vech}(\epsilon_{-1}\epsilon_{-1}^{\mathrm{T}})\,|\,\boldsymbol{u}_0,\mathcal{F}_{-1})+\cdots\end{aligned}\tag{7-4-8}$$

在化简式（7-4-8）前，需要证明两个引理。

引理一：

$$\mathbb{E}(\boldsymbol{\epsilon}_t\boldsymbol{\epsilon}_t^{\mathrm{T}})=\mathbb{E}(\boldsymbol{H}_t)\tag{7-4-9}$$

证明：$\mathbb{E}(\boldsymbol{\epsilon}_t\boldsymbol{\epsilon}_t^{\mathrm{T}})=\mathbb{E}(\mathbb{E}(\boldsymbol{\epsilon}_t\boldsymbol{\epsilon}_t^{\mathrm{T}}\,|\,\mathcal{F}_{-1}))=\mathbb{E}(\boldsymbol{H}_t)$。证毕。

引理二：

$$\mathbb{E}(\text{vech}(\boldsymbol{\epsilon}_t\boldsymbol{\epsilon}_t^{\mathrm{T}}))=\boldsymbol{C}+(\boldsymbol{A}_1+\boldsymbol{B}_1)\mathbb{E}(\text{vech}(\boldsymbol{\epsilon}_{t-1}\boldsymbol{\epsilon}_{t-1}^{\mathrm{T}}))\tag{7-4-10}$$

证明：

$$\begin{aligned}&\mathbb{E}(\text{vech}(\boldsymbol{\epsilon}_t\boldsymbol{\epsilon}_t^{\mathrm{T}}))\\&=\mathbb{E}(\text{vech}(\boldsymbol{H}_t))=\mathbb{E}(\boldsymbol{C}+\boldsymbol{A}_1\text{vech}(\boldsymbol{\epsilon}_{t-1}\boldsymbol{\epsilon}_{t-1}^{\mathrm{T}})+\boldsymbol{B}_1\text{vech}(\boldsymbol{H}_{t-1}))\\&=\boldsymbol{C}+\boldsymbol{A}_1\mathbb{E}(\text{vech}(\boldsymbol{\epsilon}_{t-1}\boldsymbol{\epsilon}_{t-1}^{\mathrm{T}}))+\boldsymbol{B}_1\mathbb{E}(\text{vech}(\boldsymbol{H}_{t-1}))\\&=\boldsymbol{C}+(\boldsymbol{A}_1+\boldsymbol{B}_1)\mathbb{E}(\text{vech}(\boldsymbol{\epsilon}_{t-1}\boldsymbol{\epsilon}_{t-1}^{\mathrm{T}}))\end{aligned}\tag{7-4-11}$$

证毕。

将式（7-4-9）和式（7-4-10）代入式（7-4-8），可得

$$\begin{aligned}&\mathbb{E}(\mathrm{vech}(\boldsymbol{H}_2)|\boldsymbol{u}_0,\mathcal{F}_{-1})\\&=\boldsymbol{C}\left(1-\boldsymbol{B}_1\right)^{-1}+\boldsymbol{A}_1^2\mathrm{vech}\left(\boldsymbol{H}_0^{0.5}\boldsymbol{u}_0\boldsymbol{u}_0^{\mathrm{T}}\boldsymbol{H}_0^{0.5}\right)+\boldsymbol{B}_1\boldsymbol{A}_1\mathrm{vech}\left(\boldsymbol{H}_0^{0.5}\boldsymbol{u}_0\boldsymbol{u}_0^{\mathrm{T}}\boldsymbol{H}_0^{0.5}\right)\\&\quad+\boldsymbol{B}_1^2\boldsymbol{A}_1\mathbb{E}\left(\mathrm{vech}\left(\boldsymbol{\epsilon}_{-1}\boldsymbol{\epsilon}_{-1}^{\mathrm{T}}\right)|\boldsymbol{u}_0,\mathcal{F}_{-1}\right)+\boldsymbol{B}_1^3\boldsymbol{A}_1\mathbb{E}\left(\mathrm{vech}\left(\boldsymbol{\epsilon}_{-2}\boldsymbol{\epsilon}_{-2}^{\mathrm{T}}\right)|\boldsymbol{u}_0,\mathcal{F}_{-1}\right)+\cdots\end{aligned}\tag{7-4-12}$$

同理，

$$\begin{aligned}&\mathbb{E}(\mathrm{vech}(\boldsymbol{H}_2)|\mathcal{F}_{-1})\\&=\boldsymbol{C}(1-\boldsymbol{B}_1)^{-1}+\boldsymbol{A}_1^2\boldsymbol{H}_0+\boldsymbol{B}_1\boldsymbol{A}_1\boldsymbol{H}_0\\&\quad+\boldsymbol{B}_1^2\boldsymbol{A}_1\mathbb{E}(\mathrm{vech}(\boldsymbol{\epsilon}_{-1}\boldsymbol{\epsilon}_{-1}^{\mathrm{T}})|\boldsymbol{u}_0,\mathcal{F}_{-1})+\boldsymbol{B}_1^3\boldsymbol{A}_1\mathbb{E}(\mathrm{vech}(\boldsymbol{\epsilon}_{-2}\boldsymbol{\epsilon}_{-2}^{\mathrm{T}})|\boldsymbol{u}_0,\mathcal{F}_{-1})+\cdots\end{aligned}\tag{7-4-13}$$

则

$$\begin{aligned}V_2(\boldsymbol{u}_0)&=\mathbb{E}(\mathrm{vech}(\boldsymbol{H}_2)|\boldsymbol{u}_0,\mathcal{F}_{-1})-\mathbb{E}(\mathrm{vech}(\boldsymbol{H}_2)|\mathcal{F}_{-1})\\&=(\boldsymbol{A}_1+\boldsymbol{B}_1)\boldsymbol{A}_1(\mathrm{vech}(\boldsymbol{H}_0^{0.5}\boldsymbol{u}_0\boldsymbol{u}_0^{\mathrm{T}}\boldsymbol{H}_0^{0.5})-\mathrm{vech}(\boldsymbol{H}_0))\\&=(\boldsymbol{A}_1+\boldsymbol{B}_1)V_1(\boldsymbol{u}_0)\end{aligned}\tag{7-4-14}$$

可以证明对于$t>2$，有

$$V_t(\boldsymbol{u}_0)=(\boldsymbol{A}_1+\boldsymbol{B}_1)V_{t-1}(\boldsymbol{u}_0)\tag{7-4-15}$$

由式（7-4-15）和式（7-4-7），我们可以完整计算出基于 VECH-GARCH(1,1)模型的VIRF。

7.5　应用案例

本节我们选取 WTI 原油现货市场和期货市场 1986 年 1 月 3 日至 2018 年 4 月 13 日的周价格，共 1685 个数据作为样本进行分析，数据来源于 EIA 网站。

首先，通过建立具有动态条件相关系数（dynamic conditional correlation）的 GARCH（DCC-GARCH）模型来研究 WTI 原油现货市场与期货市场的动态相关关系。DCC-GARCH 模型参数估计结果如表 7-1 所示。

表 7-1　WTI 原油现货与期货市场的 DCC-GARCH 模型参数估计结果

参数	估计值	t值	P值
ω_1	0.5758	3.3243	0.0005
α_1	0.0998	6.7324	0.0000
β_1	0.8681	49.2627	0.0000
ω_2	0.4799	3.2226	0.0006
α_2	0.0873	6.3113	0.0000

续表

参数	估计值	t值	P值
β_2	0.8845	55.8501	0.0000
λ_1	0.0152	1.4553	0.0729
λ_2	0.9832	87.7061	0.0000

从表 7-1 可以看出，原油现货市场和期货市场的 DCC-GARCH 模型参数在 10%的置信水平下都是显著的，且大部分参数在 1%的置信水平下仍旧是显著的，这说明原油现货市场和期货市场之间存在着非常密切的关系。

此外，为了能更清晰地展现原油现货和期货市场之间的动态相关性，这里继续计算 WTI 原油现货与期货市场间的动态相关系数，结果如图 7-6 所示。

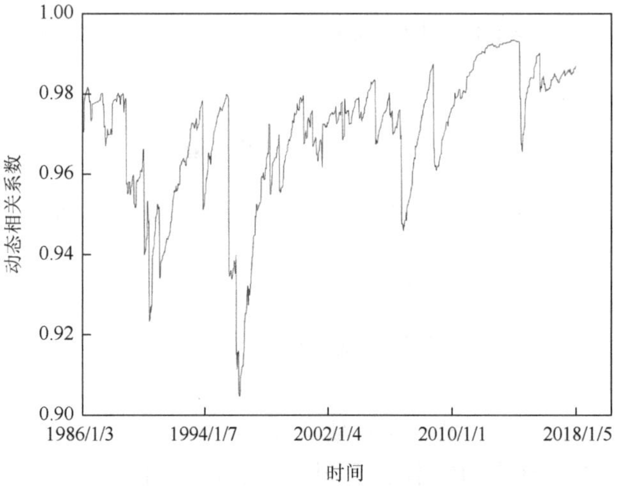

图 7-6　WTI 原油现货与期货市场间的动态相关系数

通过图 7-6，我们可以发现，WTI 原油现货与期货市场间的动态相关系数序列波动较为剧烈，其动态相关系数围绕着 0.98 上下波动，说明两市场间的相关性非常密切，可以推测出原油现货市场与期货市场之间存在着较高的相关性。

进一步地，使用 BEKK-GARCH 模型来研究原油现货与期货市场之间的溢出效应。BEKK-GARCH 模型的参数估计结果如表 7-2 所示。从表 7-2 可以看出，首先，在 5%的显著性水平下，矩阵元素 $A(1,1)$ 和 $A(2,2)$ 都是显著的，这反映了前一时刻的随机扰动项对当前时刻自身条件方差的影响是显著的；除此之外，在 1%的显著性水平下，矩阵元素 $A(1,2)$ 和 $A(2,1)$ 也都是显著的，这表明前一时刻的随机扰动项对当前时刻的另一序列条件方差的影响是显著的，即原油现货和期货市场之间的冲击溢出效应是显著的。又因为 $|A(1,2)|>|A(2,1)|$，所以从冲击溢出的程度来说，现货市场对期货市场的冲击溢出效应

更强；但是，矩阵元素 $B(1,2)$ 和 $B(2,1)$ 都是不显著的，说明原油现货市场和期货市场之间不存在显著的波动溢出效应。

表 7-2 WTI 原油现货与期货市场 BEKK-GARCH 模型的参数估计结果

矩阵元素	估计参数	t 值	P 值
$A(1,1)$	4.2075	35.0880	0.0000
$A(1,2)$	4.1338	35.3782	0.0000
$A(2,1)$	0.7009	9.8173	0.0000
$A(2,2)$	0.3544	1.9098	0.0282
$B(1,1)$	−0.2245	−1.1951	0.1161
$B(1,2)$	−0.1941	−1.1386	0.1275
$B(2,1)$	0.2571	1.6377	0.0508
$B(2,2)$	−0.0003	−0.0042	0.4983
$C(1,1)$	0.0001	0.0021	0.4992
$C(2,1)$	−0.0003	−0.0167	0.4933
$C(2,2)$	0.0001	0.0023	0.4991

参 考 文 献

姬强，刘炳越，范英. 2016. 国际油气价格与汇率动态相依关系研究：基于一种新的时变最优 Copula 模型[J]. 中国管理科学，24（10）：1-9.

马超群，佘升翔，陈彦玲，等. 2009. 中国上海燃料油期货市场信息溢出研究[J]. 管理科学学报，12（3）：92-101.

Bollerslev T，Engle R F，Wooldridge J M. 1988. A capital asset pricing model with time-varying covariances[J]. Journal of Political Economy，96（1）：116-131.

Bollerslev T，Wooldridge J M. 1992. Quasi-maximum likelihood estimation and inference in dynamic models with time-varying covariances[J]. Econometric Reviews，11（2）：143-172.

Bunn D，Chevallier J，Le Pen Y，et al. 2017. Fundamental and financial influences on the co-movement of oil and gas prices[J]. The Energy Journal，38（2）：201-228.

Ciarreta A，Zarraga A. 2015. Analysis of mean and volatility price transmissions in the MIBEL and EPEX electricity spot markets[J]. The Energy Journal，36（4）：41-60.

Cortazar G，Millard C，Ortega H，et al. 2019. Commodity price forecasts，futures prices，and pricing models[J]. Management Science，65（9）：4141-4155.

Du L M，He Y N. 2015. Extreme risk spillovers between crude oil and stock markets[J]. Energy Economics，51：455-465.

Engle R. 2002. Dynamic conditional correlation：a simple class of multivariate generalized autoregressive conditional heteroskedasticity models[J]. Journal of Business & Economic Statistics，20（3）：339-350.

Engle R，Kroner K F. 1995. Multivariate simultaneous generalized ARCH[J]. Econometric Theory，11（1）：122-150.

Ghoddusi H，Emamzadehfard S. 2017. Optimal hedging in the US natural gas market：the effect of maturity and cointegration[J]. Energy Economics，63：92-105.

Jin D X，He M X，Xing L，et al. 2022. Forecasting China's crude oil futures volatility：how to dig out the information of other energy futures volatilities?[J]. Resources Policy，78：102852.

Kroner K F，Ng V K. 1998. Modeling asymmetric comovements of asset returns[J]. The Review of Financial Studies，11（4）：817-844.

Liu T Y，Gong X. 2020. Analyzing time-varying volatility spillovers between the crude oil markets using a new method[J]. Energy Economics，87：104711.

Wang X X，Wang Y D. 2019. Volatility spillovers between crude oil and Chinese sectoral equity markets：evidence from a frequency dynamics perspective[J]. Energy Economics，80：995-1009.

Wang X X，Wu C F. 2018. Asymmetric volatility spillovers between crude oil and international financial markets[J]. Energy Economics，74：592-604.

Wang Y D，Guo Z Y. 2018. The dynamic spillover between carbon and energy markets：new evidence[J]. Energy，149：24-33.

Wei Y，Zhang Y J，Wang Y D. 2022. Information connectedness of international crude oil futures：evidence from SC，WTI，and Brent[J]. International Review of Financial Analysis，81：102100.

Wen D Y，Liu L，Ma C Q，et al. 2020. Extreme risk spillovers between crude oil prices and the U.S. exchange rate：evidence from oil-exporting and oil-importing countries[J]. Energy，212：118740.

Wen D Y，Wang Y D. 2021. Volatility linkages between stock and commodity markets revisited：industry perspective and portfolio implications[J]. Resources Policy，74：102374.

Xu W J，Ma F，Chen W，et al. 2019. Asymmetric volatility spillovers between oil and stock markets：evidence from China and the United States[J]. Energy Economics，80：310-320.

第八章　多元能源价格间的相关性

本章将介绍多元能源价格之间的相关性特征及相关系数矩阵。多元相关性反映了能源价格收益率运动的联动性。例如，各国签订的关于天然气价格的长期协议多以国际原油价格为标的资产，天然气价格和国际原油价格呈现出同涨同跌的特征，这就是能源价格的相关性或联动特征。相关系数矩阵从数量上揭示了多个能源价格收益率以怎样的特征进行联动。与第七章类似，多元能源价格收益率的相关系数矩阵也反映了多元能源价格收益率联合分布的二阶矩特征，并且相关系数矩阵也可能存在时变特征。本章先介绍多元能源价格收益率的相关性及相关系数矩阵的定义，再介绍几种常用的估计能源价格收益率间非时变、时变相关系数矩阵的方法。

8.1　多元能源价格间的相关性特征

8.1.1　价格联动效应

在能源资产间，或能源资产与其他资产间常常存在着一种潜在的价格联动效应。这种效应表现为能源资产（或与其他资产）价格间的同涨同跌，即有着相似的运动轨迹。形成这种特征的原因主要有市场机制设置与经济规律驱动两种。

市场机制设置主要是指一种能源价格的定价模式由另一种能源价格所决定，如很多原油现货的价格是直接由交易所中原油期货的价格另外附加一份升水或贴水所决定。图 8-1 展现了美国 WTI 原油现货和在纽约商品交易所的 WTI 原油期货年度收盘价序列。从图 8-1 中的两个子图可以看出，WTI 原油期货与现货的年度收盘价走势几乎完全一致。投资者可以利用这种价格联动性进行套期保值，即在持有原油现货的同时做空原油期货，如此，当原油期货和现货价格下跌时，虽然投资者的现货头寸遭受了损失，但其期货头寸却可以盈利；反之亦然。类似地，另外一种由市场机制设置造成的能源价格联动是同一种期货不同交割月份的合约价格走势总是非常接近，这是因为从期货定价原理来说，远月合约的价格总是等于近月合约的价格加上一份现货的持有成本。利用这种价格联动特征，投资者也可以在买入近月合约的同时卖出远月合约，或买入远月合约的同时卖出近月合约，从而实现价格套利。

经济规律驱动的能源价格联动效应，主要是指在外生的经济变量或经济规律支配下，两种或多种能源资产（或能源资产与其他资产）的价格同时受到外生变量的驱动，所产生的价格间的联动关系。一个典型的例子是 WTI 原油现货与黄金现货日度收盘价之间的联动（图 8-2）。黄金和原油价格在 2009 年以前呈现出很强的正向共同运动特征，都呈现出类似于指数函数规律的增长趋势，形成这种联动的潜在原因是全球经济在 2010 年

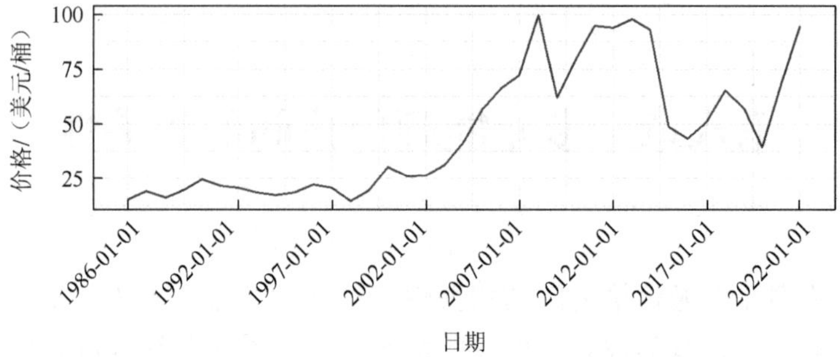

(a) WTI 原油现货收盘价

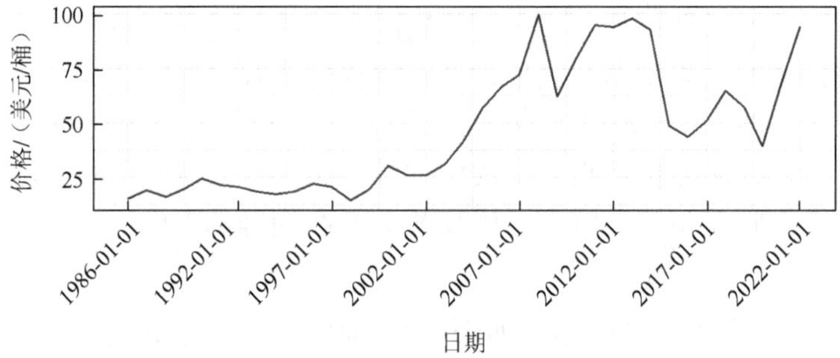

(b) WTI 原油期货收盘价

图 8-1　美国 WTI 原油现货与原油期货年度收盘价序列

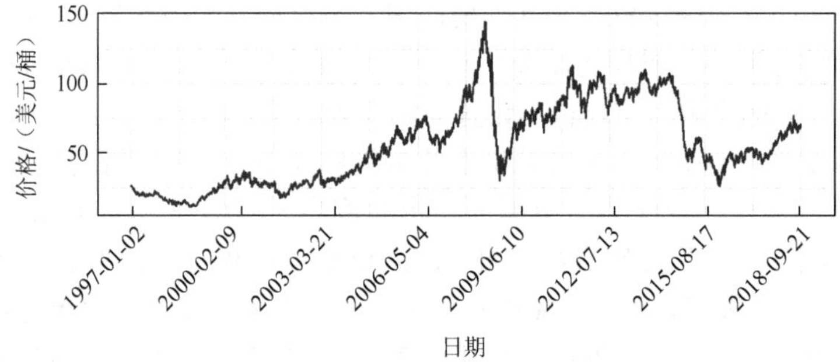

(a) WTI 原油现货收盘价

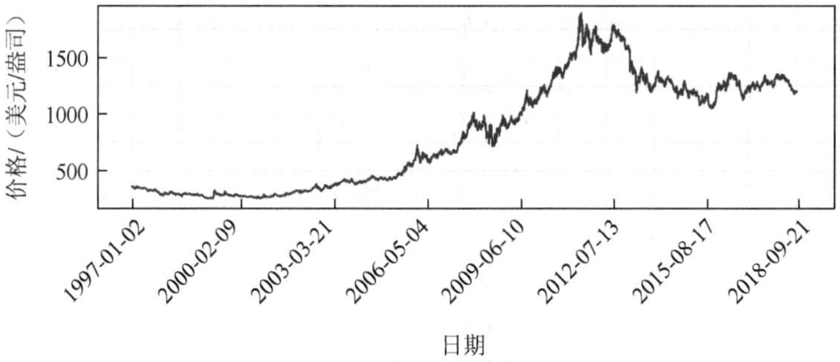

(b) 黄金现货收盘价

图 8-2　WTI 原油现货与黄金现货日度收盘价序列

以前有着比较稳定的发展态势，地缘政治冲突相对较弱，从宏观经济层面来看，特别是在中国这个世界经济巨大的增长引擎的驱动下，原油和黄金的需求量都呈现出比较强的上升趋势。此外，黄金和原油价格对美元汇率非常敏感，美元升值会同时让黄金和原油贬值（因为原油和黄金价格都锚定着美元）；反之，则黄金和原油价格上升。2010 年以后，地缘政治危机逐步爆发，特别是原油生产国之间的矛盾与冲突不断，黄金和原油之间的共同运动特征明显减弱。

另一种更加朴素的由经济规律驱动的价格联动效应表现为一国在通货膨胀期间，由于货币超发，所有资产的价格会同步上涨。作为工业的“血液”，能源的价格更是如此。各类能源价格会同步受到通货膨胀率这一外生因素的驱动。

从以上两种类型的能源价格联动效应可以看出，联动并不包含因果特征。两个或多个能源资产之间的联动很可能是由其他变量所驱动的，不同能源资产的价格之间的因果关系很弱。相关系数这一指标可以很好地衡量两个变量之间的联动特征，并且能够摒弃因果关系的暗示。

对于两个单变量能源价格时间序列 X_t 和 Y_t，衡量它们的相关性的一个最简单且经典的测度是皮尔逊相关系数 ρ，其定义为

$$\rho(X_t,Y_t)=\frac{\operatorname{Cov}(X_t,Y_t)}{\sqrt{\mathbb{D}(X_t)\mathbb{D}(Y_t)}} \tag{8-1-1}$$

由于我们观测不到能源价格时间序列 X_t 和 Y_t 的总体，只能通过长度为 T 的样本序列 $\{x_t,t=0,1,2,\cdots,T\}$ 和 $\{y_t,t=0,1,2,\cdots,T\}$ 计算相关系数的估计值，即

$$\hat{\rho}(X_t,Y_t)=\frac{\sum_{t=1}^{T}x_t y_t-\sum_{t=1}^{T}x_t\sum_{t=1}^{T}y_t}{\sqrt{\left(\sum_{t=1}^{T}x_t^2-\left(\sum_{t=1}^{T}x_t\right)^2\right)\left(\sum_{t=1}^{T}y_t^2-\left(\sum_{t=1}^{T}y_t\right)^2\right)}} \tag{8-1-2}$$

ρ 的取值范围为−1 到 1，其数值越接近 1，能源价格时间序列 X_t 和 Y_t 越具有正向的线性相关性；越接近−1，越具有负向的线性相关性；接近 0，说明 X_t 和 Y_t 越不具有线性相关性。值得注意的是，这里我们强调的是线性相关性，当能源价格时间序列 $Y_t=X_t^2$ 时，X_t 和 Y_t 同样具有相关关系，但不具有线性相关关系，由此无法用 ρ 度量这种相关性。

由于我们无法观测到能源价格时间序列 X_t 和 Y_t 的真实总体，因此，式（8-1-2）中的 $\hat{\rho}(X_t,Y_t)$ 是一个统计量，它的标准误为

$$\mathrm{SE}_{\hat{\rho}}=\sqrt{\frac{1-\hat{\rho}(X_t,Y_t)}{T-2}} \tag{8-1-3}$$

可以通过 t 检验判断 $\hat{\rho}(X_t,Y_t)$ 是否显著不为 0。

8.1.2　交叉相关性检验

本小节将介绍如何检验多元能源价格时间序列之间的动态相关性特征。为了测量一

个平稳的多元能源价格时间序列 $\boldsymbol{X}_t=(X_{1t},X_{2t},\cdots,X_{nt})'$ 的线性动态相关性，我们定义滞后期为 l 的交叉协方差矩阵为

$$\boldsymbol{\Gamma}(l)=\mathrm{Cov}(\boldsymbol{X}_t,\boldsymbol{X}_{t-l})=\mathbb{E}((\boldsymbol{X}_t-\boldsymbol{\mu})(\boldsymbol{X}_{t-l}-\boldsymbol{\mu})^{\mathrm{T}})$$
$$=\begin{bmatrix}\mathbb{E}(\hat{X}_{1,t}\hat{X}_{1,t-l}) & \mathbb{E}(\hat{X}_{1,t}\hat{X}_{2,t-l}) & \cdots & \mathbb{E}(\hat{X}_{1,t}\hat{X}_{n,t-l})\\ \vdots & \vdots & & \vdots\\ \mathbb{E}(\hat{X}_{n,t}\hat{X}_{1,t-l}) & \mathbb{E}(\hat{X}_{n,t}\hat{X}_{2,t-l}) & \cdots & \mathbb{E}(\hat{X}_{n,t}\hat{X}_{n,t-l})\end{bmatrix} \tag{8-1-4}$$

其中，$\boldsymbol{\mu}=\mathbb{E}(\boldsymbol{X}_t)$ 表示 $\boldsymbol{X}_t$ 的无条件均值向量；$\tilde{\boldsymbol{X}}_t=(\tilde{X}_{1t},\tilde{X}_{2t},\cdots,\tilde{X}_{nt})'\triangleq\boldsymbol{X}_t-\boldsymbol{\mu}$ 表示减去均值后的时间序列。可以看出交叉协方差矩阵 $\boldsymbol{\Gamma}(l)$ 不是时间 t 的函数，而是关于滞后期 l 的函数。当 $l=0$ 时，$\boldsymbol{X}_t$ 的协方差矩阵为 $\boldsymbol{\Gamma}(0)$。

记 $\boldsymbol{\Gamma}(l)$ 的第 (i,j) 个元素为 $\Gamma_{i,j}(l)$，根据式（8-1-4），$\Gamma_{i,j}(l)$ 为 $X_{i,t}$ 和 $X_{j,t-l}$ 的协方差。因此，当 $l>0$ 时，$\Gamma_{i,j}(l)$ 可以作为 $X_{i,t}$ 和 $X_{j,t-l}$ 的线性相依性的度量。回顾式（8-1-4），当 $l<0$ 时，有

$$\begin{aligned}\boldsymbol{\Gamma}(l)&=\mathbb{E}((\boldsymbol{X}_t-\boldsymbol{\mu})(\boldsymbol{X}_{t-l}-\boldsymbol{\mu})^{\mathrm{T}})\\&=\mathbb{E}((\boldsymbol{X}_{t+l}-\boldsymbol{\mu})(\boldsymbol{X}_t-\boldsymbol{\mu})^{\mathrm{T}})=(\mathbb{E}((\boldsymbol{X}_t-\boldsymbol{\mu})(\boldsymbol{X}_{t+l}-\boldsymbol{\mu})^{\mathrm{T}}))^{\mathrm{T}}\\&=(\mathbb{E}((\boldsymbol{X}_t-\boldsymbol{\mu})(\boldsymbol{X}_{t-(-l)}-\boldsymbol{\mu})^{\mathrm{T}}))^{\mathrm{T}}=(\boldsymbol{\Gamma}(-l))^{\mathrm{T}}\end{aligned} \tag{8-1-5}$$

因此，与一元平稳能源价格时间序列不同，多元能源价格时间序列的滞后 l 期和滞后 $-l$ 期的自协方差矩阵是相等的。这里需要将滞后值为正的交叉协方差矩阵进行转置，得到相应的滞后值为负值的交叉协方差矩阵。

对于平稳的多元能源价格时间序列 $\boldsymbol{X}_t=(X_{1t},X_{2t},\cdots,X_{nt})^{\mathrm{T}}$，滞后 l 期的交叉相关系数矩阵 $\boldsymbol{P}(l)$ 的定义为

$$\boldsymbol{P}(l)=\boldsymbol{D}^{-1}\boldsymbol{\Gamma}(l)\boldsymbol{D}^{-1} \tag{8-1-6}$$

其中，$\boldsymbol{D}=\mathrm{diag}(\sigma_1,\sigma_2,\cdots,\sigma_n)$ 表示多元能源价格时间序列各个分量的标准差的对角矩阵。特别地，$\sigma_i^2=\mathbb{D}(X_{i,t})=\boldsymbol{\Gamma}_{ii}(0)$，即 $\boldsymbol{\Gamma}(0)$ 的第 (i,i) 个元素。显然，$\boldsymbol{P}(0)$ 是对角线上元素均为 1 的对称矩阵。$\boldsymbol{P}(0)$ 的非对角线元素即 $\boldsymbol{X}_t=(X_{1t},X_{2t},\cdots,X_{nt})^{\mathrm{T}}$ 的分量之间的当期相关系数。需要注意的是，当 $l>0$ 时，$\boldsymbol{P}(l)$ 一般不是对称的，因为 $\boldsymbol{P}_{ij}(l)$ 是 $X_{i,t}$ 和 $X_{j,t-l}$ 之间的线性相关系数，而 $\boldsymbol{P}_{ji}(l)$ 是 $X_{j,t}$ 和 $X_{i,t-l}$ 之间的线性相关系数。应用 $\boldsymbol{\Gamma}(l)$ 的性质，有 $\boldsymbol{P}(l)=(\boldsymbol{P}(-l))^{\mathrm{T}}$。

多元能源价格时间序列 $\boldsymbol{X}_t=(X_{1t},X_{2t},\cdots,X_{nt})^{\mathrm{T}}$ 作为多元随机过程变量，我们永远无法知道它的真实的多元分布族，所以也永远无法知道真实的 $\boldsymbol{P}(l)$，但我们可以根据样本 $\{\boldsymbol{x}_t\}_{t=1}^{T}$，得到样本均值向量 $\hat{\boldsymbol{\mu}}$ 和样本协方差矩阵 $\hat{\boldsymbol{\Gamma}}(l)$，即

$$\begin{aligned}\hat{\boldsymbol{\mu}}&=\frac{1}{T}\sum_{t=1}^{T}\boldsymbol{x}_t\\ \hat{\boldsymbol{\Gamma}}(l)&=\frac{1}{T-1}\sum_{t=1}^{T}(\boldsymbol{x}_t-\hat{\boldsymbol{\mu}})(\boldsymbol{x}_{t-l}-\hat{\boldsymbol{\mu}})^{\mathrm{T}}\end{aligned} \tag{8-1-7}$$

则滞后 l 期的样本交叉相关系数矩阵为

$$\hat{\boldsymbol{P}}(l)=\hat{\boldsymbol{D}}^{-1}\hat{\boldsymbol{\Gamma}}(l)\hat{\boldsymbol{D}}^{-1} \tag{8-1-8}$$

其中，$\hat{\boldsymbol{D}}=\mathrm{diag}\left(\sqrt{\hat{\Gamma}_{11}(0)},\sqrt{\hat{\Gamma}_{22}(0)},\cdots,\sqrt{\hat{\Gamma}_{nn}(0)}\right)$表示$\{\boldsymbol{x}_t\}_{t=1}^{T}$的每一个分量的样本标准差为对角线元素所构成的对角矩阵。

在了解完基础概念后，我们介绍如何考察多元能源价格时间序列中的线性相依性。检验线性相依性是否存在的原假设和备择假设为

$$\begin{aligned}&H_0:\boldsymbol{P}(1)=\boldsymbol{P}(2)=\cdots=\boldsymbol{P}(m)=\boldsymbol{0}\\&H_1:\boldsymbol{P}(l)\neq\boldsymbol{0},\ 1\leqslant l\leqslant m\end{aligned} \tag{8-1-9}$$

其中，m表示一个正整数。利用多元能源价格样本序列$\{\boldsymbol{x}_t\}_{t=1}^{T}$，可以构造多元LB检验统计量来进行以上假设检验。定义LB检验统计量为

$$Q_k(m)=T^2\sum_{l=1}^{m}\frac{1}{T-l}\mathrm{tr}\left(\hat{\boldsymbol{\Gamma}}(l)^{\mathrm{T}}\hat{\boldsymbol{\Gamma}}^{-1}(0)\hat{\boldsymbol{\Gamma}}(l)\hat{\boldsymbol{\Gamma}}^{-1}(0)\right) \tag{8-1-10}$$

其中，$\mathrm{tr}(\boldsymbol{A})$表示矩阵$\boldsymbol{A}$的迹；$T$表示样本大小。LB检验又被称为多元混成检验。利用$\mathrm{tr}(\boldsymbol{AZ}^{\mathrm{T}}\boldsymbol{BZ})=\mathrm{tr}(\boldsymbol{Z}^{\mathrm{T}}\boldsymbol{BZA})=\mathrm{vec}(\boldsymbol{Z})^{\mathrm{T}}(\boldsymbol{A}^{\mathrm{T}}\otimes\boldsymbol{B})\mathrm{vec}(\boldsymbol{Z})$，其中$\mathrm{vec}(\cdot)$表示矩阵拉直算子；$\otimes$表示克罗内克积。式（8-1-10）可以重新表示为

$$Q_k(m)=T^2\sum_{l=1}^{m}\frac{1}{T-l}\mathrm{vec}\left(\hat{\boldsymbol{P}}(l)^{\mathrm{T}}\right)^{\mathrm{T}}\left(\hat{\boldsymbol{P}}^{-1}(0)\otimes\hat{\boldsymbol{P}}^{-1}(0)\right)\mathrm{vec}\left(\hat{\boldsymbol{P}}(l)^{\mathrm{T}}\right) \tag{8-1-11}$$

我们知道，多元能源价格时间序列模型的均值过程可以被表达成一个$\mathrm{VAR}(p)$过程，进而可以转换成一个无穷阶的VMA过程，即$\boldsymbol{X}_t=\boldsymbol{\mu}+\sum_{i=0}^{\infty}\boldsymbol{\Psi}_i\boldsymbol{\varepsilon}_{t-i}$，其中$\boldsymbol{\Psi}_i$表示$n\times n$系数矩阵，$\boldsymbol{\varepsilon}_t$表示均值为$\boldsymbol{0}$的独立同分布随机向量，也是$\boldsymbol{X}_t$的新息。在假设检验（8-1-9）中的$H_0$成立的情况下，即对于$l>0$，有$\boldsymbol{P}(1)=\boldsymbol{P}(2)=\cdots=\boldsymbol{P}(m)=\boldsymbol{0}$，如果此时$\boldsymbol{\varepsilon}_t$服从多元正态分布，则式（8-1-11）中统计量$Q_k(m)$渐进地服从$\chi^2(m\cdot n^2)$，即自由度为$m\cdot n^2$的卡方分布。

然而，多元能源价格时间序列的新息$\boldsymbol{\varepsilon}_t$也可能服从复杂的多元分布，而非严格的多元正态分布，此时$\boldsymbol{\varepsilon}_t$是一个白噪声序列。当假设检验（8-1-9）通过，即$l>0$的条件下，$\boldsymbol{P}(l)=\boldsymbol{0}$成立时，$\boldsymbol{X}_t=\boldsymbol{\varepsilon}_t$，此时我们依旧能得到式（8-1-11）渐进服从于$\chi^2(m\cdot n^2)$。通过计算统计量$Q_k(m)$，我们可以检验多元能源价格序列是否具有动态交叉的线性相关性，这是8.3节与8.4节中对线性相关性的动态过程进行刻画的基础。

8.2　多元能源价格间的静态相关系数

在第七章的学习中，我们了解到如何利用GARCH结构驱动多元能源价格时间序列$\boldsymbol{X}_t$的新息向量$\boldsymbol{\varepsilon}_t$的方差-协方差矩阵变化，而相关系数矩阵和方差-协方差矩阵息息相关，如何对相关系数矩阵进行刻画是本节要解决的问题。在本节中，我们将学习当多元时间序列$\boldsymbol{X}_t$的相关系数矩阵为静态时，可以用何种方式刻画它。

8.2.1　常数条件相关系数模型

我们接着第七章的 BEKK-GARCH 模型讨论如何构建能源价格收益率间的静态相关系数。对于多元能源价格序列 $\boldsymbol{X}_t=(X_{1t},X_{2t},\cdots,X_{nt})^{\mathrm{T}}$，我们有

$$\begin{gathered}\boldsymbol{X}_t=\mathbb{E}_{t-1}(\boldsymbol{X}_t)+\boldsymbol{\varepsilon}_t\\ \mathbb{D}_{t-1}(\boldsymbol{\varepsilon}_t)=\boldsymbol{H}_t\end{gathered}\tag{8-2-1}$$

令 $h_{ij,t}$ 表示 $\boldsymbol{H}_t$ 中的第 (i,j) 个元素，那么在 $t-1$ 时刻，估计出的 $\boldsymbol{X}_t$ 中的分量 $X_{i,t}$ 和分量 $X_{j,t}$ 之间的静态线性相关系数可以表达为 $\rho_{ij}=h_{ij,t}\big/\sqrt{h_{ii,t}h_{jj,t}}$ ，其中 $\rho_{ij,t}\in[-1,1]$。注意，此时我们并没有提到存在一个类似于第七章中 BEKK 结构的多元方程来驱动 $\boldsymbol{H}_t$ 的非对角线元素 $h_{ij,t}$（其中 $i\neq j$）的变化。为了限制 ρ_{ij} 的静态特征，对于 $X_{i,t}$ 的方差 $h_{ii,t}$，我们可以将其分解为一个常数放缩参数 w_i 和一个伪动态方差 $\sigma_{i,t}^2$ 的乘积，即

$$h_{ii,t}\triangleq w_i\cdot\sigma_{i,t}^2\tag{8-2-2}$$

$\sigma_{i,t}^2$ 的动态性可以服从一个近似于 GARCH 结构的驱动方差，之所以称 $\sigma_{i,t}^2$ 为伪方差，是因为其乘上一个常数 w_i 才等于 $X_{i,t}$ 的方差 $h_{ii,t}$，但这并不影响我们利用 GARCH 结构驱动 $\sigma_{i,t}^2$。当然 GARCH 结构只是一种可能的选择，抽象地说，$\sigma_{i,t}^2$ 可以表达为任何合理的自回归过程，我们可以抽象地将其表达为 $\sigma_{i,t}^2=f(\sigma_{i,t-1}^2,\sigma_{i,t-2}^2,\sigma_{i,t-3}^2,\cdots)$。采用矩阵表达，即

$$\boldsymbol{H}_t=\boldsymbol{D}_t\boldsymbol{P}\boldsymbol{D}_t\tag{8-2-3}$$

其中，$\boldsymbol{D}_t$ 表示一个对角矩阵，其对角线元素为 $\boldsymbol{X}_t$ 每一个分量的伪动态方差的算数平方根，即 $\boldsymbol{D}_t=\mathrm{diag}(\sigma_{1,t},\sigma_{2,t},\cdots,\sigma_{n,t})$，而 $\boldsymbol{D}_t$ 的非对角线元素均为 0；$\boldsymbol{P}$ 表示 $\boldsymbol{X}_t$ 的相关系数矩阵，$\boldsymbol{P}$ 的第 (i,j) 个元素即为 $\rho_{ij}\sqrt{w_iw_j}$。通过观察，我们可以得到

$$\begin{aligned}&\boldsymbol{D}_t(i,i)\boldsymbol{P}(i,j)\boldsymbol{D}_t(j,j)\\&=\sigma_{i,t}\cdot\rho_{ij}\cdot\sqrt{w_iw_j}\cdot\sigma_{j,t}\\&=h_{ij,t}=\boldsymbol{H}_t(i,j)\end{aligned}\tag{8-2-4}$$

可以证明，矩阵 $\boldsymbol{P}$ 是正定矩阵，经过满秩变换后，矩阵 $\boldsymbol{H}_t$ 也是一个正定矩阵，满足方差-协方差矩阵的基本要求。一般情况下，可以令常数 w_i 为 1。由此，通过将式(8-2-3)代入 $\boldsymbol{\varepsilon}_t$ 的联合分布中，便可以通过最大化似然函数求出 $\boldsymbol{P}$。我们称由式（8-2-1）和式（8-2-3）组成的模型为常数条件相关系数（constant conditional correlation，CCC）模型，如果式（8-2-2）中的 $\sigma_{i,t}^2$ 的变化是由 GARCH 模型所驱动的，我们又称其为 CCC-GARCH 模型。当 $\boldsymbol{\varepsilon}_t$ 是一个多元正态分布时，我们有如式(8-2-5)所示的 CCC-GARCH 模型。

$$
\begin{aligned}
\boldsymbol{X}_t &= \boldsymbol{\mu}_t + \boldsymbol{\varepsilon}_t \\
\varepsilon_{i,t} &= \sigma_{i,t}\nu_i \text{ ,} \quad \nu_i \sim N(0,1) \\
\sigma_{i,t}^2 &= \omega_i + \alpha_i\sigma_{i,t-1}^2 + \beta_i\varepsilon_{i,t-1}^2 \\
\boldsymbol{\varepsilon}_t &\sim N(\boldsymbol{0}, \boldsymbol{H}_t) \\
\boldsymbol{H}_t &= \boldsymbol{D}_t\boldsymbol{P}\boldsymbol{D}_t \\
\boldsymbol{D}_t &= \mathrm{diag}(\sigma_{1,t}, \sigma_{2,t}, \cdots, \sigma_{n,t})
\end{aligned} \tag{8-2-5}
$$

根据式（8-2-5）中的 $\boldsymbol{X}_t$ 构造似然函数，可以观察到 $\boldsymbol{X}_t \sim N(\boldsymbol{\mu}_t, \boldsymbol{H}_t)$。所以 $\boldsymbol{X}_t$ 的概率密度函数为

$$
f_t(\boldsymbol{x}_t) = \frac{1}{(2\pi)^{\frac{n}{2}}\left|\boldsymbol{H}_t\right|^{\frac{1}{2}}}\exp\left(-\frac{1}{2}(\boldsymbol{x}_t - \boldsymbol{\mu}_t)^{\mathrm{T}}\boldsymbol{H}_t^{-1}(\boldsymbol{x}_t - \boldsymbol{\mu}_t)\right) \tag{8-2-6}
$$

其中，$\boldsymbol{\mu}_t$ 表示一个均值过程，它可以是第六章中的 VAR 模型，也可以是 n 个一元 ARMA 过程，这里我们简洁地将其写成 $\boldsymbol{\mu}_t$，且 $\boldsymbol{\mu}_t$ 中包含待估计的参数 θ_μ。利用 $\boldsymbol{X}_t$ 的观测值 $\{\boldsymbol{x}_t\}_{t=1}^T$，可以得到多元正态分布 $N(\boldsymbol{\mu}_t, \boldsymbol{H}_t)$ 的对数似然函数为

$$
\begin{aligned}
&\log f(\theta_\mu, \omega_i, \alpha_i, \beta_i, \boldsymbol{P} \mid \boldsymbol{x}_{t=1,2,\cdots,T}) \\
&= -\frac{Tn}{2}\log(2\pi) - \frac{1}{2}\sum_{t=1}^{T}\log\left|\boldsymbol{H}_t\right| - \frac{1}{2}\sum_{t=1}^{T}(\boldsymbol{x}_t - \boldsymbol{\mu}_t)^{\mathrm{T}}\boldsymbol{H}_t^{-1}(\boldsymbol{x}_t - \boldsymbol{\mu}_t) \\
&= -\frac{Tn}{2}\log(2\pi) - \frac{T}{2}\log\left|\boldsymbol{P}\right| - \sum_{t=1}^{T}\log\left|\boldsymbol{D}_t\right| - \frac{1}{2}\sum_{t=1}^{T}(\boldsymbol{D}_t^{-1}\boldsymbol{\varepsilon}_t)^{\mathrm{T}}\boldsymbol{P}^{-1}(\boldsymbol{D}_t^{-1}\boldsymbol{\varepsilon}_t)
\end{aligned} \tag{8-2-7}
$$

通过最大化式（8-2-7），便可以得到 $\hat{\theta}_\mu$、$\hat{\omega}_i$、$\hat{\alpha}_i$、$\hat{\beta}_i$ 和 $\hat{\boldsymbol{P}}$。所估计出的系数的相关标准误可根据 1.4.2 小节内容进行计算。

8.2.2　其他静态相关系数

无论是 8.1.1 小节中的皮尔逊相关系数或是 8.2.1 小节中的 CCC，它们衡量的都是能源价格序列之间的线性相关性。实际上，任意两个能源价格序列之间的相关性非常复杂，很可能存在着非线性关系。本小节介绍一些常用的其他静态相关系数模型，它们有着不同的测度能力，能够发现能源价格时间序列间不同的相关性特征。

肯德尔（Kendall）τ 是一个广泛使用的相关性测度。在具体介绍前，我们先简要了解下秩相关性的概念。从感官上说，对于能源价格时间序列 X_t 和 Y_t，如果 X_t 出现较大的值时 Y_t 有较大概率也出现较大的值，X_t 出现较小的值时 Y_t 有较大概率也出现较小的值，那么 X_t 和 Y_t 具有秩相关性。令 $\{(x_t, y_t), t = 1,2,\cdots,T\}$ 表示一个由能源价格随机向量 (X_t, Y_t) 的 T 组观测值组成的样本。对于样本中的每两组观测值 (X_i, Y_i) 和 (X_j, Y_j)，$i \neq j$，$i, j = 1,2,\cdots,d$，如果 $(x_i - x_j)(y_i - y_j) > 0$，则 (X_i, Y_i) 和 (X_j, Y_j) 是秩相关的；如果 $(x_i - x_j)(y_i - y_j) < 0$，则 (X_i, Y_i) 和 (X_j, Y_j) 是非秩相关的。Kendall τ 便是一种利用秩相关性概念刻画两个能源价格时间序列 X_t 和 Y_t 相关性的测度。对于随机变量 X_1 和 X_2（它们

独立同分布于 X ）、Y_1 和 Y_2 （它们独立同分布于 Y ），Kendall τ 定义为随机变量的样本具有秩相关的概率减去样本不具有秩相关的概率，即

$$\begin{aligned}\tau &= P((X_1-X_2)(Y_1-Y_2)>0)-P((X_1-X_2)(Y_1-Y_2)<0)\\ &=2P((X_1-X_2)(Y_1-Y_2)>0)-1\end{aligned} \tag{8-2-8}$$

其中，P 表示概率。通过定义可以看出 Kendall τ 的变化范围为 $[-1,1]$ 。当 Kendall τ 为 1 时，随机变量 X_t 和 Y_t 变化方向完全一致，X_t 和 Y_t 在 Kendall τ 的定义下完全正相关；当 τ 为−1 时，随机变量 X_t 和 Y_t 变化方向完全不一致，X_t 和 Y_t 在 Kendall τ 的定义下完全负相关；当 τ 为 0 时，随机变量 X_t 和 Y_t 的变化方向有一半的概率一致，X_t 和 Y_t 在 Kendall τ 的定义下相关性不确定。

与 Kendall τ 类似，Spearman（斯皮尔曼）ρ 也是一种秩相关系数。令 (X_1,Y_1) 、(X_2,Y_2) 和 (X_3,Y_3) 是三个独立同分布的随机向量，他们的联合分布函数为 H ，$X_1,X_2,X_3 \overset{\text{i.i.d.}}{\sim} F$ ，$Y_1,Y_2,Y_3 \overset{\text{i.i.d.}}{\sim} G$ ，则 Spearman ρ 的定义为

$$\rho = 3\cdot(P((X_1-X_2)(Y_1-Y_3)>0)-P((X_1-X_2)(Y_1-Y_3)<0)) \tag{8-2-9}$$

其中，常数 3 表示一个正则化常数项，其目的是让 $\rho_{X,Y}$ 的变化范围为 $[-1,1]$ 。从定义来看，Spearman ρ 计算了 (X_1,Y_1) 与 (X_2,Y_3) 之间变动一致的概率与变动不一致的概率的差。

8.3 多元能源价格间的动态相关系数

无论是单个能源价格的收益率分布，还是多个能源价格收益率的联合分布，都具有时变特征，这种时变特征也极有可能表现在能源价格收益率的相关性关系上。

8.3.1 DCC 模型

我们令两个能源价格收益率为随机变量 $r_{1,t}$ 、$r_{2,t}$ ，且 $r_{1,t}$ 、$r_{2,t}$ 的均值为 0，那么它们的 DCC 为

$$\rho_{12,t} = \frac{\mathbb{E}_{t-1}(r_{1,t}r_{2,t})}{\sqrt{\mathbb{E}_{t-1}(r_{1,t}^2)\mathbb{E}_{t-1}(r_{2,t}^2)}} \tag{8-3-1}$$

在式（8-3-1）中，动态条件相关性体现在 $\rho_{12,t}$ 每时每刻都在变化，并且 $\rho_{12,t}$ 的计算依赖于 $t-1$ 时刻及其以前的收益率信息。$\mathbb{E}_{t-1}(\cdot)$ 所表达的含义即 $\mathbb{E}(\cdot\,|\,I_{t-1})$，其中 I_{t-1} 是 $t-1$ 时刻及其以前的信息集。对于两个能源价格收益率间的 DCC—— $\rho_{12,t}$ 的预测也可以通过对式（8-3-1）进行迭代所得到。根据定义可知，$\rho_{12,t}\in[-1,1]$ 。

为了揭示 DCC 和 $r_{1,t}$ 、$r_{2,t}$ 的条件方差之间的关系，我们不妨假设 $r_{1,t}$ 、$r_{2,t}$ 服从一个简单的 GARCH 过程，即

$$r_{i,t} = \sqrt{h_{i,t}}\epsilon_{i,t} \quad , \quad i=1,2 \tag{8-3-2}$$

其中，$h_{i,t}$ 表示 $r_{i,t}$ 的条件方差，即 $h_{i,t}=\mathbb{E}_{t-1}(r_{i,t}^2)$ ；$\epsilon_{i,t}$ 表示一个均值为 0、方差为 1 的白噪声新息。于是，可以得到

$$\rho_{12,t} = \frac{\mathbb{E}_{t-1}(\epsilon_{1,t}\epsilon_{2,t})}{\sqrt{\mathbb{E}_{t-1}(\epsilon_{1,t}^2)\mathbb{E}_{t-1}(\epsilon_{2,t}^2)}} = \mathbb{E}_{t-1}(\epsilon_{1,t}\epsilon_{2,t}) = \mathrm{Cov}_{t-1}(\epsilon_{1,t}\epsilon_{2,t}) \tag{8-3-3}$$

可见$r_{1,t}$和$r_{2,t}$之间的DCC就是两个能源价格收益率变量新息项的条件协方差。式(8-3-2)是一个非常严格的假设，在多数情况下，$r_{1,t}$和$r_{2,t}$的变动过程更为复杂，这也给$\rho_{12,t}$的估计带来了困难。对于$\rho_{12,t}$的估计，一种朴素的方式是利用过去一段时间内$r_{1,t}$和$r_{2,t}$的观测值计算$\rho_{12,t}$，即

$$\hat{\rho}_{12,t} = \frac{\sum_{s=t-n-1}^{t-1} r_{1,s}r_{2,s}}{\sqrt{\left(\sum_{s=t-n-1}^{t-1} r_{1,s}^2\right)\left(\sum_{s=t-n-1}^{t-1} r_{2,s}^2\right)}} \tag{8-3-4}$$

显然式（8-3-4）中利用了前n期$r_{1,t}$和$r_{2,t}$的观测值，并且$\hat{\rho}_{12,t} \in [-1,1]$。在式（8-3-4）的定义下，之前$n$期$r_{1,t}$和$r_{2,t}$的观测值都是等权重的，这也暗示了每一期的能源价格收益率同样重要。然而这个假设比较强，在现实世界中，能源资产投资者并不一定会等价地看到过去n期的观测值，而是会重点考虑靠近t期的观测值。这就是说，我们希望赋予靠近t期的观测值更高的权重，而赋予远离t期的观测值更小的权重。指数平滑法可以贴合这种假定下的$\rho_{12,t}$的估计值，一个基于指数平滑法的DCC为

$$\hat{\rho}_{12,t} = \frac{\sum_{s=t-n-1}^{t-1} \lambda^{t-s-1} r_{1,s}r_{2,s}}{\sqrt{\left(\sum_{s=t-n-1}^{t-1} \lambda^{t-s-1} r_{1,s}^2\right)\left(\sum_{s=t-n-1}^{t-1} \lambda^{t-s-1} r_{2,s}^2\right)}} \tag{8-3-5}$$

其中，$\lambda \in (0,1)$表示一个参数，当时间下标s的数值越接近t时，λ^{t-s-1}的数值越大；而下标s的数值越远离t时，λ^{t-s-1}的数值越小。根据三角不等式，式（8-3-5）中$\hat{\rho}_{12,t}$的数值也在−1至1之间，并且吸收了更多接近t时的能源价格收益率$r_{1,t}$和$r_{2,t}$的观测值信息。并没有一个完美的方案设定参数λ，针对不同的能源资产，λ的数值可能不同。可以采用最小二乘法或最大似然估计法计算最优的λ。针对先验设定下的λ，常常选取0.94。

可见无论是式（8-3-4）或式（8-3-5），它们所估计出的能源价格收益率的$\hat{\rho}_{12,t}$各有利弊。另一个非常经典的计算DCC的方法是DCC模型。DCC模型与8.2.1小节中的CCC模型类似，不过它假定式（8-2-3）中的相关系数矩阵是动态的。在DCC模型中，能源价格收益率的方差−协方差矩阵可以表达为

$$\boldsymbol{H}_t = \boldsymbol{D}_t \boldsymbol{R}_t \boldsymbol{D}_t \tag{8-3-6}$$

其中，$\boldsymbol{H}_t$表示能源价格收益率在t时刻的方差−协方差矩阵；$\boldsymbol{D}_t$表示一个对角矩阵，其对角线元素分别是每一个能源价格收益率在t时刻的方差；$\boldsymbol{R}_t$表示能源价格收益率在t时刻的相关系数矩阵。可以看出式(8-3-6)中能源价格收益率的相关系数是动态变化的，且$\boldsymbol{R}_t = \boldsymbol{D}_t^{-1}\boldsymbol{H}_t\boldsymbol{D}_t^{-1}$。对于$\boldsymbol{R}_t$中第$i$行、第$j$列的元素$[R_t]_{i,j}$，DCC 模型采用式（8-3-5）中的指数平滑法改进式（8-3-3）进行计算，可以得到

$$[R_t]_{i,j}=\rho_{i,j,t}=\frac{\sum_{s=1}^{t-1}\lambda^s\epsilon_{i,t-s}\epsilon_{j,t-s}}{\sqrt{\left(\sum_{s=1}^{t-1}\lambda^s\epsilon_{i,t-s}^2\right)\left(\sum_{s=1}^{t-1}\lambda^s\epsilon_{j,t-s}^2\right)}} \quad (8\text{-}3\text{-}7)$$

我们可以用一个集约的形式表达 $\rho_{i,j,t}$ 的变化，即

$$q_{i,j,t}=(1-\lambda)(\epsilon_{i,t-1}\epsilon_{j,t-1})+\lambda q_{i,j,t-1}$$

$$\rho_{i,j,t}=\frac{q_{i,j,t}}{\sqrt{q_{i,i,t}\cdot q_{j,j,t}}} \quad (8\text{-}3\text{-}8)$$

为了保持驱动方程（8-3-8）的平稳性，我们将其修改为 GARCH(1,1)结构，即

$$q_{i,j,t}=\bar{\rho}_{i,j}+\alpha(\epsilon_{i,t-1}\epsilon_{j,t-1}-\bar{\rho}_{i,j})+\beta(q_{i,j,t-1}-\bar{\rho}_{i,j}) \quad (8\text{-}3\text{-}9)$$

其中，$\bar{\rho}_{i,j}$ 表示 $\epsilon_{1,t}$ 和 $\epsilon_{2,t}$ 的无条件相关系数，即

$$q_{i,j,t}=\bar{\rho}_{i,j}\left(\frac{1-\alpha-\beta}{1-\beta}\right)+\alpha\sum_{s=1}^{\infty}\beta^{s-1}\epsilon_{i,t-s}\epsilon_{j,t-s} \quad (8\text{-}3\text{-}10)$$

由此，$q_{i,j,t}$ 的均值将为 $\bar{\rho}_{i,j}/(1-\alpha-\beta)$。根据式（8-3-9），$q_{i,j,t}$ 的矩阵形式 $\boldsymbol{Q}_t$ 可以表示为

$$\boldsymbol{Q}_t=\boldsymbol{S}(1-\alpha-\beta)+\alpha(\boldsymbol{\epsilon}_{t-1}\boldsymbol{\epsilon}_{t-1}^{\mathrm{T}})+\beta\boldsymbol{Q}_{t-1} \quad (8\text{-}3\text{-}11)$$

其中，α 和 β 表示标量；$\boldsymbol{\epsilon}_t$ 表示多元能源价格收益率的新息向量；$\boldsymbol{S}$ 表示 $\boldsymbol{\epsilon}_t$ 的无条件相关系数矩阵。只要 $\alpha+\beta<1$，那么驱动方程（8-3-11）就是平稳的，且具有“均值回复性”。如果 $\alpha+\beta=1$，那么驱动方程（8-3-11）将退化为方程（8-3-8）的形式。由于 $\boldsymbol{Q}_t$ 是一个矩阵，驱动 $\boldsymbol{Q}_t$ 变化的参数不一定是一个标量，也可能是一个矩阵。对于矩阵参数驱动 $\boldsymbol{Q}_t$ 的方程，一个经典的结构是

$$\boldsymbol{Q}_t=\boldsymbol{S}\circ(\boldsymbol{\iota\iota}^{\mathrm{T}}-\boldsymbol{A}-\boldsymbol{B})+\boldsymbol{A}\circ(\boldsymbol{\epsilon}_{t-1}\boldsymbol{\epsilon}_{t-1}^{\mathrm{T}})+\boldsymbol{B}\circ\boldsymbol{Q}_{t-1} \quad (8\text{-}3\text{-}12)$$

其中，$\boldsymbol{\iota}$ 表示一个元素全为 1 的列向量；$\circ$ 是矩阵的阿达马（Hadamard）积，表示两个结构相同的矩阵各个对应位置的元素相乘；$\boldsymbol{A}$ 和 $\boldsymbol{B}$ 表示参数方阵。只要 $\boldsymbol{A}$、$\boldsymbol{B}$ 以及 $(\boldsymbol{\iota\iota}^{\mathrm{T}}-\boldsymbol{A}-\boldsymbol{B})$ 是（半）正定的，那么 $\boldsymbol{Q}_t$ 也一定是（半）正定的。由此，对于一个多元能源价格收益率向量 $\boldsymbol{r}_t$，完整的 DCC 模型的表达式如式（8-3-13）至式（8-3-17）所示：

$$\boldsymbol{r}_{t|t-1}\sim(\boldsymbol{0},\boldsymbol{D}_t\boldsymbol{R}_t\boldsymbol{D}_t) \quad (8\text{-}3\text{-}13)$$

$$\boldsymbol{D}_t^2=\mathrm{diag}\{\omega_i\}+\mathrm{diag}\{\kappa_i\}\circ\boldsymbol{r}_{t-1}\boldsymbol{r}_{t-1}^{\mathrm{T}}+\mathrm{diag}\{\lambda_i\}\circ\boldsymbol{D}_{t-1}^2 \quad (8\text{-}3\text{-}14)$$

$$\boldsymbol{\epsilon}_t=\boldsymbol{D}_t^{-1}\boldsymbol{r}_t \quad (8\text{-}3\text{-}15)$$

$$\boldsymbol{Q}_t=\boldsymbol{S}\circ(\boldsymbol{\iota\iota}^{\mathrm{T}}-\boldsymbol{A}-\boldsymbol{B})+\boldsymbol{A}\circ(\boldsymbol{\epsilon}_{t-1}\boldsymbol{\epsilon}_{t-1}^{\mathrm{T}})+\boldsymbol{B}\circ\boldsymbol{Q}_{t-1} \quad (8\text{-}3\text{-}16)$$

$$\boldsymbol{R}_t=\mathrm{diag}\{\boldsymbol{Q}_t\}^{-1}\boldsymbol{Q}_t\mathrm{diag}\{\boldsymbol{Q}_t\}^{-1} \quad (8\text{-}3\text{-}17)$$

式（8-3-13）至式（8-3-15）其实就是一种简单的多元 GARCH 方程。式（8-3-13）表达的含义是 $\boldsymbol{r}_{t|t-1}$ 在 t 时刻的条件分布是一个均值为 0、方差-协方差矩阵为 $\boldsymbol{D}_t\boldsymbol{R}_t\boldsymbol{D}_t$ 的多元分布。这里的多元分布可以是多元正态分布，亦可以是其他多元分布。关于多元分布的设定没有固定的准则，并且多元分布的设定会影响对参数的似然函数的估计。

式（8-3-14）是一个关于方差变化过程的多元 GARCH 方程，其中 diag{·} 是一个组成

对角矩阵的算子，ω_i、κ_i 和 λ_i（$i=1,2,\cdots,n$）是参数。注意到 $r_{i,t}=\sqrt{h_{i,t}}\epsilon_{i,t}$（$i=1,2,\cdots,n$），则式（8-3-14）的展开形式为

$$\begin{bmatrix} h_{1,t}^2 & 0 & \cdots & 0 \\ 0 & h_{2,t}^2 & \cdots & 0 \\ \vdots & \vdots & & \vdots \\ 0 & 0 & \cdots & h_{n,t}^2 \end{bmatrix} = \begin{bmatrix} \omega_1 & 0 & \cdots & 0 \\ 0 & \omega_2 & \cdots & 0 \\ \vdots & \vdots & & \vdots \\ 0 & 0 & \cdots & \omega_n \end{bmatrix} + \begin{bmatrix} \kappa_1 r_{1,t}^2 & 0 & \cdots & 0 \\ 0 & \kappa_2 r_{2,t}^2 & \cdots & 0 \\ \vdots & \vdots & & \vdots \\ 0 & 0 & \cdots & \kappa_n r_{n,t}^2 \end{bmatrix} + \begin{bmatrix} \lambda_1 h_{1,t-1}^2 & 0 & \cdots & 0 \\ 0 & \lambda_2 h_{2,t-1}^2 & \cdots & 0 \\ \vdots & \vdots & & \vdots \\ 0 & 0 & \cdots & \lambda_n h_{n,t-1}^2 \end{bmatrix} \tag{8-3-18}$$

或

$$h_{i,t}^2=\omega_i+\kappa_i\cdot r_{i,t}^2+\lambda_i\cdot h_{i,t-1}^2\ ,\ i=1,2,\cdots,n \tag{8-3-19}$$

式（8-3-15）计算的是 $r_{i,t}=\sqrt{h_{i,t}}\epsilon_{i,t}$（$i=1,2,\cdots,n$）中的新息 $\epsilon_{i,t}$，即

$$\begin{bmatrix} \epsilon_{1,t} & 0 & \cdots & 0 \\ 0 & \epsilon_{2,t} & \cdots & 0 \\ \vdots & \vdots & & \vdots \\ 0 & 0 & \cdots & \epsilon_{n,t} \end{bmatrix} = \begin{bmatrix} r_{1,t}\big/\sqrt{h_{1,t}} & 0 & \cdots & 0 \\ 0 & r_{2,t}\big/\sqrt{h_{2,t}} & \cdots & 0 \\ \vdots & \vdots & & \vdots \\ 0 & 0 & \cdots & r_{n,t}\big/\sqrt{h_{n,t}} \end{bmatrix} \tag{8-3-20}$$

多元能源价格收益率新息向量 $\boldsymbol{\epsilon}_t$ 中的每个元素即 $\epsilon_{i,t}$。式（8-3-14）表述的是每一个多元能源价格收益率的条件方差的变化过程，而式（8-3-16）表述的则是多元能源价格收益率的新息的方差-协方差矩阵的变化过程。在 DCC 模型中，我们不需要计算多元能源价格收益率的方差-协方差矩阵，只需要计算新息的方差-协方差矩阵，即可计算出多元能源价格收益率的 DCC。这是因为在设定 $r_{i,t}=\sqrt{h_{i,t}}\epsilon_{i,t}$（$i=1,2,\cdots,n$）的情况下，新息向量 $\boldsymbol{\epsilon}_t$ 的条件相关系数矩阵，即多元能源价格收益率向量 $\boldsymbol{r}_t$ 的条件相关系数矩阵，即

$$\begin{aligned}\rho_{i,j,t}&=\frac{\mathbb{E}_{t-1}(r_{i,t}r_{j,t})}{\sqrt{\mathbb{E}_{t-1}(r_{i,t}^2)\mathbb{E}_{t-1}(r_{j,t}^2)}}\\&=\frac{\sqrt{h_{i,t}h_{j,t}}\,\mathbb{E}_{t-1}(\epsilon_{i,t}\epsilon_{j,t})}{\sqrt{h_{i,t}h_{j,t}}\sqrt{\mathbb{E}_{t-1}(\epsilon_{i,t}^2)\mathbb{E}_{t-1}(\epsilon_{j,t}^2)}}=\frac{\mathbb{E}_{t-1}(\epsilon_{i,t}\epsilon_{j,t})}{\sqrt{\mathbb{E}_{t-1}(\epsilon_{i,t}^2)\mathbb{E}_{t-1}(\epsilon_{j,t}^2)}}\end{aligned} \tag{8-3-21}$$

读者亦可以回顾式（8-3-3），理解这一原理。式（8-3-16）中 $\boldsymbol{Q}_t$ 的每一个元素即式（8-3-11）所表达的形式，它是一种 GARCH(1,1)结构，来驱动 $\boldsymbol{Q}_t$ 中每一个元素的变化。$[\boldsymbol{Q}_t]_{i,j}$ 即为第 i 个新息 $\epsilon_{i,t}$ 和第 j 个新息 $\epsilon_{j,t}$ 的条件（协）方差的数值。再根据相关系数的定义，我们即可根据式（8-3-17）得到动态的条件相关系数矩阵。diag$\{\boldsymbol{Q}_t\}$ 即选取 $\boldsymbol{Q}_t$ 中的对角线元素，组成对角矩阵。

我们可以发现 DCC 模型和 CCC 模型的最大差别在于，我们设定了一个动态的相关系数矩阵 $\boldsymbol{R}_t$，而非静态的 $\boldsymbol{R}$，并且用一个类似于 GARCH(1,1)结构的方程驱动 $\boldsymbol{R}_t$ 中每一个元素平稳地变化。

DCC 模型的参数估计依然可以采用极大似然法，我们先介绍 $\boldsymbol{r}_t$ 是多元正态分布的情况下，利用极大似然法估计式（8-3-13）至式（8-3-17）的 DCC 模型的过程，即此时 $\boldsymbol{r}_{t|t-1} \sim N(\boldsymbol{0}, \boldsymbol{D}_t\boldsymbol{R}_t\boldsymbol{D}_t)$。观察式（8-3-13）至式（8-3-17），需要被估计的参数有 ω_i、κ_i、λ_i、$\boldsymbol{S}$、$\boldsymbol{A}$ 和 $\boldsymbol{B}$，利用观测值数据 $\{\boldsymbol{r}_t\}_{t=1,2,\cdots,T}$，似然函数可以围绕 $\boldsymbol{r}_{t|t-1} \sim N(\boldsymbol{0}, \boldsymbol{D}_t\boldsymbol{R}_t\boldsymbol{D}_t)$ 展开，即对数似然函数 $L(\omega_i, \kappa_i, \lambda_i, \boldsymbol{S}, \boldsymbol{A}, \boldsymbol{B})$ 为

$$
\begin{aligned}
&L(\omega_i, \kappa_i, \lambda_i, \boldsymbol{S}, \boldsymbol{A}, \boldsymbol{B}) \\
&= -\frac{1}{2}\sum_{t=1}^{T}\left(n\log(2\pi) + \log\left|\boldsymbol{D}_t\boldsymbol{R}_t\boldsymbol{D}_t\right| + \boldsymbol{r}_t^{\mathrm{T}}\boldsymbol{D}_t^{-1}\boldsymbol{R}_t^{-1}\boldsymbol{D}_t^{-1}\boldsymbol{r}_t\right) \\
&= -\frac{1}{2}\sum_{t=1}^{T}\left(n\log(2\pi) + 2\log\left|\boldsymbol{D}_t\right| + \log\left|\boldsymbol{R}_t\right| + \epsilon_t^{\mathrm{T}}\boldsymbol{R}_t^{-1}\epsilon_t\right) \\
&= -\frac{1}{2}\sum_{t=1}^{T}\left(n\log(2\pi) + 2\log\left|\boldsymbol{D}_t\right| + \log\left|\boldsymbol{R}_t\right| + \boldsymbol{r}_t^{\mathrm{T}}\boldsymbol{D}_t^{-1}\boldsymbol{D}_t^{-1}\boldsymbol{r}_t + \epsilon_t^{\mathrm{T}}\boldsymbol{R}_t^{-1}\epsilon_t - \epsilon_t^{\mathrm{T}}\epsilon_t\right)
\end{aligned}
\tag{8-3-22}
$$

其中，$\boldsymbol{D}_t$ 表示一个关于 ω_i、κ_i 和 λ_i 的表达式；$\boldsymbol{R}_t$ 表示一个关于 $\boldsymbol{S}$、$\boldsymbol{A}$ 和 $\boldsymbol{B}$ 的表达式。利用最优化算法，我们可以寻找到最优的 ω_i、κ_i、λ_i、$\boldsymbol{S}$、$\boldsymbol{A}$ 和 $\boldsymbol{B}$，使得对数似然函数 $L(\omega_i, \kappa_i, \lambda_i, \boldsymbol{S}, \boldsymbol{A}, \boldsymbol{B})$ 的数值最大，从而得到待估参数。

如果 $\boldsymbol{r}_t$ 不是多元正态分布，同样可以利用式（8-3-22）的似然函数进行估计。这种估计方法即拟极大似然估计，在样本数量 T 足够大的情况下，通过最大化似然函数得到的参数是真实参数的一致估计量。

观察待估参数集合 ω_i、κ_i、λ_i、$\boldsymbol{S}$、$\boldsymbol{A}$ 和 $\boldsymbol{B}$，可以发现当 $\boldsymbol{r}_t$ 的维度为 n 时，一共有 $(3\cdot n + 3\cdot n^2)$ 个参数需要估计。对这样的似然函数进行最大值寻优充满难度，另一个估计思路是进行分步的极大似然估计。回顾式（8-3-13）至式（8-3-17）的 DCC 模型，前文提到式（8-3-13）至式（8-3-15）是一种简单的多元 GARCH 方程，它们描述了多元能源价格收益率 $\boldsymbol{r}_t$ 的方差的变化过程，我们可以将这一部分简记为方差变化方程；式（8-3-16）至式（8-3-17）描述了多元能源价格收益率 $\boldsymbol{r}_t$ 的新息 ϵ_t 的方差-协方差矩阵、相关系数矩阵的变化，可以将这一部分简记为相关系数变化方程。我们可以观察到方差变化方程受到参数集合 ω_i、κ_i 和 λ_i 的驱动，而相关系数变化方程受到参数集合 $\boldsymbol{S}$、$\boldsymbol{A}$ 和 $\boldsymbol{B}$ 的驱动，这两部分似乎相互独立、互不干扰。利用这一点，我们可以先估计 ω_i、κ_i 和 λ_i 的数值，再估计 $\boldsymbol{S}$、$\boldsymbol{A}$ 和 $\boldsymbol{B}$ 的数值，这就是两步极大似然估计。通过观察似然函数，有

$$
f(\omega_i, \kappa_i, \lambda_i, \boldsymbol{S}, \boldsymbol{A}, \boldsymbol{B}) = f_1(\omega_i, \kappa_i, \lambda_i)\cdot f_2(\boldsymbol{S}, \boldsymbol{A}, \boldsymbol{B} \mid \omega_i, \kappa_i, \lambda_i) \tag{8-3-23}
$$

对式（8-3-23）取对数，得到对数似然函数，即

$$
L(\omega_i, \kappa_i, \lambda_i, \boldsymbol{S}, \boldsymbol{A}, \boldsymbol{B}) = L_1(\omega_i, \kappa_i, \lambda_i) + L_2(\boldsymbol{S}, \boldsymbol{A}, \boldsymbol{B} \mid \omega_i, \kappa_i, \lambda_i) \tag{8-3-24}
$$

两步极大似然估计的第一步是先寻找似然函数 $L_1(\omega_i, \kappa_i, \lambda_i)$。观察式（8-3-18），可以认为它是 n 个独立的 GARCH(1,1)过程，由此可以得到

$$
L_1(\omega_i, \kappa_i, \lambda_i) = -\frac{1}{2}\sum_{t=1}^{T}\sum_{i=1}^{n}\left(\log(2\pi) + \log(h_{i,t}) + r_{i,t}^2 / h_{i,t}\right) \tag{8-3-25}
$$

通过最优化方法，可以得到当$L_1(\omega_i,\kappa_i,\lambda_i)$为最大值时的$\omega_i$、$\kappa_i$和$\lambda_i$（$i=1,2,\cdots,n$）。接着，根据式（8-3-15）可以得到观测值序列$\{\boldsymbol{\epsilon}_t\}_{t=1,2,\cdots,T}$，并且

$$\boldsymbol{\epsilon}_t=\boldsymbol{D}_t^{-1}\boldsymbol{r}_t\sim N(\boldsymbol{0},\boldsymbol{R}_t) \tag{8-3-26}$$

注意这里依旧秉承$\boldsymbol{r}_t$是多元正态分布的假设。根据多元正态分布的定义，有

$$L_2(\boldsymbol{S},\boldsymbol{A},\boldsymbol{B}\mid\omega_i,\kappa_i,\lambda_i)=-\frac{1}{2}\sum_{t=1}^{T}(\log|\boldsymbol{R}_t|+\boldsymbol{\epsilon}_t^{\mathrm{T}}\boldsymbol{R}_t^{-1}\boldsymbol{\epsilon}_t) \tag{8-3-27}$$

通过最大化$L_2(\boldsymbol{S},\boldsymbol{A},\boldsymbol{B}\mid\omega_i,\kappa_i,\lambda_i)$，可以得到$\boldsymbol{S}$、$\boldsymbol{A}$和$\boldsymbol{B}$的估计值。

两步极大似然估计是非常有用的参数估计方法，特别是当模型较为复杂时，可以简化计算步骤。

8.3.2　DCC 模型的衍生族

标准的 DCC 模型由式（8-3-13）至式（8-3-17）构成，它最重要的思想是多元能源价格收益率$\boldsymbol{r}_t$的相关系数矩阵是动态变化的。然而在真实世界中，能源价格收益率的相关关系的动态模式可能是复杂多变的，由此围绕式（8-3-16）中的相关系数矩阵，出现了不同的 DCC 模型的衍生族。本小节介绍几种常见的衍生族，在对能源价格收益率进行建模时，读者可以考虑不同的 DCC 衍生模型，从而构建一个拟合优度或预测表现最好的 DCC 模型。

1. 标量参数 DCC 模型

标准的 DCC 模型需要用三个参数矩阵——$\boldsymbol{S}$、$\boldsymbol{A}$和$\boldsymbol{B}$驱动式（8-3-16），这可能会引发“维度灾难”。当多元能源价格收益率$\boldsymbol{r}_t$的维度为n时，$\boldsymbol{S}$、$\boldsymbol{A}$和$\boldsymbol{B}$包含$(3\cdot n^2)$个待估参数，这会增加寻优计算的难度。一种方法是将式（8-3-16）转变为用标量驱动，即

$$\boldsymbol{Q}_t=\boldsymbol{S}(1-\alpha-\beta)+\alpha(\boldsymbol{\epsilon}_{t-1}\boldsymbol{\epsilon}_{t-1}^{\mathrm{T}})+\beta\boldsymbol{Q}_{t-1} \tag{8-3-28}$$

其中，$\boldsymbol{S}$表示参数矩阵；α和β表示标量。在更为集约的情形下，也可以设置$\boldsymbol{S}$为单位矩阵，或先验地设定$\boldsymbol{S}$为多元能源价格收益率的新息向量$\boldsymbol{\epsilon}_t$的无条件方差-协方差矩阵，即$\boldsymbol{S}=\mathbb{E}(\boldsymbol{\epsilon}_t\boldsymbol{\epsilon}_t')$，这是因为对式（8-3-28）两边取期望，有

$$\boldsymbol{S}=\frac{(1-\beta)\mathbb{E}(\boldsymbol{Q}_t)}{(1-\alpha-\beta)}-\frac{\alpha\mathbb{E}(\boldsymbol{\epsilon}_{t-1}\boldsymbol{\epsilon}_{t-1}^{\mathrm{T}})}{(1-\alpha-\beta)} \tag{8-3-29}$$

根据式（8-3-2）的设定，$\boldsymbol{\epsilon}_t\sim(\boldsymbol{0},\boldsymbol{I})$，故$\mathbb{E}(\boldsymbol{Q}_t)=\mathbb{E}(\boldsymbol{\epsilon}_{t-1}\boldsymbol{\epsilon}_{t-1}^{\mathrm{T}})$，从而有$\boldsymbol{S}=\mathbb{E}(\boldsymbol{\epsilon}_t\boldsymbol{\epsilon}_t^{\mathrm{T}})$。由此，待估参数仅仅为标量$\alpha$和$\beta$，并称由式（8-3-28）驱动的 DCC 模型为标量参数 DCC（scalar-DCC）模型。只要标量参数满足$\alpha\geqslant0$、$\beta\geqslant0$、$\alpha+\beta<1$，并且$\boldsymbol{S}$是正定的，即可保证$\boldsymbol{Q}_t$是正定变化的。

2. 动态相关性-多元 GARCH 模型

标准 DCC 模型中，多元能源价格收益率新息向量$\boldsymbol{\epsilon}_t$的条件方差-协方差矩阵$\boldsymbol{Q}_t$由前一期的$\boldsymbol{Q}_{t-1}$和前一期新息向量的外积$\boldsymbol{\epsilon}_{t-1}\boldsymbol{\epsilon}_{t-1}^{\mathrm{T}}$所决定。经过迭代后，$\boldsymbol{Q}_t$只与$t$时刻以前的外

积$\{\epsilon_s\epsilon_s^{\mathrm{T}}\}_{s=t-1,t-2,\cdots}$有关。然而$\boldsymbol{Q}_t$反映的是条件方差-协方差矩阵，$\{\epsilon_s\epsilon_s^{\mathrm{T}}\}_{s=t-1,t-2,\cdots}$只反映了构成条件方差的其中一项，条件相关系数矩阵$\boldsymbol{R}_t$的变化过程同样也应当受到过去一段时间内无条件相关系数矩阵的驱动。利用这一思想，动态相关性-多元 GARCH 模型将标准 DCC 模型中的式（8-3-16）和式（8-3-17）修改为

$$\boldsymbol{R}_t=(1-\alpha-\beta)\boldsymbol{S}+\alpha\boldsymbol{R}_{M,t-1}+\beta\boldsymbol{R}_{t-1}$$
$$[\boldsymbol{R}_{M,t-1}]_{i,j}=\frac{\sum_{s=1}^{M}\epsilon_{i,t-s}\epsilon_{j,t-s}}{\sqrt{\left(\sum_{s=1}^{M}\epsilon_{i,t-s}^2\right)\left(\sum_{s=1}^{M}\epsilon_{j,t-s}^2\right)}} \tag{8-3-30}$$

其中，$\boldsymbol{S}$表示参数矩阵；α和β表示标量；M表示一个先验设定的数值。由此，多元能源价格收益率之间的条件相关系数矩阵$\boldsymbol{R}_t$由其上一期数值$\boldsymbol{R}_{t-1}$和$t-1$时刻至$t-M$时刻的新息向量ϵ_t的无条件相关系数矩阵所驱动。观察$\boldsymbol{R}_{M,t-1}$，其还可以表示为矩阵形式，即

$$\boldsymbol{R}_{M,t-1}=\boldsymbol{B}_{M,t-1}^{-1}\epsilon_{M,t-1}\epsilon_{M,t-1}^{\mathrm{T}}\boldsymbol{B}_{M,t-1}^{-1} \tag{8-3-31}$$

其中，$\epsilon_{M,t-1}=(\epsilon_{t-1},\epsilon_{t-2},\cdots,\epsilon_{t-M})^{\mathrm{T}}$表示前$M$期的新息向量；$\boldsymbol{B}_{M,t-1}$表示一个$n$维对角矩阵，其对角线上的元素为$\sqrt{\sum_{s=1}^{M}\epsilon_{i,t-s}^2}$，$i=1,2,\cdots,n$。根据式（8-3-31），为了保持多元能源价格收益率条件相关系数矩阵的正定性，必须要保证M大于多元能源价格收益率的维度n，且$\alpha\geqslant0$、$\beta\geqslant0$、$\alpha+\beta<1$。为了方便参数估计，式（8-3-30）中的$\boldsymbol{S}$可以设定为单位矩阵，或先验设定$\boldsymbol{S}$为

$$\boldsymbol{S}=\frac{1-\beta}{1-\alpha-\beta}\mathbb{E}(\epsilon_t\epsilon_t^{\mathrm{T}})-\frac{\alpha}{1-\alpha-\beta}\mathbb{E}(\boldsymbol{R}_{M,t-1}) \tag{8-3-32}$$

式（8-3-32）的证明类似于式（8-3-29）的证明，同样由对式（8-3-30）两侧取无条件期望得到。

3. 修正 DCC 模型

修正 DCC（corrected DCC，cDCC）模型调整了$\alpha(\epsilon_{t-1}\epsilon_{t-1}^{\mathrm{T}})$这一项。cDCC 模型延续了 DCC 模型的思想，即$\mathrm{diag}\{\boldsymbol{Q}_t\}\boldsymbol{R}_t\mathrm{diag}\{\boldsymbol{Q}_t\}=\boldsymbol{Q}_t$。观察新息$\epsilon_t$的样本方差-协方差系数矩阵和无条件方差-协方差矩阵的差异，此时我们依然假设$\epsilon_{i,t}\sim(0,1)$和$\mathrm{diag}\{\boldsymbol{Q}_t\}^{1/2}\boldsymbol{R}_t\mathrm{diag}\{\boldsymbol{Q}_t\}^{1/2}=\boldsymbol{Q}_t$。观察$\mathbb{E}(\boldsymbol{Q}_t)$，有

$$\begin{aligned}\mathbb{E}(\boldsymbol{Q}_t)&=\mathbb{E}(\mathrm{diag}\{\boldsymbol{Q}_t\}^{0.5}\boldsymbol{R}_t\mathrm{diag}\{\boldsymbol{Q}_t\}^{0.5})\\&=\mathbb{E}(\mathrm{diag}\{\boldsymbol{Q}_t\}^{0.5}\mathbb{E}_{t-1}(\boldsymbol{R}_t)\mathrm{diag}\{\boldsymbol{Q}_t\}^{0.5})\\&=\mathbb{E}(\mathrm{diag}\{\boldsymbol{Q}_t\}^{0.5}\mathbb{E}_{t-1}(\epsilon_t\epsilon_t^{\mathrm{T}})\mathrm{diag}\{\boldsymbol{Q}_t\}^{0.5})\\&=\mathbb{E}(\mathrm{diag}\{\boldsymbol{Q}_t\}^{0.5}\epsilon_t\epsilon_t^{\mathrm{T}}\mathrm{diag}\{\boldsymbol{Q}_t\}^{0.5})\end{aligned} \tag{8-3-33}$$

由于$\epsilon_{i,t}\sim(0,1)$，故$\mathbb{E}(\boldsymbol{Q}_t)=\mathbb{E}(\epsilon_t\epsilon_t^{\mathrm{T}})$，这也是式（8-3-28）的第二项为$\alpha(\epsilon_{t-1}\epsilon_{t-1}^{\mathrm{T}})$的原因，但当我们将其表达为样本期望的形式时，会发现

$$\mu(\epsilon_t\epsilon_t^{\mathrm{T}}) = \sum_{s=1}^{t}\epsilon_s\epsilon_s^{\mathrm{T}}$$
$$\mu(\boldsymbol{Q}_t) = \sum_{s=1}^{t}\mathrm{diag}\{\boldsymbol{Q}_s\}^{0.5}\epsilon_s\epsilon_s^{\mathrm{T}}\mathrm{diag}\{\boldsymbol{Q}_s\}^{0.5} \tag{8-3-34}$$

式（8-3-28）与式（8-3-34）的每一项并不相等，为了修正这一差异，cDCC 模型将标准 DCC 模型的式（8-3-16）或标量参数 DCC 模型的式（8-3-28）修改为

$$\boldsymbol{Q}_t = \boldsymbol{S}(1-\alpha-\beta) + \alpha(\mathrm{diag}\{\boldsymbol{Q}_{t-1}\}^{0.5}\epsilon_{t-1}\epsilon_{t-1}^{\mathrm{T}}\mathrm{diag}\{\boldsymbol{Q}_{t-1}\}^{0.5}) + \beta\boldsymbol{Q}_{t-1} \tag{8-3-35}$$

其中，$\boldsymbol{S}$ 表示参数矩阵；α 和 β 表示标量。只要标量参数满足 $\alpha \geqslant 0$、$\beta \geqslant 0$、$\alpha+\beta<1$，并且 $\boldsymbol{S}$ 是正定的，即可保证 $\boldsymbol{Q}_t$ 是正定变化的。在进行参数估计时，可以先验地将 $\boldsymbol{S}$ 设定为

$$\boldsymbol{S} = \frac{(1-\beta)\mathbb{E}(\mathrm{diag}\{\boldsymbol{Q}_{t-1}\}^{0.5}\epsilon_{t-1}\epsilon_{t-1}^{\mathrm{T}}\mathrm{diag}\{\boldsymbol{Q}_{t-1}\}^{0.5})}{(1-\alpha-\beta)} - \frac{\alpha\mathbb{E}(\epsilon_{t-1}\epsilon_{t-1}^{\mathrm{T}})}{(1-\alpha-\beta)} \tag{8-3-36}$$

对式（8-3-35）两侧取无条件期望即可得到式（8-3-36）。

4. 非对称 DCC 模型

能源价格收益率变化可能存在非对称性。例如，当能源价格收益率为负时，收益率的波动可能会变大；而当能源价格收益率为正时，收益率的波动可能会变小。第二章中的非对称 GARCH 模型描述了这一现象。再如，当多个能源价格收益率同时为负时，多元能源价格收益率之间的波动溢出效应可能会更加明显，而当多个能源价格收益率同时为正时，收益率之间的波动溢出效应可能会较弱。在第七章中，我们介绍了非对称的 BEKK-GARCH 模型来描述这一现象。类似地，在能源价格收益率的 DCC 变化的过程中可能也存在非对称性，且这种非对称性的呈现形式可能是多样的。例如，当多元能源价格收益率的数值都为负数时，能源价格收益率之间的动态条件相关性可能会变高，这是因为当能源市场发生某种系统性风险时，能源价格收益率会出现同时下跌的情况；再如，当多元能源价格收益率的波动很大时，能源价格收益率的条件相关性也可能会比波动较小时的条件相关性更高。

这里介绍一种非对称的 DCC（asymmetric DCC，ADCC）模型，它的设计思想与第二章中的 EGARCH 模型类似。不过采用了类似第七章中的 BEKK-GARCH 结构来驱动新息向量的方差-协方差矩阵 $\boldsymbol{Q}_t$ 的变化。ADCC 模型将标准 DCC 模型中的式（8-3-16）变为

$$\boldsymbol{Q}_t=(\bar{\boldsymbol{S}}-\boldsymbol{A}^{\mathrm{T}}\bar{\boldsymbol{S}}\boldsymbol{A}-\boldsymbol{B}^{\mathrm{T}}\bar{\boldsymbol{S}}\boldsymbol{B}-\boldsymbol{G}^{\mathrm{T}}\bar{\boldsymbol{N}}\boldsymbol{G}) + \boldsymbol{A}^{\mathrm{T}}\epsilon_{t-1}\epsilon_{t-1}^{\mathrm{T}}\boldsymbol{A} + \boldsymbol{G}^{\mathrm{T}}\boldsymbol{n}_{t-1}\boldsymbol{n}_{t-1}^{\mathrm{T}}\boldsymbol{G} + \boldsymbol{B}^{\mathrm{T}}\boldsymbol{Q}_{t-1}\boldsymbol{B} \tag{8-3-37}$$

其中，$\bar{\boldsymbol{S}}$、$\boldsymbol{A}$、$\boldsymbol{B}$、$\boldsymbol{G}$、$\bar{\boldsymbol{N}}$ 表示参数矩阵；$\boldsymbol{n}_t = I(\epsilon_t<0)\circ\epsilon_t$。$I(\epsilon_t<0)$ 是一个指示函数，当 ϵ_t 中某个元素小于 0 时，$I(\epsilon_t<0)$ 所对应元素的值也小于 0。为了便于估计式（8-3-37），减少参数的数量，可以先验地令 $\bar{\boldsymbol{S}} = T^{-1}\sum_{t=1}^{T}\epsilon_t\epsilon_t^{\mathrm{T}}$，以及 $\bar{\boldsymbol{N}} = T^{-1}\sum_{t=1}^{T}\boldsymbol{n}_t\boldsymbol{n}_t^{\mathrm{T}}$。只要保证 $(\bar{\boldsymbol{S}}-\boldsymbol{A}^{\mathrm{T}}\bar{\boldsymbol{S}}\boldsymbol{A}-\boldsymbol{B}^{\mathrm{T}}\bar{\boldsymbol{S}}\boldsymbol{B}-\boldsymbol{G}^{\mathrm{T}}\bar{\boldsymbol{N}}\boldsymbol{G})$ 是半正定的，且 $[\boldsymbol{A}]_{ii}+[\boldsymbol{B}]_{ii}<1$（$i=1,2,\cdots,n$），那么能源价格收益率新息的方差-协方差矩阵 $\boldsymbol{Q}_t$ 就是正定的。

式（8-3-37）也可以表示为集约的形式，即

$$\boldsymbol{Q}_t=\overline{\boldsymbol{S}}\circ(\boldsymbol{\iota}\boldsymbol{\iota}^{\mathrm{T}}-\boldsymbol{a}\boldsymbol{a}^{\mathrm{T}}-\boldsymbol{b}\boldsymbol{b}^{\mathrm{T}})-\overline{\boldsymbol{N}}\circ\boldsymbol{g}\boldsymbol{g}^{\mathrm{T}}+\boldsymbol{a}\boldsymbol{a}^{\mathrm{T}}\boldsymbol{\epsilon}_{t-1}\boldsymbol{\epsilon}_{t-1}^{\mathrm{T}}+\boldsymbol{g}\boldsymbol{g}^{\mathrm{T}}\circ\boldsymbol{n}_{t-1}\boldsymbol{n}_{t-1}^{\mathrm{T}}+\boldsymbol{b}\boldsymbol{b}^{\mathrm{T}}\circ\boldsymbol{Q}_{t-1} \quad (8\text{-}3\text{-}38)$$

其中，$\boldsymbol{\iota}$表示元素全为 1 的n维向量；$\boldsymbol{a}$表示式（8-3-37）中$\boldsymbol{A}$的对角线元素向量；$\boldsymbol{b}$表示式（8-3-37）中$\boldsymbol{B}$的对角线元素向量；$\boldsymbol{g}$表示式（8-3-37）中$\boldsymbol{G}$的对角线元素向量。另一个更集约的形式是将式（8-3-37）表示为标量的形式，即

$$\boldsymbol{Q}_t=(\overline{\boldsymbol{S}}-a^2\overline{\boldsymbol{S}}-b^2\overline{\boldsymbol{S}}-g^2\overline{\boldsymbol{N}})+a^2\boldsymbol{\epsilon}_{t-1}\boldsymbol{\epsilon}_{t-1}^{\mathrm{T}}+g^2\boldsymbol{n}_{t-1}\boldsymbol{n}_{t-1}^{\mathrm{T}}+b^2\boldsymbol{Q}_{t-1} \quad (8\text{-}3\text{-}39)$$

其中，a、b和g表示标量。要让$\boldsymbol{Q}_t$为正定的，其平稳条件为$a^2+b^2+\delta g^2<1$，其中δ是$\overline{\boldsymbol{S}}^{-1/2}\overline{\boldsymbol{N}}\overline{\boldsymbol{S}}^{-1/2}$的最大特征根。

8.4　多元能源价格间的动态等相关系数

能源市场和货币市场、农产品市场、工业部门以及其他多个金融市场有着很强的交互作用。在研究中，经常需要探索多个大型部门中多个市场之间的联动效应或相关性。如果采用一般的相关系数来反映这一关系，其矩阵的构成会变得巨大而复杂，对于一个n维的由能源资产和其他资产所构成的收益率向量，其方差-协方差矩阵需要刻画$(n+1)n/2$个元素的变化，其相关系数矩阵需要刻画$((n+1)n/2-n)$个元素的变化，这不仅给参数估计带来挑战，同时也不能很好地刻画能源系统整体的系统性联动水平。

例如，当回答“能源市场和农产品市场的整体联动性如何”这一问题时，采用经典的相关系数矩阵来刻画存在诸多问题。假设能源市场有三个变量——原油价格收益率$r_{1,t}$、煤炭价格收益率$r_{2,t}$、天然气价格收益率$r_{3,t}$，农产品市场有三个变量——豆粕价格收益率$r_{4,t}$、小麦价格收益率$r_{5,t}$、生猪肉价格收益率$r_{6,t}$，在某一个时刻t它们之间的 DCC 矩阵为

$$\begin{bmatrix} 1 & 0.2 & 0.4 & -0.7 & 0.5 & 0.2 \\ 0.2 & 1 & -0.6 & 0.8 & -0.9 & 0.6 \\ 0.4 & -0.6 & 1 & 0.1 & -1 & -0.7 \\ -0.7 & 0.8 & 0.1 & 1 & 0.9 & 0.8 \\ 0.5 & -0.9 & -1 & 0.9 & 1 & -0.4 \\ 0.2 & 0.6 & -0.7 & 0.8 & -0.4 & 1 \end{bmatrix} \quad (8\text{-}4\text{-}1)$$

从式（8-4-1）可以看出，不同能源价格收益率间的相关系数可能差别很大，有的保持着很高的正相关性，有的有着很强的负相关性，而有的变量之间的相关性非常弱。诸如此类情况在多元能源资产和其他资产之间非常常见，如果采用此类定义，非常难用一个客观的数值来反映整个能源市场与其他某个市场之间的相关性。或许可以将不同资产之间的相关系数取算术平均值，但所采用的权重如何设定没有客观的标准。

针对这一情况，我们给出等相关系数（equicorrelation）矩阵的概念。一个n元变量的等相关系数矩阵$\boldsymbol{R}$的定义为

$$\boldsymbol{R}=(1-\rho)\boldsymbol{I}_n+\rho\boldsymbol{J}_n \quad (8\text{-}4\text{-}2)$$

其中，ρ表示n元变量的等相关系数；$\boldsymbol{I}_n$表示n维单位矩阵；$\boldsymbol{J}_n$表示元素全为 1 的n维方阵。以原油、煤炭和天然气所组成的三元能源资产系统为例，如果它们之间的等相关

系数为ρ，那么这个三元能源资产系统的等相关系数矩阵为

$$\begin{pmatrix} 1 & \rho & \rho \\ \rho & 1 & \rho \\ \rho & \rho & 1 \end{pmatrix} \tag{8-4-3}$$

此时ρ即可表达整个三元能源资产系统的线性相关性或联动程度。在式（8-4-3）的定义下，能源资产间的等相关系数矩阵$\boldsymbol{R}$的逆为

$$\boldsymbol{R}^{-1}=\frac{1}{(1-\rho)}\boldsymbol{I}_n+\frac{\rho}{(1-\rho)(1+(n-1)\rho)}\boldsymbol{J}_n \tag{8-4-4}$$

其中，$\boldsymbol{I}_n$表示n维单位阵；$\boldsymbol{J}_n$表示元素全为 1 的n维方阵。由此，等相关系数矩阵$\boldsymbol{R}$的行列式为

$$|\boldsymbol{R}|=(1-\rho)^{n-1}(1+(n-1)\cdot\rho) \tag{8-4-5}$$

观察式(8-4-4)，当且仅当$\rho\neq 1$，$\rho\neq -1/(n-1)$时，$\boldsymbol{R}^{-1}$存在，且只有$\rho\in(-1/(n-1),1)$时，$\boldsymbol{R}$才是正定的。在了解了等相关系数矩阵$\boldsymbol{R}$的逆与行列式后，可以方便我们进行参数估计。

令n维多元能源价格收益率序列观测值为$\{\boldsymbol{r}_t\}_{t=1,2,\cdots,T}$，当多元能源价格收益率间的联合分布为均值为$\boldsymbol{0}$、方差−协方差矩阵为$\boldsymbol{H}$的多元正态分布时，多元能源价格收益率间的等相关系数矩阵的对数极大似然函数为

$$\begin{aligned} L(\boldsymbol{R},\boldsymbol{D}) &= \frac{-nT}{2}\ln(2\pi)-\frac{1}{2}\sum_{t=1}^{T}\left(\ln|\boldsymbol{H}_t|+\boldsymbol{r}_t^{\mathrm{T}}\boldsymbol{H}_t^{-1}\boldsymbol{r}_t\right) \\ &= \frac{-nT}{2}\ln(2\pi)-\frac{1}{2}\sum_{t=1}^{T}\left(\ln|\boldsymbol{D}_t|^2+\boldsymbol{r}_t^{\mathrm{T}}\boldsymbol{D}_t^{-1}\boldsymbol{r}_t-\boldsymbol{r}_t^{\mathrm{T}}\boldsymbol{r}_t\right) \\ &\quad -\frac{1}{2}\sum_{t=1}^{T}\left(\ln|\boldsymbol{R}_t|+\boldsymbol{\epsilon}_t^{\mathrm{T}}\boldsymbol{R}_t^{-1}\boldsymbol{\epsilon}_t\right) \end{aligned} \tag{8-4-6}$$

其中，$\boldsymbol{\epsilon}_t=\boldsymbol{D}_t^{-1}\boldsymbol{r}_t$，$\boldsymbol{H}_t=\boldsymbol{D}_t\boldsymbol{R}_t\boldsymbol{D}_t$。$\boldsymbol{R}$表示等相关系数矩阵；$\boldsymbol{D}$表示对角矩阵，且对角线元素分别为$n$维多元能源价格收益率中每一个元素的方差。通过式（8-4-4）和式（8-4-5），我们可以便捷地化简式（8-4-6），从而得到等相关系数矩阵。

和 8.3 节所介绍的 DCC 模型类似，等相关系数也可以是动态变化的，称为动态等相关系数（dynamic equicorrelation，DECO），即此时的 DECO 矩阵中的元素会随着时间的变化而变化。当我们要描述三个能源资产的 DECO 时，每时每刻的 DECO 矩阵为

$$\begin{pmatrix} 1 & \rho_t & \rho_t \\ \rho_t & 1 & \rho_t \\ \rho_t & \rho_t & 1 \end{pmatrix} \tag{8-4-7}$$

用于刻画 DECO 变动的模型称为 DECO 模型。DECO 模型的设定方式可以通过 DCC 模型来扩展。例如，选择式（8-3-13）至式（8-3-17）形式的 DCC 模型，我们可以在它们的基础上修改为

$$\boldsymbol{R}_{\text{DCC},t}=\text{diag}\{\boldsymbol{Q}_t\}^{-1}\boldsymbol{Q}_t\text{diag}\{\boldsymbol{Q}_t\}^{-1} \tag{8-4-8}$$

$$\boldsymbol{R}_{\text{DECO},t}=(1-\rho_t)\boldsymbol{I}_n+\rho_t\boldsymbol{J}_{n\times n} \tag{8-4-9}$$

$$\rho_t=\frac{1}{n(n-1)}(\boldsymbol{\iota}^{\mathrm{T}}\boldsymbol{R}_{\text{DCC},t}\boldsymbol{\iota}-n)=\frac{2}{n(n-1)}\sum_{i>j}\frac{q_{i,j,t}}{\sqrt{q_{i,i,t}q_{j,j,t}}} \tag{8-4-10}$$

其中，n 表示变量的数量；$\boldsymbol{\iota}$ 表示一个 n 维向量，且每一个分量都为 1；$\boldsymbol{I}_n$ 表示一个 n 维单位矩阵；$\boldsymbol{J}_{n\times n}$ 表示一个 n 维方阵，且所有元素都为 1。式（8-4-10）说明 DECO 模型中的 ρ_t 是 DCC 模型中 $\boldsymbol{R}_{\text{DCC},t}$ 的每一个元素的均值。

DECO 模型除了可以描述多个价格收益率整体的动态相关性，还可以利用构筑块的概念来描述某一系列资产和另外一系列资产之间的整体的动态相关性。我们依旧假设能源市场有三个变量——原油价格收益率 $r_{1,t}$、煤炭价格收益率 $r_{2,t}$、天然气价格收益率 $r_{3,t}$，农产品市场有两个变量——豆粕价格收益率 $r_{4,t}$、小麦价格收益率 $r_{5,t}$。如果我们把三个能源资产当作一个整体（即一个构筑块），把两个农产品当成一个整体（即一个构筑块），则此时能源资产构筑块的内部是一个三元的小系统，这个小系统内部共享一个 DECO—— $\rho_{1,1,t}$。农产品资产的构筑块内部也有一个 DECO—— $\rho_{2,2,t}$。农产品系统和能源系统之间也存在一个 DECO—— $\rho_{2,1,t}$ 或 $\rho_{1,2,t}$，整个五元系统的 DECO 矩阵为

$$\begin{bmatrix} 1 & \rho_{1,1,t} & \rho_{1,1,t} & \rho_{1,2,t} & \rho_{1,2,t} \\ \rho_{1,1,t} & 1 & \rho_{1,1,t} & \rho_{1,2,t} & \rho_{1,2,t} \\ \rho_{1,1,t} & \rho_{1,1,t} & 1 & \rho_{1,2,t} & \rho_{1,2,t} \\ \rho_{2,1,t} & \rho_{2,1,t} & \rho_{2,1,t} & 1 & \rho_{2,2,t} \\ \rho_{2,1,t} & \rho_{2,1,t} & \rho_{2,1,t} & \rho_{2,2,t} & 1 \end{bmatrix} \tag{8-4-11}$$

此时 DECO 矩阵可以分为三个构筑块，即

$$\begin{bmatrix} \text{能源DECO}(3\times 3) & \text{能源和农产品DECO}(3\times 2) \\ \text{农产品和能源DECO}(2\times 3) & \text{农产品DECO}(2\times 2) \end{bmatrix} \tag{8-4-12}$$

更一般地，假设包含能源资产的大系统共有 K 个构筑块，即把这个大系统分为 K 个小系统，每个小系统包含 n_i 个资产，$i=1,2,\cdots,K$，我们需要分析不同系统之间的 DECO，则此时整个系统的 DECO 可以表示为

$$R_t=\begin{bmatrix} (1-\rho_{1,1,t})\boldsymbol{I}_{n_1} & 0 & 0 & \cdots & 0 \\ 0 & (1-\rho_{2,2,t})\boldsymbol{I}_{n_2} & 0 & \cdots & 0 \\ 0 & 0 & (1-\rho_{3,3,t})\boldsymbol{I}_{n_3} & \cdots & 0 \\ \vdots & \vdots & \vdots & & 0 \\ 0 & 0 & 0 & 0 & (1-\rho_{K,K,t})\boldsymbol{I}_{n_K} \end{bmatrix}$$
$$+\begin{bmatrix} \rho_{1,1,t}\boldsymbol{J}_{n_1} & \rho_{1,2,t}\boldsymbol{J}_{n_1\times n_2} & \rho_{1,3,t}\boldsymbol{J}_{n_1\times n_3} & \cdots & \rho_{1,K,t}\boldsymbol{J}_{n_1\times n_K} \\ \rho_{2,1,t}\boldsymbol{J}_{n_2\times n_1} & \rho_{2,2,t}\boldsymbol{J}_{n_2} & \rho_{2,3,t}\boldsymbol{J}_{n_2\times n_3} & \cdots & \rho_{2,K,t}\boldsymbol{J}_{n_2\times n_K} \\ \rho_{3,1,t}\boldsymbol{J}_{n_3\times n_1} & \rho_{3,2,t}\boldsymbol{J}_{n_3\times n_2} & \rho_{3,3,t}\boldsymbol{J}_{n_3} & \cdots & \rho_{3,K,t}\boldsymbol{J}_{n_3\times n_K} \\ \vdots & \vdots & \vdots & & \vdots \\ \rho_{K,1,t}\boldsymbol{J}_{n_K\times n_1} & \rho_{K,2,t}\boldsymbol{J}_{n_K\times n_2} & \rho_{K,3,t}\boldsymbol{J}_{n_K\times n_3} & \cdots & \rho_{K,K,t}\boldsymbol{J}_{n_K} \end{bmatrix} \tag{8-4-13}$$

其中，对于任意的构筑块 l 和 m，有 $\rho_{l,m,t}=\rho_{m,l,t}$。我们依旧利用 DCC 模型的结构来计算拥有 K 个构筑块的 DECO 模型。利用式（8-4-8），对于式（8-4-13）中的元素，我们有

$$
\begin{aligned}
\rho_{l,l,t} &= \frac{1}{n_l(n_l-1)}\sum_{i\in l,j\in l,i\neq j}\frac{q_{i,j,t}}{\sqrt{q_{i,i,t}q_{j,j,t}}} \\
\rho_{l,m,t} &= \frac{1}{n_l n_m}\sum_{i\in l,j\in m}\frac{q_{i,j,t}}{\sqrt{q_{i,i,t}q_{j,j,t}}}
\end{aligned}
\tag{8-4-14}
$$

由此我们可以计算出在一个大系统中不同小系统之间的 DECO。

8.5 应用案例

中国原油期货现已成为世界第三大交易量的原油期货。原油期货最重要的作用是为原油现货市场提供套期保值，这一作用实现的关键是原油期货收益率与现货收益率之间的联动性质。本节案例将采用 DECO 模型，观察中国原油期货与全球不同地区原油现货之间的动态联动特征，并与美国 WTI 原油期货的联动能力进行比较。由于原油现货种类繁多，衡量其品质的指标有原油的重量、含油量和产地。这三个指标是进行原油现货交易的关键考量因素。通过 DECO 模型，我们可以将所选的原油现货根据以上三个指标进行分块，以判断出中国原油期货和某一类别的原油现货（如中国原油期货和轻质原油现货）之间的联动性。本节案例内容参考自 Dai 等（2022），读者亦可阅读 Pan 等（2014）、Wang 等（2020）、Wang 等（2015）、Zhao 等（2023）等文献进一步学习能源价格间的相关性建模知识。

根据原油的相对密度，可将其分为轻质原油、中质原油和重质原油。根据原油的含硫量，可将其分为低硫原油（甜油）、中硫原油和重硫原油（酸油）。根据原油的产地，本节将其分为东亚、中亚、北美、中东、拉丁美洲、欧洲、非洲和大洋洲地区原油。本案例所选取的 34 种原油现货及其相关属性如表 8-1 所示，另外再加上中国原油期货和 WTI 原油期货，本节对 36 种能源期货/现货品种构建 DECO 模型，并根据具体需要选定不同的构筑块。

表 8-1　原油现货及其相关属性

名称	相对密度	含硫量	产地
布伦特原油	轻质原油	低硫原油	欧洲
WTI 原油	轻质原油	低硫原油	北美
胜利原油	重质原油	中硫原油	东亚
大庆原油	中质原油	中硫原油	东亚
南海原油	轻质原油	低硫原油	东亚
俄罗斯混合原油	轻质原油	中硫原油	欧洲

续表

名称	相对密度	含硫量	产地
阿曼原油	中质原油	高硫原油	中东
迪拜原油	中质原油	高硫原油	中东
塔皮斯原油	轻质原油	低硫原油	东亚
米纳斯原油	轻质原油	低硫原油	东亚
辛塔原油	中质原油	低硫原油	东亚
杜里原油	重质原油	低硫原油	东亚
科威特原油	中质原油	高硫原油	中东
索科尔石油	轻质原油	低硫原油	欧洲
依斯莫斯原油	中质原油	高硫原油	拉丁美洲
奥美卡原油	轻质原油	中硫原油	拉丁美洲
伊朗轻质原油	轻质原油	高硫原油	中东
伊朗重质原油	重质原油	高硫原油	中东
哥萨克原油	轻质原油	低硫原油	大洋洲
穆尔班原油	轻质原油	中硫原油	中东
邦尼轻质原油	轻质原油	低硫原油	非洲
邦尼中质原油	中质原油	中硫原油	非洲
吉拉索尔原油	中质原油	低硫原油	非洲
Zafiro 原油	重质原油	低硫原油	非洲
奥斯伯格原油	轻质原油	低硫原油	欧洲
吉普斯兰原油	轻质原油	低硫原油	大洋洲
阿拉伯重质原油	重质原油	高硫原油	中东
阿拉斯加北坡原油	中质原油	低硫原油	北美
阿拉伯中质原油	中质原油	高硫原油	中东
马尔斯原油	重质原油	高硫原油	北美
里海管道财团原油	轻质原油	中硫原油	中亚
阿塞拜疆轻质原油	轻质原油	中硫原油	中亚
博尼图原油	中质原油	高硫原油	北美
波塞冬原油	重质原油	高硫原油	北美

图 8-3 展现了中国原油期货与全部 34 种原油现货的 DECO，以及 WTI 原油期货与全部 34 种原油现货的 DECO 值。为了展现这一特征，我们在 DECO 模型中将全部 36 个品种分为了三个不同的构筑块：第一个构筑块只有中国原油期货、第二个构筑块只有 WTI

原油期货、第三个构筑块是全部 34 种原油现货。从图 8-3 中我们发现，中国原油期货和所有原油现货间的动态相关性要高于 WTI 原油期货。这说明在全球范围内，中国原油期货的价格联动能力有着出色表现。虽然 WTI 原油期货是全球交易量最大的原油期货，但其主要为北美地区的定价标杆，所以从全球视角来看，其价格联动能力略逊色于中国原油期货。无论是中国原油期货还是 WTI 原油期货，它们与所有现货之间的相关系数都大于 0，并且在 2018 年 8 月之前处于非常高的水平。2018 年 8 月之后，两种期货和所有原油现货之间的相关系数有所下降，不过依然保持着正值。

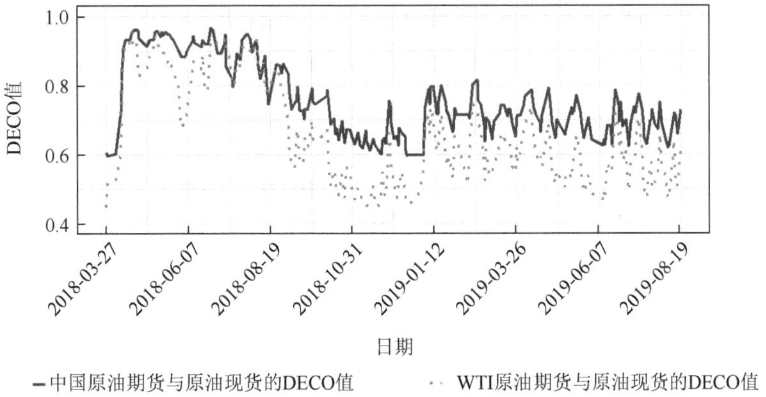

图 8-3　中国原油期货、WTI 原油期货与原油现货的 DECO 值

根据原油现货的具体特征，继续考察原油期货和不同质量的原油现货之间的关系。此时，我们将 DECO 模型分解为五个构筑块：中国原油期货和 WTI 原油期货各占一个构筑块，所有的轻质原油现货为一个构筑块，所有的中质原油现货为一个构筑块，所有的重质原油现货为一个构筑块。每一个构筑块有着相同的 DECO 值，不同构筑块之间的 DECO 值则不相同。我们将计算结果展现在图 8-4 中。

从图 8-4 中的三个子图可以看出，无论是中国原油期货，还是 WTI 原油期货，它们都和三大类不同相对密度的原油现货保持着正向的联动，并且这种联动有着明显的动态特征。中国原油期货与轻质原油之间的 DECO 值和 WTI 原油期货与轻质原油之间的 DECO 值比较接近，见图 8-4（a）。不过情况在图 8-4（b）和图 8-4（c）中发生了变化，中国原油期货与中质原油之间的 DECO 值比 WTI 原油期货与中质原油之间的 DECO 值更高，类似地，中国原油期货与重质原油之间的 DECO 值比 WTI 原油期货与重质原油之间的 DECO 值更高。这暗示中国原油期货比 WTI 原油期货更加适合作为中质原油、重质原油的套期保值能源资产。

造成这种现象的主要原因是 WTI 原油期货虽然交易量大，且有着更强的定价能力，但其标的资产主要是轻质原油，而中国原油期货的标的资产主要以中质原油为主。由于原油的相对密度和含硫量之间有一定的关联，从图 8-5（a）展现的证据来看，中国原油期货与低硫原油之间的 DECO 值和 WTI 原油期货与低硫原油之间的 DECO 值也比较接近，且同样在 2018 年 8 月出现了下降。观察图 8-5（b）和图 8-5（c），中国

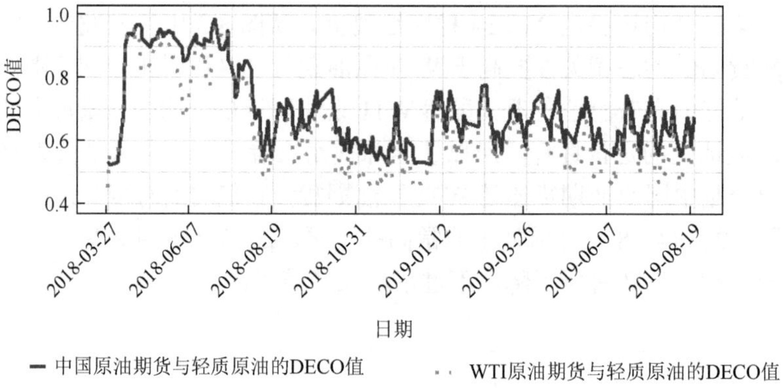

(a) 原油期货与轻质原油间的DECO值

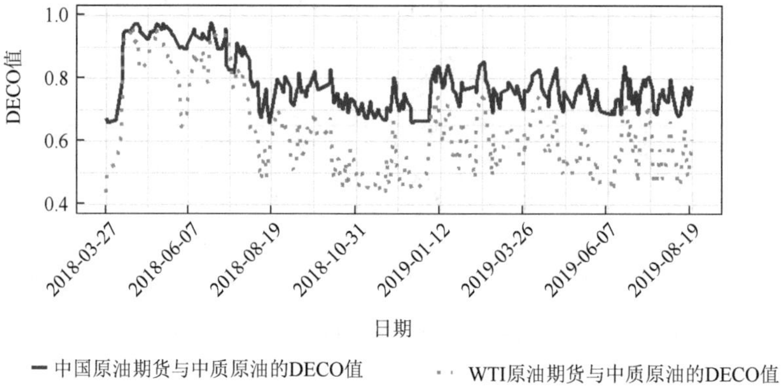

(b) 原油期货与中质原油间的DECO值

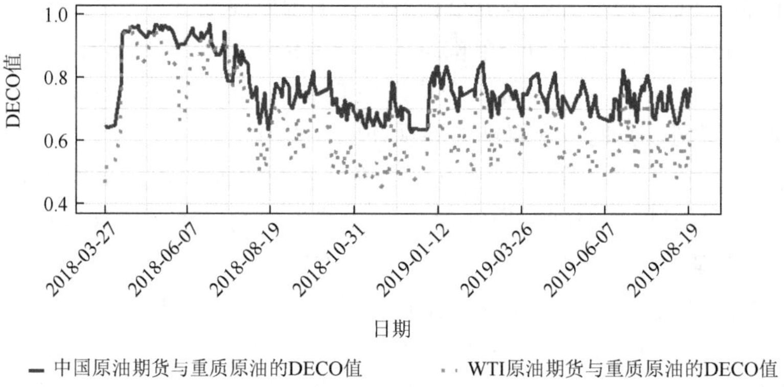

(c) 原油期货与重质原油间的DECO值

图 8-4　中国原油期货、WTI 原油期货与不同相对密度的原油现货的 DECO 值

原油期货与中硫原油之间的 DECO 值比 WTI 原油期货与中硫原油之间的 DECO 值更高，类似地，中国原油期货与高硫原油之间的 DECO 值比 WTI 原油期货与高硫原油之间的 DECO 值更高。

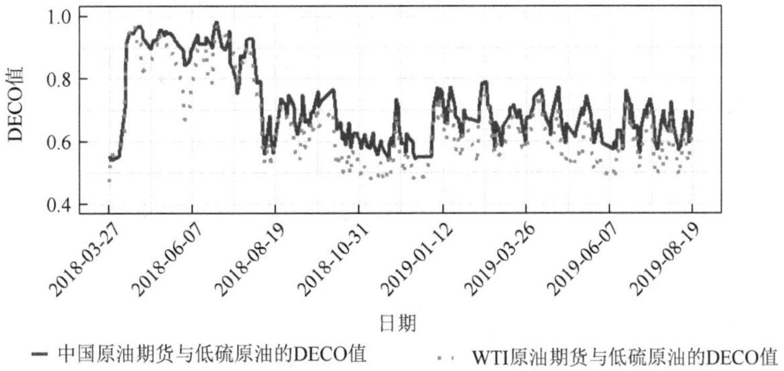

(a) 原油期货与低硫原油间的DECO值

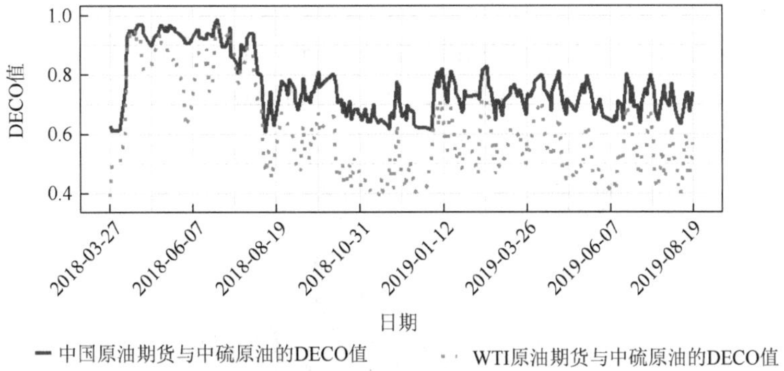

(b) 原油期货与中硫原油间的DECO值

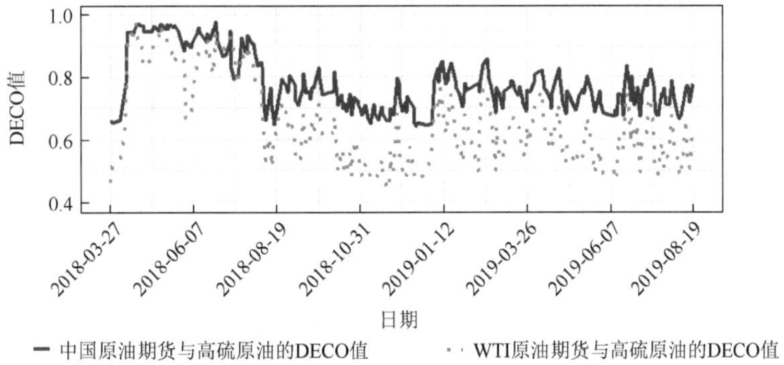

(c) 原油期货与高硫原油间的DECO值

图 8-5　中国原油期货、WTI 原油期货与不同含硫量的原油现货的 DECO 值

图 8-6 展现了不同产地分类下，中国原油期货、WTI 原油期货与不同产地的原油现货之间的动态相关性。此时我们将所有 36 种能源资产分为 10 个不同的构筑块，8 个地区的原油现货各自为 1 个构筑块，中国原油期货和 WTI 原油期货各自为 1 个构筑块。通过最终的计算结果发现，对于非洲和欧洲，中国原油期货与 WTI 原油期货和这两个地区的原油现货展现出了比较接近的 DECO 值［图 8-6（e）和图 8-6（f）］。对于北美和中亚地区的原油现货，WTI 原油期货和它们的联动性更强［图 8-6（b）和图 8-6（g）］，而其他剩余地区的原油现货，中国原油期货则展现出了更强的动态联动关系。

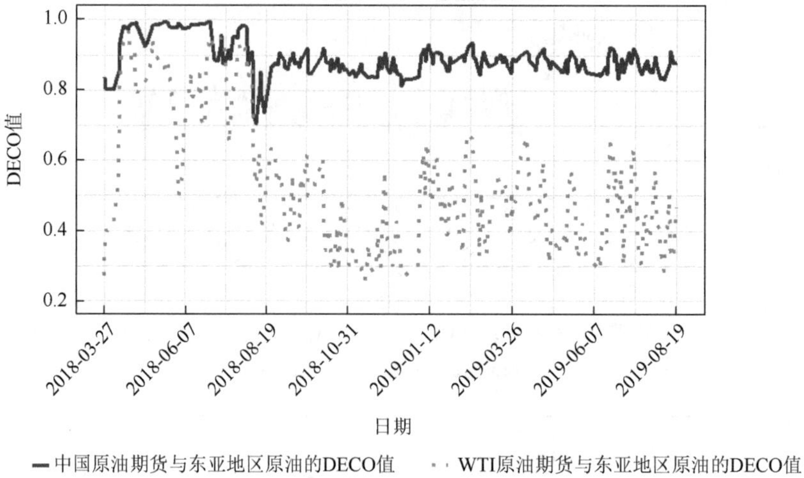

(a) 原油期货与东亚地区原油间的DECO值

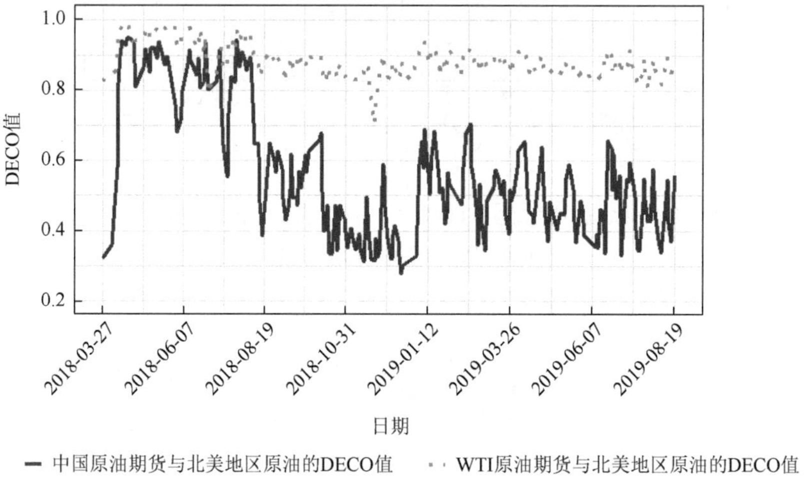

(b) 原油期货与北美地区原油间的DECO值

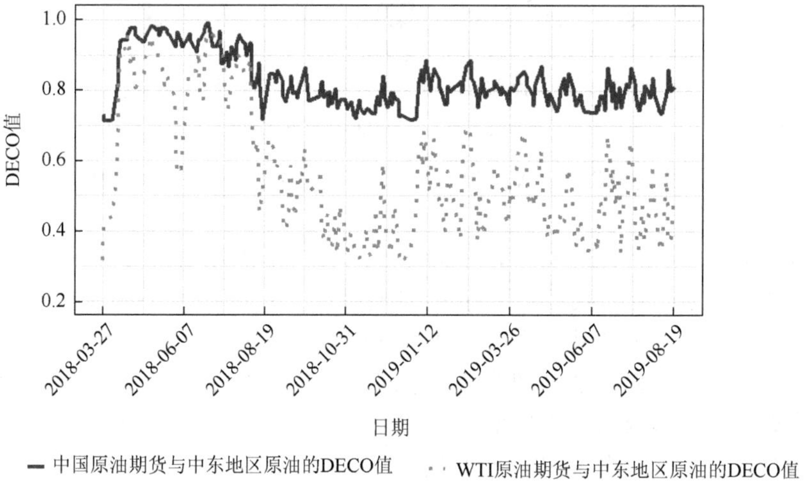

(c) 原油期货与中东地区原油间的DECO值

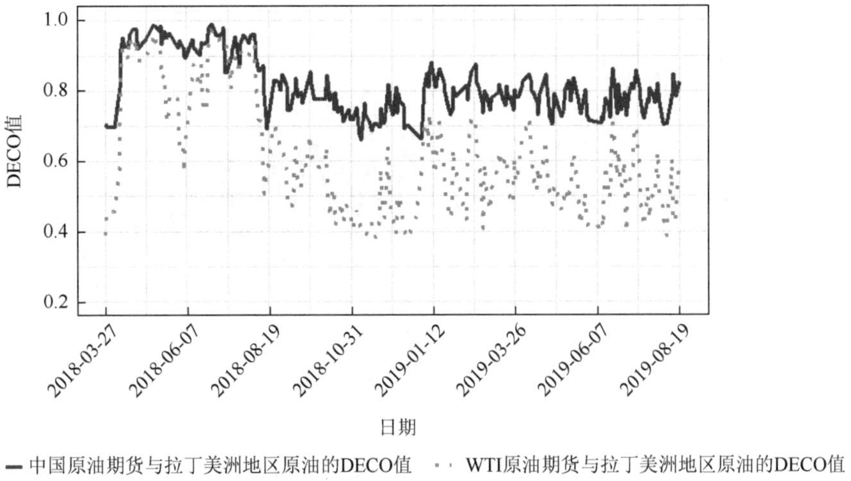

(d) 原油期货与拉丁美洲地区原油间的DECO值

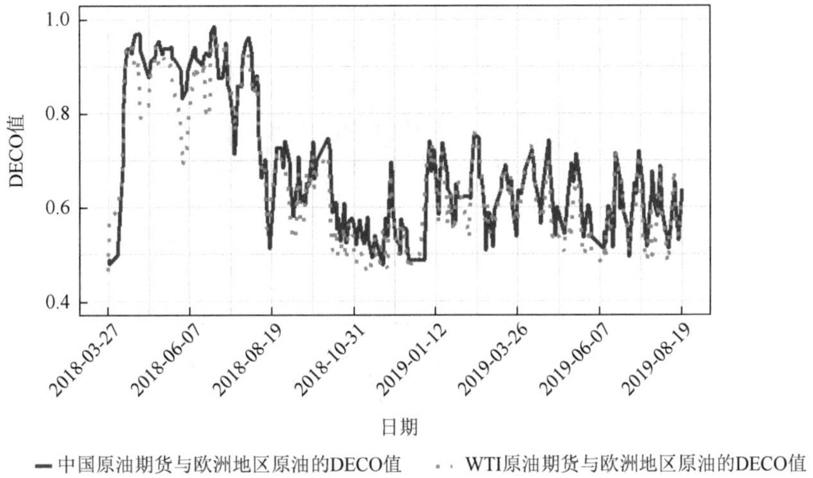

(e) 原油期货与欧洲地区原油间的DECO值

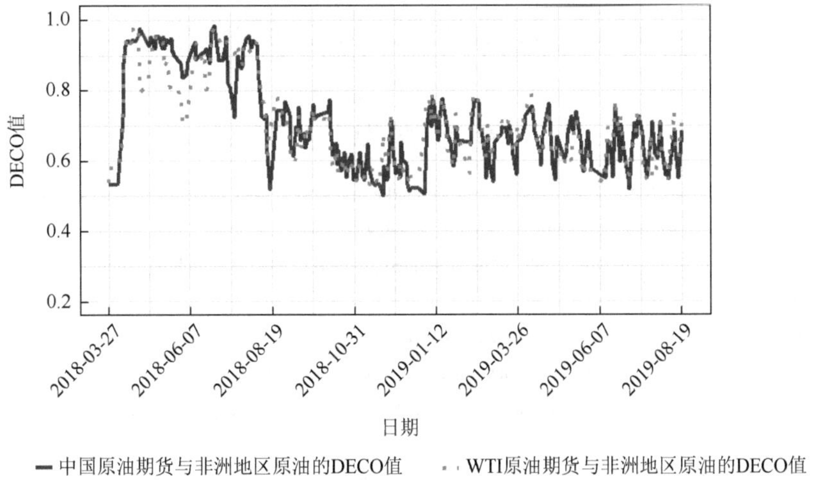

(f) 原油期货与非洲地区原油间的DECO值

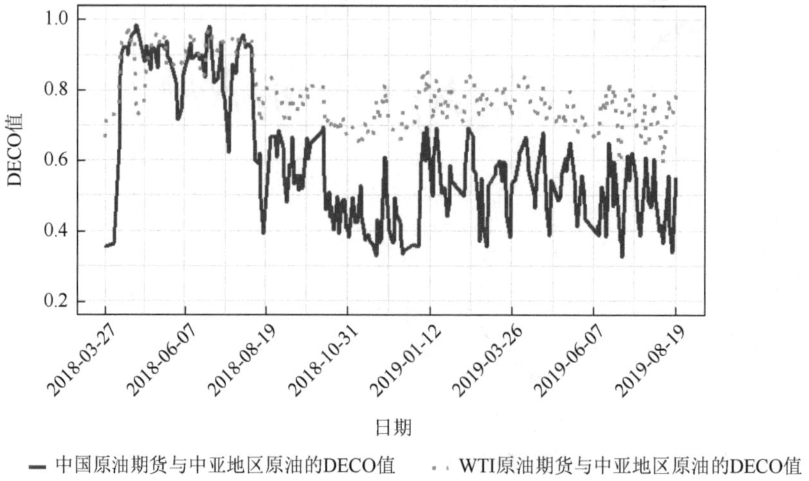

(g) 原油期货与中亚地区原油间的DECO值

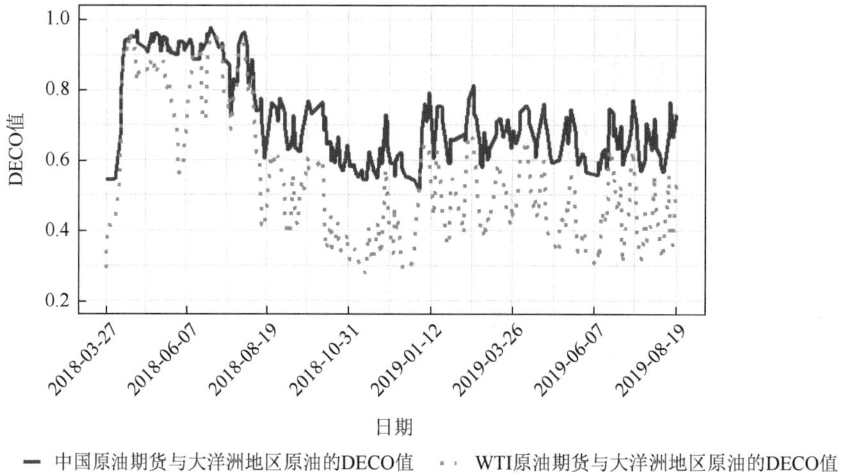

(h) 原油期货与大洋洲地区原油间的DECO值

图 8-6　中国原油期货、WTI 原油期货与不同产地的原油现货的 DECO 值

参 考 文 献

Dai X Y，Xiao L，Li M C，et al. 2022. Toward energy finance market transition：does China's oil futures shake up global spots market?[J]. Frontiers of Engineering Management，9（3）：409-424.

Pan Z Y，Wang Y D，Yang L. 2014. Hedging crude oil using refined product：a regime switching asymmetric DCC approach[J]. Energy Economics，46：472-484.

Wang Q W，Dai X Y，Zhou D Q. 2020. Dynamic correlation and risk contagion between "black" futures in China：a multi-scale variational mode decomposition approach[J]. Computational Economics，55（4）：1117-1150.

Wang Y D，Wu C F，Yang L. 2015. Hedging with futures：does anything beat the naïve hedging strategy?[J]. Management Science，61（12）：2870-2889.

Zhao Y，Dai X Y，Zhang D N，et al. 2023. Do weather conditions drive China's carbon-coal-electricity markets systemic risk? A multi-timescale analysis[J]. Finance Research Letters，51：103432.

第九章　多元能源价格间的联合分布

第一章至第八章介绍了一元或多元能源价格收益率在不同的观测维度，如均值、方差、分形等视角下的特征以及如何采用数学模型刻画它们变动的规律。从描述统计视角来说，这些所有的信息都被包含在一元能源价格收益率的分布信息或多元能源价格收益率的联合分布信息中。对能源价格收益率的联合分布进行拟合是一项复杂工作，本章将介绍 copula 函数，并了解如何利用不同的 copula 函数描述多元能源价格收益率的联合分布。本章使用价格收益率反映价格的变化。

9.1　多元能源价格收益率联合分布的特征

9.1.1　联合分布信息的作用

从统计学的视角来看，了解多元能源价格收益率的特征，便能得到全部想要知道的信息。然而这样做的成本有时候会比较高，因为拟合能源价格收益率的联合分布会提高计算量，且会产生不必要的冗余误差。例如，当投资者只关注多元能源价格收益率间的互动关系时，只需要对多元能源价格均值过程进行建模即可，而如果此时在联合分布建模上大费周章，则显得大器小用。

现实中依然存在很多场景需要考虑刻画多元能源价格间的联合分布。最典型的例子是，能源投资者在多个能源资产之间进行多目标资产组合优化的决策问题。经典的马科维茨资产组合优化问题的分析框架讨论了当资产组合的方差一定时，求解使得组合均值最大的资产组合权重；或当资产组合的均值一定时，求解使得组合方差最小的资产组合权重，即

$$\min_{\boldsymbol{w}} \boldsymbol{w}^{\mathrm{T}} \boldsymbol{\Sigma} \boldsymbol{w}$$
$$\text{s.t.} \begin{cases} \boldsymbol{w}^{\mathrm{T}} \boldsymbol{\mu} = \bar{r} \\ \boldsymbol{w}^{\mathrm{T}} \mathbf{1} = 1 \end{cases} \tag{9-1-1}$$

其中，$\boldsymbol{w}$ 表示能源资产组合的权重向量；$\boldsymbol{\Sigma}$ 表示能源资产组合的方差-协方差矩阵；$\boldsymbol{\mu}$ 表示能源资产组合的均值向量；$\bar{r}$ 表示某一给定的资产组合均值。此时，我们只需要对多元能源价格波动过程以及均值过程进行建模，了解其变化特征后即可得到每时每刻下式（9-1-1）的解析解。然而，在现实中，能源资产组合的构建者并不单纯以方差作为风险指标，也并不仅以均值作为收益指标。刻画能源资产投资者效用函数的测度指标五花八门，如夏普比率、VaR、CVaR 等，这些测度都可能是投资者的资产组合优化目标，从而使得投资者在面临决策时存在一个多目标状态。令风险指标测度函数为 $f_1(x), f_2(x), \cdots, f_m(x)$，

收益指标测度函数为$g_1(x), g_2(x), \cdots, g_m(x)$。此时投资者希望最小化所有风险指标，并最大化所有收益指标，那么投资者面临的决策规划式为

$$\begin{aligned}
&\min_{w} f_1(\boldsymbol{w}^{\mathrm{T}}\boldsymbol{r}) \\
&\min_{w} f_2(\boldsymbol{w}^{\mathrm{T}}\boldsymbol{r}) \\
&\quad\vdots \\
&\min_{w} f_m(\boldsymbol{w}^{\mathrm{T}}\boldsymbol{r}) \\
&\max_{w} g_1(\boldsymbol{w}^{\mathrm{T}}\boldsymbol{r}) \\
&\max_{w} g_2(\boldsymbol{w}^{\mathrm{T}}\boldsymbol{r}) \\
&\quad\vdots \\
&\max_{w} g_m(\boldsymbol{w}^{\mathrm{T}}\boldsymbol{r}) \\
&\text{s.t. } \boldsymbol{w}^{\mathrm{T}}\mathbf{1} = 1
\end{aligned} \tag{9-1-2}$$

投资者在面临形如式（9-1-2）的规划式时，不仅要处理复杂的测度函数$f_1(x)$, $f_2(x), \cdots, f_m(x)$和$g_1(x), g_2(x), \cdots, g_m(x)$，而且要面对多目标下复杂的寻优过程，寻找一个合适于规划式（9-1-2）的解析解是难上加难。此时，通常采用数值方法进行寻优。令多元能源价格收益率的联合概率分布函数是F，通过生成大量的来自F的多元随机数，可以对每一个目标规划式进行数值计算，从而得到最优的能源资产权重。

除了资产组合优化，在很多的能源市场风险管理问题中，同样会经常面对复杂的非线性随机规划问题，此时我们也需要估算多元能源资产间的联合概率分布函数，通过生成随机数的方法求解规划式。一个典型的案例是风光电场出力问题。风光电场是一种新能源发电方式。在戈壁地区，白天光照充足，适合光伏发电，夜晚风力较大，适合风力发电，风光电出力互补，可以充分利用自然资源，然而风力和光照并不稳定，风光电输出功率也存在不确定性，这给风光电的储存或入网造成了困扰。由于风力和日照存在一定的联动特征，有效刻画风光电出力的联合分布成为优化风光电场生产管理的关键技术手段。由此可见，无论是能源价格风险管理或能源生产都存在多个应用场景需要人们了解变量之间的联合分布特征。

9.1.2 联合分布的时变与相关性特征

在第七章和第八章中，我们了解到多元能源价格收益率的均值和方差-协方差矩阵会随着时间的变化而变化。这意味着能源价格收益率的联合分布也会随着时间而变化。这种变化主要可能发生在两方面。一方面，多元能源价格收益率的联合概率分布族没有发生变动。例如，随着时间变化，多元能源价格序列都是多元正态分布族，但其均值或方差-协方差矩阵却在不断变化；另一方面，多元能源价格的联合分布族也随着时间在不断变化，如当前时刻的能源价格收益率服从多元正态分布族，下一个时刻服从多元t分布族等。

假设有两个能源资产，且其联合分布族为二元正态分布，并只考虑方差-协方差矩阵

的变化，能源价格收益率的联合概率分布函数只有三个参数随着时间在变化。随着维度n的增加，方差-协方差矩阵中可能会发生变化的参数也会以n^2的速度增加，参数估计会陷入“维度诅咒”。这就给多元价格序列间时变联合分布的刻画带来挑战。

当考虑一元能源价格时间序列时，我们经常会讨论它的不同的矩特征，如均值、方差、偏度、峰度等。进入多元能源价格时间序列分析后，联合分布的矩特征在很多情况下反映了变量之间的相关性特征，并且这种相关关系发生的维度会比一元情形复杂得多。例如，当多元能源价格收益率服从多元正态分布时，我们可以观察方差-协方差矩阵，得到能源资产间的线性相关性。除了线性相关性，最典型的非线性相关性特征就是分位数之间的相关性。令两种能源资产的收益率序列为X_t和Y_t，分位数之间的相关性特征就是X_t的某个分位数水平$\alpha_1 \in (0,1)$的变化可能会影响Y_t的某个分位数水平$\alpha_2 \in (0,1)$的变化；反之亦然。当α_1和α_2的值非常接近于0（接近于1）的时候，我们称α_1和α_2处于上尾或左尾（下尾或右尾）相关，这种X_t和Y_t之间的尾部互动关系经常被能源资产投资者所关注，这种关系也被称为尾部相关性，而要精准描述这种多元能源收益率之间的尾部关系必须了解多元能源价格的联合分布特征。

9.2　二元 copula 函数理论

从数理统计上来说，多个能源资产之间的联合分布直接揭示了其联动关系的全部信息。多种参数与非参数方法为基于多元能源资产价格历史样本数据来拟合联合分布提供了思路。其中 copula 函数凭借便于估计等独特优势，成为构建变量联合分布的有力工具，并在近些年被广泛应用于经济与金融变量间的交互作用关系、投资组合构建、极端事件对经济的影响等问题的研究中。本节将从二元能源价格联合分布建模出发，介绍二元 copula 函数理论。

9.2.1　copula 函数基本概念

copula 函数，又称为连接函数，采用 copula 函数进行建模的模型称为 copula 模型。其功能是在已知多元变量边际分布的情况下，建立它们的联合分布。尽管变量之间真实的联合分布是永远不可能知道的，copula 函数提供了一种参数形式去尽可能拟合变量间联合分布的一些特征（Nelsen，2006）。这一点类似于我们会用一元或多元线性回归去拟合变量之间的关系。

copula 函数相关理论的提出要追溯到 1959 年，斯克拉（Sklar）提出可以将一个N元变量的联合分布函数分解为N个边缘分布和一个 copula 函数，其中 copula 函数描述了变量间的相关性特征。由此可以看出，copula 函数实际上是一类将联合分布函数与它们各自的边缘分布函数连接在一起的函数，所以我们称之为连接函数。

有高维联合分布就有高维 copula 函数，有二元联合分布就有二元 copula 函数。在讨论复杂的高维 copula 函数前，分析二元 copula 函数的性质很有必要。一个二元 copula 函数是指具有以下性质的函数$C(u,v)$：①$C(u,v)$的定义域为$[0,1]^2$；②$C(u,v)$有零基础面且是二维递增的；③对任意变量$u,v\in[0,1]$，满足$C(u,1)=u$和$C(1,v)=v$。在了解了二元copula函数的基本概念后，我们引入二元Sklar定理，从而了解二元copula函数是如何刻画二元随机变量的。

二元Sklar定理：二元copula函数$C:[0,1]^2\to[0,1]$是一个二维随机向量(U,V)的分布函数，其中$U,V\sim U(0,1)$。令$H(x,y)$为具有边缘分布$X\sim F(x)$、$Y\sim G(y)$的联合分布函数，且$v=G(y)$，那么存在一个copula函数$C(u,v)$，满足

$$H(x,y)=C(F(x),G(y)) \tag{9-2-1}$$

$$C(u,v)=H(F^{-1}(u),G^{-1}(v)) \tag{9-2-2}$$

二元Sklar定理表明，对于二元变量X、Y，我们可以通过边缘累积分布函数$F(x)$、$G(y)$和一个copula函数$C(u,v)$构造X、Y的联合分布函数$H(x,y)$。对应地，还可以利用X、Y的累积分布函数的逆函数和X、Y的联合分布函数，构造一个copula函数。

假定$F(x)$和$G(y)$是连续的一元累积分布函数，令$u=F(x)$，$v=G(y)$，则u和v均服从均匀分布$U(0,1)$，即$C(u,v)$是一个边缘分布服从均匀分布$U(0,1)$的二元分布函数，且对于定义域内的任意一点(u,v)均有$0\leqslant C(u,v)\leqslant 1$。虽然$C(u,v)$并不一定完美拟合了$X$、$Y$的联合分布函数，但它可以用来描述$X$、$Y$间联合分布的一些重要信息，或者描述$X$、$Y$间的相依结构。

通过copula函数$C(u,v)$的概率密度函数$c(u,v)$和边缘分布函数$F(x)$、$G(y)$，还可以求出联合分布函数$H(x,y)$的概率密度函数，即

$$h(x,y)=c(u,v)f(x)g(y) \tag{9-2-3}$$

其中，$c(u,v)=\dfrac{\partial^2 C(u,v)}{\partial u\partial v}$，$u=F(x)$，$v=G(y)$，$f(x)$和$g(y)$分别表示边缘分布函数$F(x)$和$G(y)$的概率密度函数。由此可见，二元Sklar定理不仅提供了一个在不清楚联合分布的情况下分析二元变量之间相关性结构的途径，而且为求解联合分布函数提供了一种便捷的新方法。

9.2.2　二元copula函数与相关性测度

利用多元能源价格收益率的联合概率分布函数，我们可以计算出多元能源价格收益率间的全部性质。copula函数是刻画变量间联合分布的有力工具，利用copula函数我们可以得到它们的某种相关性测度特征。

可以通过二元copula函数计算随机变量X与Y之间的Kendall $\tau_{X,Y}$。令(X_1,Y_1)和(X_2,Y_2)是独立随机向量，联合分布分别为H_1和H_2，$X_1,X_2\overset{\text{i.i.d.}}{\sim}F$，$Y_1,Y_2\overset{\text{i.i.d.}}{\sim}G$。令$(X_1,Y_1)$和$(X_2,Y_2)$的copula函数为$C_1$和$C_2$，即$H_1(x,y)=C_1(F(x),G(y))$，$H_2(x,y)=C_2(F(x),G(y))$，可得

$$\tau_{X,Y}=2\mathbb{P}((X_1-X_2)(Y_1-Y_2)>0)-1=4\iint_{I^2}C_2(u,v)\mathrm{d}C_1(u,v)-1 \tag{9-2-4}$$

其中，$\mathbb{P}$ 表示概率。当 $C_1=C_2=C$ 时，Kendall $\tau_{X,Y}$ 可以表示为 $4\iint_{I^2}C_2(u,v)\mathrm{d}C_1(u,v)-1$ 或 $4\cdot\mathbb{E}(C(U,V))-1$，其中 U 和 V 表示随机变量。

Spearman $\rho_{X,Y}$ 计算了 (X_1,Y_1) 与 (X_2,Y_3) 之间变动一致的概率与变动不一致的概率之间的差，注意到 (X_2,Y_3) 之间的联合分布是 $F(x)G(y)$，其 copula 函数为 $C=UV$，则有

$$\begin{aligned}\text{Spearman } \rho_{X,Y}&=12\iint_{I^2}uv\mathrm{d}C(u,v)-3\\&=12\iint_{I^2}C(u,v)\mathrm{d}uv-3\end{aligned} \tag{9-2-5}$$

用 U 和 V 表示随机变量 $F(X)$ 和 $G(Y)$，则 $\mathbb{E}(U)=\mathbb{E}(V)=1/2$，$\mathbb{D}(U)=\mathbb{D}(V)=1/12$，$\mathbb{E}(UV)=\iint_{I^2}uv\mathrm{d}C(u,v)$，则

$$\begin{aligned}\text{Spearman } \rho_{X,Y}&=12\iint_{I^2}uv\mathrm{d}C(u,v)-3\\&=12(\mathbb{E}(UV)-\mathbb{E}(U)\mathbb{E}(V))\\&=\frac{\mathrm{Cov}(U,V)}{\sqrt{\mathbb{D}(U)\mathbb{D}(V)}}\\&=\rho_{X,Y}\end{aligned} \tag{9-2-6}$$

很多时候我们关心变量之间的尾部相依性。例如，当全球金融危机爆发时，各个资产都出现了价格暴跌的现象，这意味着当一个变量出现很小（很大）的极端值时也可能引发另一个变量出现很小（很大）的极端值，我们称这种现象为两个变量之间存在尾部相依性。用数学语言描述这种相依关系，即令变量 X 和变量 Y 的累积分布函数为 $F(X)$ 与 $G(Y)$，它们之间的 copula 函数为 C，当变量 X 变得非常大时，变量 Y 也非常大的概率为

$$\begin{aligned}\lambda_U&=\lim_{t\to1^-}\mathbb{P}(Y>G^{-1}(t)\mid X>F^{-1}(t))\\&=\lim_{t\to1^-}\mathbb{P}(G(Y)>t\mid F(X)>t)\\&=\lim_{t\to1^-}\mathbb{P}(U_2>t\mid U_1>t)\\&=\lim_{t\to1^-}\frac{1-\mathbb{P}(U_2<t)-\mathbb{P}(U_1<t)+\mathbb{P}(U_2<t,U_1<t)}{1-\mathbb{P}(U_1<t)}\\&=\lim_{t\to1^-}\frac{1-2t+C(t,t)}{1-t}\end{aligned} \tag{9-2-7}$$

当变量 X 变得非常小时，变量 Y 也非常小的概率为

$$\begin{aligned}\lambda_L&=\lim_{t\to0^+}\mathbb{P}(Y<G^{-1}(t)\mid X<F^{-1}(t))\\&=\lim_{t\to0^+}\mathbb{P}(G(Y)<t\mid F(X)<t)\\&=\lim_{t\to0^+}\mathbb{P}(U_2<t\mid U_1<t)\\&=\lim_{t\to0^+}\frac{\mathbb{P}(U_2<t,U_1<t)}{\mathbb{P}(U_1<t)}\\&=\lim_{t\to0^+}\frac{C(t,t)}{t}\end{aligned} \tag{9-2-8}$$

需要注意的是，与之前的相依性测度不同，当copula函数不具有轮换对称性（即copula函数的数值并不一定关于$u=v$对称）时，有

$$\begin{aligned}&\lim_{t\to1^-}\mathbb{P}\left(Y>G^{-1}(t)\mid X>F^{-1}(t)\right)\neq\lim_{t\to1^-}\mathbb{P}\left(X>F^{-1}(t)\mid Y>G^{-1}(t)\right)\\&\lim_{t\to1^-}\mathbb{P}\left(Y<G^{-1}(t)\mid X<F^{-1}(t)\right)\neq\lim_{t\to1^-}\mathbb{P}\left(X<F^{-1}(t)\mid Y<G^{-1}(t)\right)\end{aligned}\tag{9-2-9}$$

式（9-2-7）和式（9-2-8）之间的测度呈现出一种因果方向，条件概率λ_U的数值反映了在变量X的数值非常大的情况下，变量Y的数值也非常大的概率，即从变量X到变量Y的上尾风险传染。类似地，条件概率λ_L的数值反映了从变量X到变量Y的下尾风险传染。

9.2.3　常用的二元copula函数

1. 椭圆copula函数

令$\boldsymbol{X}\sim\mathbb{E}_d(\boldsymbol{\mu},\boldsymbol{\Sigma}(\sigma_{ij}),g)$是$d$维椭圆分布随机向量，对于$\boldsymbol{X}$的每一个分量$X_i$，$i=1,2,\cdots,d$，有$\left(X_i/\sqrt{\sigma_{ii}}\right)\sim F_g$。椭圆copula函数的累积分布函数为

$$(U_1,U_2,\cdots,U_d)=\left(F_g\left(\frac{X_1}{\sqrt{\sigma_{11}}}\right),F_g\left(\frac{X_2}{\sqrt{\sigma_{22}}}\right),\cdots,F_g\left(\frac{X_d}{\sqrt{\sigma_{dd}}}\right)\right)\tag{9-2-10}$$

利用椭圆分布和逆Sklar公式$H_g(F_{g,1}^{-1}(u_1),F_{g,2}^{-1}(u_2),\cdots,F_{g,d}^{-1}(u_d))=C(u_1,u_2,\cdots,u_d)$，可以构造出椭圆copula函数。然而由此构造出的椭圆copula函数大多缺少解析表达式，两种常用的椭圆copula函数是高斯copula函数和t copula函数。

（1）高斯copula函数。在椭圆copula函数中，若生成元为$g(t)=(2\pi)^{-d/2}\mathrm{e}^{-t/2}$，则椭圆copula函数变为高斯copula函数，其累积分布函数$C^N(\boldsymbol{u})$与概率密度函数$c^N(\boldsymbol{u})$为

$$C^N(\boldsymbol{u};\boldsymbol{R})=\Phi_d\left(\Phi^{-1}(u_1),\Phi^{-1}(u_2),\cdots,\Phi^{-1}(u_d);\boldsymbol{R}\right)\tag{9-2-11}$$

$$c^N(\boldsymbol{u};\boldsymbol{R})=\left|\boldsymbol{R}\right|^{-1/2}\mathrm{e}^{\frac{\left(\Phi^{-1}(u_1),\Phi^{-1}(u_2),\cdots,\Phi^{-1}(u_d)\right)\left(\boldsymbol{I}_d-\boldsymbol{R}^{-1}\right)\left(\Phi^{-1}(u_1),\Phi^{-1}(u_2),\cdots,\Phi^{-1}(u_d)\right)^{\mathrm{T}}}{2}}\tag{9-2-12}$$

其中，$\boldsymbol{I}_d$表示d维单位矩阵；Φ表示一元标准正态累积分布函数，$\Phi(x)=\int_{-\infty}^{x}\frac{1}{\sqrt{2\pi}}\mathrm{e}^{-1/2t^2}\mathrm{d}t$；$\Phi_d$表示$d$维多元正态分布的累积分布函数；$\boldsymbol{R}$表示多元正态分布概率密度函数中的系数矩阵。

可以看出高斯copula函数完全由多元高斯分布逆变化而构造出。根据式（9-2-11）和式（9-2-12），二元高斯copula函数的概率密度函数为

$$c^N(u,v;\rho)=\frac{1}{\sqrt{1-\rho^2}}\exp\left(-\frac{\rho^2\left((\Phi^{-1}(u))^2+(\Phi^{-1}(v))^2\right)-2\Phi^{-1}(u)\Phi^{-1}(v)\rho}{2(1-\rho^2)}\right)\tag{9-2-13}$$

其累积概率密度函数为

$$C^N(u,v;\rho)=\Phi_2\left(\Phi^{-1}(u),\Phi^{-1}(v);\rho\right)\tag{9-2-14}$$

其中，$\Phi_2(\cdot,\cdot;\rho)$表示一个标准二元正态分布的概率分布函数，其参数为ρ。ρ即U和V之

间的线性相关系数。对于二元高斯 copula 函数，其 Kendall τ 为 $\tau=(2/\pi)\arcsin(\rho)$，上尾相依性测度 $\lambda_U=0$，下尾相依性测度 $\lambda_L=0$。二元高斯 copula 函数无法描绘两个变量之间的尾部相依性。当 $\rho=0.6$，二元高斯 copula 函数的概率密度函数如图 9-1 所示，此时它关于 $u=v$ 对称，说明二元高斯 copula 函数具有轮换对称性。

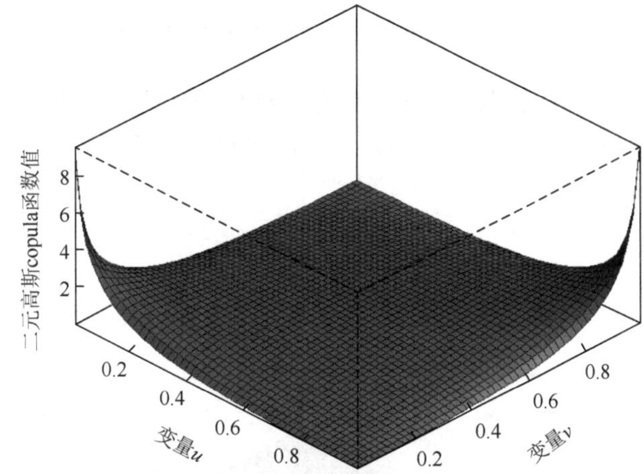

图 9-1　二元高斯 copula 函数的概率密度函数（$\rho=0.6$）

（2）t copula 函数。t copula 函数的累积分布函数 $C^t(\boldsymbol{u})$ 与概率密度函数 $c^t(\boldsymbol{u})$ 分别为

$$C^t(\boldsymbol{u};\boldsymbol{R},\nu)=t_d\left(t^{-1}(u_1;\nu),t^{-1}(u_2;\nu),\cdots,t^{-1}(u_d;\nu);\boldsymbol{R},\nu\right) \tag{9-2-15}$$

$$c^t(\boldsymbol{u};\boldsymbol{R},\nu)=\left|\boldsymbol{R}\right|^{-1/2}\cdot\frac{\Gamma\left(\dfrac{\nu+d}{2}\right)\left(\Gamma\left(\dfrac{\nu}{2}\right)\right)^{d-1}}{\left(\Gamma\left(\dfrac{\nu+1}{2}\right)\right)^{d}}\cdot\frac{\left(1+\dfrac{1}{\nu}\boldsymbol{\tau}\boldsymbol{R}^{-1}\boldsymbol{\tau}^{\mathrm{T}}\right)^{-(\nu+d)/2}}{\left(\prod\limits_{i=1}^{d}\left(1+\dfrac{\left(T^{-1}(u_i;\nu)\right)^{\mathrm{T}}}{\nu}\right)\right)^{-(\nu+1)/2}} \tag{9-2-16}$$

其中，$\boldsymbol{\tau}=\left(t^{-1}(u_1;\nu),t^{-1}(u_2;\nu),\cdots,t^{-1}(u_d;\nu)\right)$；$T(x;\nu)$ 表示一元自由度为 ν 的标准 t 分布的累积概率密度函数；t_d 表示 d 维多元 t 分布的累积分布函数。可以看出 t copula 函数完全由多元 t 分布逆变化而构造出。根据式（9-2-15）和式（9-2-16），二元 t copula 函数的概率密度函数为

$$c^t(u,v)=\frac{\Gamma\left((\nu+2)/2\right)}{\pi\nu\Gamma\left(\nu/2\right)t_\nu(x)t_\nu(y)\sqrt{1-\rho^2}}\left(1+\frac{x^2+y^2-2\rho xy}{\nu(1-\rho^2)}\right)^{\frac{\nu+2}{-2}} \tag{9-2-17}$$

其中，

$$t_\nu(x)=\frac{\Gamma\left(\dfrac{\nu+1}{2}\right)}{\Gamma\left(\dfrac{\nu}{2}\right)\sqrt{\pi\nu}}\left(1+\frac{x^2}{\nu}\right)^{\frac{\nu+1}{-2}} \tag{9-2-18}$$

表示一个自由度为ν的一元t分布的概率密度函数。式（9-2-17）中$x=t_\nu^{-1}(u)$，$y=t_\nu^{-1}(v)$。式（9-2-17）中的参数ρ反映了U和V之间的线性相依性，当ρ接近于1的时候，说明U和V之间存在很强的正向线性相依性，当ρ接近于−1 的时候，说明U和V之间存在很强的负向线性相依性。二元t copula 函数的 Kendall $\tau=(2/\pi)\arcsin(\rho)$，这一点和二元高斯copula 函数相同；此外，其上尾相依性λ_U与下尾相依性λ_L相同，都为$2t_{\nu+1}\left(-\sqrt{\nu+1}\sqrt{\dfrac{1-\rho}{1+\rho}}\right)$，这说明二元 t copula 函数可以同时描绘具有对称性质的上下尾相依性，这一点和高斯copula 函数有着显著区别。当$\rho=-0.6$时，二元t copula 函数的概率密度函数如图 9-2 所示，此时它关于$u=v$对称。

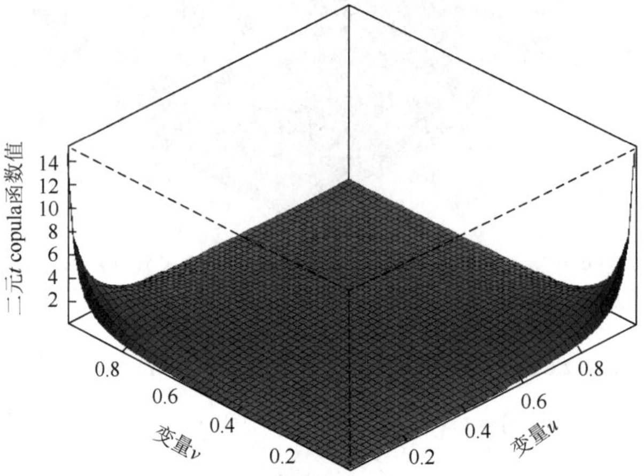

图 9-2　二元t copula 函数的概率密度函数（$\rho=-0.6$，$\nu=5$）

2. Gumbel copula 函数

Gumbel copula 函数的概率分布函数为

$$C^G(\boldsymbol{u};\theta_g)=\exp\left(-\left((-\ln u_1)^{\theta_g}+(-\ln u_2)^{\theta_g}+\cdots+(-\ln u_d)^{\theta_g}\right)^{1/\theta_g}\right) \tag{9-2-19}$$

其中，$\theta_g\in[1,+\infty)$。对于二元形式的 Gumbel copula 函数，有

$$C^G(u,v;\theta_g)=\exp\left(-\left((-\ln u)^{\theta_g}+(-\ln v)^{\theta_g}\right)^{1/\theta_g}\right)$$

$$\begin{aligned}c^G(u,v;\theta_g)&=C^G(u,v;\theta_g)\times\left(\left((-\ln u)^{\theta_g}+(-\ln v)^{\theta_g}\right)^{1/\theta_g-2}\right)\times(\ln u\ln v)^{\theta_g-1}\\&\quad\times\left(\theta_g-1+(-\ln u)^{\theta_g}+(-\ln v)^{\theta_g}\right)\times\left(1/(uv)\right)\end{aligned} \tag{9-2-20}$$

Gumbel copula 函数的 Kendall $\tau=1-\theta_g^{-1}$，上尾相依系数$\lambda_U=2-2^{1/\theta_g}$，下尾相依系数$\lambda_L=0$。这意味着二元 Gumbel copula 函数并不能描述具有下尾相关性的两个随机变量U和V。当$\theta_g=1.1$时，二元 Gumbel copula 函数的概率密度函数如图 9-3 所示，可以看出它关于$u=v$对称。

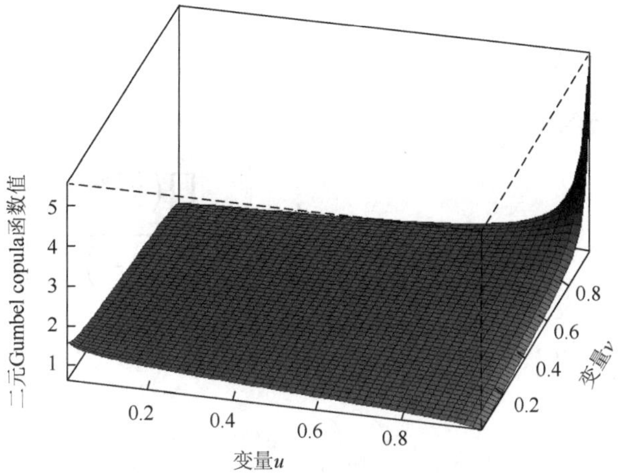

图 9-3　二元 Gumbel copula 函数的概率密度函数（$\theta_g = 1.1$）

3. Clayton copula 函数

Clayton copula 函数的概率分布函数 $C(\boldsymbol{u};\boldsymbol{\theta}_c)$ 为

$$C(\boldsymbol{u};\boldsymbol{\theta}_c)=(u_1^{-\theta_c}+u_2^{-\theta_c}+\cdots+u_d^{-\theta_c}-n+1)^{-1/\theta_c} \tag{9-2-21}$$

其中，$\theta_c \in (0,+\infty)$。对于二元形式的 Clayton copula 函数，有

$$C(u_1,u_2)=\left(u_1^{-\theta_c}+u_2^{-\theta_c}-1\right)^{-1/\theta_c}$$

$$c(u_1,u_2)=(1+\theta_c)(u_1u_2)^{-1-\theta_c}\left(u_1^{-\theta_c}+u_2^{-\theta_c}-1\right)^{-\left(\frac{1}{\theta_c}+2\right)} \tag{9-2-22}$$

二元 Clayton copula 函数的 Kendall $\tau=\dfrac{\theta_c}{\theta_c+2}$，上尾相依系数 $\lambda_U=0$，下尾相依系数 $\lambda_L=2^{-1/\theta_c}$。这意味着二元 Clayton copula 函数并不能描述具有上尾相关性的两个变量。图 9-4 描绘了当 $\theta_c=0.2$ 时，二元 Clayton copula 函数的概率密度函数，可以看出它关于 $u=v$ 对称。

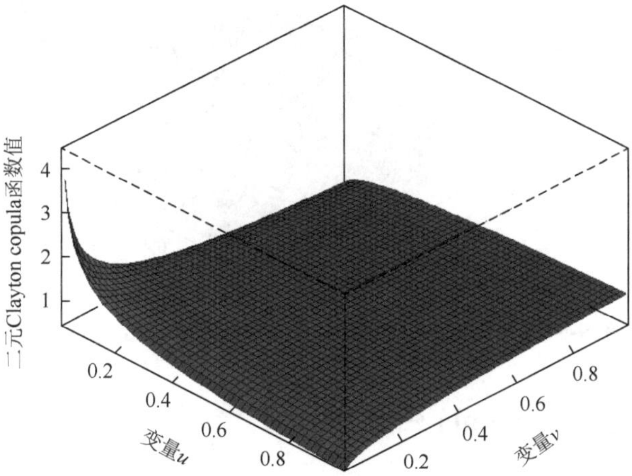

图 9-4　二元 Clayton copula 函数的概率密度函数（$\theta_c = 0.2$）

4. Frank copula 函数

Frank copula 函数的概率分布函数为

$$C\left(u_1,u_2,\cdots,u_N;\theta_F\right)=-\frac{1}{\theta_F}\ln\left(1+\frac{\prod_{u_n=1}^{N}\left(\mathrm{e}^{-\theta_F u_n}-1\right)}{\left(\mathrm{e}^{-\theta_F}-1\right)^{N-1}}\right) \tag{9-2-23}$$

其中，$\theta_F\in(-\infty,+\infty)\setminus\{0\}$，当$N\geqslant 3$时，有$\theta_F\in(0,\infty)$。对于二元形式的 Frank copula 函数，有

$$\begin{aligned}C\left(u_1,u_2;\theta_F\right)&=-\frac{1}{\theta_F}\ln\left(1+\frac{\left(\mathrm{e}^{-\theta_F u_1}-1\right)\left(\mathrm{e}^{-\theta_F u_2}-1\right)}{\mathrm{e}^{-\theta_F}-1}\right)\\ c\left(u_1,u_2;\theta_F\right)&=\frac{-\theta_F\left(\mathrm{e}^{-\theta_F}-1\right)\mathrm{e}^{-\theta_F(u_1+u_2)}}{\left(\left(\mathrm{e}^{-\theta_F}-1\right)+\left(\mathrm{e}^{-\theta_F u_1}-1\right)\left(\mathrm{e}^{-\theta_F u_2}-1\right)\right)^2}\end{aligned} \tag{9-2-24}$$

对于二元 Frank copula 函数，其 Kendall $\tau=1-\frac{4}{\theta_F}+4\frac{D_1(\theta_F)}{\theta_F}$，其中 $D_1(\theta_F)=\int_0^{\theta_F}\frac{x/\theta_F}{\mathrm{e}^x-1}\mathrm{d}x$。上尾相依系数$\lambda_U=0$，下尾相依系数$\lambda_L=0$。二元 Frank copula 函数只能描述两个变量间的线性相依性，而不能描述它们的尾部相依性，这一点和高斯 copula 函数相同。当$\theta_F=4$时，二元 Frank copula 函数的概率密度函数如图 9-5 所示，可以看出它关于$u=v$对称。这说明二元 Frank copula 函数具有轮换对称性。

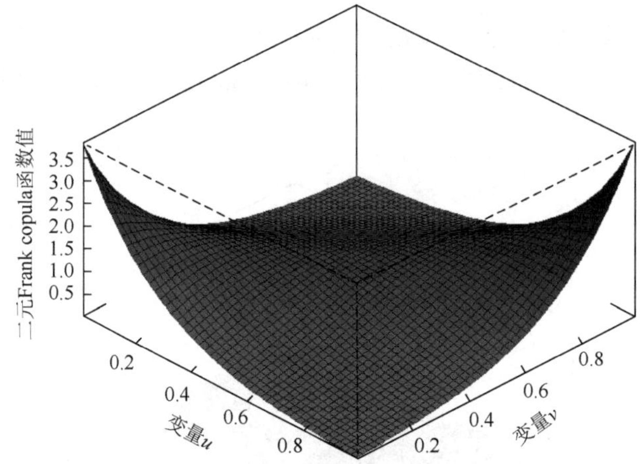

图 9-5　二元 Frank copula 函数的概率密度函数（$\theta_F=4$）

9.2.4　动态参数的二元 copula 函数

从感官认识上不难发现，如果 copula 函数的参数呈现出动态性，那么一定会有一些

其他因子在驱动着 θ_c 的变化，或者更通俗地讲，θ_c 的数值会随着其他变量的变化而变化。在研究动态参数的 copula 函数前，我们先引入二元条件 copula 函数的定义（Patton，2001）。

二元条件 copula 函数：令 H 是一个条件二元分布函数，其条件边际分布是 F 和 G。令 $\mathcal{F}$ 是某一个信息集，那么有且仅有一个二元条件 copula 函数 $C:[0,1]\times[0,1]\to[0,1]$ 满足

$$H(x,y\mid\mathcal{F})=C(F(x\mid\mathcal{F}),G(y\mid\mathcal{F})\mid\mathcal{F}) \tag{9-2-25}$$

反之，在某个信息集 $\mathcal{F}$ 下，如果 C 是一个二元条件 copula 函数，F 和 G 是随机变量 X 和 Y 的条件边际分布，其条件变量为 $\mathcal{F}$，那么由式（9-2-25）定义的函数 H 是一个二元条件分布函数。

在二元条件 copula 函数的定义下，我们可以将无条件情况的式（9-2-1）和式（9-2-2）替换为

$$h(x,y\mid\mathcal{F})=c(u,v\mid\mathcal{F})\cdot f(x\mid\mathcal{F})\cdot g(y\mid\mathcal{F}) \tag{9-2-26}$$

$$C(u,v\mid\mathcal{F})=H(F^{-1}(u\mid\mathcal{F}),G^{-1}(v\mid\mathcal{F})\mid\mathcal{F}) \tag{9-2-27}$$

在不考虑详细证明的情况下，二元条件 copula 函数的性质很好理解，虽然其形式简单，但意义却非常重大。条件 copula 函数是我们进一步学习动态参数 copula 函数的理论基础。在金融和经济系统中，copula 参数的动态性暗示了过去的信息会驱动着当前人们决策的变化，从而改变经济变量间的关系。如果我们把信息集 $\mathcal{F}$ 看成所有过去信息的集合，那么二元条件 copula 公式描绘了当前的变量 X 和 Y 之间的联合分布，如式（9-2-26）和式（9-2-27）所示。

9.2.3 小节中所介绍的常用的二元 copula 函数中除了二元 t copula 函数外都只有一个参数，这个唯一的参数的动态变化过程就是整个 copula 函数的动态变化过程。对于二元 t copula 函数，其自由度参数 ν 对 t copula 函数性态的影响远不及 ρ，所以我们在讨论动态二元 t copula 函数时，一般只讨论 ρ 的动态变化过程，而不考虑自由度参数 ν 的动态变化特征。为了统一符号，在本小节中，我们令一个二元 copula 函数的参数为 θ_c，当 θ_c 动态变化时，即为 $\theta_{c,t}$。在后面的介绍中，除非有特别区分，我们将省去“二元”的说明，默认讨论二元 copula 函数。

一个基础的情形是 $\theta_{c,t}$ 由过去的观测值 $\{(u_{t-1},v_{t-1}),(u_{t-2},v_{t-2}),\cdots\}$ 或过去的参数 $\{\theta_{c,t-1},\theta_{c,t-2},\cdots\}$ 所驱动。这种思想类似于时间序列中的自回归模型的变化驱动方式。例如，对于高斯 copula 函数而言，如果在 t 时刻变量之间的相关系数 $\theta_{c,t}$ 数值非常大，在 $t+1$ 时刻 $\theta_{c,t+1}$ 的数值也会倾向于非常大。回顾式（9-2-25），如果我们令信息集 $\mathcal{F}$ 是过去的观测值或过去的参数，那么条件 copula 公式依然成立。从这一点我们可以看出条件 copula 公式是我们讨论动态 copula 函数的基础。

Patton（2001，2006，2009）提出了一种同时由过去的参数信息与过去的观测值信息构成的驱动方程，来刻画椭圆 copula 函数（高斯 copula 函数或 t copula 函数）中参数 θ_c 的变动，其动态演变方程为

$$\tilde{\theta}_{c,t}=\omega+\alpha\frac{1}{p}\sum_{i=1}^{p}\left[\varPhi^{-1}(u_{t-i})\varPhi^{-1}(v_{t-i})\right]+\beta\theta_{c,t-1} \tag{9-2-28}$$

$$\theta_{c,t}=\frac{1-\exp\left(-\tilde{\theta}_{c,t}\right)}{1+\exp\left(-\tilde{\theta}_{c,t}\right)} \tag{9-2-29}$$

其中，ω、α 和 β 表示参数；p 表示滞后的阶数（一般设置为 10）；$\tilde{\theta}_{c,t}$ 表示一个不受约束的参数，而 $\theta_{c,t}$ 表示一个受约束的参数。我们称此为巴顿（Patton）结构的动态演变方程。

演变方程由两部分组成，我们先观察式（9-2-28）。式（9-2-28）用过去的观测值项 $\frac{1}{p}\sum_{i=1}^{p}\left[\Phi^{-1}(u_{t-i})\Phi^{-1}(v_{t-i})\right]$ 和过去的参数 $\theta_{c,t-1}$ 来描述参数 $\tilde{\theta}_{c,t}$ 的动态演变过程。这是一个经典的线性过程，我们可以将其看成一个 ARMA 结构。高斯 copula 函数和 t copula 函数中的参数需要在区间 $[-1,1]$ 内，而式（9-2-28）所描述的过程无法保证这一点。由此需要通过式（9-2-29）的放缩函数，将动态参数 $\tilde{\theta}_{c,t}$ 的数值放缩为 $\theta_{c,t}$，使之满足高斯 copula 函数和 t copula 函数的定义。

举一个简单的算例来说明式（9-2-28）和式（9-2-29）是如何驱动动态高斯 copula 函数的参数变化的。对于从 1 至 6 的时点 $t=1,2,\cdots,6$，令观测值 $\{(u_t,v_t)\}_{t=1,2,\cdots,6}$ 为

$$\{(0.1,0.6),(0.2,0.7),(0.3,0.4),(0.6,0.8),(0.5,0.2),(0.6,0.1)\}$$

我们假设在 $t=4$ 时刻，高斯 copula 函数的参数为 $\theta_4=0.1$，令式（9-2-28）中 $p=4$，且所估计出的参数为 $\hat{\omega}=3$、$\hat{\alpha}=0.36$、$\hat{\beta}=0.11$。那么对于 $t=5$ 时刻的 θ_5，有

$$\begin{aligned}\tilde{\theta}_{c,5}&=3+0.36\times\frac{1}{4}\Big[\Phi^{-1}(0.6)\times\Phi^{-1}(0.8)+\Phi^{-1}(0.3)\times\Phi^{-1}(0.4)\\&\quad+\Phi^{-1}(0.2)\times\Phi^{-1}(0.7)+\Phi^{-1}(0.1)\times\Phi^{-1}(0.6)\Big]+0.11\times0.1\\&\approx2.9732\end{aligned}$$

$$\theta_{c,5}=\frac{1-\exp(-2.9732)}{1+\exp(-2.9732)}=0.902$$

对于 $t=6$ 时刻的 θ_6，有

$$\begin{aligned}\tilde{\theta}_{c,6}&=3+0.36\times\frac{1}{4}\Big[\Phi^{-1}(0.5)\times\Phi^{-1}(0.2)+\Phi^{-1}(0.6)\times\Phi^{-1}(0.8)\\&\quad+\Phi^{-1}(0.3)\times\Phi^{-1}(0.4)+\Phi^{-1}(0.2)\times\Phi^{-1}(0.7)\Big]+0.11\times0.902\\&\approx3.0024\end{aligned}$$

$$\theta_{c,6}=\frac{1-\exp(-3.0024)}{1+\exp(-3.0024)}=0.905$$

对于阿基米德 copula 函数（如 Clayton copula 函数、Gumbel copula 函数），巴顿也提出了一种基于过去的参数和过去的观测值来描述参数动态变化的方程。不过区别于式(9-2-28)，对于阿基米德 copula 函数，巴顿提出了如式(9-2-30)所示的动态演变方程以替代式(9-2-28)：

$$\tilde{\theta}_{c,t}=\omega+\alpha\frac{1}{p}\sum_{i=1}^{p}\left|u_{t-i}-v_{t-i}\right|+\beta\theta_{c,t-1} \tag{9-2-30}$$

式（9-2-30）无法保证参数的变动范围处于阿基米德 copula 的定义区间内。为了能够

使$\tilde{\theta}_{c,t}$数值放缩在特定的范围内，依然需要类似于式（9-2-29）的具有良好放缩性质的变换函数。例如，对于 Clayton copula 函数，可以采用$\theta_{c,t}=\exp\left(\tilde{\theta}_{c,t}\right)$作为变换函数；对于 Gumbel copula 函数，可采用$\theta_{c,t}=\exp\left(\tilde{\theta}_{c,t}\right)+1$作为变换函数。事实上，对$\tilde{\theta}_{c,t}$进行放缩变换的函数并不唯一，二次函数、反三角函数都可以作为变换函数。

9.3　多元 copula 函数理论

9.3.1　多元联合分布的分解

令N维随机变量$\boldsymbol{X}=(X_1,X_2,\cdots,X_N)$的联合分布为$f_{1,2,\cdots,N}$，回忆条件概率密度公式，有

$$\begin{aligned}f_{1,2,\cdots,N}(x_1,x_2,\cdots,x_N)&=f_N(x_N)\times f_{N-1|N}(x_{N-1}\mid x_N)\times f_{N-2|N-1,N}(x_{N-2}\mid x_{N-1},x_N)\\&\quad\times\cdots\times f_{1|2\cdots,N}(x_1\mid x_2,\cdots,x_N)\end{aligned}\tag{9-3-1}$$

或者我们还可以把$f_{1,2,\cdots,N}$分解为

$$\begin{aligned}f_{1,2,\cdots,N}(x_1,x_2,\cdots,x_N)&=f_{N|N-1,\cdots,1}(x_N\mid x_{N-1},\cdots,x_1)\times f_{N-1|N-2,\cdots,1}(x_{N-1}\mid x_{N-2},\cdots,x_1)\\&\quad\times\cdots\times f_{3|2,1}(x_3\mid x_2,x_1)\times f_{2|1}(x_2\mid x_1)\times f_1(x_1)\end{aligned}\tag{9-3-2}$$

当然分解方式不局限于式（9-3-1）和式（9-3-2），接下来我们尝试用多个二元 copula 函数来表示$f_{1,2,\cdots,N}$分解后的概率密度。观察$f_{2|1}(x_2\mid x_1)$，利用公式$f_{1,2}(x_1,x_2)=c_{1,2}\left(F_1(x_1),F_2(x_2)\right)\times f_1(x_1)\times f_2(x_2)$有

$$f_{2|1}(x_2\mid x_1)=\frac{f_{12}(x_1,x_2)}{f_1(x_1)}=c_{1,2}\left(F_1(x_1),F_2(x_2)\right)\times f_2(x_2)\tag{9-3-3}$$

观察$f_{1|2,3}(x_1\mid x_2,x_3)$，利用式（9-3-3）和条件 copula 公式（9-2-26），有

$$\begin{aligned}f_{1|2,3}(x_1\mid x_2,x_3)&=\frac{f_{1,3|2}(x_1,x_3\mid x_2)}{f_{3|2}(x_3\mid x_2)}\\&=c_{1,3|2}\left(F_{1|2}(x_1\mid x_2),F_{3|2}(x_3\mid x_2)\right)\times f_{1|2}(x_1\mid x_2)\\&=c_{1,3|2}\left(F_{1|2}(x_1\mid x_2),F_{3|2}(x_3\mid x_2)\right)\times c_{1,2}\left(F_1(x_1),F_2(x_2)\right)\times f_1(x_1)\end{aligned}\tag{9-3-4}$$

事实上，对于任意d维向量$\boldsymbol{v}$，v_j是$\boldsymbol{v}$中的任意一个子成分，$\boldsymbol{v}_{-j}$是向量$\boldsymbol{v}$去除v_j之后的子向量，有

$$f(x\mid\boldsymbol{v})=c_{x,v_j|\boldsymbol{v}_{-j}}\left(F(x\mid\boldsymbol{v}_{-j}),F(v_j\mid\boldsymbol{v}_{-j})\right)\times f(x\mid\boldsymbol{v}_{-j})\tag{9-3-5}$$

利用条件 copula 公式，其证明过程并不复杂。在式（9-3-4）和式（9-3-5）中分别存在$F_{1|2}(x_1\mid x_2)$和$F(x_1\mid x_2)$（遍历j的情形之一），这是条件概率密度函数，可由二元 copula 函数的偏导数表示，观察$F_{1|2}(x_1\mid x_2)$，可得

$$\begin{aligned}F_{1|2}(x_1\mid x_2)&=\int f_{1|2}(x_1\mid x_2)\mathrm{d}x_1=\int c_{1,2}\left(F_1(x_1),F_2(x_2)\right)\times f_1(x_1)\mathrm{d}x_1\\&=\int c_{1,2}\left(F_1(x_1),F_2(x_2)\right)\mathrm{d}F_1(x_1)=\frac{\partial C_{1,2}\left(F_1(x_1),F_2(x_2)\right)}{\partial F_2(x_2)}\end{aligned}\tag{9-3-6}$$

利用条件 copula 公式，对于更复杂的情况，有

$$F_{x|\boldsymbol{v}}(x\mid\boldsymbol{v})=\frac{\partial C_{x,v_j|\boldsymbol{v}_{-j}}\left(F_{x|\boldsymbol{v}_{-j}}(x\mid\boldsymbol{v}_{-j}),F_{v_j|\boldsymbol{v}_{-j}}(v_j\mid\boldsymbol{v}_{-j})\right)}{\partial F_{v_j|\boldsymbol{v}_{-j}}(v_j\mid\boldsymbol{v}_{-j})} \tag{9-3-7}$$

由此利用式(9-3-5)和式(9-3-6)，可以将分解后的 $f_{1,2,\cdots,N}$ [式(9-3-1)或式(9-3-2)]表达为若干个二元 copula 函数乘积的形式。我们把这种用二元 copula 形式表示多元变量联合分布的模型称为藤（vine）copula 函数，在 9.3.2 小节中我们将明白何为“藤”，以及根据 $f_{1,2,\cdots,N}$ 分解方式的不同也会有不同结构的藤 copula 函数。对于二元情形，式(9-3-7)变为

$$F_{u|v}(u\mid v)=\frac{\partial C_{u,v}\left(F_u(u),F_v(v)\right)}{\partial F_v(v)} \tag{9-3-8}$$

令 $\hbar(u,v)=F_{u|v}(u\mid v)$，在随后的分析中我们会发现偏导数函数 $\hbar(u,v)$ 有着重要的作用。

9.3.2　不同结构下的藤 copula 函数

通过式（9-3-1）和式（9-3-2），我们认识到可以利用二元 copula 函数将 $f_{1,2,\cdots,N}$ 分解为多个二元条件 copula 函数以及一元边际分布的乘积。我们以五元变量为例，观察 $f_{1,2,\cdots,5}$ 会被如何分解，进而感受什么是藤结构和藤 copula 函数。对于五元变量，我们有

$$\begin{aligned}f_{12345}(x_1,x_2,x_3,x_4,x_5)&=f_{1|2345}(x_1\mid x_2,x_3,x_4,x_5)\times f_{2|345}(x_2\mid x_3,x_4,x_5)\\&\quad\times f_{3|45}(x_3\mid x_4,x_5)\times f_{4|5}(x_4\mid x_5)\times f_5(x_5)\end{aligned} \tag{9-3-9}$$

以 $f_{3|45}(x_3\mid x_4,x_5)$ 为例，利用式（9-3-7），它可以被分解为

$$\begin{aligned}f_{3|45}(x_3\mid x_4,x_5)&=c_{34|5}\left(F_{3|5}(x_3\mid x_5),F_{4|5}(x_4\mid x_5)\right)\times f_{3|5}(x_3\mid x_5)\\&=c_{34|5}\left(F_{3|5}(x_3\mid x_5),F_{4|5}(x_4\mid x_5)\right)\times c_{35}\left(F_3(x_3),F_5(x_5)\right)\times f_3(x_3)\end{aligned} \tag{9-3-10}$$

或

$$\begin{aligned}f_{3|45}(x_3\mid x_4,x_5)&=c_{35|4}\left(F_{3|4}(x_3\mid x_4),F_{5|4}(x_5\mid x_4)\right)\times f_{3|4}(x_3\mid x_4)\\&=c_{35|4}\left(F_{3|4}(x_3\mid x_4),F_{5|4}(x_5\mid x_4)\right)\times c_{34}\left(F_3(x_3),F_4(x_4)\right)\times f_3(x_3)\end{aligned} \tag{9-3-11}$$

对于式（9-3-9）中的 $f_{2|345}(x_2\mid x_3,x_4,x_5)$ 和 $f_{1|2345}(x_1\mid x_2,x_3,x_4,x_5)$，它们的分解方式更加复杂，以至于 $f_{12345}(x_1,x_2,x_3,x_4,x_5)$ 可能会被分解成多种不同的二元 copula 函数与边际分布的乘积。事实上，不同的分解方式，也被称为不同的“藤结构”。藤是图论中的一种概念，它由多层树组成（N 个节点与 N–1 条边所形成的连通图被称为树。关于树的概念，读者可参考相关图论书籍），每一层树代表 $f_{12345}(x_1,x_2,x_3,x_4,x_5)$ 的分解层数与分解结构。我们将分步来说明如何分解 $f_{12345}(x_1,x_2,x_3,x_4,x_5)$。

第一步：以 1、2、3、4、5 为五个节点，即 $N=5$，并用 N–1 条边连接它们，使其成为连通图（连通图，形象地说就是，每一个节点都被边所连接，没有孤立的节点），见图 9-6。

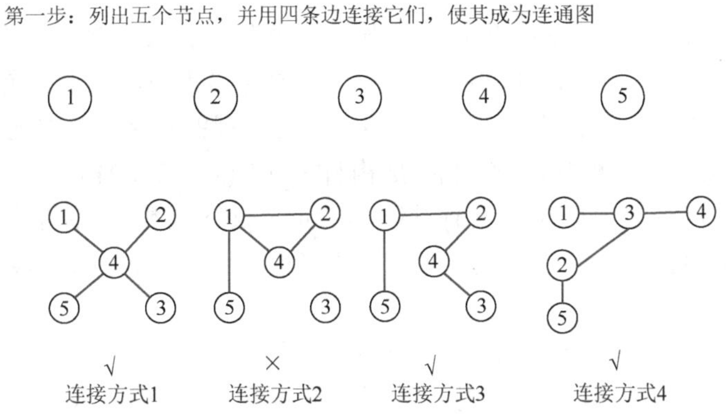

图 9-6　藤 copula 函数构建过程（第一步）

注意，在构建藤 copula 函数时，初始节点是经过概率积分变换后的变量。节点 1、2、3、4、5 即 $f_1(x_1)$、$f_2(x_2)$、$f_3(x_3)$、$f_4(x_4)$、$f_5(x_5)$。在本例中，我们有五个节点，需要用四条边连接它们。根据节点的位置和边的分布，连通图的连接方式多种多样，本节给出三种连接方式，见图 9-6。

一般地，选择最大生成树（maximum spanning tree，MST）方法确定初始 N 个节点的连接方式。计算出变量（节点）i 和变量（节点）j 之间的某种相关性测度（如 Kendall τ 相关系数、Spearman ρ 相关系数）来代表边的大小，并选取 $N-1$ 条边使得这 $N-1$ 条边 e_{ij} 满足

$$\max \sum_{e_{ij}} \left|\tau_{ij}\right| \tag{9-3-12}$$

当然，根据具体需要采用特定规则选取边。我们以图 9-6 中的连接方式 4 为例，进行下一步。

第二步：确定好边的位置 $\{1,3\}$、$\{3,4\}$、$\{2,3\}$ 和 $\{2,5\}$，用边连接各个节点，每一个边对应一种 copula 函数，见图 9-7。

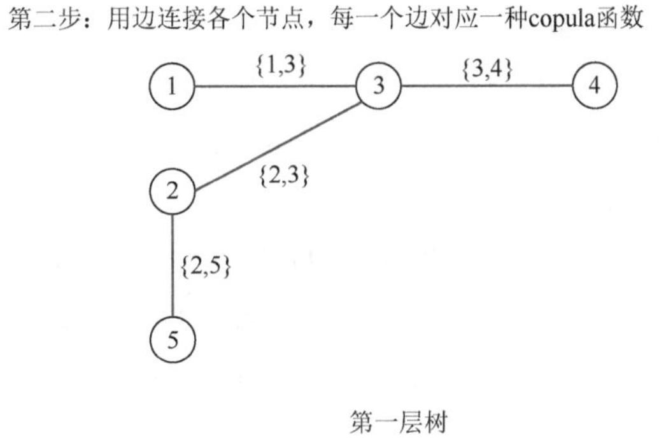

图 9-7　藤 copula 函数构建过程（第二步）

用二元 copula 函数连接节点，就是以某一条边所连接的两个节点为二元 copula 函数

的变量，然后用某一种二元 copula 函数（如二元高斯 copula 函数、二元 Clayton copula 函数）对其进行拟合。在边$\{3,4\}$中，一共有 2 种数字 3 和 4，且没有重复的数字。单独出现的数字就是二元 copula 函数连接的变量，重复出现的数字就是二元 copula 函数中的条件变量。在第一层树中，我们需要构建$c_{13}\left(F_1(x_1),F_3(x_3)\right)$，$c_{34}\left(F_3(x_3),F_4(x_4)\right)$，$c_{23}\left(F_2(x_2),F_3(x_3)\right)$和$c_{25}\left(F_2(x_2),F_5(x_5)\right)$共四个二元 copula 函数。具体选择何种二元 copula 函数，可以采用 AIC 或 BIC 进行判断。在构建好这四个二元 copula 函数后，紧接着构建第二层树。

第三步：以第一层树的边为节点，形成第二层树，见图 9-8。在构建第二层树时，将第一层树中的四个边$\{1,3\}$、$\{3,4\}$、$\{2,3\}$和$\{2,5\}$变为第二层树的节点，并用边$\{\{1,3\},\{3,4\}\}$、$\{\{1,3\},\{2,3\}\}$、$\{\{2,3\},\{2,5\}\}$连接它们。连接的方式需要保证第二层树的边中只有两个单独出现的数字。例如，$\{\{1,3\},\{3,4\}\}$中有三个数字：1、3、4，其中 1 和 4 单独出现，3 出现过两次，这就符合第二层树中边的要求。若想用边$\{\{3,4\},\{2,5\}\}$连接节点$\{3,4\}$和$\{2,5\}$则不满足上述条件，故不可以如此连接。

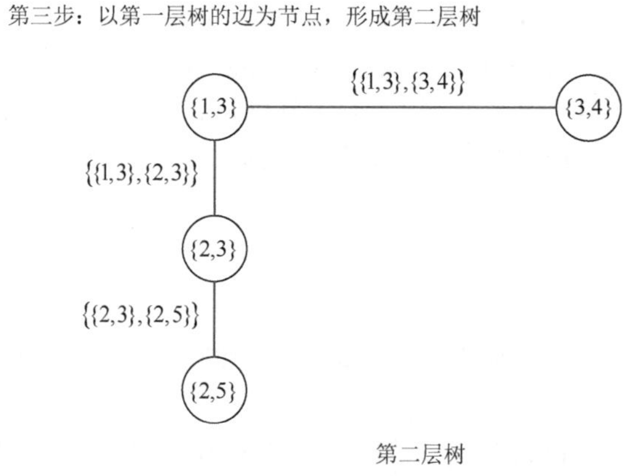

图 9-8 藤 copula 函数构建过程（第三步）

接着说明第二层树所反映的二元 copula 函数结构。与第一层树中的情形类似，每一个边对应一个二元 copula 函数，以连接各个节点中的变量。例如，边$\{\{1,3\},\{3,4\}\}$中只有数字 1 和 4 单独出现过，那么 1 和 4 就是二元 copula 函数连接的变量，数字 3 就是条件变量，故边$\{\{1,3\},\{3,4\}\}$表示$c_{14|3}\left(F_{1|3}(x_1\mid x_3),F_{4|3}(x_4\mid x_3)\right)$。

注意到在第一层树中，我们已构建过$c_{13}\left(F_1(x_1),F_3(x_3)\right)$和$c_{34}\left(F_3(x_3),F_4(x_4)\right)$，所以我们可以根据它们计算出$F_{1|3}(x_1\mid x_3)$和$F_{4|3}(x_4\mid x_3)$，从而得到$c_{14|3}\left(F_{1|3}(x_1\mid x_3),F_{4|3}(x_4\mid x_3)\right)$的表达式。类似地，边$\{\{1,3\},\{2,3\}\}$中只有数字 1 和 2 单独出现过，那么 1 和 2 就是二元 copula 函数连接的变量，数字 3 就是条件变量，故边$\{\{1,3\},\{2,3\}\}$表示$c_{12|3}\left(F_{1|3}(x_1\mid x_3),F_{2|3}(x_2\mid x_3)\right)$。利用第一层树中的$c_{23}\left(F_2(x_2),F_3(x_3)\right)$可以求出$F_{2|3}(x_2\mid x_3)$，从而估计出$c_{12|3}\left(F_{1|3}(x_1\mid x_3),F_{2|3}(x_2\mid x_3)\right)$。由此，在第二层树中，我们需要构建三个二元 copula 函数，这三个函数分别为

$c_{14|3}\left(F_{1|3}(x_1|x_3),F_{4|3}(x_4|x_3)\right)$、$c_{12|3}\left(F_{1|3}(x_1|x_3),F_{2|3}(x_2|x_3)\right)$和$c_{35|2}\left(F_{3|2}(x_3|x_2),F_{5|2}(x_5|x_2)\right)$。具体选择何种二元 copula 函数，可以采用 AIC 或 BIC 进行判断。在构建好这三个二元 copula 函数后，接着构建第三层树。

第四步：以第二层树的边为节点，形成第三层树，见图 9-9。第二层树的边分别为$\{\{1,3\},\{3,4\}\}$、$\{\{1,3\},\{2,3\}\}$和$\{\{2,3\},\{2,5\}\}$，在构建第三层树时将这三个第二层树的边变为第三层树的节点，并用边$\{\{\{1,3\},\{3,4\}\},\{\{1,3\},\{2,3\}\}\}$和$\{\{\{1,3\},\{2,3\}\},\{\{2,3\},\{2,5\}\}\}$连接它们。这里选择边的方式与之前类似，必须保证边中只有两个单独出现的数字。例如，边$\{\{\{1,3\},\{3,4\}\},\{\{1,3\},\{2,3\}\}\}$中，只有数字 2 和 4 单独出现过。边$\{\{\{1,3\},\{2,3\}\},\{\{2,3\},\{2,5\}\}\}$中，只有数字 1 和 5 单独出现过。与之前的分析类似，边$\{\{\{1,3\},\{3,4\}\},\{\{1,3\},\{2,3\}\}\}$表示二元 Copula 函数$c_{24|13}\left(F_{2|13}(x_2|x_1,x_3),F_{4|13}(x_4|x_1,x_3)\right)$，边$\{\{\{1,3\},\{2,3\}\},\{\{2,3\},\{2,5\}\}\}$表示二元 Copula 函数$c_{15|23}\left(F_{1|23}(x_1|x_2,x_3),F_{5|23}(x_5|x_2,x_3)\right)$。在估计$c_{24|13}\left(F_{2|13}(x_2|x_1,x_3),F_{4|13}(x_4|x_1,x_3)\right)$时，$F_{2|13}(x_2|x_1,x_3)$可由第二层数中已求得的$c_{12|3}\left(F_{1|3}(x_1|x_3),F_{2|3}(x_2|x_3)\right)$计算得到，$F_{4|13}(x_4|x_1,x_3)$可由$c_{14|3}\left(F_{1|3}(x_1|x_3),F_{4|3}(x_4|x_3)\right)$计算得到。由此，在第三层树中，我们需要构建两个二元 copula 函数：$c_{24|13}\left(F_{2|13}(x_2|x_1,x_3),F_{4|13}(x_4|x_1,x_3)\right)$和$c_{15|23}\left(F_{1|23}(x_1|x_2,x_3),F_{5|23}(x_5|x_2,x_3)\right)$。

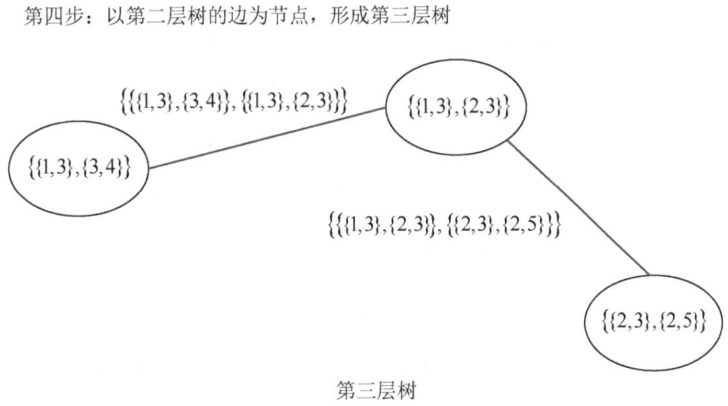

图 9-9　藤 copula 函数构建过程（第四步）

第五步：以第三层树的边为节点，形成第四层树，见图 9-10。第四层树中的边为$\{\{\{\{1,3\},\{3,4\}\},\{\{1,3\},\{2,3\}\}\},\{\{\{1,3\},\{2,3\}\},\{\{2,3\},\{2,5\}\}\}\}$，它一共出现了五个数字，单独出现的数字是 4 和 5，由此我们需要构建二元 copula 函数$c_{45|123}\left(F_{4|123}(x_4|x_1,x_2,x_3),F_{5|123}(x_5|x_1,x_2,x_3)\right)$。$F_{4|123}(x_4|x_1,x_2,x_3)$可以由第三层树中所构建的$c_{24|13}\left(F_{2|13}(x_2|x_1,x_3),F_{4|13}(x_4|x_1,x_3)\right)$得到，$F_{5|123}(x_5|x_1,x_2,x_3)$可以由第三层树中所构建的$c_{15|23}\left(F_{1|23}(x_1|x_2,x_3),F_{5|23}(x_5|x_2,x_3)\right)$得到。在第四层树中只剩下一个边，因此不再构建第五层树。

第五步：以第三层树的边为节点，形成第四层树

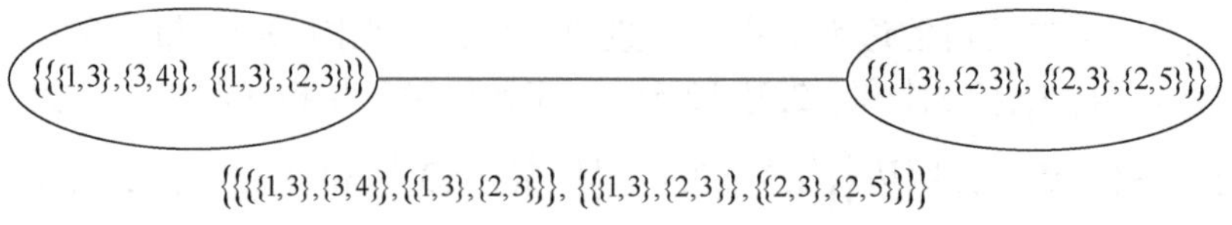

第四层树

图 9-10　藤 copula 函数构建过程（第五步）

在第一层树中，我们得到的二元 copula 函数 $c_{13}\left(F_1(x_1),F_3(x_3)\right)$、$c_{34}\left(F_3(x_3),F_4(x_4)\right)$、$c_{23}\left(F_2(x_2),F_3(x_3)\right)$ 和 $c_{25}\left(F_2(x_2),F_5(x_5)\right)$；在第二层树中，我们得到 $c_{14|3}\left(F_{1|3}(x_1\mid x_3),F_{4|3}(x_4\mid x_3)\right)$、$c_{12|3}\left(F_{1|3}(x_1\mid x_3),F_{2|3}(x_2\mid x_3)\right)$ 以及 $c_{35|2}\left(F_{3|2}(x_3\mid x_2),F_{5|2}(x_5\mid x_2)\right)$；在第三层树中，我们得到 $c_{24|13}\left(F_{2|13}(x_2\mid x_1,x_3),F_{4|13}(x_4\mid x_1,x_3)\right)$ 以及 $c_{15|23}\left(F_{1|23}(x_1\mid x_2,x_3),F_{5|23}(x_5\mid x_2,x_3)\right)$；在第四层树中，我们得到 $c_{45|123}\left(F_{4|123}(x_4\mid x_1,x_2,x_3),F_{5|123}(x_5\mid x_1,x_2,x_3)\right)$。由此 $f_{12345}(x_1,x_2,x_3,x_4,x_5)$ 可以被分解为

$$
\begin{aligned}
f_{12345}(x_1,x_2,x_3,x_4,x_5)=&f_1(x_1)\times f_2(x_2)\times f_3(x_3)\times f_4(x_4)\times f_5(x_5)\\
&\times c_{13}\left(F_1(x_1),F_3(x_3)\right)\times c_{34}\left(F_3(x_3),F_4(x_4)\right)\times c_{23}\left(F_2(x_2),F_3(x_3)\right)\\
&\times c_{25}\left(F_2(x_2),F_5(x_5)\right)\times c_{14|3}\left(F_{1|3}(x_1|x_3),F_{4|3}(x_4|x_3)\right)\\
&\times c_{12|3}\left(F_{1|3}(x_1|x_3),F_{2|3}(x_2|x_3)\right)\times c_{35|2}\left(F_{3|2}(x_3|x_2),F_{5|2}(x_5|x_2)\right)\\
&\times c_{24|13}\left(F_{2|13}(x_2|x_1,x_3),F_{4|13}(x_4|x_1,x_3)\right)\\
&\times c_{15|23}\left(F_{1|23}(x_1|x_2,x_3),F_{5|23}(x_5|x_2,x_3)\right)\\
&\times c_{45|123}\left(F_{4|123}(x_4|x_1,x_2,x_3),F_{5|123}(x_5|x_1,x_2,x_3)\right)
\end{aligned}
$$

（9-3-13）

观察式（9-3-13），二元条件 copula 函数的乘积中非条件变量不会有重复。这种利用多个二元 copula 函数的乘积和树结构来表示一些多元变量分布的方法被称为藤 copula 函数。在实际应用中，我们可以根据某些先验知识设定藤 copula 函数的连接方式，即藤结构。常用的藤结构有 *R* 藤、*C* 藤以及 *D* 藤等。其中 *D* 藤结构最为简单，且有诸多扩展用途，这里我们重点介绍 *D* 藤结构的 copula 函数（*D*-vine-copula）。如果每一层树中图的形状都是以一个节点作为中心节点连接其他节点，那么所生成的藤结构被称为 *C* 藤（图 9-6 中的连接方式 1）。如果每一层树中图的形状都是类似于一条直线而没有分支，那么所生成的藤结构被称为 *D* 藤（图 9-6 中的连接方式 3）。其他情形的藤结构被称为 *R* 藤。藤 copula 函数在经济、金融建模中有着重要作用。

9.4 应用案例

本节应用案例中，我们利用 copula 函数来分析黄金、原油和美元汇率之间的相依结构，其原理是对三个变量两两之间构建合适的二元 copula 函数，从而得到变量之间的联合分布信息。由于在经济大衰退时期，资产价格同时呈现出极端变化趋势，所以三个变量之间的相依结构很可能呈现出动态特征，动态 copula 函数恰好是揭示这一特征的经济学理论工具。本节内容主要参考了 Dai 等（2020），读者可以阅读原文进一步了解动态 copula 模型的相关应用。读者亦可阅读 Dai 等（2023）、Wang 等（2022）等文献进一步学习 copula 函数在能源价格序列建模中的相关应用。

本节选择 WTI 原油期货每日收盘价作为原油价格的代理，数据选取自 EIA 网站。WTI 原油期货是北美油价的标杆，与黄金以及美元汇率之间的互动性较强。选择世界黄金协会的每日黄金现货价格作为黄金价格的代理，其标价单位为美元每盎司。选取两种美元汇率，一种是欧元兑美元（数值越高，说明美元越贬值），另一种是美元兑日元（数值越高，说明美元越升值），它们是美元指数中成分最高的前两种汇率。全部选取日度频率数据，样本期从 1997 年 1 月 3 日至 2018 年 9 月 21 日，一共 5456 个交易日。样本期覆盖了亚洲金融危机、伊拉克战争、全球金融危机、页岩气革命等重大地缘政治事件。对于收盘价序列，采用对数收益率计算公式 $R_t = 100\times\ln(p_t / p_{t-1})$ 将其转换为收益率序列。

采用以标准 t 分布为新息分布的 ARMA-EGARCH(2,2)模型作为原油、黄金、欧元兑美元、美元兑日元这四个资产价格收益率的边际分布，具体表达式为

$$
\begin{gathered}
r_t = \eta_0 + \eta_1 r_{t-1} + \eta_2 r_{t-2} + \varepsilon_t + \theta_1\varepsilon_{t-1} + \theta_2\varepsilon_{t-2} \\
\varepsilon_t = \zeta_t\sigma_t,\quad \zeta_t \sim \text{i.i.d. } t(0,1) \\
f_\nu(\zeta_t) = \frac{\Gamma\left(\dfrac{\nu+1}{2}\right)}{\Gamma\left(\dfrac{\nu}{2}\right)\sqrt{\pi\nu}}\left(1+\frac{\zeta_t^2}{\nu}\right)^{\frac{\nu+1}{-2}} \\
\ln\sigma_t^2 = \alpha_0 + \sum_{i=1}^{2}\left(\alpha_i\zeta_{t-i}+\gamma_i\left|\zeta_{t-i}\right|\right) + \sum_{i=1}^{2}\left(\beta_i\ln\sigma_{t-i}^2\right)
\end{gathered}
\tag{9-4-1}
$$

构建动态边际分布的作用是把原油、黄金、欧元兑美元、美元兑日元这四个资产价格收益率序列转换为伪观测值序列。我们把 ARMA-EGARCH-t 的均值方程部分记为 μ_t，方差部分记为 σ_t，那么简约化的结构为

$$
\begin{gathered}
r_t = \mu_t(r_{t-1}, r_{t-2}, \cdots) + \epsilon_t \\
\epsilon_t = \sigma_t\zeta,\quad \zeta \sim t(0,1,\nu) \\
\sigma_t = \sigma_t(\epsilon_{t-1}, \epsilon_{t-2}, \cdots, \sigma_{t-1}, \sigma_{t-2}, \cdots)
\end{gathered}
\tag{9-4-2}
$$

要把 r_t 转换为伪观测值序列 $u_t \sim U(0,1)$，就必须知道 r_t 的概率密度函数。由 $(r_t - \mu_t)/\sigma_t = \zeta$ 可知，r_t 是一个均值为 μ_t、标准差为 σ_t 的 t 分布。对于原油、黄金、欧元

兑美元、美元兑日元这四个已经构建好的 ARMA-EGARCH-t 模型的变量，我们把估计出的它们各自的 $\hat{\mu}_t$ 序列和 $\hat{\sigma}_t$ 序列提取出来，作为参数放入标准 t 分布的累积概率密度函数［式（9-4-1）］中，从而得到原油、黄金、欧元兑美元、美元兑日元这四个变量的伪观测值序列 $u_t = F_T\left(r_t; \hat{\mu}_t, \hat{\sigma}_t, \hat{v}\right)$。接着，我们利用这四个 u_t 序列，计算二元 copula 函数。

二元 copula 函数种类繁多，在采用 copula 函数对二元变量进行建模的实证分析中，一般选取高斯 copula、t copula、Gumbel copula、Clayton copula 以及 Frank copula 函数以及以上五种二元 copula 函数各自的衍生旋转族作为备选 copula 函数。因为它们分别描述了两个变量之间的线性相依性与非对称的尾部相依性。分别用以上五种二元 copula 函数以及各自的衍生旋转族拟合数据后，再根据某些拟合优度评价指标选取最优的 copula 函数。

思考这样一个问题：一个资产价格非常高，是否会让另一个资产价格非常低？或者一个资产价格非常低，是否会让另一个资产价格非常高？要描述这个问题，当前介绍的尾部相依性测度远远不够。这里介绍两个新的尾部相依性测度，下上尾测度 λ_{LU} 和上下尾测度 λ_{UL}，其定义分别为

$$\begin{aligned}\lambda_{LU} &= \lim_{\delta\to 0} \mathbb{P}\left(U < \delta \mid V > 1-\delta\right) \\ \lambda_{UL} &= \lim_{\delta\to 0} \mathbb{P}\left(U > 1-\delta \mid V < \delta\right)\end{aligned} \tag{9-4-3}$$

可以利用已知的二元 copula 模型描述变量间的 λ_{LU} 和 λ_{UL}。对于一个二元 copula 函数 $(U,V)\sim C_j(u,v;\theta)$，其概率密度函数为 $c_j(u,v;\theta)$，则有

$$\begin{gathered}(1-U,V)\sim C_j^{\mathrm{R}1} \\ C_j^{\mathrm{R}1}(u,v;\theta) = v - C_j(1-u,v;\theta) \\ c_j^{\mathrm{R}1}(u,v;\theta) = c_j(1-u,v;\theta)\end{gathered} \tag{9-4-4}$$

$$\begin{gathered}(1-U,1-V)\sim C_j^{\mathrm{R}2} \\ C_j^{\mathrm{R}2}(u,v;\theta) = C_j(1-u,1-v;\theta) + u + v - 1 \\ c_j^{\mathrm{R}2}(u,v;\theta) = c_j(1-u,1-v;\theta)\end{gathered} \tag{9-4-5}$$

$$\begin{gathered}(U,1-V)\sim C_j^{\mathrm{R}3} \\ C_j^{\mathrm{R}3}(u,v;\theta) = u - C_j(u,1-v;\theta) \\ c_j^{\mathrm{R}3}(u,v;\theta) = c_j(u,1-v;\theta)\end{gathered} \tag{9-4-6}$$

其中，上标 R1、R2 和 R3 分别表示对二元 copula 函数的概率密度函数的三维图像以坐标点(0.5,0.5,0)为中心，以 z 轴负方向为观测方向，以 z 轴为旋转轴逆时针旋转 90°、180°和 270°。从式（9-4-4）到式（9-4-6）不难看出，$(1-U,V)$、$(1-U,1-V)$、$(U,1-V)$ 的概率密度函数是俯视 (U,V) 的概率密度函数，并分别使其逆时针旋转 90°、180°、270°所得。回忆 9.2.3 节，Gumbel copula 函数可以刻画 (U,V) 的上尾风险 λ_U。将 $(1-U,V)$ 代入标准二元 Gumbel copula 函数，便可以得出 (U,V) 之间的 λ_{LU}；将 $(1-U,1-V)$ 代入标准二元 Gumbel copula 函数，便可以得出 (U,V) 之间的 τ^{LL}，此时 $(U,V)\sim$ R2 Gumbel copula 函数；将 $(U,1-V)$ 代入标准二元 Gumbel copula 函数，便可以得出 (U,V) 之间的 λ_{UL}，此时

(U,V)～R3 Gumbel copula 函数。事实上，由于把$(1-U,1-V)$代入标准二元 Gumbel copula 函数可以得到(U,V)之间的τ^{LL}，而把(U,V)代入标准二元 Clayton copula 函数可以得到(U,V)之间的λ_L，我们选取 R2 Gumbel copula 函数替代 Clayton copula 函数。利用式（9-2-28）结构的动态演变方程驱动高斯 copula 函数和 t copula 函数参数的变化［即时变参数（time-varying parameter，TVP）］，利用式（9-2-30）结构的动态演变方程驱动 Gumbel copula 函数及其三种衍生旋转族（R1 Gumbel 函数、R2 Gumbel 函数、R3 Gumbel 函数）中参数的变化。

我们将计算出的原油、黄金、欧元兑美元汇率、美元兑日元汇率的四个伪观测值序列两两组合，并采用不同的 copula 函数对其进行拟合，用 AIC 挑选出每一对变量的最优 copula 函数，其结果如表 9-1 所示。

表 9-1　AIC 下的静态与动态 copula 函数估计结果

copula 函数类型	原油-黄金	原油-欧元兑美元汇率	原油-美元兑日元汇率	黄金-美元兑日元汇率	黄金-欧元兑美元汇率
N	−80.02	−119.49	1.91	−231.58	−422.00
t	−85.21	−135.22	−13.65	−269.59	−468.64
Gumbel	−47.45	−120.81	103.1	400.05	−407.14
R1 Gumbel	293.97	348.49	132.92	−228.56	496.17
R2 Gumbel	−70.35	−97.23	100.91	393.28	−387.82
R3 Gumbel	310.03	315.55	126.88	−210.92	495.16
TVP-*N*	−114.70	−203.76	−12.16	−269.04	−478.18
TVP-*t*	**−116.63**	**−210.29**	**−31.28**	**−302.05**	**−513.78**
TVP-Gumbel	−84.79	−166.84	2.93	9.04	−445.47
TVP-R1 Gumbel	6.79	8.14	−3.61	−249.34	10.09
TVP-R2 Gumbel	−105.87	−150.42	−5.27	8.54	−437.06
TVP-R3 Gumbel	6.75	8.54	−7.06	−228.36	10.22

注：*N* 表示高斯 copula 函数，最优的二元 copula 函数被粗体标出

我们发现 TVP-t copula 函数最适合描述原油-黄金、原油-欧元兑美元汇率、原油-美元兑日元汇率、黄金-美元兑日元汇率、黄金-欧元兑美元汇率这五组二元变量对。这意味着以上五组变量对之间存在强烈的动态线性相依性，而非动态尾部相依性。

参 考 文 献

Creal D，Koopman S J，Lucas A. 2013. Generalized autoregressive score models with applications[J]. Journal of Applied Econometrics，28（5）：777-795.

Dai X Y，Dai P F，Wang Q W，et al. 2023. The impact of energy-exporting countries' EPUs on China's energy futures investors：risk preference，investment position and investment horizon[J]. Research in International Business and Finance，64：101806.

Dai X Y，Wang Q W，Zha D L，et al. 2020. Multi-scale dependence structure and risk contagion between oil，gold，and US exchange rate：a wavelet-based vine-copula approach[J]. Energy Economics，88：104774.

Nelsen R B. 2006. An Introduction to Copulas[M]. 2nd ed. New York：Springer.

Patton A J. 2001. Modelling time-varying exchange rate dependence using the conditional copula[R]. San Diego：Department of Economics，University of California，San Diego.

Patton A J. 2006. Modelling asymmetric exchange rate dependence[J]. International Economic Review，47（2）：527-556.

Patton A J. 2009. Copula–based models for financial time series[M]//Mikosch T，Kreiß J P，Davis R A，et al. Handbook of Financial Time Series. Heidelberg：Springer：767-785.

Wang Q W，Liu M M，Xiao L，et al. 2022. Conditional sovereign CDS in market basket risk scenario：a dynamic vine-copula analysis[J]. International Review of Financial Analysis，80：102025.